JN320027

マンション・オフィスビル賃貸借の法律相談

新青林法律相談 22

東京弁護士会不動産法部【編】

青林書院

はしがき

　本書の前身でもある「借地・借家の法律相談」が青林書院から出版されたのが平成8年3月でしたから，現在まで約12年の歳月を経たことになります。「借地・借家の法律相談」は，平成4年8月1日から施行された借地借家法を意識して，当時の東京弁護士会不動産法部部長の賀集唱先生を中心に，執筆，編集したものでありました。

　その後，平成10年から施行された所謂SPC法（特定目的会社による特定資産の流動化に関する法律）等により，我が国においても不動産の証券化が図られ，それと連動する形で，平成11年に「良質な賃貸住宅等の供給の促進に関する特別措置法」が成立して借地借家法の一部が改正となり，定期借家制度が導入されました。その結果，都心のビルなどでは，信託譲渡による賃貸用ビルの所有権移転，サブリース契約の締結という手法が利用されるようになりました。平成16年には短期賃貸借制度も改正されています。また，同年の破産法の改正に伴い，民法622条の賃借人の破産による解約申入れの規定も削除されました。

　前著「借地・借家の法律相談」については，定期借家制度の改正に対応するために，若干訂正を加える形で，平成12年に補訂版を出したのですが，前記のような諸々の法律の改正もあり，不動産法部でも，現行の補訂版のままで良いのだろうかということが話題になってきていました。不動産法部での議論の過程では，一部の手直しという話もありましたが，前回の補訂版の出版から8年経った現在，新しい問題も数多く生じているし，新しい最高裁判例も登場しているので，今回は単なる手直しではなく，やはり全面的な書き直しをしなければ，時代の変化に応じきれないのではないかという意見が多数を占めました。

　今般，幸いにも，青林書院のご理解を得て，「借地・借家の法律相談」を書き直すことになったのですが，この間に，不動産法部の所属弁護士が，現実に実務で経験した問題点を新たに加えるとなると，借地問題も，借家問題もという枠では収まりきれないため，今回の出版につきましては，借家関係

に絞り，「マンション・オフィスビル賃貸借の法律相談」ということで，出版させて頂くことになりました。

　本書は，各法律の改正や新たな問題に対応した形で東京弁護士会不動産法部の所属弁護士が，実務の現場で経験したことや日頃の研究の成果を持ちより，執筆したものですが，第1章　賃貸借契約の成立とその内容，第2章　借地借家法の適用，第3章　賃貸人の義務，第4章　賃借人の義務，第5章　賃貸人の交替，第6章　転貸借，第7章　賃借権の譲渡，第8章　賃料，第9章　敷金・礼金・保証金，第10章　更新，第11章　賃貸借契約の終了，第12章　定期借家，第13章　原状回復，第14章　賃貸借と相続・財産分与，第15章　賃貸借と倒産，第16章　賃貸借と災害の全16章とやや細かい構成としましたので，マンションやオフィスビルの所有者や賃借されている方々はもとより，弁護士，税理士，司法書士等の実務家の方々にも十分利用して頂けるものと思っております（一部，マンション・オフィスビルに限らない問題がありますが，ご承知いただきたいと存じます）。

　なお，本書が出来あがるにつきましては，濱口博史弁護士，坂本隆志弁護士には，編集過程において大変なご苦労をかけております。とりわけ，濱口博史弁護士には，賀集唱先生が急逝されるという困難の中で，各執筆者，青林書院との連絡やら編集作業やらの負担を一手に引き受けてもらいました。出版社の高橋広範氏，大塚和光氏にも大変お世話になりました。この場をお借りして，御礼申し上げます。

　なお，本書の見解は東京弁護士会不動産法部の有志執筆者の見解であり，東京弁護士会の見解ではないことをお断りいたします。

　　平成20年9月

東京弁護士会不動産法部
部長　西村　康正

凡　例

(1) 各設問の冒頭に **Q** として問題文を掲げ，それに対する回答の要旨を **A** にまとめました。具体的な説明は **解説** で詳細に行っています。また，重要事項については設問ごとにキーワードに掲げました。
(2) 判例を引用する場合は，本文中に「＊1，＊2…」と注記し，各設問の末尾に **引用判例** として，「＊1　最判平12・3・4民集5巻6号789頁」というように列記しています。なお，判例等の表記については次の「判例・文献関係略語」を用いました。
(3) 法令等は原則として正式名称を用い，カッコ内の引用では次の「法令等略語」を用いました。法令等は平成20年8月現在のものによりました。

■判例・文献関係略語

民録	大審院民事判決録
民集	最高裁判所（大審院）民事判例集
裁判例	大審院裁判例
裁判集民	最高裁判所裁判集民事
下民集	下級裁判所民事裁判例集
金商	金融・商事判例
金法	金融法務事情
新聞	法律新聞
判時	判例時報
判タ	判例タイムズ
法学	法学
法新	法律新報
労判	労働判例

■法令等略語

円滑化法	マンションの建替えの円滑化等に関する法律（マンション建替え円滑化法）

会	会社法
会更	会社更生法
旧借家	旧借家法
旧破	旧破産法
旧民	旧民法
供託	供託法
供託規	供託規則
区分所有	建物の区分所有等に関する法律（区分所有法）
刑	刑法
刑訴	刑事訴訟法
公営住宅	公営住宅法
借地借家	借地借家法
消費契約	消費者契約法
商	商法
信託	信託法
信託業	信託業法
宅建業	宅地建物取引業法
破	破産法
被災区分所有	被災区分所有建物の再建等に関する特別措置法（被災区分所有法）
暴力団	暴力団員による不当な行為の防止等に関する法律（暴力団対策法）
民	民法
民再	民事再生法
民執	民事執行法
民執規	民事執行規則
民訴	民事訴訟法
民調	民事調停法
民保	民事保全法
罹災都市	罹災都市借地借家臨時処理法

編集者・執筆者一覧

編　集　者

東京弁護士会不動産法部

執　筆　者

〔○印は編集委員，執筆順〕

　賀集　　唱（元弁護士）
　　執筆担当：Q1，Q3，Q9

○濱口　博史（弁護士）
　　執筆担当：Q1，Q2，Q3，Q5，Q9

○坂本　隆志（弁護士）
　　執筆担当：Q4，Q6，Q7，Q8，Q16，Q17，Q35，Q36，Q37，Q78

　本多　広高（弁護士）
　　執筆担当：Q10，Q11，Q13，Q14，Q15

　後藤　　啓（弁護士）
　　執筆担当：Q12，Q23，Q26，Q27，Q28，Q33，Q34，Q86

　飯塚　恵美子（弁護士）
　　執筆担当：Q18，Q19，Q20，Q29，Q30，Q51

○西村　康正（弁護士）
　　執筆担当：Q21，Q25，Q50，Q60，Q63，Q64，Q69，Q72，Q79

　丹生谷　美穂（弁護士）
　　執筆担当：Q22，Q31，Q42，Q46，Q47，Q52，Q53，Q54

　田中　秀幸（弁護士）
　　執筆担当：Q24，Q32，Q61，Q62，Q67，Q68，Q87，Q88

　大串　淳子（弁護士）
　　執筆担当：Q38，Q39，Q45，Q48，Q49，Q70，Q71，Q80

吉永　英男（弁護士）
　　執筆担当：Q40, Q41, Q81, Q82, Q83, Q84, Q85

細川　健夫（弁護士）
　　執筆担当：Q43, Q44, Q55, Q56, Q57, Q58, Q59

古川　和典（弁護士）
　　執筆担当：Q65, Q66, Q73, Q74, Q75, Q76, Q77

牧山　市治（弁護士）
　　執筆担当：Q89, Q90, Q91, Q92, Q93

神田　元（弁護士）
　　執筆担当：Q94, Q95, Q96, Q97, Q98, Q99

目　次

はしがき
凡　例
編集者・執筆者一覧

第1章　賃貸借契約の成立とその内容

Q1｜貸主・借主の特定 ……………………………〔賀集　唱・濱口　博史〕／ 3
　小さな会社の社長をしている友人が家を借りたいというので，マンションの一室を貸したのですが，実際に使用を始めたのは，その会社でした。その友人は，会社として借りたというのですが，釈然としません。どのように考えればよいでしょうか。

Q2｜使用貸借と賃貸借の区別 ……………………………〔濱口　博史〕／ 8
　賃貸借と使用貸借とはどのようにして区別するのですか。ワンルームマンションを，固定資産税や管理費・修繕費負担で親戚の学生に使わせていますが，賃貸借になるのでしょうか。

Q3｜契約書の要否──賃貸住宅標準契約書（国土交通省）
　……………………………〔賀集　唱・濱口　博史〕／ 12
　田舎の親戚の息子が私どもの近くの大学に入ったので，空き家にしていたマンションの一室を貸してやることにしました。契約書を作るのは，水臭いようですが，いかがなものでしょうか。

Q4｜マンション・オフィスビル賃貸借の契約条項 ……………〔坂本　隆志〕／ 19
　マンションやオフィスビルを貸し出すにあたり，契約書にどのような条項を盛り込んでおくのが効率的でしょうか。

Q5｜一時賃貸借 ……………………………………………〔濱口　博史〕／ 24
　分譲マンションを1戸所有しています。1人で住むのには広いので，賃貸したいのですが，結婚したときには住むつもりでいますので，いつでも明け渡してもらえるようにしておきたいのです。一時使用の賃貸借契約というものがありますか。

Q6｜マンション（アパート）を貸し出す際の注意点 ………〔坂本　隆志〕／ 27
　私は，自分の土地に賃貸用のマンション（アパート）を建て，マンション（アパート）経営をしようと思っています。入居者と賃貸借契約を結ぶ際に，賃料や管理費，改造などに関しどのように定めればよいか，その他特に注意すべき点があれば教えてください。

Q 7 │ 分譲マンションの賃貸借契約 ……………………〔坂本　隆志〕／ *33*

マンションを買って居住していましたが，遠隔地へ転勤となったのでそこへ転居し，マンションを貸したいと思います。このような賃貸借契約を締結する場合，賃料や管理費などの定め方，管理組合との関係はどのようにしたらよいか，その他注意すべき点があったら教えてください。

Q 8 │ マンション賃貸借とオフィスビル賃貸借との違い ………〔坂本　隆志〕／ *39*

私は東京都内に土地を所有しており，この土地を有効活用するために賃貸用のマンションかオフィスビルを建てようと考えています。そこで，オフィスビルを賃貸する場合，マンションを賃貸する場合と比べて法律上どのような違いが生じるのか，またオフィスビルを賃貸する場合の法律上の注意点などがあれば教えてください。

Q 9 │ 契約締結上の過失 …………………………〔賀集　唱・濱口　博史〕／ *44*

地方に転勤を命じられたので，事前に出掛けて，不動産業者の紹介で，借家を見つけました。間もなく，賃貸人の署名押印済みの契約書が送られてきたので，私も，賃借人欄に署名押印して返送しました。ところが，その日の未明この家が火事で焼失したという電話が，夕方入りました。その日には，敷金と1ヵ月分の前家賃を賃貸人に，仲介手数料を不動産業者に振り込みましたし，ほかにも，費用がかかっています。どうなるのでしょうか。

Q10 │ 契約締結の拒否に対する損害賠償請求 ………………〔本多　広高〕／ *47*

オフィスビルを賃借することに話がほとんど決まっていたのに，契約締結の直前になって，ビルのオーナーから，契約締結を拒否されました。オーナーに対し，損害賠償を請求することができるでしょうか。

Q11 │ 宅地建物取引業者と媒介契約 ………………………〔本多　広高〕／ *51*

宅地建物取引業者に対し，賃貸オフィスビルを探すよう依頼したのですが，思うような物件を見つけてくれません。ほかの宅地建物取引業者に依頼してもよいものでしょうか。そんなことをすると，違約金を取られるのではないでしょうか。

Q12 │ 宅地建物取引業者の仲介手数料（媒介報酬） ………〔後藤　啓〕／ *54*

マンションの賃貸借契約を仲介してもらうにあたり，仲介手数料を支払う約束などしていないのに不動産業者から仲介手数料を請求されて困っています。約定がなくても仲介手数料の支払義務はあるのでしょうか。また，仲介手数料を支払う約束をした場合でも，まだ入居していない時点で賃貸借契約が解約になった場合はどうでしょうか。

Q13 │ 建物賃貸借と重要事項説明 …………………………〔本多　広高〕／ *59*

私はマンションの一室を借りて居住していますが，最近になって，私の部屋は2年前に借金苦で自殺者を出した部屋だということが分かりました。私は，賃貸人か

らも仲介業者からもそのような説明は受けていなかったのですが，このような場合，賃貸人や仲介業者の責任を問うことはできるでしょうか。

Q14｜隣室が暴力団事務所に使われている場合の対処 ……………〔本多　広高〕／*64*
　自分の事業のためにビルの一室を借りました。その後，隣の部屋が暴力団事務所として使われていることが分かり，日常の業務を行うにも支障が出ています。どのように対処すればよいでしょうか。

Q15｜ビルの面積と賃料減額請求 ………………………………………〔本多　広高〕／*70*
　ビルの一室を借りたのですが，契約面積より実測面積が大幅に不足していました。賃料の減額を請求することはできますか。

第2章　借地借家法の適用

Q16｜公営住宅・公団公社住宅の賃貸借契約 …………………〔坂本　隆志〕／*79*
　県営住宅に居住していますが，先日家賃の値上げ通知がありました。公営住宅は，低廉な家賃で住宅を提供するのが目的であると聞いていますが，法律上はどのような場合に家賃の値上げが許されているのですか。また，割増賃料の支払を拒否したなどの理由で明渡請求を受けたときには，拒絶できますか。借地借家法が適用されるか，および公団公社住宅との違いも教えてください。

Q17｜社宅使用契約 ……………………………………………………〔坂本　隆志〕／*86*
　勤務先の社宅に10年間居住しています。社宅の使用料として，光熱費のほか管理費を支払っていますが，管理費は固定資産税よりも高いようです。給料は他の同僚と同じくらいで，特に差はありません。定年が近づいていますが，高校在学中の子がいる関係で，定年になっても直ちに転居するのは困難なのですが，定年退職した場合には社宅を明け渡さなければならないでしょうか。また，定年前に出向や転籍の形で他社に移る可能性もありますが，その場合はどうなりますか。

Q18｜間貸しと借地借家法の適用 …………………………………〔飯塚　惠美子〕／*91*
　私は，持ち家である自宅の一部を，今度大学生になる友人の息子さんに賃貸しようと思っています。このような「間貸し」についても，借地借家法は適用されるのでしょうか。

Q19｜ケース貸しと借地借家法の適用 ……………………………〔飯塚　惠美子〕／*95*
　私の友人は，デパート内の商品陳列棚の一画を借り，デパートの商号を使用し，デパートの指揮監督のもとで物品の販売を始めようとしていますが，このような「ケース貸し」に際しても，借地借家法は適用されますか。

Q20｜ウィークリーマンション ……………………………………〔飯塚　惠美子〕／*100*
　1週間単位で家具，その他の生活用品付きで部屋を貸す事業を始めたいと思いま

す。注意点を教えてください。

第3章　賃貸人の義務

Q21｜共同住宅における近隣者の迷惑行為 ……………〔西村　康正〕／107
　7階建ての賃貸マンションを所有しています。502号室の入居者から602号室の入居者が夜中に家具を動かすような音をたてるので，安眠できないから家賃を半額にするといってきました。そこで，602号室の入居者に注意するから騒音の測定に協力して欲しいといいましたら，それは何かされると嫌なのでできない。苦情の件は内緒にして欲しいとのことでした。どうしたらよいでしょうか。

Q22｜賃貸人の修繕義務と賃料減額請求 ……………〔丹生谷　美穂〕／112
　飲食店営業のためにビルの一室を賃借しました。しかし，ビルの管理状態が悪く，水道管や冷房用の配管からの漏水で天井から水が落ちてきたり，下水の臭気がすることがありますし，壁に染みができて変色してきました。賃貸人に何度苦情をいっても修繕してくれません。賃貸借契約書では，賃料は3年ごとに自動的に増額されることになっているのですが，とても増額に応じる気にはなれません。修繕するまで賃料を払わないか，または減額して払うことはできるでしょうか。

Q23｜借地上の賃貸建物の修繕 ……………………………〔後藤　　啓〕／116
　借地上にオフィスビルを建築して賃貸しています。建築して30年ほど経過したせいか，壁にヒビが入って雨漏りがすると賃借人から苦情がきました。そこで壁の修繕を地主に申し入れたところ，耐用年数を延ばすことになる修繕だから承諾できないといわれました。どうしたらよいでしょうか。

第4章　賃借人の義務

Q24｜賃借人の出す騒音と賃貸人の権利・義務 ………〔田中　秀幸〕／123
　私は，マンションの一室をAさんに賃貸しています。ところが，近隣の住民から，Aさんの部屋からの騒音問題について苦情が入るようになり，近隣住民とAさんとの間でトラブルが生ずるようになりました。私は，契約を解除してAさんに退去してもらうことはできるでしょうか。また，私は，近隣住民からの苦情に対し，賃貸人としてどのように対応すればよいでしょうか。

Q25｜賃借人の用法違反 ……………………………………〔西村　康正〕／128
　マンション1階を文房具店として使用するということで賃貸していました。借主から従業員の休憩設備を設置したいとの申入れがあり，許可しましたが，内装工事

が終わってみると，店舗の一部が弁当屋に改装されていました。どうしたらよいでしょうか。

Q26 | 賃借人が賭博をさせている場合 …………………………〔後藤　啓〕／133
　店舗，事務所用のビルを所有して賃貸しています。喫茶店に使用するものとして2階の店舗を賃貸したのですが，最近ゲーム喫茶として賭博行為をさせていることが分かりました。明渡しを要求することができるでしょうか。

Q27 | 暴力団の使用を禁ずる方法 ………………………………〔後藤　啓〕／136
　マンションの一室を貸そうと思っています。暴力団員が入居したり，暴力団の組事務所になっては困ります。対処方法を教えてください。

Q28 | パソコン教室としての使用の可否 ………………………〔後藤　啓〕／140
　分譲マンションの一室を所有して，貸家にしています。そのマンションは管理規約で居住用とされています。はじめ賃借人のAさんは住まいに使っていたのですが，Aさんは，最近そこでパソコン教室を始めました。管理組合からは，規約違反だからパソコン教室は止めて欲しいといわれています。どうしたらよいでしょうか。

Q29 | 無断譲渡・転貸と契約解除 ……………………………〔飯塚　惠美子〕／144
　雑居ビルの1階の一室を株式会社秋葉原商事という会社に飲食店用に貸しました。同社は「うぐいす」という小料理店を始めましたが，いつのまにか，「のがみ」という店名に変わっていました。内装は変わっていないようですが，店に出ている板前が変わっており，私としては，今後の成り行きが不安です。何を調べ，どのように対処すればよいでしょうか。

Q30 | 賃借人を会社とする場合の賃借権の無断譲渡 ………〔飯塚　惠美子〕／149
　私は，マンションの一室を賃貸するにあたり，賃借人の希望で借主を株式会社名義にすることにしました。最近，その会社の株主も役員もすべて代わってしまい，その部屋は当初の賃借人とは全く別の人が使用していることが分かりました。このような場合，私はその会社との賃貸借契約を解除することができるでしょうか。

第5章　賃貸人の交替

Q31 | 賃貸物件の譲渡と賃借人の地位 ………………………〔丹生谷　美穂〕／157
　賃貸マンションの所有者からその一室を借りて居住しているのですが，先日，このビルがA会社に譲渡されたとの通知が届きました。また，通知には，このマンションの管理業務はB会社に委託することになったため，今後は賃料・管理費等はB会社の銀行口座に支払うようにと書かれていました。A会社もB会社も今まで名前も聞いたことのない会社なのですが，B会社に賃料・管理費等を支払うべきでしょ

うか。

また，すでに支払った3ヵ月分の敷金はどうなるのでしょうか。

Q32｜賃借物件の譲渡と契約条件の変更 ……………………〔田中　秀幸〕／161

私は，ビルの一室を2年間の約定で賃借し飲食店を営業していますが，契約期間中にビルが売却されビルの所有者が変わりました。ビルの売却直後に，ビルの新所有者から，新所有者との間で改めて賃貸借契約を締結し直す（巻き直す）旨の申入れがありました。新所有者は賃料を現行の倍に増額とすることを新契約の条件とし，これに応じないのであれば退去するようにと迫ってきました。私はこのビルで営業を続けたいのですが，新所有者の提示した条件で賃貸借契約を巻き直さなければいけないでしょうか。

また，賃貸借契約の巻き直しができなかった場合，退去しなくてはならないのでしょうか。

Q33｜抵当権が設定された物件の賃貸借の保護 ……………〔後藤　啓〕／164

私は，銀行から建築資金を借り入れて，賃貸マンションを建築しました。銀行借入れについては，マンションに抵当権が付いています。貸付けは仲介業者に任せようと考えているのですが，万一抵当権が実行された場合の短期賃貸借の保護という制度がなくなったと聞きました。どのように変わったのでしょうか。

Q34｜抵当権の実行と賃借人の地位 ………………………………〔後藤　啓〕／168

賃貸オフィスを借りているのですが，賃貸人が倒産して，オフィスビルが競売になったという情報が入りました。明渡しになるのは困るのですが，どのように考えればよいでしょうか。

Q35｜前所有者に対する賃料不払を理由とする解除の可否
………………………………………………………………〔坂本　隆志〕／172

私は中古の居住用マンションを購入しましたが，そのマンションの賃借人の1人は，すでに賃料を3ヵ月分も延滞しているそうです。これからも賃料を支払ってもらえそうにないのですぐにでもその賃借人との賃貸借契約を解除したいのですが，前所有者に対する賃料の不払を理由に契約を解除することは可能でしょうか。

Q36｜解約申入れをした法的地位の承継の可否 ……………〔坂本　隆志〕／177

賃借人に対しては，貸室内の損耗がひどくこれ以上賃貸の用に供せないということで，すでに前所有者が内容証明郵便で解約申入れをしたそうなのですが，この賃借人に対し改めて解約申入れをする必要はあるでしょうか。

Q37｜賃貸マンションの譲渡担保権者と賃借人との関係 ………〔坂本　隆志〕／182

私は，貸しているお金の担保として，ある賃貸マンションを譲渡担保に取りましたが，その賃貸マンションの賃借人に対し賃料を請求できるでしょうか。また，ある賃借人からは，退去にあたり敷金の返還を請求されて困っていますが，譲渡担保

権者に過ぎない私が敷金を返還しなければならないのでしょうか。

第6章 転貸借

Q38 | 賃借物件の譲渡と承諾依頼① ……………………〔大串　淳子〕／*191*
　私は，オフィスビルの1階店舗部分を賃借して喫茶店を経営しています。先日，賃貸人であるビル所有者から，当該ビルを信託銀行に信託譲渡したが，賃貸人の地位は，新所有者である当該信託銀行から，当該地位を承継する特別目的会社になるので，これを承諾して欲しいという趣旨の承諾依頼書（承諾書を兼ねるもの）が郵送されてきました。私は，これを承諾しなければならないでしょうか。
　また，承諾した場合と，承諾しない場合の違いを教えてください。

Q39 | 賃借物件の譲渡と承諾依頼② ……………………〔大串　淳子〕／*197*
　賃貸物件の所有者が，当該賃貸物件を譲渡するにあたり，当該所有者（賃貸人）が，従前の賃貸借関係における賃貸人の地位にとどまり，従前の賃貸借関係を転貸借関係とすることにつき，賃借人である私に承諾を求めてきました。賃借人として，当該承諾をするかの判断にあたり，どのような事項に留意すべきか教えてください。

Q40 | 賃借人の賃料不払と転借人の保護 ………………〔吉永　英男〕／*200*
　都内に営業拠点としての店舗を賃借しています。その建物の所有者という人から，借家の契約が家賃の不払で解除になったから，店舗を明け渡すようにとの通知が来ました。実は，サブリース契約で，私は中間の業者から借りていました。私は中間の賃貸人に家賃の不払など一度もしていませんし，私にも，賃料支払の機会が与えられるべきではなかったかと思いますが，明渡しをしなければならないでしょうか。

Q41 | 賃貸借契約の合意解除と転借人の保護 …………〔吉永　英男〕／*205*
　私は，サブリースの転借人ですが，転貸人と建物所有者との間で，賃貸借の期限が来たので，賃貸借契約を合意解除する予定であるという話が伝わってきました。このようなことができるのでしょうか。

Q42 | 賃貸借契約の解除をめぐる争いと転借人の地位 ………〔丹生谷　美穂〕／*210*
　マンションの一室を賃借人から転借して住んでおり，賃貸人（マンションの所有者）もこの転貸借を承諾していると転貸人（賃借人）から説明を受けていました。ところが最近，賃貸人から，賃貸借契約は解除したので今後は賃貸人に対して直接賃料を支払うようにとの連絡がありました。しかし，転貸人（賃借人）は，そのような解除の事実はないので，転借料は従来どおり転貸人（賃借人）に支払ってほしいといっています。聞くところによると，賃貸人と転貸人（賃借人）の間の賃貸借

契約の解除をめぐって両者の間で紛争になっているようです。私としてはどちらに賃料を支払うべきか分からないので，できれば紛争が解決するまで賃料を支払いたくないのですが，可能でしょうか。

第7章　賃借権の譲渡

Q43｜賃借権の譲渡 ……………………………………〔細川　健夫〕／217
ビルの一室を賃借して営業している飲食店を賃借権付きで譲渡したいとの申出を受けています。私が，営業を引き継ぐためには，どのような注意が必要でしょうか。賃貸借契約が終了した場合は，備付けのカウンター，テーブルや椅子などの備品は家主に引き取ってもらえるのでしょうか。

Q44｜賃借権の譲渡と敷金返還請求権 ……………………〔細川　健夫〕／222
知人が，ビルの一室を借りて飲食店を経営していましたが，それを私に譲ってくれるといっています。知人は，この部屋を借りる際に，大家に，敷金を入れているとのことですが，私が，その敷金を入れたことにすることはできるでしょうか。

第8章　賃　　料

Q45｜賃料増減額をめぐる紛争の解決手段 ……………………〔大串　淳子〕／227
家賃の値下げ・値上げの方法を教えてください。また，家賃額をめぐり紛争が生じたときの家賃の支払方法を教えてください。

Q46｜賃料増額請求権を制限する特約の有効性 ……………〔丹生谷　美穂〕／233
オフィスビルを借りて雑貨を販売する店舗を経営しています。賃料は，営業売上げに応じてスライドする特約になっています。しかし，最近ビルのオーナーから，周囲の店舗建物の賃料が増加傾向にあることを理由に，賃料の増額を求められました。賃料が営業売上げに応じて変わるのに，さらに増額されることがあるのでしょうか。

また，要求された増額は周囲の賃料に比べても高すぎるように思うのですが，どのように適正な賃料を決めればよいでしょうか。

Q47｜サブリースにおける賃料自動増額の特約 ……………〔丹生谷　美穂〕／237
当社は所有する土地に賃貸マンションを建設して，不動産会社に一括賃貸することを考えています。不動産会社から当社に支払われる賃料は，2年ごとに5パーセントずつ増額される予定です。ただ，このような特約を設けても，将来的に賃料相場より高額になった場合には賃料が減額される可能性もあると聞いたのですが，本

当でしょうか。

Q48｜賃料増減額請求と建設協力金……………………〔大串　淳子〕／242

私は，建物を一棟借りする予定の者から建設協力金を差し入れさせ，当該者（賃借人）の要望にそった建物（用途をスーパーストアとし，他に転用の困難な仕様の建物）を建設し，当該建築過程において，賃借人から詳細な仕様の指図を受けるとともに，長期借上げを前提とした賃料額を定めました。このような場合において，将来，賃借人が賃料減額請求をした場合，かかる請求は認められることがあるのでしょうか。

仮にこのような賃料減額請求が認められることがある場合，当該請求の当否の判断に際して考慮する要素はどのようなものでしょうか。

Q49｜賃料増額の合意と日常家事債務………………………〔大串　淳子〕／249

私は，賃貸しているマンションの賃料を増額するにあたり，賃借人の1人が何回出向いても外出中なので，その妻との間で賃料増額の合意を取り付けました。この合意には法的効力は認められるでしょうか。

Q50｜契約時に必要な金銭………………………………〔西村　康正〕／253

ビルの一室を事務所として使うために借りたいと思っていますが，契約時にどの程度の金額を用意しなければならないのか分かりません。一時金という言葉も何か分かりません。賃貸人によって，要求する金額が違うとの話も聞きますが，交渉に必要な基本的知識を知りたいと思います。

Q51｜家賃の支払を確保する手段……………………〔飯塚　惠美子〕／258

家賃の支払を確保する手段にはどのようなものがあるでしょうか。

Q52｜先取特権…………………………………………〔丹生谷　美穂〕／263

私は，所有する店舗を貸していましたが，賃借人が賃料不払のまま行方不明になってしまいました。どのようにしたら少しでも未払賃料を回収できるでしょうか。店には営業用の什器備品，在庫などが放置されていますが，これを処分して未払賃料に充てることはできるでしょうか。

Q53｜賃料債権の譲渡と差押え………………………〔丹生谷　美穂〕／268

マンションを賃借して住んでいたところ，賃料債権が賃貸人の債権者に譲渡されたという通知が届いたため，以後この債権者に対して賃料を支払ってきました。ところが，最近になって，裁判所から，賃料債権がマンションの抵当権者によって差し押さえられたという内容の差押命令が届きました。今後賃料は誰に支払ったらよいのでしょうか。

Q54｜家賃の供託………………………………………〔丹生谷　美穂〕／273

家賃はどのような場合に供託できるでしょうか。その他，供託の基礎的知識を教えてください。

第9章 敷金・礼金・保証金

Q55｜保証金と賃料の相殺の可否 ……………………………〔細川　健夫〕／279

保証金として賃料の8ヵ月分を預かっています。期間満了の8ヵ月前に更新しないとの連絡があったのはいいのですが，その後保証金と相殺するとの理由で，賃料の支払をしなくなりました。賃貸人としては，資金繰りからも困ります。このような相殺は許されるのでしょうか。

Q56｜旧住宅金融公庫融資物件における設備協力金 ……………〔細川　健夫〕／284

旧住宅金融公庫融資物件を賃借しています。礼金や更新料の支払はないのですが，設備協力金名目で多額の費用を取られています。何か問題はありませんか。

Q57｜敷金に対する債権差押命令の競合 ………………………〔細川　健夫〕／288

私が所有しているアパートの一室の賃借人が，借金をしていて，裁判所から敷金の債権差押命令が債権者2名の分として，2通送られてきました。この賃借人は，賃貸借を解除して，部屋を明け渡してもらうことになっており，敷金を返すことになりますが，誰に返せばよいのでしょうか。

Q58｜保証金の返還に関する特約 ………………………………〔細川　健夫〕／293

私は，事務所として使用するためにビルの一室を賃借しましたが，その際の契約書を見ると，賃貸借契約の際に差し入れた保証金の返還を，次の入居者が決まるまで猶予するという特約が付いていました。このような特約は有効なのでしょうか。

Q59｜敷引特約 ……………………………………………………〔細川　健夫〕／298

関西地方に転勤の予定です。敷引という方式があると聞きました。どのような点に注意すべきでしょうか。

第10章 更　新

Q60｜賃貸借契約の更新と正当事由 ……………………………〔西村　康正〕／305

転勤で東京に出てくることになり，勤務先に近いうえに家賃も手頃な賃貸マンション（築10年から15年程度）を見つけました。転勤の期間は5年程度ですが，仲介業者から賃貸の期間は2年といわれました。2年経過したら更新もできるとのことでしたが，本当に更新できるのでしょうか。

Q61｜法定更新の場合における更新料の支払義務 ………………〔田中　秀幸〕／312

私は，マンションの一室をAに賃料1ヵ月10万円で賃貸していますが，賃貸借契約には更新料を10万円とする定めがあります。私は，期間満了の2ヵ月前にAに対し，更新の意思を確認したところ，Aは更新を希望しました。そこで，私は，Aに

対し，更新契約書を送付するとともに更新料10万円の支払を請求しましたが，Aは更新料10万円の支払を拒絶しました。私はAに更新料の支払を請求できるでしょうか。

第11章　賃貸借契約の終了

Q62｜前家賃の特約の効力 ……………………………〔田中　秀幸〕／319

　私は，マンションの一室をAに賃貸しています。この契約では賃料の支払時期について「毎月末日までに翌月分を支払う」という特約（前家賃の特約）で賃貸しています。
　ところが，Aは入居開始直後から当月分の賃料を当月末日に支払い，前家賃の特約を守っていません。私は，前家賃の特約違反を理由として契約を解除して退去を求めることはできるでしょうか。

Q63｜長期間の賃料1ヵ月分滞納を理由とする解除 ………〔西村　康正〕／323

　賃貸マンションを所有していますが，家賃の支払が悪い賃借人がいて困っています。常に1ヵ月分は滞納しています。強く催促すると支払うので，2ヵ月分滞納したことはありません。契約解除はできませんか。

Q64｜建物明渡請求の相手方 ……………………………〔西村　康正〕／328

　分譲マンションの一室を賃貸しました。家賃が月50万円と高額です。賃借人はA株式会社ですが，入居者は社長の一家です。現在3ヵ月分の家賃の滞納があります。会社の経営が悪いようです。社長は奥さんと離婚したとの噂もあります。明渡しを求める場合の注意点を教えてください。

Q65｜建物の老朽化と賃貸借契約の終了 ………………………〔古川　和典〕／332

　私が貸しているアパートがかなり老朽化していることから，建て替えたいと思っていますが，なかなか賃借人が出て行ってくれません。10戸あるのですが，もうすでに4戸は空室です。どのような場合に，建物が老朽化したことを理由として賃貸借契約は終了するのでしょうか。
　また，1年ほど前から，建物が古くなったので出て行くように交渉をしているのですが，賃借人は，修繕をすれば住み続けられるのだから修繕しろと譲りません。どうしたらよいでしょうか。

Q66｜借家が火災に遭った場合の法律関係 ……………………〔古川　和典〕／336

　借りていたアパートが火事で焼けてしまい，もう住めません。この場合，賃貸借契約は終了するのでしょうか。火事は発生しましたが，まだ住むことができる場合はどうでしょうか。
　また，今回の火事は隣の人の不注意から起きたものだと聞きましたが，賃貸人に

何らかの補償を求めることはできるでしょうか。逆に，賃借人である私が火事を出した場合は，賃貸人や他の被害者の方にどのような責任を負わなければならないですか。

Q67 | 自力救済行為の可否 ……………………………〔田中　秀幸〕／341

私は，Aにマンションの一室を賃貸していますが，Aが行方不明になってしまい，ここ4ヵ月ほど連絡がとれません。契約書には「賃借人が長期間所在不明等により連絡がとれなくなった場合には，賃貸人が室内に立入確認することができる」および「残置した物をすべて任意に処分することができる」との定めがあります。この契約書の定めに従ってAの部屋に立入確認をすることができるでしょうか。また，残置物を処分してしまってもよいでしょうか。

Q68 | 賃借人の逮捕・勾留と賃貸借契約の解除 ……………〔田中　秀幸〕／346

私は，マンションの一室をAに賃貸しています。Aからの賃料の支払はこれまで一度も遅れたことはありませんが，ここ1ヵ月ほどAとは連絡がとれなくなりました。最近になってAが刑事事件で逮捕されたということが分かりました。私は，賃貸借契約を解除することができるでしょうか。

Q69 | 中途解約条項の有効性 ………………………………〔西村　康正〕／351

賃貸マンションを3年契約で借りて，会社の事務所として使っています。契約締結したときは気がつかなかったのですが，3ヵ月前に予告すると契約解除できるという特約があって，先日，家主から建物を建て替えるので，あと3ヵ月で契約を解除するから明け渡すようにとの通知がきました。明渡しに応じなければならないでしょうか。

Q70 | 特定の事業者のために建築された建物の賃貸借契約
　　　　　…………………………………………………………〔大串　淳子〕／356

当社は，スーパーマーケットを複数店舗経営している事業会社です。今般，新規出店に相応しい立地条件の遊休地を見つけたのですが，当社は，土地を購入して建物を建築するための資金力に不足しているため，地主と交渉して，当社の店舗が入居する建物は，地主が建築するものとし，地主は，当該建物を当社に賃貸し，その賃料収入から建築資金を回収するという仕組みで建物賃貸借契約を締結することになりました。

このような建物賃貸借契約を締結する場合には，どのような事項に留意すべきでしょうか。

Q71 | 正当事由の判断要素 …………………………………〔大串　淳子〕／360

借家契約の更新拒絶はどのような場合に認められますか。また，建物の老朽化による立替えの必要性，借家の敷地の再開発は，更新拒絶における正当事由になりますか。

Q72 │ 敷地の有効利用と正当事由 ……………………………〔西村　康正〕／365
　地上4階建ての賃貸マンションを持っています。鉄筋コンクリート造ですが、昭和40年代に建築されたビルで、耐震性に問題があります。付近は、現代にマッチするマンションがどんどん建てられています。容積率も半分位しか利用されていないので、建て替えたいのですが、どうしたらよいでしょうか。

Q73 │ 賃借人の問題行為と契約の解除等……………………〔古川　和典〕／370
　マンションを賃貸していますが、賃借人の中に次のような使用方法をしている方がいるので、賃貸借契約を解除、解約あるいは更新拒絶して退去してもらおうと思います。賃貸借契約の解除、解約あるいは更新拒絶はできるでしょうか。
　①　私のマンションはペット禁止ですが、その賃借人の1人であるAさんは、マンションの中で猫を飼っています。また、仮に賃貸借契約でペット禁止の特約がなかった場合はどうでしょうか。
　②　Bさんは夫婦で音楽が好きなようで、自分たちで楽器を鳴らしたり、頻繁にパーティーをして近所に迷惑をかけています。
　③　1階の店舗用に貸している場所ですが、Cさんにマリンスポーツ用品の販売店・事務所として使用するということで貸していたにもかかわらず、Cさんは、勝手に、クラブ営業を始めてしまいました。また、合わせてCさんが改装をしている場合はどうでしょうか。

Q74 │ 正当事由の判断における「自己使用の必要性」………〔古川　和典〕／377
　正当事由における「賃貸人が建物の使用を必要とする事情」（いわゆる「自己使用の必要性」が認められる事情）には、具体的にどのようなものがあるでしょうか。

Q75 │ 正当事由と立退料 ………………………………………〔古川　和典〕／382
　私は、今使っていない家を人に貸していますが、賃借人に出て行ってもらうときには、立退料が必要だと聞きました。今すぐ空家を使う必要はないのですが、将来賃借人に立ち退いてもらう際に、立退料を支払わなければならないのか不安です。
　借家の立退料とはどういうもので、常に必要なものなのでしょうか。また、賃貸借契約の更新拒絶で賃借人に出て行ってもらうには正当事由が必要だとも聞きましたが、借家の更新拒絶の正当事由と立退料とはどのような関係になるか教えてください。

Q76 │ 立退料の算定方法 ………………………………………〔古川　和典〕／387
　私は店舗兼住居用のビルを経営していますが、ビルは古くなってきており、不動産業者からビルを壊してマンションを建てるように勧められています。賃借人の方の中に、なかなか立退きに応じて頂けない方がいるため、立退料を払って立ち退いてもらおうかと考えていますが、立退料の金額はどのように算定されるのでしょう

か。

Q77｜立退料の相場 ……………………………………〔古川　和典〕／394

次のような場合には，立退料はいくらくらいになるでしょうか。

① 私は，店舗用のビルを経営していますが，ビルはかなり築年数が経過しており，不動産業者からビルを壊してマンションを建てるように勧められています。しかし，賃借人の方の中に，なかなか立退きに応じて頂けない方がいるため，立退料を払って立ち退いてもらおうかと考えています。

② 私は転勤で大阪に行っていたため，使う必要のない東京の自宅を賃貸していましたが，10年ぶりに東京に戻ってきたため再び自宅を使いたいと思っています。ただ，賃借人の側にも生活があるので，とりあえずアパートを借りていますが狭くて困っており，賃借人に立ち退いてもらおうかと考えています。

Q78｜造作買取請求権 ……………………………………〔坂本　隆志〕／399

貸事務所を月額20万円で賃貸していたところ，賃借人からスナックに改造したいという申出を受け軽い気持ちで了承したところ，賃借人は2000万円もかけて大規模な改装をしてしまいました。そして約半年後，賃借人からスナックの経営が立ちゆかないので事務所を明け渡したい，ついては改装した造作を買い取ってほしいといわれ困っています。契約書には「原状回復のうえで明渡し」すべきことになっているのですが，賃借人のいうとおり，造作を買い取らなければならないのでしょうか。また，そもそも借家契約における造作買取請求権とはどういうものでしょうか。

Q79｜地代の不払による建物賃貸借契約の終了 ………〔西村　康正〕／406

都内に営業拠点としての店舗を賃借しています。その建物の地主から，突然，建物所有者との間の借地契約が地代の不払で解除になったので，店舗を明け渡すようにとの通知がきました。家賃の不払は一度もなく，きちんと払っているのですが，明渡しをしなければならないのですか。

Q80｜分譲マンションの建替えと賃借人の地位 ………〔大串　淳子〕／411

私は，分譲マンションの一室を借りて居住していますが，私の住んでいるマンションは，築40年を過ぎ老朽化しているということで，現在建替えの話が進んでいます。もし，マンションの建替えが決まる場合，賃借人である私の立場はどうなるのでしょうか。

第12章　定期借家

Q81｜定期借家 ……………………………………………〔吉永　英男〕／421

貿易会社に勤務しているのですが，今度，3年間の予定で海外に移住することに

なりました。5年前に買って現在も住んでいる分譲マンションがあるので、海外移住期間中は賃貸に出し、帰国したらまた使いたいと考えています。このような場合に便利な定期借家制度というものがあると聞いたのですが、どのような制度ですか。また、定期借家制度を利用するにあたっては、どのような点に注意すればよいですか。

Q82 | 定期借家への切替えの可否 ……………………〔吉永　英男〕／427

現在、賃貸アパートの経営を行っており、建物が古くなってきたので数年後の建替えを検討していますが、このまま通常の借家契約を続けていると、建替えの際賃借人に出ていってもらえるかどうか分かりません。このような場合に、定期借家契約という便利な方法があると聞いたのですが、定期借家契約への切替えをすることは可能でしょうか。

Q83 | 定期借家と賃借人からの解約の制限 …………………〔吉永　英男〕／431

定期借家制度を利用した賃貸マンションの経営を考えていますが、賃借人が退去してしまい、空室リスクが生じるのではないかと心配しています。定期借家契約では、どのような場合に中途解約は可能でしょうか。また、長期の定期借家契約で中途解約は不可とすることにより、空室リスクを排除することは可能でしょうか。

Q84 | 定期借家の更新の可否 ……………………………〔吉永　英男〕／436

定期借家契約を締結して、Aさんにマンションの一室を貸しています。できればずっと借りていて欲しいと思っています。更新（再契約）を繰り返すことは可能でしょうか。また、その際の注意点などがあったら教えてください。

Q85 | 普通借家契約とサブリース ……………………〔吉永　英男〕／442

私は都内の空き地を所有していますが、ある不動産業者からその土地にオフィスビルを建て、一棟全部をその不動産業者にサブリースで賃貸することを勧められました。その不動産業者との間では、契約期間を20年とし、その間の賃料は一定額で保証してくれるということなので、その賃料収入をあてにしてオフィスビル建築のためのローンを組もうと思っています。その不動産業者は、定期借家契約を利用してエンドユーザーに賃貸するとのことですが、私は20年経過後も引き続きその不動産業者にサブリースを引き受けてもらいたいと思っているので、その不動産業者との間では定期借家契約ではなく普通借家契約を締結しようと考えています。何か問題になるようなことはないでしょうか。

第13章　原状回復

Q86 | 敷金・保証金の返還請求権と原状回復義務 …………〔後藤　啓〕／449

アパートを借りて住んでいたのですが、契約期間の満了を機に引越しをすること

にしました。今まで家賃の延滞はなく，きれいに清掃して明け渡したつもりですが，敷金から畳の表替え・襖の張替え・クロスの張替え費用が差し引かれて返却されました，差し引かれた分の敷金は返してもらえないのでしょうか。

　また，オフィスビルの保証金の場合はどうでしょうか。

Q87｜いわゆる「東京ルール」と賃貸借の実務 ………………………〔田中　秀幸〕／454

「東京における住宅の賃貸借にかかる紛争防止に関する条例」（いわゆる東京ルール）の施行により，賃貸実務はどのように変わったのでしょうか。

　また，東京ルールにより，賃貸人は，賃借人に不利な特約を締結することができなくなったというのは本当ですか。

Q88｜ペットの飼育と原状回復義務 ……………………………………〔田中　秀幸〕／459

私は，マンションの一室をAに賃貸し，敷金を預かりました。入居者募集時の条件は「ペット不可」としていましたが，Aが室内でペットを飼うことを強く希望したので，「ペットによる損耗の原状回復費用はAの負担とする」という誓約書を差し入れることを条件にペットの飼育を特別に許可しました。

　Aは，期間満了後に退去しましたが，ペットの飼育を原因とする破損，汚損箇所が多数あり，補修費用を要することが判明しました。私はAに対し補修費用を敷金から控除して残額を返還すると連絡したところ，Aはこれを不服として敷金全額の返還を求めてきました。私は敷金から補修費用を控除してもよいでしょうか。

第14章　賃貸借と相続・財産分与

Q89｜借家権の相続 …………………………………………………………〔牧山　市治〕／465

父は，同じ敷地に建つ二棟の建物を賃借し，一棟を住宅に，他方を事務所に使用していましたが，最近死亡し，相続人は，母と兄および私です。兄は結婚して別に住み，司法書士をしています。借家のうち，事務所を兄が相続し，住宅を母と私が相続して同居しようと考えています。借家権の分割相続は可能でしょうか。また，その際，名義書換料の支払が必要でしょうか。

Q90｜賃借人の死亡と内縁の妻 …………………………………………〔牧山　市治〕／468

私は，夫と約30年も同棲し，婚姻届はまだ出していませんが，事実上，夫婦として暮らしてきました。現在，私が住んでいる建物は，当初から夫名義で賃借していましたが，最近，夫が死亡しました。戸籍上の相続人はいません。私は，賃貸人の明渡請求を拒むことができるでしょうか。

　また，夫の兄弟など，他に相続人がいる場合にはどうなるでしょうか。

Q91｜借家権の相続と賃貸人の請求方法 ………………………………〔牧山　市治〕／471

私から家屋を賃借している賃借人が死亡し，相続人は同居の妻のほか，別居して

いる子どもが数人いるようです。賃貸人の私としては、家賃の請求や解約通知などの手続はどのようにすればよいのか教えてください。

Q92｜賃貸人の死亡と相続 ………………………………〔牧山　市治〕／474
　父は貸家を遺して死亡しましたが、相続人は母と私および弟の3名です。私は遺産分割によりこの賃貸権を承継することができるでしょうか。

Q93｜財産分与と借家権 …………………………………〔牧山　市治〕／476
　夫は、マンションの一部を賃借して八百屋を経営しており、私は夫と結婚して20年になります。夫は、最近私との離婚を主張し、財産分与としてこの店舗を譲渡するといいますが、借家であっても財産分与できるのでしょうか。

第15章　賃貸借と倒産

Q94｜賃貸人の破産 ………………………………………〔神田　元〕／481
　不動産賃貸借の継続中に賃貸人が破産した場合、賃貸借関係はどうなるのでしょうか。

Q95｜賃借人の破産 ………………………………………〔神田　元〕／487
　不動産賃貸借の継続中に賃借人が破産した場合、賃貸借関係はどうなるのでしょうか。賃貸人としては何がいえるのでしょうか。また、賃借人の破産管財人は何がいえるのでしょうか。

Q96｜賃貸人の民事再生・会社更生手続 …………………〔神田　元〕／492
　不動産賃貸借の継続中に賃貸人に民事再生手続もしくは会社更生手続が開始した場合、賃貸借関係はどうなるのでしょうか。

Q97｜賃借人の民事再生・会社更生手続 …………………〔神田　元〕／495
　不動産賃貸借の継続中に賃借人に民事再生手続もしくは会社更生手続が開始した場合、賃貸借関係はどうなるのでしょうか。

第16章　賃貸借と災害

Q98｜借家や借地権付建物が被災した場合の法律関係 ……〔神田　元〕／501
　不動産賃貸借の継続中に大地震が発生し、賃貸マンションが倒壊してしまった場合、賃借人の立場はどうなりますか。また、大家の立場はどうなりますか。

Q99｜区分所有建物が被災した場合の法律関係 ……………〔神田　元〕／506
　阪神大震災のような大規模な災害により、区分所有建物が被害を受けた場合、建物の再建などはどのような手続を経ることになるのでしょうか。

判例索引
キーワード索引

第1章

賃貸借契約の成立とその内容

Q1　貸主・借主の特定

　小さな会社の社長をしている友人が家を借りたいというので，マンションの一室を貸したのですが，実際に使用を始めたのは，その会社でした。その友人は，会社として借りたというのですが，釈然としません。どのように考えればよいでしょうか。

A

　賃貸借契約の当事者が誰であるかは重要な問題です。特に，法人が借主か否かは本人のためにすることを示したかどうかが大事なポイントです。契約に際しては，使用目的をはっきりさせておくと同時に，使用目的に合わせて，賃借人をだれにするか，特定することが肝要です。本件では，そのまま放置すると会社に貸したことになりかねませんので対処が必要です。また，個人が会社に無断転貸したとも考えられ，この点の検討も必要です。

キーワード　当事者，顕名，使用目的，無断転貸

解説

1　契約とその当事者——特に，賃貸借の場合

(1)　契約は，申込みと承諾によって成立します。明文の規定はありませんが，民法521条以下の数カ条の規定は，このことを当然の前提としています。とすると，契約には，申込みをする側と，承諾をする側との2人（ときには，組合契約のように，3人以上）の当事者がある，ということになります。
　契約の当事者とは，契約によって約束された権利義務の帰属者のことです。普通は，申込みや承諾という意思表示をした人が，契約の当事者です。

ただ，代理人が本人に代わって意思表示をしたときは，本人が，契約の当事者です。

したがって，だれが契約の当事者になっているかということは，大変重要です。トラブルが生じた場合には，この当事者を相手にしなければなりません。

(2) 賃貸借契約においては，ご存知のとおり，当事者の一方を「賃貸人」，相手方を「賃借人」といいます。

賃貸人には，目的物を使用収益させる義務，修繕義務などがあり，賃借人には，賃料支払義務，用法遵守義務，目的物保管・返還義務などがあります。これらの義務を履行すべき責任者は，その賃貸借契約において，だれが賃貸人・賃借人になっているかによって，決まります。

2 社長個人への賃貸か，会社への賃貸か——代理，代表における「顕名」の問題

(1) 本件は，あなたのほうでは，友人に賃貸したつもりなのに，友人のほうでは，会社の社長つまり代表取締役として，会社のために賃借した，と主張しているケースです。これは，代理における「顕名主義」という問題に関係します。

意思表示は，その表意者につきその効果を生ずる，というのが民法上の大原則です。代理は，この原則に対する例外で，代理人による意思表示が直接本人に対して効果を生じます。例外ですから，本人のためにするのだということが，示されていなければなりません（民99条）。これが示されていなければ，意思表示をした表意者との契約になります（民100条本文）。

(2) 本人のためにすることを示すことを「顕名」といいます。契約書などで「A代理人B」と記載するのが，「顕名」です。書面による必要はなく，要するに，Aのための代理行為であることが出ていればよいのです。また，「顕名」のない場合でも，Aのための代理行為であることを相手方が知りまたは知ることができたときは，本人に契約の効力が及びます（民100条ただし書）。

株式会社の代表取締役も，その会社の代理人ですが，会社のような法人の場合には，「代理」とはいわず，「代表」といっています。契約書などに「C株式会社代表取締役D」と記載しますが，これも「顕名」です。
　本件では，「顕名」がされているとは認められませんし，あなたのほうで，会社のための契約だということを知りまたは知ることができたというのでなければ，個人としてのあなたの友人に賃貸したことになります。

３　個人への建物賃貸と会社への建物賃貸との違い

　(1)　あなたの友人は，どうせ小さな会社だから，個人でも会社でも同じことではないか，と考えているのかもしれません。
　しかし，早い話が，賃料の支払です。個人に賃貸しているので，友人の会社が倒産しても，会社と個人とは法律上は別々ですから（友人のいうように「同じこと」ではありません），個人としての賃料支払義務に影響がありません。
　また，会社であれば，経営陣の交替などで，友人の個人会社ではなくなり，友人だから貸したという当初の実体がなくなってしまうこともあります。
　(2)　何といっても，あなたの部屋の使用方法も，違ってきます。個人であれば，居住をして，この部屋の使用収益をすることでしょう。
　ところが，会社であれば，社員住宅や事務所として使用収益をするでしょうし，ときには，多人数の人が出入りすることも，考えられます。周囲の環境と調和のとれた普通の住宅として使用させるというのが，あなたの目論見だとしたら，ずれを生じます。
　(3)　本件は，賃借人が会社か個人かという場合ですが，賃借人が宗教法人か個人かということになると，ずいぶん，神経を使うことでしょう。
　この一事を考えても，だれが賃借人かという問題の重要性が，おわかりと思います。このことは，建物賃貸借に限りませんので，土地賃貸借も含めて，賃借人の特定をめぐる諸問題を取り上げ，以下に検討することにします。

４ 賃借人の特定をめぐる諸問題とその対策——特定の仕方

(1) よく起こるのは，相手方から，契約書は個人名だが，会社として賃借することはわかっていたはずだ，口頭でもいってある，と主張してくる場合です。

本件もそうしたケースですが，トラブルを避ける方策は，契約書において，「私個人の住宅として使用するため」という具合に使用目的を明記しておくことです。

ちなみに，裁判になれば，証拠調べをして，契約締結当時の諸般の状況から，判断されることになりますが，その点は後述します。

(2) 個人に賃貸し，契約書もそのようになっているのに，法人名で，銀行振込みによって賃料が支払われてくることも考えられます。初めは，相手に悪意がなくても，そうしたことが積み重なると，黙認したように解釈され，後になって賃借人は法人だといわれる口実を与えることにもなりかねません。

その場合に備えての対策は，漫然と放置しないで，「法人としての賃借権は主張しない」という一札を入れさせておくことが考えられます。

(3) Ｑ３のケースでは，田舎の親戚の息子が大学に入り，都会に進学してきたので，その息子を近くのマンションの一室に入れてやる場合に，父親に貸すのか，息子に貸すのかという問題も出てきます。賃料支払の資力の点からすると田舎の父親，便宜さからすると息子ということでしょうか。トラブルが生じたときのことを考えると，どちらかに特定しておくべきです。父親を賃借人にするときは，使用目的を「息子に使わせるため」とします。

小人数のグループに使用させる場合には，そのうちの１人に代表者・責任者になってもらうと簡明でしょうが，各人の使用の仕方に主従の関係がないのであれば，１人に貸すことは実情にマッチせず，トラブルの原因になります。複数人相手に，共同賃借という形で契約するのが，堅実です。

ところが，同じ複数人でも，たとえば，同窓会のように多人数になると，全員の氏名を列挙してみても，余り意味がありません。同窓会は，法人では

ありませんが，判例[*1]・学説は，「権利能力なき社団」というものを認め，法人に準ずる扱いをしてきていますので，法人と同じに考えてよいでしょう。

(4) だれが賃借人かということが，裁判で問題になったと仮定して，裁判所は，どのようにして賃借人を特定するのか，説明しましょう。

裁判所は，契約締結当時にさかのぼって証拠調べをし，諸般の状況から，判断します。その際，契約書が有力な証拠になることは，もちろんです。重要なのは，使用目的です。個人との契約でありながら，使用目的が社員住宅や事務所であれば，会社との契約と解釈される可能性があります。小人数のグループのうちの1人との契約であっても，主従の関係のない使用が予定されているのであれば，共同賃借と解釈される可能性があります。

契約に際して使用目的をはっきりさせておくと同時に，使用目的に合わせて，賃借人をだれにするか，特定することが重要です。

5 無断転貸になるか，どうか

お尋ねによると，あなたの友人の会社が使用を始めたということですが，このままずるずるしておくと，会社に貸したことになりかねません。また，当初の個人との契約書を悪用されたのであれば，一つの法律問題で，会社に無断転貸したとも考えられます。弁護士に相談することをお勧めします。

6 賃貸人の特定

特定の問題は，賃貸人側にもありますが，賃借人の場合におけるほどには問題はありません。売買その他の一般の契約の場合と同様に考えてください。

引用判例

*1　最判昭39・10・15民集18巻8号1671頁。

【賀集　唱・濱口　博史】

Q2 使用貸借と賃貸借の区別

賃貸借と使用貸借とはどのようにして区別するのですか。ワンルームマンションを，固定資産税や管理費・修繕費負担で親戚の学生に使わせていますが，賃貸借になるのでしょうか。

A

> 賃貸借と使用貸借の区別は，使用収益が無償か否かによって行います。金額にもよりますが，固定資産税や管理費・修繕費負担の場合には，使用貸借であると考えられます。

(キーワード) 使用貸借，無償

解説

１ 使用貸借と賃貸借の主たる要件の違い

不動産利用権のなかで重要なのが，賃貸借と使用貸借ですが，どのような違いがあるのでしょうか。まず，使用貸借は，無償で使用したり収益したりした後，返還すること約して目的物を受け取ることにより成立します。一方，賃貸借は，有償で使用したり収益したりした後，返還することを約することにより成立します。つまり，使用貸借と賃貸借では，使用や収益が無償か有償かというところが要件のうえでの大きな違いなのです。

このように，使用貸借の特徴は，使用や収益が無償というところにあります。通常，物の貸し借りは有償であり，無償であるというのは，当事者間に親族関係などの特別な関係がある場合が一般です。しかし，逆に，当事者の間に特別な関係があるからといって，使用貸借であるとは限りません。本件のように当事者間に特別な関係がある場合，賃貸借か使用貸借かの争いにな

ることが多いのです。

２　使用貸借と賃貸借の効果の違い

　そこで，使用貸借か否か，すなわち，主として収益が無償か否かの判断はどのようにしてなされているのか問題となるわけですが，その前に，賃貸借と使用貸借では，どのような違いが具体的に出てくるのかみておきます。
　賃貸借契約では，目的物に瑕疵があるときには，売買契約につき定められている瑕疵担保責任の条項が準用されますが，使用貸借では同じく無償契約である贈与契約につき定められている瑕疵担保責任の条項が準用され，貸主の責任は軽減されています。
　また，賃貸借契約では，貸主たる建物の所有者が第三者に建物を売却した場合でも，たとえば居住しているなどして対抗力を有すれば，買主に対しても，賃貸借を主張できます。しかし，使用貸借ではこのようなことはありません。このことを反映して，相続財産の評価，競売物件の評価において，賃貸借に供されているか，使用貸借に供されているかで大きく違いがでてきます。
　さらに，賃貸借契約では，借地借家法の適用により，主として正当事由の有無という観点から契約の終了時期が定められていますが，使用貸借では目的に従った用益が終了したか否かという観点から終了時期が定められています。
　最後に，賃貸借契約では，借主が死亡しても契約は終了せず，相続の対象となりますが，使用貸借では，借主が死亡すれば，契約は終了します。

３　使用貸借か否かのメルクマール

　以上のように，使用貸借か賃貸借かは大きな違いがでてくるのですが，無償か否かはどのようにして判断されるのでしょうか。紛争の形態として多いのは，本件のように，借主が何らかの負担をしているときに，それが賃貸借としての使用，収益の対価といえるかという点です。

この点，古い判例には，「負担付贈与もまた贈与たるに妨なきと同様，借主において多少の負担を有したりとて使用貸借たるを妨ぐる所なきものとす」として，土地に関する件ですが，公租公課を負担したとしても，使用貸借契約でないとは断定できないとしているものがあります[*1]。そして，最高裁は，建物の借主がその建物等につき賦課される公租公課を負担しても，それが使用収益に対する対価の意味をもつものと認めるに足りる特別の事情のない限り，この負担は借主の貸主に対する関係を使用貸借と認める妨げとなるものではないとしています[*2]。

したがって，特別の事情に配慮することは必要としても，固定資産税を払うということのみでは使用貸借といってよいと考えられます。これを超えた金員の支払をしている場合には，別の検討をしなければなりません[*3]。

なお，固定資産税の支払をする事例のほかでは，判例には，家屋の留守管理の手伝いをしていても，使用貸借であるとするもの[*4]，家主がその妻の叔父に家屋の13畳分の間貸しを受けていて，1畳分に当たる金員が支払われていても対価ではなく謝礼にすぎないとして賃貸借ではないとしたもの[*5]があります（以上を通じて，使用貸借だとしても，固定資産税などの支払はどのような意味をもつのかですが，それが義務としての意味合いをもつときには，負担付使用貸借という存在を認めざるを得ないと考えられます〔加藤雅信『新民法大系Ⅳ』309頁参照〕）。

4 本件での注意点

公租公課，管理費，修繕費を家主が得たとしても，これらは最終的に家主に帰属するものではありません。金額にもよりますが，これらの負担は，使用収益に対する対価としての意味をもつとは通常思われませんので，使用貸借と考えてよいのではないでしょうか。

引用判例

*1 大判昭8・11・11法新347号9頁。
*2 最判昭41・10・27判時464号32頁。
*3 たとえば，大阪地判昭53・2・27判時892号85頁は，固定資産税および都市計画税の約2.15倍の金員を支払っていた場合，賃貸借であるとしました。また，相

当賃料に関する裁判例ですが，供託された金額が，後日確認された賃料額の約5.3分の1ないし約3.6分の1であっても，公租公課の額を下回るとの事実は認定されていないとして旧借地法12条2項（現在の借地借家法11条2項）にいう相当の賃料であるとした，最判平5・2・18判時1456号96頁も参考になります。

＊4　最判昭26・3・29民集5巻5号177頁。
＊5　最判昭35・4・12判時220号19頁。

【濱口　博史】

Q3 契約書の要否──賃貸住宅標準契約書（国土交通省）

田舎の親戚の息子が私どもの近くの大学に入ったので，空き家にしていたマンションの一室を貸してやることにしました。契約書を作るのは，水臭いようですが，いかがなものでしょうか。

A

　賃貸借契約書は，理論上は契約が成立するために不要です。しかし，契約の成立を明確にするため，また，契約内容を明確にするためには契約書はあったほうがよいものです。賃借人は親戚かその息子かという点などは，後でトラブルになりえます。トラブルが生じてからでは遅いので，きちんと書面化しておくべきでしょう。国土交通省から賃貸住宅標準契約書が示されていますので参考にしてください。

(キーワード) 諾成契約，要式契約，契約成立，証拠方法，意思表示の確定機能，立証機能

解説

1 諾成契約としての賃貸借──理論上は契約書不要

(1) 賃貸借は，当事者の一方（賃貸人）が相手方（賃借人）にある物の使用収益をさせることを約し，相手方がこれに賃料を支払うことを約することによって成立します（民601条）。

　これが，賃貸借契約の成立要件です。賃貸人・賃借人間の合意，つまり意思の合致だけで成立し，契約書の作成は，必要とされておりません。したがって，口頭によっても，成立します。

(2) わが民法の規定する各種契約の中には，消費貸借・使用貸借・寄託の

ように，合意のほかに物の授受を必要とする「要物契約」があります。

　民法は，また，書面によらない贈与について，未履行部分は取消しができる旨規定し（民550条），書面によらない贈与の効力を弱くしています。借地借家法は，定期借地権を設定する場合その他いくつかの場合について，書面（中には，公正証書）によってしなければならない旨規定しています（借地借家22条・24条・38条・39条）が，いわば「要式契約」です。

　しかし，以上は例外で，原則は，あくまでも，方式自由です。合意によって契約が成立するがゆえに，「諾成契約」といわれます。賃貸借契約も，もちろん，諾成契約です。

　(3)　諾成契約・方式自由ということから，契約書は，後日の証拠として，契約内容を明確にしておくためのものにすぎない，とよくいわれます。

　しかし，これは，誤解を招く言い方です。対話者間の口頭による契約であればともかく，契約書を作成することにした場合には，契約書に調印した時点をもって契約を成立させるというのが，当事者双方の意識ではないでしょうか。当事者の意識がそうであれば，契約書の作成をもって契約成立と見ることは，諾成契約という建前に決して矛盾しないはずです。したがって，契約書が作成されるまでは，いまだ，契約は成立していないのです。

　(4)　契約交渉過程においては，当事者間で，いくつかの事項について合意がされるでしょうが，こうした合意を切り取ってきて，契約書作成前に契約が成立していると考えるのは，間違いです。こうした合意は，一応の合意にすぎず，当事者双方とも，これを最終的なものとは意識していないからです。要するに，契約書作成までは自由なのです。

　もっとも，契約交渉を重ねた末調印寸前という段階になって，突如理由もなく契約締結を拒絶したという場合には，事情のいかんによっては，契約準備段階における信義則上の注意義務違反の責任を問われることがあります[1]。とすると，契約書作成までは自由だとは，一概にはいえないことになります。しかし，契約準備段階における信義則上の注意義務違反を問責されることと，契約上の給付義務の履行を強制されることとは，次元を異にする事柄です。契約書作成までは自由だというのは，契約に基づく履行を強制されることがない，という意味での「自由」です。

契約書不要ということは，契約書が作られている場合，または，作られることになっていたが，実は作られなかった場合において，契約書に調印する前に，すでに契約が成立していることまで意味するものではありません。したがって，諾成契約であるということから，契約書作成前の契約成立を肯定し，契約書はその証拠にすぎないというのは，論理の飛躍です。

　(5)　たとえば，契約書には，「賃貸借」と記載されているけれども，事情があって賃貸借は表向きだけで，実は「使用貸借」だということが，裁判で問題になったと仮定しましょう。裁判所は，契約書の記載を含めて当時における諸般の状況を総合評価し，「合意」されたのは賃貸借か使用貸借か，を認定します。どのような契約が成立したかは，契約書の記載によって決まるのではなく，合意によって決まるのです。したがって，契約書を作成して締結した（または，締結することにした）契約も，依然として，諾成契約であることに変わりがなく，要式契約では決してありません。

　上記設例の場合に，賃貸借契約と銘打った契約書があるからといって，何としても，賃貸借の成立から出発し，虚偽表示の「抗弁」によってこれを無効とし，今度は改めて，使用貸借の成否を認定するというのではありません。使用貸借の主張は，相手方の賃貸借の主張に対する「否認」です。

　このように，見てくると，契約書はやはり証拠方法の一つにすぎないことになります。実は，そのとおりで，契約書に書かれている事柄は，実際の合意内容と常に合致するとは限らないからです。ただ，契約書は証拠にすぎないという言い方は，契約内容をどのようにして認定するか，という文脈の中で使われていることに注意してください。契約書を作成することになっている取引について，契約が成立しているか否かを認定する際には，契約書が物をいいます（前掲(3)(4)参照）。賃貸借か使用貸借かの認定が問題になるケースでは，賃貸借契約と銘打った契約書が「存在する」のです。契約書が存在していても，証拠にすぎないのです。ところが，契約の成立の認定が問題になるケースでは，契約書が「存在しない」のです。契約書が存在しておれば，契約の成立は──虚偽表示の場合は別の問題が生じますが──，初めから，問題になりません。

　要するに，契約の内容が問題になる場合と，契約の成立が問題になる場合

とでは，証拠としての契約書の機能の仕方が違うのです。契約書は証拠にすぎないという考え方で，どんな場合でも押し通すのは，誤りです。

(6) 契約書ができていないことを口実にして契約の成立を否定することが，余りにも身勝手だという場合があります。この場合に，契約書は証拠にすぎないという言い方をして，契約の成立を肯定する考え方があるかもしれません。契約書を作成することになっているにもかかわらず，当事者の言動等諸般の状況から，契約書ができていなくても，契約の成立を認定しようというのです。しかし，身勝手だという信義則上の評価は，諾成契約という建前に調和するでしょうか。こうした信義則上の評価を排斥し，契約の成立を否定するのが，諾成契約という建前に忠実であるように思います。ちなみに，契約書と銘打っていても，実は連名の備忘録で，口頭できちんと契約したのだが，後日のために書きとどめておくというのであれば，真の契約書ではありません。

2 契約書の機能——特に賃貸借の場合

(1) 以上，諾成契約の説明が長くなりましたが，これは，契約書の機能を考える上で不可欠の前提であるからです。そこで，契約書の機能に入ります。

まず，「意思表示の確定機能」を挙げることができます。すなわち，契約書は，当事者をして法律効果を熟考せしめ，真面目に決意させ，契約の内容と成立時期を明確にするという機能を営みます。事前の交渉過程との間に，一線を画します。次に，「立証機能」を挙げることができます。契約書は，契約の成立と内容についての立証手段となり，裁判所において，契約書に基づいて解決してもらえる機能があります。後日の紛争の予防に役立ちます。

こうした機能のある反面，契約書は，ときには，善意で弱い立場の消費者を悪徳商法の犠牲にすることがあります。用意周到に過怠約款や制裁条項を設けた定型の契約用紙を作っておき，不慣れな消費者に押し付けるのです。契約書は，強者の不当な要求を法的に保障する機能を営むこともあります。

(2) 前に述べたように，賃貸借契約も諾成契約で，口約束でも構いませ

ん。ただ、1回限りの履行で終わるのではなく、長期にわたる契約ですから、将来の紛争を予防するためにも、契約書を作っておくことをお勧めします。特に、あなたのように、賃貸人側の場合には、許容される有利な特約を付けることができる、というメリットがあります。

　大学生の親戚の息子に使わせるというところから、多少水臭いようですが、早い話が、賃借人は父親（親戚）か息子かという点からして、後でトラブルになってからでは遅いので、きちんと書面化しておくべきでしょう。

３　賃貸借契約書の作り方――契約書の記載内容

　(1)　賃貸借契約書を作る場合にはどのような内容にするか。かなり技術的な事柄なので、ここでは、ポイントだけを押さえておきましょう。

　実際に契約書を作る際には、市販の賃貸借契約書や関係業界で作っている賃貸借契約書を、若干修正してそのまま利用することが多いでしょう。また、これら契約書や書式集等に出ている記載例を参考にして、自分でワープロで作ることもあるでしょう。次の項で説明する賃貸住宅標準契約書（国土交通省）は、自分で契約書を作る場合に、もちろん参考になります。しかし、至れり尽くせりの標準契約書で、お尋ねのケースについて、これを下敷きにすることは、やや詳しすぎて、不向きのように思われます。

　(2)　賃貸借契約書には、何を書くか。一般的には、①契約当事者、②目的物、③使用目的、④賃料、⑤期間、⑥その他の特約条項等ということになります。①②は別として、③〜⑥については、借地借家法の規定や同法の趣旨・目的に反するような取決めは、無効になる（借地借家16条・30条）ので、注意しましょう。

　多少敷衍しますと、①に関連して、賃貸人側の管理人や、借家であれば同居人、②に関連して、借家であれば暖冷房その他の設備、③に関連して、居住用・店舗用・事務所用その他の別（店舗の種類も加えるほうがよいことがあります）、④に関連して、銀行振込口座、敷金などの一時金についての取決め、等々の事項を必要に応じて記載します。⑥の特約条項としては、地域的な特殊事情や両当事者の個人的な特殊事情に基づく特約を考えています。①

〜⑤にかかわる特約は、⑥の特約としてではなく、それぞれの該当箇所に記載するほうがよいでしょう。

４ 賃貸住宅標準契約書（国土交通省）とは

(1) 先年、住宅行政を担当する国土交通省住宅局から、「賃貸住宅標準契約書」が公表されました。これは、建設大臣（現国土交通大臣）の諮問機関である住宅宅地審議会の答申（平成5年1月29日）に基づくものです。その答申中に、標準契約書作成の趣旨が掲げられていますので、引用します。

「(前略)民間賃貸住宅の賃貸借において現在使用されている契約書の中には、必ずしも内容が明確、十分又は合理的でないものが見受けられ、このことが賃貸借関係の不安定化を招く要因の一つになっている。このため、当審議会においては、民間賃貸住宅の賃貸借に係る実態、諸法令、判例等を踏まえつつ、広く関係者の意見を聴いた上で、内容が明確、十分かつ合理的である賃貸住宅標準契約書を作成した。この賃貸住宅標準契約書は、建て方、構造等を問わず、居住を目的とする民間賃貸住宅一般を対象とするものである。(中略)政府におかれては、この賃貸住宅標準契約書を、契約自由の原則に配慮しつつ、民間賃貸住宅の賃貸借契約書の標準的な雛形として関係者に広く周知されることを要望する。(後略)」というものです。

(2) 多少コメントを加えますと、引用中、「民間……の……契約書」というのは、市販の賃貸借契約書や関係業界で作っている賃貸借契約書のことをいっているものと解されます。そして、「必ずしも内容が明確、十分又は合理的でないものが見受けられ、このことが賃貸借関係の不安定化を招く要因の一つになっている。」というのは、民間の契約書の中身が賃貸人に有利な内容になっていること、文言が多義的であったり、内容が不備であったりすること、そのため、折角の契約書がかえってトラブルの種になっていること等をいっているのです。もちろん、こうした点は、賃貸住宅標準契約書では見事に修正されています。当事者の権利義務関係はどちらか一方の有利に偏ることなく、バランスのとれたものになっており、その内容も具体的に明確化され、細かな点まで配慮が行き届き、言葉遣いもわかりやすくなっていま

す。

　次に,「政府におかれては,この賃貸住宅標準契約書を,……民間賃貸住宅の賃貸借契約書の標準的な雛形として関係者に広く周知されることを要望する。」と述べられていますが,まずは,貸家仲介を業とする宅地建物取引業者への普及を図ることから始まることでしょう。業者抜きの本人同士の賃貸借に際しては,前にも述べたように,これを直接のベースにすることは,詳細すぎるかもしれません。それだけに,十分配慮された標準契約書ですから,参考になさってください[*2]。

引用判例

＊1　最判昭59・9・18判時1137号51頁。

＊2　詳しくは,ジュリスト1020号47〜88頁参照。

【賀集　　唱・濱口　博史】

Q4　マンション・オフィスビル賃貸借の契約条項

マンションやオフィスビルを貸し出すにあたり，契約書にどのような条項を盛り込んでおくのが効率的でしょうか。

A

(1) マンションやオフィスビルは，一棟の建物を複数の賃借人が居住使用することになりますから，建物内の秩序維持に関する規定を盛り込むことが重要になります。
(2) マンションを貸し出す場合には，消費者契約法などによる契約条項の規制がありますが，賃料を長期間支払わない場合の無催告解除条項や残置物の所有権放棄条項などを盛り込むことは考えられます。
(3) オフィスビルを貸し出す場合には，契約条項は比較的自由に定められますので，クリーニング費用等を賃借人に負担させる条項や賃貸借契約終了後の賃料倍額条項なども定めることが可能です。
(4) 借地借家法による契約の自動更新を回避したい場合には，定期建物賃貸借（定期借家）の制度を利用することも考えられます。

（キーワード）建物内の秩序維持，消費者契約法，信頼関係破壊の法理，借地借家法，定期建物賃貸借（定期借家）

解説

1　マンションやオフィスビルにおける賃貸借契約の特性

賃貸借契約における契約書の意義・機能や，建物の賃貸借契約書における一般的な記載事項，および賃貸住宅標準契約書についてはQ3で解説していますので，ここではマンションやオフィスビルの賃貸借契約に特有の問題に

ついて触れることにします。

　マンションやオフィスビルは、一棟の建物に複数の家族や事業主が居住・使用するわけですから、建物内における秩序の維持が大きな問題になります。

　分譲マンションなど、建物の区分所有等に関する法律（区分所有法）の適用がある建物については、管理組合で定める管理規約が建物内の秩序維持について重要な役割を果たすことになりますから、このような物件を貸し出す場合には、賃借人に当該規約の遵守義務があること、および賃借人が当該規約に違反する行為を行った場合には賃貸借契約を解除できる旨の規定を契約書に盛り込んでおくのが望ましいといえます。

　一方、賃貸マンションや単独のオーナーが所有するオフィスビルなどについては、区分所有法の適用はなく、当然管理組合も管理規約も存在しませんから、建物内の秩序維持については、専ら賃貸借契約（書）が大きな役割を果たすことになります。

　実際には、これらの建物内の秩序維持に関する事項は、賃貸借契約とは別建てで使用細則などを定めることが多いです。これらの事項については、さまざまな事情の変化等により後日改正が必要になることも少なくないので、契約書に直接規定するよりも、契約書において賃貸人の使用細則制定権、賃借人の遵守義務、賃借人が違反した場合の契約解除権を明記しておくといったやり方のほうが効率的といえるでしょう（契約書にそのような規定がない場合でも、賃貸人は建物所有者および賃貸人としての地位に基づき、一定の合理的な範囲で居住使用方法に関する管理規則の制定権があると解されています[*1]が、賃借人を納得させるためにも、契約書に明文の規定を設けたほうが効果的です）。もっとも、契約書にそのような条項を定めたからといっても、明らかに不合理な内容の使用細則などを定めると、公序良俗違反（民90条）で無効にされる可能性もあるほか、最悪の場合は賃借人から不払行為等による損害賠償を請求される可能性もあるので、注意する必要があります。

2 マンションの賃貸借契約における契約条項

　マンション（居住用物件）の賃貸借契約については，基本的に賃借人は消費者であり消費者契約法の適用があるため，賃貸人にとって一方的に有利な契約条項を定めても，同法の規定により無効とされる可能性が高く，あまりオリジナリティを発揮する余地はありません。基本的には，賃貸住宅標準契約書に記載されている事項のほか，管理組合の規約ないし賃貸人の定める使用細則の遵守義務に関する規定を設ける程度にとどめておくのが無難でしょう（なお，賃料や管理費の定め方についてはQ7を参照）。

　ただし，以下のような規定を設けることについては一考の余地があります。

① 賃借人が賃料を支払わない場合の無催告解除条項　賃借人が賃料を支払わない場合，民法の規定では相当の期間を定めて賃料の支払を催告し，その期間内に支払がない場合にはじめて賃貸借契約を解除できることになっていますが（民541条），賃料の不払があった場合に，このような催告を不要として賃貸借契約を即時解除できる旨の特約も，賃貸人が催告をしなくても不合理とは認められない事情がある場合には，催告なしで解除権を行使できる旨を定めた約定として有効と解されています[*2]。

　賃料1ヵ月分を滞納しただけで賃貸借契約を即時解除できるといった規定を設けた場合は，判例による信頼関係破壊の法理に照らすとその法的有効性は疑問視されますが，たとえば賃料の滞納が3ヵ月分以上に達した場合には賃貸借契約を即時解除できるという規定であれば，おそらく法的にも有効と考えて差し支えないでしょう。

② 残置物の処分に関する条項　賃貸借契約の終了の際，賃借人が家具や什器備品等のほか，ひどい場合は遺骨や祭祀物，劇薬などの危険物，ペットなどの小動物など，賃貸人にとって迷惑な動産を放置したまま賃借物件の明渡しに至る例があります。このような場合，残置物の処分は原則として強制執行手続によるべきとするのが法の建前であり，下手に賃貸人が自ら残置物を処分してしまうと，後に賃借人から損害賠償請求

を受けるおそれがあります。このような場合に備えて，賃借物件の明渡後に賃借人が物件内に残した残置物については，賃借人がその所有権を放棄したとみなす，その場合に賃貸人が残置動産の処分に要した費用は賃借人の負担とするといった条項を入れておくことが考えられます。

　ただし，このような条項がある場合でも，賃貸人による賃借人の家財等の処分が許されるのは極めて例外的な場合に限るというのが裁判例の大勢であり，廃棄物など明らかに無価値なものを除き，家財道具その他賃借人所有の動産を賃貸人が自ら処分できるのは，極めて例外的な場合に限ると考えるべきであり，また現金や宝石類その他の高価品が発見された場合には，賃借人に返還する必要があります（詳細は**Q67**を参照）。

３　オフィスビルの賃貸借契約における契約条項

　オフィスビルなど事業用物件の賃貸借契約については，賃借人は消費者ではないため消費者契約法の適用もなく，賃借人の保護を目的とした判例法理もその適用が緩くなる傾向がありますので，比較的自由に契約条項を定めることができます。賃貸人の側にとって，契約書に盛り込んでおくと有益と思われる条項には，たとえば以下のようなものがあります。

① 　原状回復義務の拡大　　民法の規定による賃借人の原状回復義務は，完全に入居時と同様の状態に戻す義務をいうものではなく，通常損耗については賃借人が回復させる義務はないと解されており，たとえば賃借物件のクリーニング費用やクロスの張替え費用などを賃借人に請求することはできず，居住用物件についてはこれらを賃借人に負担させる契約条項を入れても無効と解される傾向にあります。

　　しかし，事業用物件については，原状回復義務に関し「契約締結時の原状」に回復させる義務を定めた特約も有効と解されています[*3]ので，たとえば上記クリーニング費用やクロスの張替え費用などを賃借人に負担させる条項を入れることも一考に値します。

② 　賃貸借契約解除後の損害金に関する条項　　建物の賃貸借契約が解除された後は，賃借人に対し建物の明渡しに至るまで賃料相当額の損害金

の支払を請求できるのが一般的ですが，このような場合の損害金の金額についても契約条項で定めることは可能であり，実務上は損害金を賃料の倍額とする条項を定めている例などが見られます（なお，居住用物件については，このような条項を定めても消費者契約法9条により無効になると解されます）。

[4] 定期建物賃貸借（定期借家）の利用

建物の賃貸借契約については，原則として契約期間が満了しても契約は自動的に更新され（借地借家26条），賃貸人による更新の拒絶や中途解約は正当の事由がある場合にしか認められませんが（同28条），このような規定の適用を回避したい場合には，定期建物賃貸借（いわゆる定期借家，同38条）の制度を利用することが考えられます。

定期建物賃貸借は，公正証書によるなど書面で契約をする場合に限り，契約の更新がないこととする旨を定めることができる制度であり，この場合には契約期間を1年未満とする賃貸借契約を締結することもできます。

定期建物賃貸借の契約を締結するには，賃貸人は，あらかじめ，賃借人に対し，当該建物の賃貸借には契約の更新がなく，期間の満了により当該建物の賃貸借は終了することについて，その旨を記載した書面を賃借人に交付して説明しなければならず（同38条2項），当該説明をしなかった場合は契約の更新がないとする旨の定めは無効となります（同38条3項）。

なお，定期建物賃貸借に関する制度の詳細については，**Q81～Q85**を参照してください。

引用判例
* 1　電気代の計算配分方法につき，東京地判平3・11・26判時1428号110頁。
* 2　最判昭43・11・21民集22巻12号2741頁。
* 3　東京高判平12・12・27判タ1095号176頁。

【坂本　隆志】

Q5 一時賃貸借

分譲マンションを1戸所有しています。1人で住むのには広いので，賃貸したいのですが，結婚したときには住むつもりでいますので，いつでも明け渡してもらえるようにしておきたいのです。一時使用の賃貸借契約というものがありますか。

A

一時使用の賃貸借契約を締結することもできなくはないと思われますが，定期借家制度を利用することが望ましいと考えられます。

キーワード　一時使用，定期借家

解説

1　賃貸借契約の期間，更新

借地借家法の適用のある建物賃貸借契約では，期間満了時の更新拒絶，あるいは，解約申入れの際に正当事由の有無が問題となります（借地借家28条）。そこで，これを問題にしない契約類型があるかがここでの問題です。この条項の適用がなければ，期間満了等を理由として他の要素を理由とせずに明け渡してもらえるからです[*1]。

2　一時使用のための建物賃貸借

一時使用のために建物の賃借をしたことが明らかであると，上記借地借家法28条の適用はありません（借地借家40条）。

ここで，一時使用とは，賃貸借の目的，動機，その他諸般の事情から，該

賃貸借期間を短期間内に限り存続させる趣旨のものであることが，客観的に判断される場合をいいます[*1]。そこでは，期間の長短が問題なのではないといわれています。また，その期間が1年未満の場合でなければならないものではありません[*1]。ただ，5年を上限と考えるべきとする立場も有力です。

さて，それでは本件ではどうでしょうか。

この点，短期間が経過した後に家屋を使用する具体的な計画の有無，その実現の見通しが重要な要素となると思われます（星野英一『借地・借家法』479頁）。この点からは，結婚の予定がどの程度具体的であるかという事情を検討することになります[*2]。しかし，そもそも，居住という使用目的の場合，性質上居住が一時的であるという場合はおよそ少ないのではないでしょうか。また，一時使用を安易に認めると，借地借家法の脱法を安易に許すこととなりかねませんし，また，次項以下で掲げる定期借家制度ができたのですから，原則としてこれによるものとし，一時使用は厳格に解釈すべきではないでしょうか（稲本洋之助＝澤野順彦編『コンメンタール借地借家法〔第2版〕』298頁は，一時使用は，居住用の場合には，借主の事情で借りるときに限られるとします。また，貸主の側の事情が相当のときには，一時使用にあたらなくても正当事由なしとして建物明渡しを求めることができる場合が多いとも思われます〔星野・前掲475頁参照〕）。

3 定期借家

設問のように転勤，療養などの間のみ住宅を貸したいという需要を満たすため，一時使用の賃貸借とは別に，定期借家の制度が導入されました（借地借家38条）。この契約によれば，契約の更新がないこととすることができます。

設問においても，次の項以降で述べる要件を満たす定期借家契約を締結することにより希望をかなえることができます。

4 定期借家契約の要件

(1) 書面によって契約を締結すること

書面によって契約をする必要があります。条文上は、公正証書による等書面によってとされており、必ずしも書面は公正証書である必要はありませんが、公正証書によることが紛争を避ける意味では望ましいと考えられます（借地借家38条1項）。

(2) 書面交付と説明

賃貸人が賃借人に対し、あらかじめ、契約の更新がなく、期間の満了により当該建物の賃貸借契約は終了することを記載した書面を交付し、かつ、説明しなければなりません（借地借家38条2項）。この説明がない場合には、契約の更新がないこととするという定めは無効となります（借地借家38条3項）。

5 賃貸人不在中の期限付建物賃貸借

なお、借地借家法は、設問のように転勤、療養などの間のみ住宅を貸したいという需要を満たすため、一時使用の賃貸借とは別に、「転勤、療養、親族介護その他のやむを得ない事情」を条件として、期限付賃貸借を認めていましたが（改正前借地借家38条）、上記の期限付賃貸借を一般的に認める定期借家権の新設により、この制度はなくなっています。

引用判例

* ＊1　最判昭36・10・10民集15巻9号2284頁。
* ＊2　家主が結婚するまでの賃貸借であるという主張をした事案において、東京地判昭40・6・30判夕180号128頁は、一時使用貸借を否定し、東京地判昭43・9・6判時550号698頁は、これを肯定していますが、それぞれの事案での結婚の見込みが大きく結論に影響していると思われます。

【濱口　博史】

Q6　マンション（アパート）を貸し出す際の注意点

私は，自分の土地に賃貸用のマンション（アパート）を建て，マンション（アパート）経営をしようと思っています。入居者と賃貸借契約を結ぶ際に，賃料や管理費，改造などに関しどのように定めればよいか，その他特に注意すべき点があれば教えてください。

A

(1) 賃貸マンションについては，区分所有法の適用があるかどうかによって，法律関係が大きく異なることに注意する必要があります。
(2) 区分所有法の規定がない賃貸マンションについては，建物内の秩序維持に関する事項を契約書に盛り込む必要があります。
(3) 建物の管理費については，賃料に一元化してしまうことも法律上可能ですが，賃料とは別建てにして負担割合などを定めておけば，賃借人に対し契約当初の金額とは関係なく実際の必要額を請求することができます。
(4) 貸室の改造については，当該マンションの構造や使用状況などを勘案してその許否を決める必要があり，建物の使用目的も契約書において明確にしておく必要があります。

（キーワード）区分所有法，建物内の秩序維持，使用細則，信頼関係破壊の法理，管理費，賃料増額請求，室改造の許否，建物の使用目的

解説

1　賃貸マンションと分譲マンションの違い

ご質問は賃貸用のマンション（アパート）に関するものですが，マンショ

ンに関する法律関係は，まず「賃貸マンション」と「分譲マンション」とで大きく異なることに注意する必要があります。

マンションは，一般的に構造上住宅その他の独立した用途に使用できる部分（専有部分）と，各利用者が共同で使用する通路，階段などの部分（共用部分）とに分かれていますが，ここでいう「賃貸マンション」とは，専有部分であるか共用部分であるかを問わず，一棟の建物全体を単独のオーナーが所有する形態のマンションを指します。

一方「分譲マンション」は，専有部分ごとに所有者（区分所有者）が存在し，共用部分については区分所有者全員が共同使用権を持っているという形態のマンションを指し，このような分譲マンションについては，建物の区分所有等に関する法律（区分所有法）やマンションの管理の適正化の推進に関する法律（マンション管理適正化法）といった，マンション関係の特別法が適用されることになります。

具体的な違いを例示すると，「分譲マンション」については，まず区分所有者全員を構成員とする管理組合が法律上当然に構成され（区分所有3条），マンションの区分所有者および占有者（賃借人など）は，管理組合における規約および集会の決議に法律上拘束されることになり（同46条参照），また区分所有者の共同の利益に反する行為を行った場合には，一定の要件の下で管理組合から当該行為の差止請求（同57条）や，区分所有者については専有部分の使用禁止請求（同58条）または区分所有権の競売請求（同59条），占有者については専有部分の引渡請求（同60条）を受けることがあります。

その他，「分譲マンション」の管理業務のうち，一定の基幹事務（管理組合の会計，出納またはマンションの維持，修繕に関する企画や実施の調整に関する事務）を含むものについては，マンション管理適正化法による規制の対象となり，同法による登録や管理業務主任者の設置などが義務づけられます。

逆にいうと，「賃貸マンション」については，区分所有法もマンション管理適正化法も適用されないため，管理組合も規約も存在せず，また賃貸マンションの管理業務についてはマンション管理適正化法による規制の対象外ということになります。

次項以下の記述は，建築されるマンション（アパート）が「賃貸マンショ

ン」であることを前提としていますが、実際には賃貸用のマンションであっても、たとえば等価交換方式（マンションを建築するにあたり、土地所有者とデベロッパーが敷地利用権とマンションの区分所有権を等価交換することにより、土地所有者が建築資金を負担することなくマンションを建設する方法）を採用した場合には、専有部分ごとに区分所有者が定められることになりますので、上記の分類では「分譲マンション」に該当することになります。

この場合には、次項以下ではなく次の設問に関する記述の内容が当てはまることになりますので、**Q7**を参照してください。

なお、「マンション」と「アパート」の区別については、国土交通省が統計上用いている定義によると、「中高層（3階以上）で、鉄筋コンクリート・鉄骨鉄筋コンクリートまたは鉄骨造りの共同住宅」がマンションであるとされており、これに該当しない小規模の共同住宅を「アパート」と呼ぶのが最も一般的ですが、このような意味における「マンション」と「アパート」の区別に法律上の意味は特にありませんので、以下の記述は「マンション」で統一します。

2　賃貸マンションにおける賃貸借契約の役割

マンションは多数の居住者が共同で使用するものですから、居住者全員が快適な生活を保持できるように維持・管理していく必要があり、共同生活の秩序を維持するためのルールも必要になります。分譲マンションにおいては、管理組合の規約が、法律上当然に居住者全員を拘束するルールとして機能することになりますが、賃貸マンションには規約が存在しませんから、マンションの賃貸借契約が居住者に対するルールとしての役割を果たすことになります。

そのため、賃貸マンションの賃貸借契約においては、賃料や管理費などといった基本的事項のほか、専有部分および共用部分の使用方法や禁止事項など、マンションの秩序維持に関する具体的なルールを盛り込む必要があり、賃貸借契約の内容もある程度統一的に定めるのが一般的です。

賃貸借契約においては、騒音や悪臭を発生させる行為など、他の居住者に

迷惑をかけるような行為を禁止するルールを定めておく必要があることは言うまでもありませんが、専有部分および共用部分の使用目的についても、その定め方しだいではマンションの居住環境等に重大な影響を与え、賃料相場にも影響することになります。

たとえば、居住用マンションの一部が事務所として使用されることは、両者の用途には相容れないものがあり防犯上の問題などが生じることもあるので、一般論としてはあまり好ましいことではありませんが、都心部のマンションであれば住居よりむしろ事務所としての需要が多いケースもあり得ますので、建物の構造や地理的条件など具体的事情に応じて決定すべきでしょう。

また、賃貸借契約で使用方法等に関するルールを定める場合には、賃借人にとって苛酷な規定や、不当な社会的偏見・差別に基づくものと思われるような規定を置くと、信頼関係破壊の法理によりその規定の効力が限定的に解釈されたり、極端な場合には公序良俗違反（民90条）で無効とされたりする可能性もありますので、規定の法的有効性についても十分検討する必要があります。

３　賃料・管理費およびその増減請求

マンションを賃貸する場合の対価については、専有部分使用の対価である賃料と、共用部分の使用管理に必要な金額である管理費とに分けて設定するのが一般的です。もっとも、分譲マンションについては、賃料は賃貸人（基本的には区分所有者）が収受するものである一方、管理費は管理組合が収受するものであり、両者の法的性質は明確に異なるので必ず区別する必要がありますが、賃貸マンションについては、賃料も管理費も賃貸人が収受するものであり、法律上は両者を区別せず賃料に一元化してしまうことも不可能ではありません。

もっとも、マンションの共用部分を管理するにあたっては、エレベーターの昇降、玄関廊下等の電灯、セントラルヒーティング、水道の汲上給水等に要する電気代のほか、諸設備の保守・点検費用や清掃費用、管理人に支払う

給料などの必要経費がかかり，また各専有部分で使用する電気，ガス，水道等について共用部分がある場合，ボイラー等の給湯冷暖房設備について中央制御方式を採っている場合などには，それらの経費も賃借人から徴収する必要があります。

　これらの諸経費を賃料に含めて請求する方式を採った場合，賃料については借地借家法32条1項の適用があり，たとえば諸経費の金額が高騰し賃料を値上げしたい場合には，同条項が規定する土地・建物に関する租税その他の負担の増減，土地・建物の価格の上昇・低下その他の経済事情の変動，あるいは近傍同種の建物の借賃との比較といった事情に照らし，賃貸借契約で定めた賃料の金額が不相当に低くなったと認められる必要があります。

　賃貸マンションの管理に必要な諸経費が高騰した場合，これを上記のうち「建物に関する負担の増加」と見る余地もないわけではありませんが，経費の増加額が相当高額にならないと，実際の賃料増額請求は認められない可能性があります。

　この点，マンションの管理に必要な諸経費を，賃料とは別の管理費（実費）として位置づけ，各賃借人に対する金額の割当方法なども明確に定めておけば，このような管理費については借地借家法32条1項の適用はありませんので，契約時に定めた金額には拘束されず，各賃借人に対し実際の必要額を請求することができます。

④　使用目的および室改造の制限

　賃借人から，貸室を事務所に使用するなどの目的で改造したいとの申出があった場合には，当該マンションの構造や居住環境への影響を十分に考慮してその許否を決める必要があります。

　マンションが専ら居住用建物として建築されているときは，事務所等として使用するための改造を認めると，不特定多数の人の出入りにより防犯上の問題が生じたり，騒音その他の問題で他の賃借人の居住環境に悪影響を与えるおそれがありますので，契約書および使用細則において居住目的以外の使用を禁止するのが通常であり，居住目的以外での室改造は基本的に認めるべ

きでないと考えられます。

　一方，事務所兼用または事務所専用として使用しても差し支えないような構造のマンションである場合，あるいは居住用マンションであっても実際には事務所兼用ないし事務所専用として使用している賃借人が多いマンションである場合（都心部にはこのようなマンションが多いです）には，対象が専用部分に限られ，かつ加工や付加工事をすることによって他の居住者等に悪影響を与えないものであれば，許可しても差し支えないものと考えられます。

　ただし，このような場合でも，室改造には賃貸人の許可を要する旨を契約書に明記しておくことは必要であり，また賃借人の中には，貸室を風俗業や不審な宗教団体の事務所，暴力団の組事務所などに使用する人が現れる可能性もなくはありません。そのため，マンションを居住用以外の目的で賃貸する場合であっても，契約書に使用目的を明記し，使用目的を変更するときは賃貸人の許可を要する旨の規定を設けておく必要があると考えられます。

【坂本　隆志】

Q7　分譲マンションの賃貸借契約

マンションを買って居住していましたが，遠隔地へ転勤となったのでそこへ転居し，マンションを貸したいと思います。このような賃貸借契約を締結する場合，賃料や管理費などの定め方，管理組合との関係はどのようにしたらよいか，その他注意すべき点があったら教えてください。

A

(1)　分譲マンションについては，区分所有法の規定に基づき，管理組合の規約が定められているのが一般的ですので，その賃貸借契約においては，賃借人に管理規約等の遵守義務があること，賃借人が管理規約等に違反した場合には賃貸借契約を解除できる旨を明記しておく必要があります。

(2)　分譲マンションにおいては，賃料と管理費は全く法的性質の異なるものですので，賃貸借契約においてもこれを明確に区別する必要があるほか，修繕積立金の負担についても明確にしておく必要があります。

(3)　管理組合の定める規約や使用細則等は，その遵守を徹底させるため，あらかじめ賃借人にもその内容を説明しておくなどの措置を講ずることが望ましいと考えられます。

(4)　転勤のため自宅マンションを貸し出す場合には，必要となったとき確実に再び自宅として使用できるようにするため，定期借家制度の利用を検討することも考えられます。

（キーワード）区分所有法，管理規約，使用細則，賃料と管理費の区別，修繕積立金，賃貸人の修繕義務，規約等の遵守義務，借地借家法，定期建物賃貸借（定期借家）

解説

1 分譲マンションと区分所有法

　設問の事例は、購入したマンションを賃貸するということですので、区分所有法の適用がある分譲マンションの賃貸借契約に該当すると考えられます。

　賃貸マンションと分譲マンションの違いについては、詳しくはQ6で説明していますが、分譲マンションについては区分所有法の規定により、区分所有者全員を構成員とする団体（管理組合）が当然に構成され（区分所有3条）、管理組合はマンションの建物とその敷地および附属施設の管理を行うための規約（管理規約）を定めることができます。多くの分譲マンションでは、この管理規約がマンションの使用に関する秩序維持に大きな役割を果たしています。

　区分所有法に基づくマンションの管理規約や管理組合の集会決議は、当該マンションの占有者（賃借人など）にもその効力が及ぶものとされています（同46条2項）。

　また、賃借人が区分所有者の共同の利益に反する行為をし、またはその行為をするおそれがある場合には、他の区分所有者全員または管理組合法人は、当該賃貸人に対しその行為の停止、結果の除去または予防措置の請求をすることができるほか（同57条4項）、当該行為による障害の程度が著しく、他の方法によってはその障害を除去し区分所有者の共同生活の維持を図ることが困難であるときは、区分所有者の全員または管理組合法人は、訴えによって、当該賃借人に係る賃貸借契約を解除し、その専有部分の引渡しを請求することができます（同60条）。

　しかし、分譲マンションの賃借人が当該マンションの管理規約等に違反する行為をしても、特約のない限り賃貸人が当然に賃貸借契約を解除できるわけではなく、賃借人が管理規約等に違反する行為を繰り返しながら、賃貸人である区分所有者がそれに対し何らの対策も講じない（あるいは講じられない）

といった状況になった場合，賃貸人である区分所有者自身が管理組合や他の区分所有者から法的責任を追及されるおそれもあります。

また，実際の分譲マンションの管理においては，必ずしも区分所有法どおりの運用がなされているとは限らず，実務上はマンションの区分所有者だけでなく占有者も議決権を有する町内会のような団体（このような団体は，区分所有法上の管理組合ではなく，法的にはむしろ地方自治法260条の2に規定する「地縁による団体」に該当する場合が多いと思われます）が，事実上管理組合と同様の役割を担っているケースも散見されます。このような団体が定めている管理規約等の効力は，法的には極めて曖昧です。

したがって，分譲マンションの一室を賃貸する場合には，賃貸借契約書において，賃借人には管理組合の定める規約等を遵守する義務があること，賃借人が当該規約等に違反した場合には賃貸借契約を解除できる旨を明記しておくことが必要不可欠であると考えられます。

［2］ 賃料・管理費等およびその増減請求

分譲マンションの賃貸借契約においては，賃料は賃貸人が収受するものである一方，管理費は区分所有法19条ないし管理規約等の規定に基づき管理組合が徴収するものであり，両者は法的性質を全く異にするものですから，両者は明確に区別しておく必要があります。

分譲マンションの管理費は，本来区分所有者に支払義務があるものですから，管理費の全部または一部を賃借人に負担させる場合には，その旨および賃借人に負担させる範囲を明確に定めておく必要があります。賃料と管理費の区別が曖昧な場合，管理費は原則どおり区分所有者が全額負担することになり，仮に管理費の金額が後日増額されても，賃貸人は借地借家法32条1項に定める要件を満たさない限り，賃借人に対し賃料の増額を請求することはできないことになってしまいます。

なお，管理組合が区分所有者から徴収する金額としては，通常の管理費のほか，駐車場その他の附属施設の使用料，将来におけるマンションの大規模修繕や建替え等に備えた修繕積立金などがありますが，賃貸借契約書におい

て単に「管理費は賃借人の負担とする」などと定めた場合，一般に修繕積立金は賃借人の負担すべき「管理費」には含まれないものと解されています[*1]ので，修繕積立金も賃借人に負担させるのであれば，必ず賃貸借契約書にその旨を明記しておく必要があります。

　ただし，賃貸借契約において修繕積立金を賃借人に負担させる旨の特約を設ける場合でも，賃借人が消費者であり消費者契約法の適用がある場合には，民法606条1項において賃貸物の使用および収益に必要な修繕は賃貸人の義務とされていることから，当該特約の全部または一部が消費者契約法10条の規定により無効と解される余地もあることは考慮しておく必要があります。

3　管理組合等との関係

　区分所有法の適用がある分譲マンションについては，建物またはその敷地もしくは附属施設の使用または管理に関する事項について，管理組合が規約を定めることができます（区分所有30条）。

　管理規約の設定，変更または廃止は，区分所有者および議決権の各4分の3以上の多数による集会決議によって行われますが（同31条1項），建物の使用方法等に関する詳細は，管理規約のほか管理組合の集会決議，または規約の委任に基づく理事会決議等によって使用細則が定められていることも多く，このような使用細則についても，建物の区分所有者や占有者は基本的にこれを遵守する義務があるものと解されます。

　区分所有法は，主に建物等に関する所有権の帰属，専有部分と共用部分の使用方法に関する基本原則，管理組合の組織等について定めているものに過ぎませんから，具体的な建物の使用方法に関する規律については，実際には管理組合の定める規約や使用細則に委ねられているといえます。

　建物の使用方法について規約や使用細則で一般的に定められている事項としては，建物の利用目的の制限，専有部分の改造等の制限，エレベーターや廊下・階段その他の共用部分を使用する際に他人に迷惑をかける行為の禁止，バルコニーや物干場等を使用する際の注意，動物の飼育の禁止または制

限，火災発生時の注意，消火設備や非常階段等を使用する際の注意，危険物持込みの禁止，重量品の持込制限と搬送の際の注意，広告や看板，垂れ幕等の取付けの禁止，駐車場の使用方法などが挙げられますが，これらの事項については区分所有者に遵守義務がある以上，マンションの区分所有者がその専有部分を賃貸する場合には，信義則に照らし賃借人にもこれらの事項を遵守させるために必要な措置を講ずる義務があると考えられます。

　よって，マンションの管理規約や使用細則等については，賃借人にも遵守義務があること，および賃借人がこれらに違反した場合は賃貸借契約の解除事由となることを契約書に明記するだけでなく，賃借人に対しあらかじめ当該規約や使用細則の内容を説明しておくことが望ましいでしょう。

　分譲マンションの賃借人が区分所有者の共同の利益に反する行為をした場合などには，前述のとおり管理組合による差止請求や専有部分の引渡請求をすることが可能ですが，賃借人に対し管理組合がこのような法的手段を行使するのは最悪の事態であり，分譲マンションの一室を賃貸するにあたっては，このような事態が生じないよう十分な配慮をしておく必要があるといえます。

　なお，実務上は区分所有法上の管理組合ではなく，マンション内の町内会のような団体が事実上管理組合と同様の役割を担っていることもあることは前述のとおりですが，そのような団体がマンションの使用細則等を定めている場合であっても，建物内の秩序維持および他の区分所有者との人間関係といった観点からは，そのような規定も尊重する必要がありますから，少なくとも賃貸借契約の締結にあたっては，そのような規定も管理規約等と同様に取り扱うことが望ましいと考えられます。

4 定期建物賃貸借（定期借家）制度の利用

　設問の事例では，転勤に伴い自宅マンションを賃貸するということですが，法律上はそのような場合でも借地借家法が適用され，契約期間が満了しても契約は自動的に更新されるほか（借地借家26条），賃貸人による更新の拒絶や中途解約は正当の事由がある場合にしか認められません（同28条）。

遠隔地への転勤が終わり，そのマンションを再び自宅として使用したい場合でも，それだけで上記「正当の事由」が認められるわけではありませんから，一度賃貸に出したが最後，法的手段によってもマンションを明け渡してもらえなくなったり，明渡しと引換えに高額の立退料を支払うことを余儀なくされたりする事態もあり得ます。

　このような事態を回避したい場合には，定期建物賃貸借（いわゆる定期借家，借地借家38条）の制度を利用することが考えられますが，制度の詳細についてはQ81〜Q85を参照してください。

■引用判例

＊1　名古屋地判平2・10・19判時1375号117頁。

【坂本　隆志】

Q8 マンション賃貸借とオフィスビル賃貸借との違い

私は東京都内に土地を所有しており，この土地を有効活用するために賃貸用のマンションかオフィスビルを建てようと考えています。そこで，オフィスビルを賃貸する場合，マンションを賃貸する場合と比べて法律上どのような違いが生じるのか，またオフィスビルを賃貸する場合の法律上の注意点などがあれば教えてください。

A

(1) マンションの賃貸借とオフィスビルの賃貸借は，どちらも建物の賃貸借であることには変わりがないため，民法や借地借家法の規定はほぼ同様に適用されます。

(2) マンションの賃貸借では，賃借人が主に消費者となるため，多くの場合消費者契約法の適用があり，消費者である賃借人に不利な特約条項は無効とされる可能性がありますが，オフィスビルの賃貸借ではこのようなことはありません。

(3) 居住用の占有部分のないオフィスビルについては，区分所有建物であってもマンション管理適正化法やマンション建替え円滑化法の適用はありません。

(4) オフィスビルの賃貸借にあたっては，契約自由の原則が比較的広く認められる一方，契約当事者の特定や貸室の使用方法などに関しオフィスビル特有の問題が生じ得るため，賃貸借契約書がより重要な役割を果たすことになります。

キーワード　居住用物件，事業用物件，借地借家法，消費者契約法，マンション管理適正化法，マンション建替え円滑化法，契約自由の原則，信頼関係破壊の法理

解説

１　基本的な考え方

　ある土地の有効活用を考えるにあたり，その土地にマンションを建てるかオフィスビルを建てるかを判断する際には，マンション賃貸借とオフィスビル賃貸借の違いだけではなく，都市計画法・建築基準法ないし条例の規定に基づく用途制限や建築制限の有無のほか，立地条件や周囲の環境，交通の利便性，需要の見込みといった法律以外の要素も十分に考慮すべきであることは言うまでもありませんが，ここでは主に私法的観点から，マンション賃貸借とオフィスビル賃貸借の相違点などについて解説します。

　マンションの賃貸借とオフィスビルの賃貸借は，ともに建物の賃貸借契約であることは法律上共通しており，そのため民法および借地借家法の規定は，原則として同様に適用されます。ただし，マンションの賃借人は多くの場合消費者である一方，オフィスビルの賃借人は基本的に事業者であるため，これにより具体的な法律関係に違いが生じてきます。

　また，マンションの管理の適正化の推進に関する法律（マンション管理適正化法），マンションの建替えの円滑化等に関する法律（マンション建替え円滑化法）といったマンション関係の特別法は，区分所有建物のうち人の居住の用に供する専有部分のあるものを適用対象としていますので，人の居住に供する専有部分のないオフィスビルについては，これらの特別法の適用を受けないことになります。

２　民法および借地借家法等の適用

　前述のとおり，マンション賃貸借とオフィスビル賃貸借はともに建物の賃貸借であり，民法および借地借家法については，基本的に同様に適用されます。

　したがって，オフィスビルの賃貸借についても，契約更新の拒絶ないし中

途解約には正当の事由が必要とされ（借地借家28条），経済情勢の変動等を理由とする借賃の増減額請求をすることも可能です（同32条）。また，事業用物件であっても，居住用物件に比べ必ずしも正当の事由が認められやすくなるわけではありませんので，注意が必要です。

　借地借家法の適用について，マンション（居住用物件）とオフィスビル（事業用物件）に関し明文の規定で差異が設けられているのは，居住用の建物（マンションの場合は，床面積200平方メートル未満の場合に限る）について定期建物賃貸借契約を締結した場合において，転勤，療養，親族の介護その他やむを得ない事情により，建物の賃借人が建物を自己の生活の本拠として使用することが困難となったときは，建物の賃借人が1ヵ月の予告期間をおいて中途解約の申入れをすることができるものとされている（借地借家38条5項）程度です。

　しかし，居住用物件であるマンションの賃借人は基本的に消費者であり，マンションの賃貸を業として行っていれば賃貸人は事業者に当たりますから，その場合にはマンションの賃貸借契約について消費者契約法が適用されます。

　消費者契約法が適用される場合，事業者である賃貸人の責任を免除する条項や，消費者である賃借人が支払う損害賠償の額を予定する条項，および民法，商法その他の法律の任意規定が適用される場合に比し，信義則に反し消費者の権利を一方的に害する条項は一定の範囲で無効となります（消費契約8条ないし10条）。また，消費者契約法に違反する条項を定めた賃貸借契約を締結した場合などには，適格消費者団体から差止請求権の行使を受ける可能性があります（同12条）。

　マンションの賃貸借契約に関しては，建物の修繕費用（明渡後のリフォーム費用など）を賃借人の負担とする条項や，契約終了後明渡しまでの期間について高額の損害金を定める条項（賃料倍額条項など），および敷引特約などが，消費者契約法の規定により無効とされる可能性があります。

　一方，オフィスビルの賃貸借契約であれば消費者契約法の適用を受けることはまずありませんから，これらの制限は受けないことになります。建物明渡後のリフォーム費用などを賃借人の負担とする条項については，居住用物件に関しては消費者契約法施行前から判例法理によりその適用が大幅に制限

される傾向にありましたが，これも事業用物件に関してはその限りではありません（**Q4**参照）。

③ マンションに関係する特別法の適用

いわゆるマンション関係の特別法のうち，建物の区分所有等に関する法律（区分所有法）については，居住用物件であることは適用要件とされていませんから，マンションであってもオフィスビルであっても，区分所有形態の建物であれば全面的に適用されます。区分所有法が適用される建物については，法律上当然に区分所有者による管理組合が構成され，建物の管理は管理組合によって行われることになるほか，共同の利益に反する行為を行った区分所有者等に対しては，管理組合による当該行為の差止請求権，さらに一定の要件を満たす場合には専有部分の使用禁止請求権，競売請求権，および占有者に対する明渡請求権が認められています。

また，被災区分所有建物の再建等に関する特別措置法（被災区分所有法）についても，区分所有法と同様に居住用物件であることは適用要件とされていませんから，区分所有建物であるマンションやオフィスビルが政令で定める大規模な火災や震災等により全部滅失した場合には，被災区分所有法の規定に基づき区分所有建物の再建をすることができます（詳細は**Q99**参照）。

一方，マンション管理適正化法およびマンション建替え円滑化法については，前述のとおり居住用の専有部分がある区分所有建物が適用対象になっているため，居住用の専有部分がないオフィスビルについては，これらの法律の適用はありません。そのため，オフィスビルの管理業について特に業法上の規制はなく，また区分所有建物であるオフィスビルの建替えをするにあたり，マンション建替え円滑化法の手続を利用することもできませんので，区分所有建物であるオフィスビルを賃貸する場合には，建物の維持管理上これらの事項が問題となる可能性もあります。

ただし，これらの法律については，居住用の専有部分が建物内に1ヵ所でもあれば適用対象になりますので，いわゆる下駄履きマンションなど，一棟の建物内に居住用の専有部分と事業用の専有部分の両方が存在する建物につ

いては適用の対象になります。

4 オフィスビルを賃貸する場合の注意点

　オフィスビルの賃貸借は，マンションの賃貸借に比べ契約自由の原則の働く余地が大きいという特徴がありますが，借地借家法についてはマンションの場合とほぼ同様に適用され，賃貸人からの解約などはなかなか認められません。

　また，オフィスビルは事業者に賃貸することになるため，賃借人が法人か個人か不明確になってしまう，法人に賃貸したところ経営陣が総入れ替えになってしまう，いつの間にか事業内容が全く変わってしまうなどといった事業者特有のリスクも存在します。

　そのため，オフィスビルの賃貸にあたっては，賃貸借契約書がより重要な役割を果たすことになります。契約書の作成にあたっては，契約当事者（個人名義・法人名義の別など）を明確にするのはもちろんのこと，貸室の使用目的や使用方法の制限などといった事項も，できる限り具体的かつ明確にしておく必要があります。もっとも，契約の解除事由については，信頼関係破壊の法理による制限を受けることから，用法などに関する特約違反があっても，それだけで契約の解除が認められるわけではないことに注意が必要です。

　契約の解除事由以外の特約条項については，比較的自由に定めることができますので，Q4などを参考に，さまざまな事態の発生を想定した特約条項を入れておくことも検討に値するでしょう。

【坂本　隆志】

Q9　契約締結上の過失

　地方に転勤を命ぜられたので，事前に出掛けて，不動産業者の紹介で，マンションの一室を見つけました。間もなく，賃貸人の署名押印済みの契約書が送られてきたので，私も，賃借人欄に署名押印して返送しました。ところが，その日の未明このマンションの一室が火事で焼失したという電話が，夕方入りました。その日には，敷金と1ヵ月分の前家賃を賃貸人に，仲介手数料を不動産業者に振り込みましたし，ほかにも，費用がかかっています。どうなるのでしょうか。

A

　借家契約の締結前に目的の建物が焼失していたときには，契約が成立しているものの，本来の権利義務関係は生じません。敷金および前家賃の返還を受けることができますが，仲介手数料の返還を求めることはできません。ただし，建物の焼失につき賃貸人に過失がある等の事情があって，契約が有効に成立するものとして支出したものであれば，契約締結上の過失責任を追及して，賃貸人から，損害賠償を受けることができます。

（キーワード）契約の原始的不能

解説

１　申込みと承諾による契約の成立

(1)　賃貸借契約は，賃貸人と賃借人の合意のみで成立します。使用貸借とは異なり，合意のほかに「物の授受」（民593条参照）を必要とはしません。

お尋ねのケースでは、賃借建物が焼失し、引渡しを受けることも、使用収益することも不可能ですが、賃貸借契約の成立自体を妨げるものではありません。

(2) 賃貸借契約の成立自体は、申込みと承諾によって成立します。

賃貸人が自分の署名押印済みの契約書を送ってきたのが申込みで、あなたが賃借人欄に署名押印をして返送したのが承諾です。返送は、契約書を封筒に入れて投函したと思いますが、投函した時点で——賃借建物焼失後であっても——、契約が成立します（民526条）。

2 原始的不能による契約の無効

賃借建物が焼失しているので、賃貸借契約は、契約としては成立していても、引渡しを受けることも、使用収益をすることもできず、これを有効とする意味は、全くありません。原始的不能によって、契約は無効です。

3 契約の無効による不当利得返還請求権——敷金・前家賃はどうか。不動産業者に支払った手数料はどうか

(1) あなたは、敷金と1ヵ月分の前家賃を賃貸人に支払っていますが、賃貸借契約が無効なのですから、これらは、支払う理由がなく、不当利得として、返還を請求することができます（民703条）。

(2) あなたは、また、仲介手数料を不動産業者（宅地建物取引業者。以下「業者」といいます）に支払っていますが、どうなるか考えてみましょう。

賃貸借契約書は、業者が用意していた定型用紙を用いたものと思われます。まず、賃貸人が署名押印し、それが送られてきてあなたが署名押印した時点で、契約書は、完成されます。このように、契約の成立のみならず、契約書まで完成しているので、契約が原始的不能によって無効であっても、業者は、報酬請求権を有し、報酬つまり仲介手数料を受領することができるものと解されます（商550条1参照）。

したがって、仲介手数料の返還を業者に請求することはできません。

4 契約締結上の過失責任——賃貸人の失火による場合等

(1) あなたが業者に支払った仲介手数料は、結局、無駄になってしまいました。

そこで、賃借建物の焼失が、もし賃貸人の失火によるのであれば、あなたは、賃貸人に対し、契約が有効に成立するものとして支出した金額を、損害賠償として、請求することができます。これは、契約締結上の過失責任といわれるもので、賃貸人に過失がなければなりません。類焼の場合には、請求できません。

この契約締結上の過失責任によれば、業者に支払った仲介手数料は、業者からは返してもらえなくても、賃貸人に対し、損害賠償として請求できることになります。

(2) あなたは、ほかにも、費用がかかっているとのことですが、それが、契約が有効に成立するものとして支出したものであれば、この契約締結上の過失責任を追及して、賃貸人から、損害賠償を受けることができます。

【賀集　唱・濱口　博史】

Q10　契約締結の拒否に対する損害賠償請求

オフィスビルを賃借することに話がほとんど決まっていたのに，契約締結の直前になって，ビルのオーナーから，契約締結を拒否されました。オーナーに対し，損害賠償を請求することができるでしょうか。

A

　契約が成立していない以上は，契約の効力として損害賠償を求めていくことはできません。しかし，契約交渉過程であっても，相手に契約の成立に対する強い信頼を与え，その結果相手が費用の支出等を行った場合には，その信頼を裏切った当事者は相手方が被った実損害（信頼利益）を賠償する義務を負います。したがって，設問の場合にも，ビルのオーナーの言動により，契約の成立に対する強い信頼を与えられ，その結果あなたが費用の支出等を行った場合には，契約締結直前の契約締結拒否を行ったビルのオーナーはあなたが被った実損害を賠償する義務を負います。ただし，あなたにも損害の発生・拡大をもたらした事情があれば過失相殺がなされることになります。

(キーワード)　契約の自由，契約締結の自由，契約準備段階における信義則上の注意義務，信頼利益，過失相殺

解説

1　契約準備段階における信義則上の注意義務

(1) **契約の不成立・契約締結の自由**

設問では，相手方が契約の締結を拒否している以上は，相手方との意思の

合致はなく，契約は不成立であると考えざるを得ません。したがって，あなたがビルのオーナーに対して，契約に基づく責任を問うことは困難です。

そもそも，民法の大原則の一つとして，契約自由の原則があるとされており，その内容の一つとして契約締結の自由が認められており，契約を締結するかしないかは自由とされています。誰でも自由な交渉に基づいて自らの利益になると考える契約だけを締結することができるのです。自分の納得できない契約に縛られてしまうとしたら，どんなに窮屈なことでしょう。このように契約の締結は自由なのですから，ビルのオーナーもあなたと契約を締結するかどうかは自由であったことになります。自由であるとすると，あなたがビルのオーナーに不法行為に基づく損害賠償責任を問うようなことは，通常の事例であれば，困難です。

(2) 契約準備段階における信義則上の注意義務

(a) 問題点　しかし，設問では，「オフィスビルを賃借することに話がほとんど決まっていた」のですから，あなたはそのことをあてにしてすでにいろいろな計画を立てて，さまざまな支出もしていることでしょう。それにもかかわらず，ビルのオーナーがたいした理由もなく，賃貸借契約の締結を拒否したとしたら，何らの責任も問われないでよいのでしょうか。

(b) 契約準備段階における信義則上の注意義務　そこで，必ずしも賃貸借契約の場合ではありませんが，判例・裁判例には，契約の準備段階における注意義務違反を理由にして，契約締結を拒否した者に損害賠償責任を認めたものがあります。

東京地裁の裁判例ですが，Yは，映画の作成を企画し，入札の方法により発注することを予定していたが，Xは，Yの被用者の言動により，将来自らが随意契約により発注を受け得るものと誤信した。Xは，一部の撮影に着手してしまい，Yもそのことを知ったが，発注の有無は入札によって決まるのであり，XY間の関係はいまだ白紙の状態にあった。裁判所は，Yは，いまだ白紙状態にあることを警告すべき注意義務があり，Yの担当者の行為はその注意義務を怠ったものとみるべきであり，Yには，いわゆる契約締結上の過失があり，Xがこれにより被った損害を賠償すべき義務があるとした。原告が出捐した費用605万円余りについて，5割の過失相殺をして賠償を認め

たものがあります*1。

　また，最高裁の判例では，Xは，マンションを建築してその一部を売却することを計画し，マンションの着工と同時に買受人の募集を始めたところ，Yから買受けの希望があって交渉した結果，Yはなお検討するので結論を待ってもらいたいと述べた。Yは，歯科医院を開業するので電気容量はどうなっているとXに問い合わせ，Xは，電気容量が不足しないように設計を変更した。結局，Yは契約締結を拒否した。最高裁は，その事件の事実関係の下においては，Yの「契約準備段階における信義則上の注意義務違反を理由とする損害賠償責任」を肯定した原審の判断は是認できるとしたものがあります*2。

(3) 設問について

　設問の場合でも，ビルのオーナーの態度によって，あなたが契約の締結が当然にあるものと無理もなく期待し，そのために出費を行い，ビルのオーナーも当然にそのことを知っていたときには，あなたはビルのオーナーに対して，その出費について損害賠償請求ができるでしょう。

　しかし，損害賠償の対象となるのは，契約の成立を信頼したために実際に被った損害（信頼利益）に限られるでしょう。たとえば，賃貸借契約を締結して，ビルを借りて事業を行えば得られたであろう利益のような逸失した利益については，損害賠償の対象とはならないでしょう。この点は，一般の債務不履行に基づく損害賠償のような場合とは異なります。

2　過 失 相 殺

(1) 過 失 相 殺

　損害賠償が認められる場合でも，その損害の発生や拡大に寄与した事情があなたの側にあれば，その分賠償される額が割引されるのが公平といわざるを得ません。この割引の処理を過失相殺といいます。

(2) 契約準備段階における信義則上の注意義務違反の判例・裁判例

　上述の東京地裁の裁判例*1では，過失割合はXとYとで各5割とされましたし，最高裁の判例*2でも，過失割合は各5割とされました。

やはり，契約締結の自由の原則が活きているのであって，契約の締結があるまでは，契約の締結を期待して行動した側にも損害の発生について寄与した事情があるものとされやすいようです。

(3) 設問の場合

したがって，設問の場合でも，過失相殺がないことよりもあることのほうが通常であると覚悟すべきでしょう。

引用判例

＊1　東京地判昭53・5・29判時925号81頁。

＊2　最判昭59・9・18判時1137号51頁。

【本多　広高】

Q11　宅地建物取引業者と媒介契約

宅地建物取引業者に対し，賃貸オフィスビルを探すよう依頼したのですが，思うような物件を見つけてくれません。ほかの宅地建物取引業者に依頼してもよいものでしょうか。そんなことをすると，違約金を取られるのではないでしょうか。

A

> 専任媒介契約の場合には，自由にはできず，違約金を取られる可能性がありますが，そうでない場合には自由にでき，違約金を取られないのが通常です。

（キーワード）専任媒介契約，一般媒介契約

解説

1　賃貸借の媒介契約

(1) 宅地建物取引業法における媒介契約の規制

あなたが，宅地建物取引業者（宅建業者）に対して，あなたと誰かが契約の当事者となる宅地建物の売買・賃貸借等の契約が成立するように，あなたと誰かの間に立って努力をすることを依頼することは，媒介契約の依頼に当たります。

宅地建物取引業法においては，宅地または建物の売買または交換の媒介の契約については，規制があります（宅建業34条の2）。そして，宅地建物取引業法施行規則においては，宅地または建物の売買または交換の媒介契約については，国土交通大臣が標準媒介契約約款を定めることが予定されています（同規則15条の7第4号）。実際に，国土交通省告示によって，標準媒介契約約

款が定められています。

　しかし，宅地建物取引業法によっても，賃貸借の媒介契約については，特別の規制はなされていません。

(2) 契約内容を調べる

　そこでまず，あなたがほかの宅建業者に依頼してよいかどうかは，あなたとその宅建業者との間の契約内容によって決まります。契約内容は，宅建業者との間の契約書の記載内容や契約時の合意によって定まります。

　(a) 専任媒介契約の場合　あなたと宅建業者との間で締結された契約が，依頼者であるあなたが他の宅建業者に重ねて売買または交換の媒介または代理を依頼することを禁じる媒介契約である場合には，あなたが他の宅建業者に物件探しを依頼することは，債務不履行に当たります。債務不履行に当たるということは，契約に違約金あるいは損害賠償額の定めがあれば，それらを支払わなければならないことになります。契約にそれらの定めがなければ，債務不履行により通常生じる損害および予見し得た特別の事情から生じた損害を賠償しなければならないことになります。

　(b) 専任媒介契約ではない場合（一般媒介契約）　これに対して，専任媒介契約ではない場合（一般媒介契約）には，あなたは自由に，ほかの宅建業者に依頼することができます。この場合も一般媒介契約でなければなりません。報酬は媒介を成功させた宅建業者に支払うことになります。宅建業者の広告費用については，依頼者の依頼に基づいて行った広告料金以外は宅建業者の負担になります。

２　専任媒介契約の場合はどうすればよいか

(1) 期間の定め

　専任媒介契約である場合であっても，契約期間の定めがあれば，その契約期間後には，契約には拘束されなくなり，あなたは自由にほかの宅建業者に物件を探すことを依頼することができます。

(2) 任意解除

　また，専任媒介契約に期間の定めのない場合には，専任媒介契約が委任契

約に当たるものとして，その解除を任意にすることができるでしょうか。そうすれば，あなたはやはりほかの宅建業者に依頼することが自由にできるようになります。この点，標準媒介約款の上では費用の請求を受けるものの，解除はできるものとされています。

(3) **債務不履行による解除**

さらに，最初に依頼した宅建業者が思うような物件を探してきてくれないようなときには，契約に定めた義務を履行しているかどうか調べてみましょう。もし，定めた義務を履行していないときには，履行するように催告し，相当な期間が経過してもなお履行がないときは契約の解除ができます。そうすれば，あなたはやはりほかの宅建業者に依頼することが自由にできるようになります。

【本多　広高】

Q12　宅地建物取引業者の仲介手数料（媒介報酬）

マンションの賃貸借契約を仲介してもらうにあたり，仲介手数料を支払う約束などしていないのに不動産業者から仲介手数料を請求されて困っています。約定がなくても仲介手数料の支払義務はあるのでしょうか。また，仲介手数料を支払う約束をした場合でも，まだ入居していない時点で賃貸借契約が解約になった場合はどうでしょうか。

A

　不動産業者にマンションの賃貸借契約を仲介してもらった場合，特に仲介手数料を支払う約束をしていなくても，仲介手数料の支払義務が生じることがあります。
　不動産業者との間で仲介手数料の支払を約束した場合，まだ入居していない時点で賃貸借契約が解約になったとしても，いったんは賃貸借契約が成立した以上，仲介手数料を支払わなければならないのが原則です。しかし，解約の理由によっては，仲介手数料を支払わなくてもよい場合があります。

（キーワード）不動産媒介契約，仲介手数料発生の要件，黙示の不動産媒介契約，賃貸借契約の仲介手数料の金額，入居前の賃貸借契約の解約と仲介手数料

解説

1　不動産媒介契約

　不動産媒介契約とは，依頼者と媒介人との間で，媒介人が依頼者に対して取引の相手方や取引物件を紹介したり，当事者の間に立って取引条件を交渉

したりして，不動産の売買や交換，賃貸借契約の斡旋をすることを約する契約をいいます。

２ 有 償 性

不動産媒介契約は，民事仲立であるといわれており，民法の委任に関する規定が準用されます。したがって，本来であれば，依頼者と媒介人との間で，仲介手数料（媒介報酬）を支払う約束をしていなければ，依頼者が仲介手数料を支払う義務はありません（民648条１項）。

しかし，媒介をする仲介人が商人であり，その営業の範囲内で仲介をしたような場合には，商法の規定（商512条）が適用されるので，仲介手数料支払の特約がないからといって，仲介手数料の支払を拒否することはできません。

今回のケースでは，おそらく不動産業者がその事業の一環として，マンションの賃貸借契約の仲介をしたのでしょうから，仲介手数料を支払う約束がないという理由だけで仲介手数料の支払を拒むことはできません。

３ 仲介手数料（媒介報酬）請求権の発生要件

それでは，どのような場合に，仲介手数料を支払わなければならないのでしょうか。

一般に，仲介手数料（媒介報酬）支払義務が発生するには，次の要件が必要と解されています。

① 依頼を受けた業者が宅地建物取引業者であること
② 依頼者と宅地建物取引業者との間で不動産媒介契約が成立していること
③ 売買や交換，賃貸借契約が成立したこと
④ その売買等の成立と媒介行為との間に因果関係があったこと

［4］ 宅地建物取引業者であること

　上記のうち，①「依頼を受けた業者が宅地建物取引業者であること」という要件は，宅地建物取引業法では，免許を受けない者が，宅地建物取引業を営むことを，罰則をもって禁じていることから（宅建業3条・12条1項・79条2号），無免許業者は，裁判上，仲介手数料の請求をすることができないとされているものです[*1]。

　したがって，今回のケースでも，この不動産業者が，宅地建物取引業法上の免許を持っていなければ，仲介手数料を支払わなくても，裁判で支払を強制されることはありません。

［5］ 不動産媒介契約の成立

　次に，今回のケースでは，不動産業者に仲介の依頼はしているようですが，仲介手数料を支払う約束をしていなかったということですので，おそらく不動産媒介契約の契約書は作られていなかったものと思われます。

　そこで，この場合にも，②「依頼者と宅地建物取引業者との間で不動産媒介契約が成立している」といえるかが問題になります。

　この点，不動産媒介契約は諾成契約であり，口頭の合意だけでも成立するとされています。

　したがって，口頭での仲介の依頼がある以上，不動産媒介契約書が存在しないことを理由として，仲介手数料の支払を拒むことはできません。

　ちなみに，口頭での明確な仲介依頼がない場合でも，不動産業者が相当程度仲介活動を行い，それを依頼者が認識・認容していたような場合には，黙示の不動産媒介契約の成立が認められることがあります[*2]。

［6］ 賃貸借契約の仲介手数料の金額

　以上により，本件でも，③マンションの賃貸借契約が成立し，それが④不

動産業者の仲介行為に基づくものである以上，あなたに仲介手数料の支払義務が生じます。

それでは，仲介手数料はいくら支払わなければならないのでしょうか。

この点，宅地建物取引業法46条1項・2項およびそれを受けた「宅地建物取引業者が宅地又は建物の売買等に関して受け取ることができる報酬の額を定める告示」に仲介手数料の上限の定めがあります。

これによれば，賃貸借の依頼者双方からもらうことのできる仲介手数料は合計で賃料の1ヵ月分以下でなければならないとされています。

そして，本件のような居住用建物の賃貸借の場合には，あらかじめ依頼者の承諾を得ている場合でなければ，依頼者の一方につき賃料の0.5ヵ月分以下でなければならないとされています。

したがって，本件では，あらかじめ仲介手数料を支払う約束がされていなかったということですから，仲介手数料は，賃料の0.5ヵ月分以下の金額を支払えばよいことになります。

7 入居前の賃貸借契約の解約と仲介手数料

仲介手数料を支払う約束をした場合でも，まだ入居していない時点で賃貸借契約が解約になった場合はどうでしょうか。

不動産媒介契約における媒介人の仕事は，あくまで不動産賃貸借契約を成立させることで完了するので，その後に賃貸借契約が解約になったとしても，仲介手数料の支払は拒否できないというのが原則です。

したがって，不動産賃貸借契約が成立していなければ別ですが，不動産賃貸借契約が成立した以上，まだ入居していない時点で賃貸借契約が解約になった場合でも，原則として仲介手数料の支払を拒否できません。

しかし，解約の原因が媒介人の重要事項説明が十分でなかったことなど，媒介人のミスによる場合には，仲介手数料の支払を拒否できる場合があります[3]。

引用判例

*1　東京地判平5・12・27判時1505号88頁。

＊2　最判昭43・4・2民集22巻4号803頁。
＊3　東京地判昭51・10・14判時856号63頁。

【後藤　啓】

Q13 建物賃貸借と重要事項説明

私はマンションの一室を借りて居住していますが，最近になって，私の部屋は2年前に借金苦で自殺者を出した部屋だということが分かりました。私は，賃貸人からも仲介業者からもそのような説明は受けていなかったのですが，このような場合，賃貸人や仲介業者の責任を問うことはできるでしょうか。

A

賃貸人に対しては，契約の解除や引越料の損害賠償責任を求めることができます。仲介業者に対しても損害賠償責任を問うことができます。

(キーワード) 瑕疵担保責任，重要事項の説明，故意による重要な事項の不告知

解説

1 賃貸人の瑕疵担保責任

(1) 問　題

家屋の賃貸借契約の基本的な関係は，賃貸人があなたに目的の家屋を使用収益させて，賃借人のあなたがそれに対して賃料を支払うという関係です。そこでは通常，目的の家屋が問題のないものであることが前提となっているでしょう。

しかし，あなたとしては2年前に借金苦で自殺者を出した部屋であることが分かった以上は，気分的に住みにくいことになるでしょう。借りた部屋は問題のないものではなかったことになります。あなたは賃貸人に対して何か

を主張できてしかるべきではないかが問題となります。

(2) 自殺・他殺のあった土地建物の売買

実際のところ，自殺・他殺のあった土地建物の売買のケースで同様の問題が争われた裁判例はいくつかあります。そこでは売買の目的物に瑕疵，すなわち目的物が通常有すべき性質を欠いていることが認められるものとして，民法570条の売買目的物の瑕疵担保責任を売主に問えないかが問題となっています。

横浜地裁の裁判例では，次のようなものがあります。

Xは，Y会社から，昭和63年に，マンションの一室を代金3200万円で購入した。Xは，契約後すぐに，そのマンション内においてY会社の代表者の妻が昭和57年に縊首自殺していたことを知った。裁判所は，「原告らは，小学生の子供二名との四人家族で，永続的な居住の用に供するために本件建物を購入したものであって，右の場合，本件建物買受の六年前に縊首自殺があり，しかもその後もその家族が居住しているものであり，本件建物を，他のこれらの類歴のない建物と同様に買い受けるということは通常考えられないことであり，右居住目的から見て，通常人においては，右自殺の事情を知ったうえで買い受けたのであればともかく，子供も含めた家族で永続的な居住の用に供することははなはだ妥当性を欠くことは明らかであり，また，右は，損害賠償をすれば，まかなえるというものでもないということができる。」として，建物について瑕疵があるため瑕疵担保責任により売買契約を解除できるとしました。また，裁判所は，手付金の返還と契約であらかじめ定められていた違約金（代金の20パーセント640万円）の支払義務があるとしました[*1]。

次は，大阪高裁の裁判例です。

Xは，Yより，平成16年に，隣接する甲乙２つの土地をあわせて代金およそ1503万円で購入した。ところが，土地のうちほぼ３分の１強の面積に匹敵する乙土地上にかつて存在していた建物内で売買の約８年以上前に女性が胸を刺されて殺害されるという殺人事件があった。その後，売買契約当時には，その建物も取り壊されていた。裁判所は，「上記事件は，女性が胸を刺されて殺害されるというもので，病死，事故死，自殺に比べて残虐性が大き

く、通常一般人の嫌悪の度合いも相当大きいと考えられること、本件殺人事件があったことは新聞にも報道されており、本件売買から約8年以上前に発生したものといえ、その事件の性質からしても、本件土地付近多数存在する住宅等の住民の記憶にすくなからず残っているものと推測されるし、現に、本件売買後、本件土地を等面積で分けた東側の土地部分の購入を一旦決めたものが、本件一土地上の本件建物内で以前殺人事件があったことを聞き及び、気持ち悪がって、その購入を見送っていることなどの事情に照らせば、本件土地上に新たに建物を建築しようとするものや本件土地上に新たに建築された建物を購入しようとする者が、同建物に居住した場合、殺人があったところに住んでいるとの話題や指摘が人々によってなされ、居住者の耳に届くような状態がつきまとうことも予測されうるのであって、以上によれば、本件売買の目的物である本件土地には、これらの者が上記建物を、住み心地が良くなく、居住の用に適さないと感じることに合理性があると認められる程度の、嫌悪すべき心理的欠陥がなお存在するものというべきである。

そうすると、本件売買の目的物には民法570条にいう『隠れた瑕疵』があると認められるから、一審原告は一審被告に対し、これに基づく損害賠償を請求しうる」「一審原告の上記損害額は、本件売買の代金額の5パーセントに当たる75万1575円と認める」としました[*2]。

これに対して、瑕疵とは認めなかった裁判例もあります。

大阪高裁の裁判例ですが、XはYより、昭和32年に、土地建物を代金105万円で購入した。しかし、昭和24、25年ころ当該土地の上に建てられていた座敷蔵内で縊死があった。座敷蔵は昭和32年には取り除かれて物置が設置されたケースで、裁判所は、瑕疵は認められないとしました[*3]。

以上の裁判例では、死亡原因の異常さ、死亡から経過した期間の長さ、その建物が現存しているか、が総合考慮されていることが分かります。

(3) 建物賃貸借の場合

賃貸借契約には、賃貸借契約が有償契約であることから、売買の瑕疵担保責任の規定が準用されます（民559条）。したがって、やはり、自殺・他殺のあった建物の賃貸借では、瑕疵担保責任が問題となり得ます。そして、隠れた瑕疵があるかどうかは、やはり、死亡原因の異常さ、死亡から経過した期

間の長さ，その建物が現存しているか，が総合考慮されるでしょう。

　設問では，死亡原因が自殺であること，死亡から2年しか経過していないこと，その建物内で死亡したものであることから，隠れた瑕疵があると認められるものと考えられます。

　なお，隠れた瑕疵であるためには，賃借人のあなたが賃貸借契約を締結したときに，自殺・他殺を知らないことが必要です。知っているときには，あなたに特別の救済を与える必要はなく，もはや「隠れた」瑕疵とはされないわけです。

(4) 隠れた瑕疵が認められる場合に主張できること

　では，自殺・他殺があったために，賃貸借の目的となった建物に瑕疵があるとしたら，あなたはどのようなことを賃貸人に主張できるでしょうか。

　(a) 解　　除　　まず，あなたは賃貸借契約の解除をすることができます。

　(b) 損害賠償　　また，損害賠償請求もすることができます。したがって，引越費用を請求できるでしょう。

　また，引越しまでの期間そのマンションに住まなければならないことについて損害賠償を求めることもできるでしょう。ただし，これはそれほど高い額とはならないでしょう。

　では，自殺があったと知らずに住んでいたことについて損害賠償を求めることはできるでしょうか。その期間は，あなたは結果的には不都合なく住んでいたといえるので，損害賠償を求めることは難しいと考えられます。

　(c) 期間制限　　これらの解除や損害賠償の請求はあなたが自殺・他殺の事実を知ったときから1年以内にしなければなりません。

２　仲介業者の責任

(1) 宅地建物取引業法35条の重要事項記載書面交付説明義務

　宅地建物取引業法35条1項では，宅地建物取引業者は，建物の貸借の相手方に対して，その者が借りようとしている建物に関し，その貸借の契約が成立するまでの間に，取引主任者をして，少なくともその各号に掲げる事項に

ついても，それらの事項を記載した書面を交付して説明をさせなければならないものとしています。

しかし，それらの各号には，建物に自殺・他殺があったことが含まれていると解釈することは困難です。

(2) 宅地建物取引業法47条1号の故意による重要な事項の不告知

けれども，宅地建物取引業法47条1号の規定によって，宅地建物取引業者は，その業務に関して，相手方に対して，建物の賃借の契約について勧誘をするに際し，建物の取引条件であって相手方の判断に重要な影響を及ぼすこととなるものについて，故意に事実を告げず，または不実のことを告げることが禁止されています。

したがって，仲介業者が借りるか否かという判断に重要な影響を及ぼす自殺・他殺の事実を知っていたにもかかわらず，故意に告げなかったり，不実のことを告げた場合には，宅地建物取引業法47条1号の規定に違反することになります。

宅地建物取引業法47条1号の規定の違反がいかなる責任を生じさせるかは問題ですが，やはり損害賠償責任を生じさせるものと考えられます。

(3) 仲介業者が自殺・他殺の事実を知らなかった場合

仲介業者が自殺・他殺の事実を知らなかった場合には，はたして仲介業者に過去のそのような来歴を調査する義務があるかどうかは疑わしく，事情にもよりますが，損害賠償を求めることは困難でしょう。

引用判例

*1　横浜地判平元・9・7判時1352号126頁。

*2　大阪高判平18・12・19判時1971号130頁。

*3　大阪高判昭37・6・21判時309号15頁。

【本多　広高】

Q14 隣室が暴力団事務所に使われている場合の対処

自分の事業のためにビルの一室を借りました。その後，隣の部屋が暴力団事務所として使われていることが分かり，日常の業務を行うにも支障が出ています。どのように対処すればよいでしょうか。

A

(1) ビルが区分所有建物である場合には，管理組合の集会決議に基づき，区分所有法の規定による使用禁止請求・競売請求または賃貸借契約の解除および引渡請求をすることが考えられ，暴力団が貸室を組事務所として使用しており，その貸室の賃貸人が暴力団の追放に協力的な場合には，賃貸人に賃貸借契約を解除し，賃貸借契約の終了または所有権に基づく明渡請求をしてもらう方法も考えられます。
(2) 暴力団対策法では，指定暴力団等の一定の行為について規制が設けられており，指定暴力団等がこれらの規制に違反している場合には公安委員会による中止命令等を出してもらうことが可能ですが，民事上の請求としては，人格権に基づき，暴力団事務所としての使用差止めを請求することも考えられます。
(3) 暴力団への対処は，弁護士や警察と連携して行う必要がありますので，まずは信頼できる弁護士や弁護士会の民事介入暴力被害者救済センターなどに相談してください。

(キーワード) 貸室の使用形態，区分所有法，賃貸借契約の解除，暴力団員による不当な行為の防止等に関する法律（暴力団対策法），人格権に基づく差止請求，民事介入暴力被害者救済センター，暴力追放運動推進センター

解説

⬜1 貸室の使用形態による場合分け

　設問の事例では，隣室が暴力団の組事務所として使われてしまっているということであり，そのような事態になればいつ暴力団同士の抗争などに巻き込まれるかもしれず，建物内の平穏は著しく害され，日常の生活や事業にも支障を来しかねませんので，速やかに暴力団の退去を求める必要があります。

　もっとも，一口に暴力団の組事務所として使われているといっても，その使用形態にはさまざまなものが考えられ，これにより行使できる法的手段も異なります。

(1) ビルが区分所有建物である場合

　設問のビルが，区分所有法の適用される建物である場合（専有部分が構造上区分されており，各専有部分が独立して所有権の目的となっている場合）には，暴力団の組事務所として使われている専有部分の区分所有者および占有者に対し，区分所有法に基づく法的手段を行使することができます。

　まず，区分所有者または占有者が，建物の管理または使用に関し区分所有者の共同の利益に反する行為をした場合またはその行為をするおそれがある場合には，他の区分所有者の全員または管理組合法人は，そのような行為の差止請求をすることができます（区分所有57条1項・4項）。

　専有部分を暴力団の組事務所として使用することは，建物内の平穏を著しく害し，区分所有者の共同の利益に反する行為に当たりますので，他の区分所有者は，そのような目的による建物使用の差止めを請求することができると考えられます。なお，差止請求の訴えを提起するには，集会決議が必要となります（区分所有57条2項）。

　もっとも，暴力団の組事務所として使われている場合のように，その弊害が顕著な場合には，単なる差止請求ではなかなか有効な対処になりません。そこで，実際に訴えをもって暴力団の組事務所としての使用を止めさせる場

合，暴力団が使用部分の区分所有者であるときは専有部分の使用禁止請求（区分所有58条）または競売請求（同59条）を，占有者である場合には専有部分の使用または収益を目的とする契約（賃貸借契約など）の解除およびその専有部分の引渡し（同60条）を請求することになります[*1]。

　これらの請求をするには，いずれも集会において，区分所有者および議決権の4分の3以上による特別決議が必要であり，また当該決議をするにあたっては，あらかじめ被告となる区分所有者等に対し，弁明の機会を付与する必要があります。

　これらの法的手段は，貸室を賃貸している専有部分のオーナーや他の区分所有者の協力を得る必要があり，ビルの賃借人であるあなた自身が行うものではありませんが，もとより暴力団への対処を1人で行うのは危険であり，同じ建物の所有者等と話し合い，皆で力を出し合って解決するのが望ましいといえるでしょう。

(2) ビルが区分所有建物でない場合

　設問のビルが，区分所有法の適用を受ける建物に該当しない場合（現実的には，一棟の建物すべてを1人のオーナーが所有しており，区分所有形態になっていない場合などが考えられます）には，上記区分所有法に基づく請求はできませんので，他の方法を考える必要があります。

　暴力団が貸室を組事務所として使用しており，その貸室のオーナーが暴力団の追放に協力してくれる場合には，オーナー（賃貸人）が暴力団との間の賃貸借契約を解除し，賃貸借契約の終了または所有権に基づく明渡請求をすることも考えられます。

　賃貸借契約の解除には賃借人の債務不履行が必要ですが，貸室を暴力団の組事務所として使用することは，通常は契約上の用法違反であり，かつ暴力団という反社会的な活動を行う集団の事務所として使用を継続すれば，賃貸人と賃借人との間の信頼関係も破壊されると考えられますから，賃貸人が最初から暴力団の組事務所として使われることを知りながら賃貸借契約を締結したなどの特殊な場合を除き，基本的に明渡請求は認められるものと解されます。

2　暴力団対策法に基づく対処

　暴力団員による不当な行為の防止等に関する法律（暴力団対策法）では，一定の要件を満たす暴力団を「指定暴力団」に指定し，指定暴力団等の暴力団員による暴力的要求行為等を禁止していますが，指定暴力団等の事務所に関しては，事務所の外周等に，付近の住民または通行人に不安を覚えさせるおそれがある表示の掲示や物品の設置をすること，事務所またはその周辺において，著しく粗野もしくは乱暴な言動を用い，または威勢を示すことにより，付近の住民または通行人に不安を覚えさせること，人に対し債務の履行等の用務を行う場所として事務所を用いることを強要することが禁止されています（暴力団29条）。

　指定暴力団の事務所が上記の規制に違反しているのであれば，警察に連絡して，公安委員会の権限により違反行為の中止命令等（同30条）を出してもらうことも考えられます。

3　人格権に基づく差止請求等

　もっとも，暴力団対策法では，暴力団の組事務所としての使用に対する民事上の差止請求等については規定されていません。そこで，何らかの事情により 1 で述べたような法的手段を執ることがいずれも困難な場合に，人格権に基づく差止請求権として，暴力団の組事務所としての使用を禁止することができるかどうかが問題となります。

　この点，裁判例[*2]には，建物の所有者がその建物を暴力団の組事務所として公然と使用しており，これに反対運動を行っている周辺住民らが，民事保全法23条2項に基づく仮の地位を定める仮処分請求として，①暴力団の名称を表示した文字板および暴力団の紋章を5日以内に仮に撤去すること，②建物に暴力団の名称を表象する紋章，文字板および看板等を設置し，建物内において暴力団の定例会を開催し，建物内に暴力団の構成員を集合させる等して同建物を暴力団の組事務所として使用してはならないことを求めた事案

について、これを認めたものがあります。

　該裁判例では、「本件建物が一力一家の組事務所として公然と使用される限り、その構成員らの犯罪行為や他の暴力団の対立抗争等によって、何時いかなる危害を加えられるかも知れない危険や不安に怯やかされることになり、その危険や不安から脱却して平穏な生活を続けることは不可能であるから、債務者が本件建物の所有者であるとはいえ、これを一力一家の事務所として公然と使用することは、債権者らの人格権を侵すことになるばかりでなく、これが債権者らの受忍限度を超えて違法に侵害されたり、又は侵害される恐れがあるといわねばならないし、債権者らにおいて右の危険や不安を甘受しなければならない合理的理由を見出すことは困難であり、その危険や不安を早急に除去すべき緊急の必要性に迫られていることも明白である。」などと判示し、人格権に基づく暴力団の組事務所として使用することの差止めを請求し得る被保全権利があり、かつ保全の必要性も一応是認することができるとして、結論として当該仮処分請求を認めました。

　これと同様に、人格権に基づく暴力団の組事務所としての使用差止請求が認められた裁判例[*3]を挙げることができます。

4　公的機関等への相談

　隣室が暴力団の組事務所として使われている場合において、考えられる法的手段はおおむね以上のとおりですが、最近の暴力団は法的規制を免れるための対策を行っている場合が多く、法的には暴力団の組事務所であれば直ちに排除できるといった単純な問題ではありません。

　また、暴力団への対処について、単独で動けば自らが生命や身体の危険にさらされる可能性も否定できませんので、設問のような事例において、実際に暴力団の問題に対処するにあたっては、必ず弁護士に相談した上で、警察の協力も得る必要があります。

　日本弁護士連合会や各地域の弁護士会は、いわゆる民事介入暴力の問題に対して組織的に取り組んでおり、民事介入暴力被害者救済センターが多くの地域の弁護士会に設けられています。また、暴力団対策法31条の規定に基づ

き，各都道府県には都道府県暴力追放運動推進センターが設けられていますので，最初はこれらの機関に相談するのもよいでしょう。

> 引用判例

＊1　暴力団の組事務所として使用している占有者に対し，賃貸借契約の解除および引渡請求が認められた事例として，最判昭62・7・17判時1243号28頁。

＊2　静岡地浜松支決昭62・10・9判時1257号45頁。

＊3　那覇地決平3・1・23判時1359号130頁，秋田地決平3・4・18判時1395号45頁。

【本多　広高】

Q15　ビルの面積と賃料減額請求

ビルの一室を借りたのですが，契約面積より実測面積が大幅に不足していました。賃料の減額を請求することはできますか。

A

建物に一定の面積のあることを賃貸人が契約において表示し，かつ，この数量を基礎として賃料額が定められた賃貸借契約である場合には，賃料の減額を請求することができるでしょう。

(キーワード)　数量指示担保責任，数量指示，履行利益，信頼利益

解説

1　数量不足の担保責任

(1)　**数量指示売買の担保責任の準用**

売買契約においては，数量を指示して売買した物が不足していた場合に，買主が不足を知らなかったときは，代金減額請求権，損害賠償請求権，解除権（残存部分だけなら買わなかったであろうとき）が認められています（数量不足の担保責任，民565条）。

そして，賃貸借契約は，有償契約として，数量不足の担保責任が準用されています（民559条）。したがって，数量を指示して賃貸借契約の目的とされた建物の面積が不足していた場合に，賃借人が不足を知らなかったときは，賃料減額請求権，損害賠償請求権，解除権（残存部分だけなら賃貸借契約をしなかったであろうとき）が認められます。

(2)　**「数量を指示して」**

(a)　売買の場合　　そこで，そのような担保責任が認められるためには，

数量を指示しての賃貸借契約であることが必要となりますが，数量を指示しての意味は，売買契約についての判例によって明らかとなっています。実際には認定が微妙なことが多いですが，売買目的物である土地を坪数で表示しても，当然には数量指示売買とはなりません。「一定の面積，容積，重量，員数または尺度あることを売主が契約において表示し，かつ，この数量を基礎として代金額が定められた売買」であることが必要とされています。

この点「民法五六五条にいう『数量ヲ指示シテ売買』とは，当事者において目的物の実際に有する数量を確保するため，その一定の面積，容積，重量，員数または尺度あることを売主が契約において表示し，かつ，この数量を基礎として代金額が定められた売買を指称するものである。ところで，土地の売買において目的物を特定表示するのに，登記簿に記載してある字地番地目および坪数をもつてすることが通例であるが，登記簿記載の坪数は必ずしも実測の坪数と一致するものではないから，売買契約において目的たる土地を登記簿記載の坪数をもつて表示したとしても，これでもつて直ちに売主がその坪数のあることを表示したものというべきではない。」とし，その事件では，数量指示売買ではないとした最高裁判例があります[*1]。

また，平成13年の最高裁の「いわゆる数量指示売買とは，当事者において目的物の実際に有する数量を確保するため，その一定の面積，容積，重量，員数又は尺度があることを売主が契約において表示し，かつ，この数量を基礎として代金額が定められた売買をいう（最高裁昭和41年（オ）第770号同43年8月20日第三小法廷判決・民集22巻8号1692頁参照）。

前記事実関係によれば，上告人と被上告人らは，本件売買契約の代金額を坪単価に面積を乗じる方法により算定することを前提にして，その坪単価について折衝し，代金額の合意に至ったというのである。そして，本件土地は，市街化区域内にあり，小規模住宅用の敷地として売買されたものであって，面積は50坪余りにすぎないというのであるから，山林や原野など広大な土地の売買の場合とは異なり，このような零細宅地における前記のような開差5％を超える実測面積と公簿面積との食違いは，売買契約の当事者にとって通常無視し得ないものというべきである上，被上告人らは，Aに対して本件土地の実測図面を要求するなどしたというのであるから，本件土地の実測

面積に関心を持っていたものというべきであり，記録によれば，本件売買契約当時，当事者双方とも，本件土地の実測面積が公簿面積に等しいとの認識を有していたことがうかがわれるところである。

　もとより，土地の売買契約において，実測面積を基礎とせずに代金額が決定される場合でも，代金額算定の便宜上，坪単価に面積（公簿面積）を乗じる方法が採られることもあり得るが，本件売買契約においては，上告人と被上告人らが，本件土地の実測面積を離れ，それ以外の要素に着目して本件土地を評価し，代金額の決定に至ったと認めるべき事情はうかがわれないのである。なお，本件条項自体は，実測面積と公簿面積とが食い違う場合に代金額の減額を要しないという趣旨を定めたものとはいえないし，原審の認定したところによれば，本件条項がそのような意味を有する旨の説明がAからされたことなどもないというのであるから，本件条項が存在することから直ちに実測面積に増減があっても公簿面積を基礎として本件売買契約の代金額が決定されたこととする趣旨であったと断定することはできないものというべきである。

　以上の点にかんがみると，本件売買契約書において登記簿の記載に基づいて本件土地の面積が記載されたのは実測面積が公簿面積と等しいか少なくともそれを下回らないという趣旨によるものであり，本件売買契約の代金額は本件土地の実測面積を基礎として決定されたものであるとした原審の契約解釈は，経験則に違反するものとはいえないというべきである。

　そうすると，本件売買契約においては，本件土地が公簿面積どおりの実測面積を有することが表示され，実測面積を基礎として代金額が定められたものであるから，本件売買契約は，数量指示売買に当たり，被上告人らは，上告人に対し，民法565条，563条1項に基づいて，代金減額請求をすることができるものというべきである。」という判例もあります（固有名詞は記号にしてあります。次の裁判例も同じです）[*2]。

　(b)　**賃貸借契約の場合**　　賃貸借契約の場合にも売買契約とほぼ同様な方法で判断がなされています。

　昭和58年の東京地裁の判決は，次のように述べて，数量指示をなした賃貸借契約ではないとした事案でした。

「ところで、『数量を指示してなした賃貸借』というには、当事者が目的物件が実際に有する面積を確保するため、賃貸人が契約において一定の面積のあることを表示し、かつこれを基礎として賃料等の定められたものであることを要すると解されるところ、前記認定の事実、殊にC、被告Aの各『貸店舗ごあんない』及び『貸室一覧表』には、坪数が表示されてこれを基礎に保証金及び賃料が算出されているけれども、同時に地下一階の総面積は一三四・六一八平方メートル（約四〇・七九坪）であることが明示されているのであるから、地下一階部分の賃料算出の基礎とされているのは共用部分をも含めた同階全体の面積であることが極めて明らかであったこと、また昭和四八年九月七日に原告と被告Bとの間において賃貸借契約が締結された際に、賃貸部分に何らの変更もないのに、専ら賃料決定のための観点から、わずかながらも地下一階部分と地下二階部分の面積が変更されていること、さらに原告代表者のDは、本件各契約締結の以前から本件建物の面積が表示されたところよりも少ないのではないかと考えていながら、終始何らの異議もなく、本件各契約を締結し、本件建物を使用してきたこと、等の事実に徴すれば、本件各契約において、原告主張のような面積を基準として賃料等が算出されていたとしても、各契約当事者にとって右面積が本件各契約の重要な要素とされたものでないことは明らかであるから、右表示は原告の賃借部分が実際に右面積を有することを確保するためになされたものとは到底認め難く、むしろ賃料算出のための一応の基準として表示されたものにすぎないものというべきである。」と結論づけています[*3]。

２ 数量指示の瑕疵担保責任の効果

(1) 数量指示の瑕疵担保責任の効果

数量指示の瑕疵担保責任の効果は、建物の面積が不足していた場合に、賃借人が不足を知らなかったときは、賃料の減額の請求、損害賠償請求権、解除権（残存部分だけなら賃貸借契約をしなかったであろうとき）が認められることです。

(2) 損害賠償の範囲

それらの効果のうち，損害賠償については，数量を指示してなした賃貸借であるとき，その損害賠償の範囲が問題となります。数量不足がない建物が賃貸されれば賃借人が得たであろう利益を失ったことによる損害の賠償（履行利益）まで含むのか，あるいは，数量不足がないと信頼したことから生じた損害の賠償（信頼利益）に止まるのかが争点となっています。

(a) 売買の場合　　ここでもやはり売買の場合が参考となります。売買の場合，判例はやや限定的な立場に立つものとみることができます。

土地の値上がりについての利益を不足している面積の分だけ得られなかったことについての賠償を次のような理由で認めず，結論的には，代金減額に相当する賠償のみ認めた最高裁の判例があります[*4]。

「土地の売買契約において，売買の対象である土地の面積が表示された場合でも，その表示が代金額決定の基礎としてされたにとどまり売買契約の目的を達成するうえで特段の意味を有するものでないときは，売主は，当該土地が表示どおりの面積を有したとすれば買主が得たであろう利益について，その損害を賠償すべき責めを負わないものと解するのが相当である。しかるところ，原審の適法に確定したところによれば，本件の各土地の売買において売主である被上告人の代理人が目的土地の面積を表示し，かつ，この面積を基礎として代金額を定めたというのであるが，さらに進んで右の面積の表示が前記の特段の意味を有するものであつたことについては，上告人らはなんら主張，立証していない。そうすると，不足する面積の土地について売買が履行されたとすれば上告人らが得たであろう利益として，右土地の値上がりによる利益についての損害賠償を求める上告人らの請求を理由がないものとした原審の判断は，結局正当として肯認することができ，原判決に所論の違法はない。」。

(b) 賃貸借の場合　　数量を指示していると認められるときは，賃料減額に相当する賠償は認められやすいと考えられます。しかし，それ以上に建物が表示どおりの面積を有していたとすれば賃借人が得たであろう利益は少なくとも，賃貸借契約の目的を達成するうえで建物の面積表示が特段の意味を有するような場合でなければ，認められないでしょう。

引用判例

* 1　最判昭43・8・20民集22巻8号1692頁。
* 2　最判平13・11・22判時1772号49頁。
* 3　東京地判昭58・3・25判時1087号105頁。
* 4　最判昭57・1・21民集36巻1号71頁。

【本多　広高】

第2章

借地借家法の適用

Q16 公営住宅・公団公社住宅の賃貸借契約

県営住宅に居住していますが，先日家賃の値上げ通知がありました。公営住宅は，低廉な家賃で住宅を提供するのが目的であると聞いていますが，法律上はどのような場合に家賃の値上げが許されているのですか。また，割増賃料の支払を拒否したなどの理由で明渡請求を受けたときには，拒絶できますか。借地借家法が適用されるか，および公団公社住宅との違いも教えてください。

A

(1) 公営住宅については，その利用関係は私法上の契約関係であると解されていますが，公営住宅法では入居者との間の関係等についてかなり具体的な定めが置かれています。

(2) 公営住宅の賃料については，近傍同種の住宅の家賃，入居者の収入状況等に応じて毎年度改定されることになっており，賃料値上げの要件を定めた借地借家法32条1項を適用する余地はないと考えられます。

(3) 公営住宅法の規定に基づく明渡請求については，一般に借地借家法の定める正当の事由は不要と解されている一方，公営住宅については，公営住宅法の規定によらず，借地借家法の規定に基づく解約申入れをすることもできるというのが現在の判例の立場です。

(4) 公団住宅および公社住宅については，公営住宅と異なり入居者との契約関係を規律する特別法の規定が特にないことから，民法および借地借家法の規定が全面的に適用されるものと解されます。

キーワード　公営住宅法，公益性，公営住宅法と借地借家法の適用関係，正当の事由，独立行政法人都市再生機構法，地方住宅供給公社法

解説

1　公営住宅の目的と特性

　公営住宅とは，市町村または都道府県が，公営住宅法の規定により国の補助を受けて，低額所得者に賃貸または転貸するために建設，買取りまたは借上げを行う住宅およびその附帯施設をいいます。
　公営住宅法に基づく公営住宅は，国および地方公共団体が協力して，健康で文化的な生活を営むに足りる住宅を整備し，これを住宅に困窮する低額所得者に対して低廉な家賃で賃貸し，または転貸することにより，国民生活の安定と社会福祉の増進に寄与することを目的とするものであり（公営住宅1条），公益的色彩の強いものであることから，住宅の整備基準等のほか，入居者の募集方法や入居者資格，家賃，敷金，物件の保管義務や明渡しについては，法令によりかなり具体的な定めが置かれています。
　公営住宅における入居者の募集は，原則として新聞，掲示等による公募によってこれを行わなければならず（公営住宅22条），入居者資格も政令で定める金額以下で事業主体が定める収入要件を満たす必要があるほか，現に住宅に困窮していることが明らかな者であって，かつ老人，身体障害者等でない場合は同居の親族がいる者に限定されています（同23条）。
　公営住宅の入居者は，当該公営住宅または共同施設について必要な注意を払い，これらを正常な状態において維持しなければならないものとされており，公営住宅の入居権の譲渡や転貸は禁止されているほか，用途の変更，模様替えや増築は事業主体の承認があった場合を除き禁止されており，入居の際に同居した親族以外の者を同居させようとするときにも事業主体の承認を得なければならないものとされています（同27条1項ないし5項）。
　公営住宅に引き続き3年以上入居している者で，収入が入居の際の基準を超過している者（収入超過者）については，当該公営住宅を明け渡す努力義務があり，その者が引き続き入居しているときは割増賃料を徴収されることがあります（同28条）。

さらに、公営住宅に引き続き5年以上入居している者で、最近2年間引き続いて政令で定める高額の収入がある者については、期限を定めて当該公営住宅の明渡しを請求することができるものとされています（同29条）。

2　公営住宅における家賃値上げの要件

公営住宅の家賃については、事業主体が、毎年度、まず近傍同種の住宅の時価、修繕費および管理事務費等を勘案して政令で定めるところにより「近傍同種の住宅の家賃」を定め、実際の家賃の金額は、毎年度、入居者からの収入の申告に基づき、当該入居者の収入および当該公営住宅の立地条件、規模、建設時からの経過年数その他の事項に応じ、近傍同種の住宅の家賃以下で、政令で定める方法により、事業主体が定めるものとされています（公営住宅16条）。収入超過者や収入申告の請求に応じない入居者については、近傍同種の住宅の家賃を超えない範囲で、割増賃料を徴収されることがある一方、病気その他特別の事情がある者については、家賃および敷金の減免も認められています。

公営住宅に関する事業主体と入居者との関係は、公法上の法律関係ではなく私法上の建物賃貸借契約であり、公営住宅に関する使用関係の紛争は民事訴訟事項であるから行政事件訴訟法に基づく取消訴訟等の対象にはならないと解されています[*1]が、公営住宅については、上述のとおり法律によって年度ごとに家賃を決定するものとされており、その決定方法も同法の委任に基づき公営住宅法施行令および同施行規則において詳細に定められている以上、当該法令の基準により次年度の家賃を値上げすべき場合には、当該基準に基づき家賃を値上げすることは当然に許されるものと解され、建物の賃貸借契約における家賃変更の要件を定めた借地借家法32条の規定は、特別法たる公営住宅法の規定により排除されているものと解されます。

なお、公営住宅法は平成8年法律第55号により改正されていますが、当該改正前の公営住宅法13条（現行法16条に相当する規定）と旧借家法7条1項との関係については、判例[*2]も「公営住宅の家賃の変更事由等については、専ら特別法たる法13条等の諸規定の適用があり、借家法7条1項の規定の適用

は排除されているというべきである」という趣旨の判示をしています。

③ 公営住宅における明渡請求

　公営住宅法には，次の場合における事業主体の公営住宅明渡請求権が定められています（公営住宅29条・32条・38条）。
　① 入居者が不正の行為によって入居したとき
　② 入居者が家賃を3ヵ月以上滞納したとき
　③ 入居者が公営住宅または共同施設を故意に毀損したとき
　④ 入居者が公営住宅法27条1項から5項までの規定（内容は前述）に違反したとき
　⑤ 入居者が公営住宅および共同施設の管理について必要な事項について事業主体が定めた条例に違反したとき
　⑥ 公営住宅の借上げの期間が満了するとき
　⑦ 公営住宅に引き続き5年以上入居している入居者が最近2年間引き続き政令で定める基準（原則397000円）を超える高額の収入のあるとき
　⑧ 国土交通大臣の承認を受けた計画に基づく公営住宅建替事業の施行に伴い，現に存する公営住宅を除却するため必要と認めるとき

　一方，借地借家法28条では，建物賃貸借契約における更新拒絶の通知または解約の申入れについて，いわゆる「正当の事由」を要求しています。
　そこで，公営住宅の明渡請求については，両者の規定の適用関係をどのように解するかが問題になりますが，具体的には，(i)公営住宅法の規定に基づく明渡請求をする場合に，借地借家法28条の定める「正当の事由」が要求されるか，(ii)公営住宅法に定める明渡事由のいずれにも該当しない場合に，なお借地借家法の規定に基づく更新拒絶または解約申入れをすることができるか，という問題があります。
　公営住宅法が，前述のとおり借地借家法の特別法であると解する場合，公営住宅の明渡事由については公営住宅法で詳細な規定が設けられている以上，これによって借地借家法の規定による解約または更新拒絶に関する規定の適用は排除され，借地借家法の適用を認める余地はないと考えることもで

きそうですが、判例は必ずしもそのように解しているわけではありません。

(i)については、判例[*3]はおおむね「正当の事由」を不要と解しています。確かに、現行公営住宅法に定める明渡事由は、いずれも公営住宅制度の趣旨に照らせば正当として是認できるものであり、明渡請求にあたり改めて借地借家法に定める正当の事由を要求する必要はないものと考えられますが、後述する東京都営住宅条例のように、法律または条例により妥当性を欠く内容の明渡事由が定められた場合には、借地借家法に定める正当の事由を要求し、その適用を制限すべき場合もあると考えられます[*4]。

(ii)については、判例[*5]は「公営住宅法に基づく公営住宅の使用許可による賃貸借についても、借家法が一般法として適用され、同法1条の2に規定する正当の事由がある場合には、同条により解約の申入をすることができ、東京都営住宅条例20条1項6号は適用されない」としており、公営住宅についても借地借家法の規定に基づく解約申入れ等を認める趣旨と解されます。

ただ、上記判示にいう東京都営住宅条例20条1項6号（現：同39条1項8号）とは、知事が都営住宅の管理上必要があると認めたときは、入居者に対し使用許可を取り消し、または住宅の明渡しを請求できるという趣旨のかなり乱暴な規定で、しかも法律の委任に基づかない独自の明渡事由を定めたものであり、上記判例は、当該条例の規定に基づき公営住宅の使用許可が取り消され、当該公営住宅の明渡請求が行われたという事案について、当該使用許可の取消しを旧借家法の規定に基づく解約申入れと解した上で、当該住宅は独身である入居者の長男が事実上1人で居住しており、入居者自身はすでに家族の生活に適した他の住宅を取得していることから、公営住宅の一般需要者に比べ当該建物使用の必要性は著しく低いとして、当該解約申入れに正当の事由があるとして明渡請求を認めた原判決を是認したものです。

以上を総合すると、公営住宅の明渡事由に関する判例の考え方は、公営住宅法の規定に基づく明渡請求については、基本的に正当の事由を要求せずこれを認める一方、同法の規定によらず借地借家法に基づく解約申入れをすることも可能であるとし、しかもその際における正当事由の判断においては、公営住宅の特性を考慮し、一般の民間住宅では認められないような事由による解約申入れも有効としていることになります。

公営住宅の公益性，家賃の低廉性などを考慮するとしても，ここまで行政側寄りの法解釈を採用し，結局公営住宅制度の趣旨に照らし明渡請求を認めるのが妥当とさえ認められれば，たとえ具体的な法的根拠がなくても明渡請求を認めてしまうのに等しいような判断が，入居者における予測可能性の保護といった観点に照らし妥当なものといえるかどうかについては，なお議論の余地があるものと思われます。

なお，設問の事例については，割増賃料の支払を拒絶し，それによって公営住宅法の規定に基づく明渡請求を受けた場合であれば，借地借家法の定める正当の事由の適用はなく，明渡しを拒絶することはできません。

［4］ 公団公社住宅との違い

公団住宅は，旧日本住宅公団法に基づいて供給された住宅をいい，日本住宅公団は数次にわたる合併や組織再編を経て，現在は独立行政法人都市再生機構にその業務が引き継がれています。したがって，今日では「公団住宅」と呼ぶのはもはや適切ではないかもしれません。一方，公社住宅は，地方住宅供給公社法の規定に基づき地方公共団体の設立した地方住宅供給公社によって供給された住宅をいいます。

公団住宅および公社住宅は，いずれも住宅不足の解消や居住環境の向上といった行政目的を達成するために供給されるものであり，そのため一般の民間住宅とは異なる種々の制約を受け，特に賃貸住宅の場合は自己使用が原則であり，譲渡転貸は厳しく制限されています。しかし，その根拠法たる独立行政法人都市再生機構法や地方住宅供給公社法には，公営住宅法と異なり入居者との間の法律関係に関する規律が特になく，また入居者への分譲および賃貸はいずれも契約の形で行われていることから，住宅の利用関係については，公営住宅と異なり民法および借地借家法の規定が全面的に適用されるものと解されます。

引用判例

＊1　金沢地判昭40・11・12判時438号24頁。

＊2　東京地判昭62・10・26判時1302号108頁。

＊3　建替えを理由とする明渡請求について，最判昭62・2・13判時1238号76頁，高額所得者明渡制度に基づく明渡請求について，東京高判昭62・8・31判タ657号217頁など。
＊4　旧東京都営住宅条例20条1項6号につきこのような解釈を採った裁判例として，東京地判昭58・6・29判時1113号99頁，東京地判昭59・12・24判時1177号77頁，東京地判昭59・12・26判時1177号69頁。
＊5　最判平2・6・22判時1357号75頁。

【坂本　隆志】

Q17 社宅使用契約

勤務先の社宅に10年間居住しています。社宅の使用料として，光熱費のほか管理費を支払っていますが，管理費は固定資産税よりも高いようです。給料は他の同僚と同じくらいで，特に差はありません。定年が近づいていますが，高校在学中の子がいる関係で，定年になっても直ちに転居するのは困難なのですが，定年退職した場合には社宅を明け渡さなければならないでしょうか。また，定年前に出向や転籍の形で他社に移る可能性もありますが，その場合はどうなりますか。

A

(1) 社宅の使用が従業員の労務提供と密接に結びついている場合や，社宅の提供が従業員に対する福利厚生の一環と考えられる場合は，借地借家法の適用はなく，従業員は退職とともに社宅を明け渡さなければなりません。

(2) 従業員が社宅使用の対価として賃料相当程度の金員を支払っている場合には，借地借家法の適用があり，賃貸借契約の解約に正当の事由がない限りは明渡しを拒むことができると解されます。

(3) 社宅を使用する従業員が会社に管理費を支払っていても，通常はそれだけで賃貸借契約に当たるわけではありませんが，管理費が家賃相当と認められる程度に高額であるときは，賃貸借契約に当たるものと考えられます。

(4) 従業員が出向により他社に移った場合には，原則として社宅を明け渡す必要はないと考えられますが，転籍の場合は，従業員としての地位を失うことになりますので，原則として明渡義務が生じることになるものと解されます。

キーワード 社宅使用契約，物的使用関係，雇用関係，賃貸借契約，借地借家法，正当の事由，出向，転籍

解説

1　社宅使用契約の特性

　社宅使用契約には，会社が所有ないし賃借している家屋を従業員に使用させるという物的な使用関係と，会社と従業員との雇用関係が密接に関連しているという特性があり，どちらの特性が重視されるかによって，社宅の使用者たる従業員の法的地位は大きく変わります。

　一般に社宅使用契約といっても，その実態はさまざまであり，その法律関係は具体的な使用の実態に照らし判断する必要がありますが，大まかに場合分けをすると，おおむね以下のようなことがいえると考えられます。

① 　社宅の使用が，従業員の労務提供と直接結びついている場合　会社の従業員が作業現場近くの作業員宿舎を，労務作業の便宜のため社宅として提供され使用している場合や，会社建物の管理人が昼夜建物を管理するため住み込みで当該建物を使用している場合などがこれに当たります。

　　このような場合には，雇用契約と社宅使用関係は密接不可分の関係にあることから，退職等により従業員としての立場を失ったときはもちろん，上記の例でいえば作業員宿舎に居住する従業員が現場作業を終了し当該場所での労務の提供を必要としなくなったときや，管理人が人事異動によりその職務を離れ会社建物の使用を必要としなくなったときなどであっても，当該従業員は社宅使用の利益を享受する特別な利益を失うことになり，当然に社宅を明け渡さなければならない（借地借家法の適用はない）と解するのが一般的でしょう。

② 　社宅の提供が，従業員に対する福利厚生の一環と考えられる場合
　　①のように従業員の労務提供と直接の結びつきはないものの，いわゆる社員寮など，会社が従業員に対する福利厚生施設として，その通勤や生活の便宜を図る手段として社宅を提供している場合がこれに当たります。

このような場合には，寮の管理規定に基づく誓約書等により，使用者との雇用関係が継続している期間内に限り従業員に社宅を使用させる旨の特約がなされているのが一般的であり[*1]，仮にこれらの特約がなくても，一般の建物賃貸借における賃料より低廉の使用料を定めているなどの事情から，社宅使用に関する特殊の契約関係にあると認められ，旧借家法の適用はなく従業員は退職とともに社宅を明け渡す義務があるとした判例もあります[*2]。

③ 社宅使用契約としての特殊性が稀薄な場合　従業員が，社宅として使用者から建物を賃借していても，当該社宅使用の対価として相当額の金員を支払っており，その金額が近隣建物の賃料と比較しても大差ないといえるような場合がこれに当たります。

このような場合には，もはや使用者による社宅の提供は従業員に対する福利厚生施設であるとはいえず，営利性のある建物賃貸借契約と同視すべきであると考えられることから，従業員は退職しても正当の事由（借地借家28条）がない限り社宅の明渡しを拒むことができると解されるほか，契約の期間や更新等についても借地借家法の適用を受けるものと解されます。

2　多額の管理費は使用の対価となるか

ところで，会社が社宅にかかる経費として，従業員から水道光熱費のほか管理費を徴収する例は多くみられますが，このような管理費は通常実費程度の使用料であって，家屋使用の対価とはいえませんから，これをもって賃貸借契約であるということはできません[*3]。

もっとも，この管理費が家賃相当といえる程度に多額であるときは，当該管理費が社宅使用の対価すなわち賃料に相当するものとして，社宅使用契約が賃貸借契約に当たり借地借家法の適用を受けることになるものと解されますが，いかなる程度の使用料であれば家賃相当といえるかは，一概に決することはできません。

一般論としては，近傍同種の建物の家賃と比較するのが妥当と思われます

が，少なくとも管理費がその建物および敷地にかかる公租公課の額を下回る場合には，家賃相当額とは認められないと解されます。また，社宅に居住していない他の従業員との給料の格差を社宅使用の対価に含ませることは，考慮してよいと思われます。

特に問題となるのは，会社が借上住宅として従業員に使用させる場合であり，たとえば会社が借上家屋の月額家賃のうち30パーセントないし50パーセントを負担し，残余は従業員の負担とするとか，敷金や権利金についても会社は全額ではなくその一部のみを負担するといった例が見られますが，このような場合には純粋な社宅使用契約とはいえず，転貸借類似の関係にあるものとして，基本的には借地借家法の適用を認めるべきものと考えられます。

設問の事例では，管理費が家賃相当の金額といえるかどうかは必ずしも明確ではありませんが，管理費が固定資産税の金額より多少高い程度であれば，これをもって社宅使用の対価ということはできませんから，当該社宅の使用関係について借地借家法の適用はなく，会社を定年退職した場合には社宅を明け渡さなければならないものと解されます。

③ 転勤や出向，転籍の場合

社宅の使用関係について借地借家法の適用が認められない場合，社宅に居住している従業員が会社を退職した場合には社宅を明け渡さなければならないと解されますが（ただし，この種の事件においては，実際には労働基準法18条の2にいう解雇の相当性などが争点になるケースも多く，そうなると問題は複雑化します），従業員が転勤や出向，転籍をする場合はどうでしょうか。

従業員が転勤する場合については，明渡しの要否は社宅使用契約ないしその解釈によって決せられます。借地借家法の適用がある場合は，もちろん正当の事由がない限り明渡しを拒否できますが，同法の適用がない場合，社宅使用規則などに転勤の際の明渡義務が明記されていれば，従業員がこれを拒むことは法律上難しいと考えられます。

設問の事例のように，従業員が定年前に出向の形で他社に移るときは，出向によって従業員の地位を喪失するわけではありませんから，社宅使用契約

に出向の場合の明渡義務が明記されているような場合を除き，社宅を明け渡す必要はないと考えられます。

　一方，転籍の形で他社に移るときは，転籍により従業員としての地位は失われてしまうため，借地借家法の適用があるか，または別段の特約のない限り，社宅についても明渡義務が生じると解せざるを得ないことになります。もっとも，このような場合には，当該転籍命令の当否自体が激しく争われることが予想されるため，実際に紛争となった場合にはかなり複雑な事件になるものと考えられます。

■引用判例
＊1　このような特約が旧借家法6条（現：借地借家法30条）に違反しないとした判例として，最判昭35・5・19民集14巻7号1145頁。
＊2　最判昭39・3・10判時369号21頁。
＊3　東京地判平9・6・23労判719号25頁参照。

【坂本　隆志】

Q18 間貸しと借地借家法の適用

私は，持ち家である自宅の一部を，今度大学生になる友人の息子さんに賃貸しようと思っています。このような「間貸し」についても，借地借家法は適用されるのでしょうか。

A

建物の一部を貸す場合であっても，アパートの一室のように独立性が認められる場合は借地借家法の適用がありますが，貸している部屋全体に独立性がないと認められる場合は借地借家法の適用がないとされています。したがって，ご質問の場合，自宅のどのような部分をどのように貸すのかによって結論が分かれてくるでしょう。

（キーワード）借家権，居住権，構造上および利用上の独立性・排他性

解説

1 問題点

いわゆる「間貸し」をする場合，借地借家法の適用があるのでしょうか。もしあるとすれば，あなたは，借地借家法の賃貸人としての義務を負い，賃借人は同法の保護を受けることになります。

すなわち，借家権の存続期間を定める場合は1年以上でなければならず，1年未満の期間を定めた場合は期間の定めのないものとみなされます（借地借家29条）。借家権の存続期間が満了したときにおける更新拒絶については，借地権と同じく正当事由が必要とされます（借地借家28条）。期間の定めのない場合，賃貸人からの解約申入れは6ヵ月前に行わなければならず（借地借家27条），また正当事由が必要となります（借地借家28条）。この正当事由は，

現在の判例の流れを見ると次項で述べる借主保護という借地借家法の趣旨もあり，かなり貸主に厳しいものとなっています。

これでは，友人の息子さんだからといって気軽に間貸ししたのに，かえって重大な責任を負うことになってしまい，明け渡して欲しいときにも明渡しを求められないことになってしまい，気軽に貸すこともできません。

この点，マンションの1区画やビルの貸事務所などは，借地借家法にいう建物に当たることは間違いありませんが，日本式の木造家屋の一部の場合は，マンションやビルと比べると独立性が低いため問題となります。木造家屋の建物の一部である部屋は，建物と同様の構造とはいえず，独立の建物と同じように利用することはできないことから借地借家法の適用がないのではないかとも考えられます。判例は，一定の要件を満たす場合は借地借家法の適用がある，としています。

2 判断基準

この点，一般的に貸主である地主，大家と借主である借地人，借家人との間には力関係に大きな差があるので，当事者間の実質的な平等を保障し，弱い立場に置かれがちな借主の保護を図ったのが借地借家法です。

このような借地借家法の趣旨から，借地借家法の適用を受けるためには，賃借権（借家権）を有していなければなりません。そして，その基準とされるのが，「独立性・排他性」といわれるものです。

独立性・排他性が問題となるのは間貸しの場合だけでなく，**Q19**の「ケース貸し」の場合やマンションの共有部分との区分などの場合もあります。

3 判例の基準

(1) 判 例①[*1]

(a) 事案の概要　本件建物は，木造木羽葺2階建店舗兼住宅一棟（1階27坪2合・2階20坪）であり，Y_1はそのうち（イ）部分（2階東側8畳間・6畳間の2間）の賃借人であり，Y_2は（ロ）部分（1階東側間口2間半・奥行4間）の

賃借人である、該建物を買い受けた原告が、日本式建物の一部は借家法にいう建物ではないから対抗力はないと主張してY₁、Y₂に対し明渡しを求めた事案です。

原審は、（イ）（ロ）部分とも障壁によって他の部分と区画され、排他的独占的支配が可能な構造を有すると判断して原告請求を棄却しました。

(b) 裁判所の判断　裁判所は、「建物の一部であっても、障壁その他によって他の部分と区画され、独占的排他的支配が可能な構造・規模を有するものは、借家法1条にいう『建物』であると解すべきところ、原判決の引用する第一審判決の確定した事実によれば、本件建物の（イ）（ロ）部分は、それぞれ障壁によって囲まれ独占的支配が可能な構造を有するというのであって、原判決が（イ）（ロ）部分の賃貸借に対抗力があると判断したことは正当であって所論の適法は認められない。」としました。

(2) 判　　例②[*2]

(a) 事案の概要　旧国鉄の高架下施設の賃貸などを目的とする訴外会社から本件施設物の一部分（本件店舗）で飲食店を経営していたAが、Yとの間で、本件店舗の営業に関する本件契約を締結し、以後、Yが本件店舗を営業していたところ、契約期間の経過後、Aが長女のXに経営権を譲渡したため、Xが改めて訴外会社から本件施設物の使用承認を受け、Yに本件店舗の明渡しを求めたものです。

(b) 裁判所の判断　まず、本件施設物は、借家法にいう建物に当たることを認定したうえで、本件店舗は、本件施設物の一部を区切ったものであるが、隣の部分とはブロックにベニヤを張った壁によって客観的に区別されていて、独立的、排他的な支配が可能であるから、借家法にいう建物に当たる、と判断しました。

(3) そのほかの裁判例の基準

たとえば、ある判決[*3]は、「本件部屋は控訴人のみが使用する専用部分であり、家主といえども勝手に立ち入ることは出来ない扱いとされていることから、使用上の独立性が認められ、また、施錠可能な板戸で他の部分と区切られていること、2階の他の部屋ともそれぞれ施錠可能な板戸で区切られ、他人の居室に入らずに自室に出入りできること、便所を除き住居として生活

できる構造になっていること，その便所についても共用ではあるが１階廊下に面しており，控訴人の居室に入ることなく使用できることからすると，効用上の独立性についても，これを認めることが出来る。」としています。

(4) **判例等のまとめ**

これらの判例から，建物の一部の賃貸借について借地借家法が適用されるか否かの判断は，その一部について独占的排他的支配があるのかという使用上の独立性および構造上他の部分と明確に区切られて施錠するなどして他の部分との通行を防止できるかという効用上の２つの観点から総合的に考慮すべきであるとしていることが分かります。

5　結　論

それでは，設問の場合の結論はどのようになるのでしょうか。

この点，ご自宅のどの場所をどのように貸すかについては触れられていませんので，この質問から結論を出すのは，難しいでしょう。

しかし，自宅の一室を友人の息子さんに貸す場合にも，上記判決などの基準からすると友人の息子さんに貸す部屋が専用部分として家主であるあなたが勝手に入れないような扱いをし，その部屋が他の部屋と錠のかかるドアなどで区切られ，他人の部屋に入らずにその部屋に出入りできる，共用のトイレなどがあっても廊下に面しており，あなた方家族の居室に入ることなく使用できるなどの事情があれば，独立的排他的支配があり使用上・効用上の独立を満たすことになります。

したがって，上記の基準に当てはまるような形で部屋を友人の息子さんに貸す場合には，借地借家法の適用が問題となる場合が出てくるでしょう。

引用判例

＊１　最判昭42・6・2民集21巻6号1433頁・判タ209号133頁。

＊２　最判平4・11・6判タ805号52頁。

＊３　東京地判平3・7・26判タ778号220頁。

【飯塚　惠美子】

Q19　ケース貸しと借地借家法の適用

私の友人は，デパート内の商品陳列棚の一画を借り，デパートの商号を使用し，デパートの指揮監督のもとで物品の販売を始めようとしていますが，このような「ケース貸し」に際しても，借地借家法は適用されますか。

A

　いわゆる「ケース貸し」の場合，賃貸借契約が成立しているとして，借地借家法の適用があるのでしょうか。もしあるとすれば，貸主は，借地借家法の賃貸人としての義務を負い，借主であるあなたの友人は同法の保護を受けることになります。

　すなわち，借家権の存続期間を定める場合は１年以上でなければならず，１年未満の期間を定めた場合は期間の定めのないものとみなされます（借地借家29条）。期間が満了したときにおける更新拒絶については，借地権と同じく正当事由が必要とされます（借地借家28条）。期間の定めのない場合，賃貸人からの解約申入れは６ヵ月前に行わなければならず（借地借家27条），また正当事由が必要となります（借地借家28条）。

　この点，判例の一般的な態度は，いわゆるケース貸しについては，残念ながら借地借家法の保護を認めないというものです。

（キーワード）借家権，構造上および利用上の独立性・排他性

解説

1　判断基準

　借地借家法は，一般的に貸主である地主，大家と借主である借地人，借家

人との間には力関係に大きな差があるので，当事者間の実質的な平等を保障し，弱い立場に置かれがちな借主の保護を図りました。

このような借地借家法の趣旨から，借地借家法の適用を受けるためには，賃借権（借家権）を有していなければなりません。そして，その基準とされるのが，「構造上および利用上の独立性・排他性」です。

２ 判 例

最高裁判決[*1]は，おおむね次のような基準で借家法の適用を排除する判断をしています。なお，分かりやすいように文中ではあえて「被上告人」を「賃貸人」，「上告人」を「賃借人」と言い換えてあります。

(1)「賃借人の使用する店舗の部分はあらかじめ賃貸人から示されて定められたものである」。

(2)「賃貸部分は営業場として一定しているものではあるが，同時に右営業場はデパートの売り場で，従って売り場としての区劃がされているに過ぎず，これを居住に使用することは許されず，ことに賃貸人は店舗の統一を図るため商品の種類品質価格等につき賃借人に指示する等賃借人等の営業方針に干渉することが出来るのは勿論，賃貸人のデパートたる外観を具備し，又はそのデパートの安全を図るため右売場の位置等についても賃貸人において適当の指示を与えることが出来るのであって，例えば防火等の必要あるときは右売場の位置の変更を指示することが出来るものである」。

(3)「賃借人等は自己の使用する営業場の設備を自己の費用で作り店舗の造作を生しうる約であるが，同時に，右設備は定着物ではなく移動しうるものに限られ，且右造作等を設置する場合は必ず賃貸人の許可を要し，賃貸人の営業方針に従わなければならない」。

(4)「賃借人等は当初定められた種類の営業をそれぞれ自己の名義で行い，従ってその租税も自己が負担するものであるが，同時に，右営業は名義の如何を問わず賃貸人の所有とされ，賃借人等において営業権又は営業名義の譲渡賃貸書換をすることは出来ない」。

(5)「賃借人等は自己の資本で営業し店員の雇入解雇給料支払は賃借人等

においてするものであるが，同時に，その営業方針は統一され，使用人の適否についても賃貸人の指示に従うべき定めである」。

(6) 「賃借人Ａは賃貸人に対し当初売上金の一割を支払うこととしたがその後昭和25年4月以後右支払金は月額4万円と改定され，その余の賃借人等は賃貸人に対し2箇月分の権利金名義で賃借人Ｂは金9万円，その他の賃借人等は金6万円宛支払う約である」。

(7) 「賃借人等は賃貸人に対し前示営業場一桝につき一日金百円宛支払う約であったが，同時に，右権利金は出店料に対し権利金として支払うものであり右日掛金は右一桝分の出店料として維持費名義で支払う定めであって，賃借人Ａについては右権利金の支払に代え前示のように売上金の歩合で支払うものである。なお前示契約は賃借人Ａとの間では期限の定めがなくその余の賃借人等との間では二箇年の存続期間の定めがあったものであるが，互いに都合により一箇月の猶予期間をおいて契約を解除し得るものであり，かつ，前示のように営業方針について，賃借人が干渉するほか，包装用紙もこれを一定せしめ賃貸人において調整の上，賃借人等に分譲する，というのである」。

(8) 「以上の事実関係に徴すれば，賃借人等は，賃貸人に対し，賃貸人の店舗の一部，特定の場所の使用収益をなさしめることを請求できる独立した契約上の権利を有し，これによって右店舗の一部を支配的に使用しているものとは解することができないから，原判決が，賃借人等は右店舗の一部につき，その主張のような賃貸借契約又は少なくとも借家法の適用を受くべき賃貸借にもとずく占有権を有することの疎明十分ならずとしたのは相当であって，これと反対の見解に立って，右契約に対し民法賃貸借に関する規定又は借家法の適用ありと主張する論旨は採用することはできない」。

3 判例の基準のまとめ

上記の判例によって示された独立性・排他性をなしとした基準をまとめてみると，以下のようなものになることが分かります。

① 賃借人が使用する部分が賃貸人からあらかじめ指定されていること。

②-ア　上記の区画は，一定してはいるものの，売場として区画されているだけで，住居に使用することはできないこと。
②-イ　賃貸人から賃借人に対し，店舗の統一のため商品の種類・品質・価格等が指示され営業方針に干渉できること。
②-ウ　デパートの外観を有し，デパートの安全のため売場の位置の指示や変更も賃貸人が指示できること。
③　賃借人は，売場の設備を自分の費用で作り店舗の造作ができるが，設備は移動するものに限られ，造作等の設置には必ず賃貸人の許可がいること。
④　賃借人は，当初定められた種類の営業をそれぞれ自己の名義で行い，租税も負担するが，その営業はどのような名義でも賃貸人の所有とされ，賃借人は営業権または営業名義の譲渡賃貸書換はできないこと。
⑤　賃借人は自己の資本で営業し，店員の雇入解雇給料支払をするが，営業方針は統一され，使用人の適否についても賃貸人の指示に従うべき定めであること。

4　設問への当てはめ

　現在では，老舗のデパートでも上記のような厳しい基準をケース貸しのすべての場合に課している事例は少なくなっているのではないでしょうか。しかし，上記のすべての基準に当てはまらない場合でも，「利用上および構造上の独立性・排他性」を満たさない限り，借地借家法の保護適用はありません。上記のうちいくつかに当てはまるにすぎなくても，「利用上および構造上の独立性・排他性」を満たす事例はめったにないのではないでしょうか。
　設問では，デパートの内の商品陳列棚の一画を借り，デパートの商号を使用し，デパートの指揮監督のもとで物品の販売をするという計画だということです。
　とすると，上記基準からするとこのような「ケース貸し」の場合は，デパートの干渉や売場，売り方の条件などからみて，借地借家法の適用を受けられるケースとはなかなかいえないと判断せざるを得ません[*2]。

引用判例

＊1　最判昭30・2・18民集9巻2号179頁。
＊2　スーパーマーケットにおいて借地借家法の適用を認めたものに，東京地判平8・7・15判時1596号81頁があります。

【飯塚　惠美子】

Q20 ウィークリーマンション

1週間単位で家具，その他の生活用品付きで部屋を貸す事業を始めたいと思います。注意点を教えてください。

A

あなたが始めたいと思っている事業は，法律では定期建物賃貸借，一般にはいわゆる定期借家といわれるものでしょうか。定期借家制度は，借地借家法の正当事由制度による借家権の存続保護の適用を排除することができるとされています。そのためには，契約内容とともに賃貸借の実態において通常の建物賃貸借契約と明確に区別することが必要となります。

なお，このほかに旅館業の認可を受けて行うことも考えられ，その場合は旅館業法の適用を受けることとなります。

設問では，いわゆる定期借家についての注意点について焦点を絞ってみましょう。

キーワード 定期借家，良質な賃貸住宅等の供給の促進に関する特別措置法，旅館業法

解説

1 定期借家（良質な賃貸住宅等の供給の促進に関する特別措置法）

建物賃貸借に関しては，民法の賃貸借（民601条〜621条）および借地借家法の規定が適用されます。そして，借地借家法は民法の特別法となりますので，建物の賃貸借には借地借家法が優先して適用されます。

借地借家法では，賃借人を保護する規定が多くあります。

たとえば，建物賃貸借契約に中途解約条項が設けられていたとしても，賃

借人に不利な条項として無効と判断され，基本的には中途解約ができないことになります（借地借家30条）。また，契約期間が満了しても賃貸借契約は当然には終了しません。賃借人が借り続けたければ自動的に賃貸借契約が更新されることとなります。賃貸人が更新拒絶の意思表示をしたとしても，賃貸人が建物の使用を必要とする事情，これまでの賃貸借の状況，建物の利用状況，建物の現況等を総合判断した上で「正当事由」があるとみられなければ認められません（借地借家28条）。

この借地借家法の正当事由による借地権，借家権の存続保護が借地や借家の供給を阻害しているので，これを緩和すべしとの社会的要請から，平成11年12月9日に成立し，同月15日に「良質な賃貸住宅等の供給の促進に関する特別措置法」が公布されました。

同法では，借地借家法を改正し定期借家の制度を設けました。そこで，ご質問のような事業をする場合の注意点としては，具体的には借地借家法38条の規定の要件を満たすような契約を締結する必要がある，ということになります。以下，同法の規定に従い説明していきます。

2 契約内容等の注意点（借地借家38条1項前段）

(1) 定期期間を定めた建物賃貸借でなければならない

まず，定期期間を定めることが必要となります。

借地借家法29条1項によると，1年未満の契約の借家契約は，期間の定めのないものとされます。これに対して，定期借家では，借地借家法29条1項の適用がないことから（借地借家38条1項），1年未満の契約も可能となります。1週間の定期期間を定めた場合は，賃貸人が終了を通知しなくても，期間満了により賃貸借契約は終了することになります。

(2) 公正証書による等書面によって契約すること（借地借家38条1項）

次に，通常の契約は口頭でも成立しますが，定期借家契約では，必ず書面によって契約することが要求されます。契約書面の条項としては，定期借家であることが明確になるように以下の項目も踏まえて「この契約は，定期借家契約である。」「契約期間は何年何月何日から何年何月何日までとする。」

「本契約は更新されない。」等の条項を入れておくことが大切でしょう。

　借地借家法38条1項は，「公正証書による等書面によって」としています。「公正証書」は例示と考えられていますので，私署証書すなわち当事者間で書面の契約をすることで足ります。

(3) 説明義務（借地借家38条2項・3項）

　また，紛争を未然に防止するため，あらかじめ賃借人に「当該賃貸借は契約の更新がなく，期間の満了により当該建物の賃貸借は終了することについて，その旨を記載した書面を交付して説明しなければな」りません（借地借家38条2項）。そして，賃貸人がこの説明を行わなかったときは，契約の更新がない旨の定めは無効とされます（借地借家38条3項）。

　そこで，書面交付および説明義務を果たしたことが後で争いにならないように賃貸人がこれらをしたことを確認する文書を賃借人から受領しておくなどの工夫が必要となるでしょう。

(4) 契約の更新がないこととする旨を定めること

　上記(1)から(3)の要件を満たした場合は，「契約の更新がないこととする旨」の特約をすることができます。この特約をしたときには，借地借家法28条の正当事由制度の適用が排除され，期間満了により定期借家契約は終了することとなります。立退料も発生しません。

(5) その他

(a) **目　　　的**　建物の用途については特に限定はありませんので，居住用でも事業用でも定期借家契約を結ぶことができます。

(b) **中途解約**　1週間の契約ではさほど想定されないかもしれませんが，定期借家の場合，①居住の用に供する建物の賃貸借で，②床面積が200平方メートル未満で，③転勤，療養，親族の介護その他やむを得ない事情により，建物賃借人が建物を自己の生活の本拠として使用することが困難となる場合（借地借家38条5項前段），賃借人からの中途解約が認められています。

(c) **再　契　約**　期間が満了すれば，定期借家契約は終了することになり更新されません。しかし，再度新たに定期借家契約を締結することは可能です。新たに定期借家契約を締結する場合は，新たな契約となりますので，借地借家法38条1項の要件を満たす必要がありますし，同条2項の交付・説

明も新たにする必要があります。この場合，新たに書面を作り直す必要があります。

　定期借家契約を締結しなおさないまま賃料を受け取り，賃貸し続けていると通常の賃貸借契約に変容したと認定されるおそれがありますので十分注意しましょう。

【飯塚　恵美子】

第 3 章

賃貸人の義務

Q21　共同住宅における近隣者の迷惑行為

　7階建ての賃貸マンションを所有しています。502号室の入居者から602号室の入居者が夜中に家具を動かすような音をたてるので，安眠できないから家賃を半額にするといってきました。そこで，602号室の入居者に注意するから騒音の測定に協力して欲しいといいましたら，それは何かされると嫌なのでできない。苦情の件は内緒にして欲しいとのことでした。どうしたらよいでしょうか。

A

(1)　賃借人には，契約またはその目的物の性質により定まった用法に従って使用収益をする義務がありますが，建物の賃貸人にも，賃借人に対し目的物を使用収益させる義務がありますから，被害者側の賃借人から具体的な苦情があれば，加害者側の賃借人に対し加害行為を抑止する措置をとる義務が認められる可能性があります。

(2)　賃貸人として加害行為を抑止するための交渉にあたる場合には，まず被害を受けたという入居者の協力を得て，具体的な加害行為，損害および因果関係に関する証拠を揃える必要があります。

キーワード　近隣迷惑，受忍限度，借家契約の用法違反，賃貸人の使用収益させる義務，賃料の減額請求

解説

1　問題の背景

　賃貸借契約においては，民法616条等によって，賃借人は契約またはその

目的物の性質によって定まった用法に従ってその物の使用および収益をしなければならないと規定されています（用法遵守義務）。

　ところで，現在の住宅事情では，マンション，アパート等の共同住宅においては，いくら壁や床板に厚みを持たせたといっても，壁一枚や床下のスラブ一枚で，隣の部屋と接しているわけですから，共同住宅における騒音や振動の問題は避けて通れない問題となっています。

　そのため，共同住宅においては，他の居住者に対し騒音や振動などの迷惑をかけないようにする義務が，上記用法遵守義務に含まれるか否かが問題となりますが，共同住宅においても，各自の部屋ではそれぞれが，日々生活しているのですから，全く音や振動を出さないということは不可能です。

　しかしながら，共同住宅においては，その建物内において一種の共同生活を営んでいるのですから，各部屋の住人が他の部屋に必要以上の騒音や振動によって迷惑をかけることも許されるものではありません。判例[*1]上は，一般的に受忍限度を超えた騒音や振動は許されないとされています。

2　区分所有法による規律等

　区分所有法では，その6条1項により，「区分所有者は，建物の保存に有害な行為その他建物の管理又は使用に関し区分所有者の共同の利益に反する行為をしてはならない。」と規定しており，ここでいう「区分所有者の共同の利益に反する行為」は，生活上の共同の利益に反する行為も含まれるものと解されています。

　この規定によって，いわゆる区分所有のマンションにおいては，不当な騒音被害や振動被害によって他の区分所有者に被害を与えてはならないとされているのです。

　上記区分所有法の規定は，区分所有建物に当たらない賃貸マンション等には直接適用されませんが，賃貸マンションも共同住宅であるという点では，区分所有建物と同じですから，他の部屋に不当な騒音被害や振動被害を与えてはならないということは同様です。

　被害の程度がひどければ，被害に遭っている住人は，加害住人に対して，

人格権に基づき、直接、騒音や振動を発生させる行為の差止めを求めることができると解されますし、加害行為と損害との因果関係を立証できれば、不法行為に基づく損害賠償請求も不可能ではありません。

3 賃貸人の加害行為抑止義務

　では、被害住人が直接の交渉をせずに、賃貸人が加害者側の賃借人に対して、騒音被害を止めるよう交渉をするように要求し、それがかなえられなければ、家賃を半額にすると要求してきた場合はどう考えたらよいでしょうか。

　民法では、賃貸人は、賃借人に建物を使用収益させる義務を負うものとされています（民601条）。使用収益という意味が問題となりますが、騒音があまりにひどく、夜も眠れないようであれば、賃借人に使用収益させる義務を果たしたとはいえないでしょうから、被害者側の賃借人からの苦情がくれば、賃貸人としては、加害者側の賃借人に加害行為を止めさせるという義務が発生する余地が出てきます。

　また、加害行為を止めさせられなかった場合、賃借物の一部滅失に関する民法611条の規定を類推適用して、賃料の半額かどうかは別にして、賃料の減額請求が認められる可能性もないとはいえません。

　よって、このような苦情がもたらされた場合には、賃貸人としても、そのままにしておくわけにはいかなくなります。

4 加害者側との交渉における留意点

　この場合、賃貸人としては、加害者側の賃借人に被害者側の賃借人の苦情を伝え、騒音や振動を止めるよう伝えなければならないのですが、何の証拠もなしに、騒音や振動があるといって、その騒音や振動を止めろというわけにはいきません。

　賃貸人が同じ建物に住んでいれば、場所にもよりますが、賃貸人自身も被害者ですから、被害の事実も分かりますし、被害の証明も可能ですが、別の

場所に住んでいるような場合は、被害者側の賃借人の協力がなければ、具体的な被害事実も分かりませんし、証明もできないので、被害者側の協力が必要不可欠となります。

　仮に、賃貸人が被害者側の賃借人の話だけで、何の証拠もなく、加害者側と指摘された賃借人に、騒音被害を生じさせたから、騒音を出さないようにして欲しいと注意をしたとしても、加害者側と指摘された賃借人から否定されたら、それ以上のことは何もできません。

　それ以上のことができないだけではなく、騒音加害行為もないのに、騒音加害行為を言い立てたとして、逆に不法行為責任をとらされる危険すら出てきます。賃貸人としては、難しい立場になるので、軽々に行動をすることはできません。慎重で冷静な行動をしなければならないのです。

　そこで、賃貸人としては、被害者側の賃借人に、具体的な騒音や振動による被害の実態を話してもらい、さらに加害者側から騒音被害を否定された場合に備えて、被害を証明する必要があることを説明して、被害者側の賃借人を説得し、被害の実態を具体的に聞き出し、被害者側の被害が、受忍限度を超える騒音、振動被害かどうかを確かめ、さらに、被害者側が被害を立証するための資料を持っていれば別ですが、それがないのであれば、被害事実を立証する準備をする必要があります。

　具体的な騒音の大きさ、時間帯によっては、受忍限度内ということもあり得ます。立証については、地方公共団体の騒音計の貸出制度を利用することも一案です。その他、毎日、メモをとる、レコーダーに記録するなどの方法もあります。

5 訴訟に移行する場合

　わが国は法治国家ですから、最終的には、騒音被害を解決するために、賃貸人が加害者側の賃借人に対して民事訴訟を提起するということになりますが、そのためには、被害者側の協力を得て、具体的な騒音被害を聞き出して、訴状の作成のほか、陳述書の作成等による立証をすることが必要不可欠です。

被害者側が協力してくれないことには，賃貸人としては，全く，手の打ちようがないということになります。本当に被害があるというのであれば，放置しておくと賃料相場の下落や空室リスクの増大といった結果をも生じかねないことから，何としても，被害者側の賃借人の協力を得て，騒音や振動被害のないマンションにする必要があります。

　もっとも，被害者側が被害事実の主張立証に協力しない場合は，賃貸人が不可能なことを強いられる理由はありませんから，その場合には賃貸人の被害者側に対する法的責任が認められることはないでしょう。

> 引用判例

＊1　最判昭42・10・31判時499号39頁など。

【西村　康正】

Q22　賃貸人の修繕義務と賃料減額請求

飲食店営業のためにビルの一室を賃借しました。しかし，ビルの管理状態が悪く，水道管や冷房用の配管からの漏水で天井から水が落ちてきたり，下水の臭気がすることがありますし，壁に染みができて変色してきました。賃貸人に何度苦情をいっても修繕してくれません。賃貸借契約書では，賃料は3年ごとに自動的に増額されることになっているのですが，とても増額に応じる気にはなれません。修繕するまで賃料を払わないか，または減額して払うことはできるでしょうか。

A

賃料全額の支払を拒むことはできませんが，修繕義務の不履行により使用・収益に支障が生じた部分につき，賃料減額請求をすることができます。この場合，賃料の自動増額条項があることは問題にはなりません。

キーワード　賃貸人の修繕義務，民法611条1項，相殺，留置権

解説

1　賃貸人の修繕義務

　賃貸人は，賃借人に賃貸建物を使用・収益させる義務を負っているため，その使用・収益に障害となる破損等がある場合には，必要な修繕をする義務を負います（民606条1項）。破損等が賃貸人の責めに帰すべき事由によって生じた場合でなくても，天災その他の不可抗力によって生じた場合でも同様です。これに対して，賃借人側に原因のある破損等の場合は，賃貸人は修繕義

務を負わないと解されています。一般的には，賃貸借契約で，建物を賃借した場合の建物の修繕義務につき，小修繕は賃借人が修繕義務を負い，建物の改造，造作等の大修繕は賃貸人が負うことと規定されていることが多いようです。

2 修繕義務の限界・程度

では，賃貸人には，どんなに費用がかかっても修繕する必要があるのでしょうか。この点，判例，学説の多くは，賃貸人の修繕義務は賃借人による建物の使用収益に必要な限度に留まるものとし，建物の腐朽破損が著しく，経済的にみて修繕に不相当の多額の費用がかかる場合には賃貸人には修繕義務はないとしています。たとえば，東京地裁平成3年5月29日の裁判例[*1]は，築後24年を経過した建物について，築後の経年の結果による不都合であって，いずれ修繕工事が不可避となるものであっても，現時点では使用に差し支えのない部分，修繕に多額の費用を要し現状のままでも賃借人側の受ける損失は小さいものについては，賃借人において現状を甘受しなければならないと判示しています。

また，賃料が相当低く抑えられている場合には，賃貸人は必要最小限度の修繕義務のみを負う（雨漏りを直し雨露をしのぐ程度で足りる）とする裁判例が多く見受けられます[*2]。また，賃貸人の修繕義務の対象は，賃貸借契約成立後に生じた破損等だけでなく，契約成立時に存在した破損等も対象となりうるとされています。ただ，これについても，もともと賃貸人の修繕義務は賃借人の賃料支払義務に対応するものであることから，賃貸人が修繕義務を負うか否かは，賃料の額，ひいては賃料額に象徴される賃借物の資本的価値と，欠陥によって賃借人が被る不便の程度との衡量によって決せられるとされます[*3]。この裁判例では，マンション貸室の隣室との界壁が遮音構造として不完全であるとして賃貸人の修繕義務が問題となりましたが，修繕義務は認められませんでした。

３　修繕義務の不履行と賃料の支払

　賃貸人が修繕義務を負うにもかかわらず，修繕義務を尽くさず，このため賃貸建物の使用・収益の一部に支障が生じている場合は，賃借物が一部滅失したときの賃料減額請求権の条項である民法611条1項を類推適用して，賃借人は使用・収益に支障が生じた部分につき賃料減額請求権を有すると解釈されています[*4]。では，修繕義務が履行されない場合に，賃借人が賃料を支払わないことは可能でしょうか。最高裁は，賃貸建物の破損・腐蝕の状況が居住に著しい支障を生ずるほどではない場合に，賃料全部の支払を拒むことはできないとしました[*5]。また，賃借人は破損等により使用・収益できない部分についての損害賠償請求権を有し，これと賃料支払義務を相殺することも可能です[*6]。なお，使用収益が著しく害されているような場合には，修繕義務の履行を還付条件とする条件付きで賃料を供託することも可能とされることがあります。

　では，設問のように賃料は3年ごとに自動的に増額されることが契約で定められている場合でも，賃料減額請求が認められるでしょうか。この点，平成9年1月31日東京地裁判決[*7]は，賃料の自動増額条項がある契約の場合であっても，相手から，その条項による賃料の増額を不相当とする特別の事情の主張立証がなされた場合には，その条項の効力は失われるとしました。したがって，賃料の自動増額条項がある場合であっても，修繕義務が尽くされず賃貸建物の使用・収益に支障が生じている場合には，賃料減額請求を行うこと，また賃料債権との間で相殺することが可能です。

４　その他の修繕義務の不履行への対処

　賃貸人が義務に反して修繕を行わない場合，賃借人としては，自ら修繕を行って，賃貸人に対して償還請求することも可能です。なお，このようにして支出されえた必要費については，賃貸借契約が解除される等した場合であっても，この必要費が支払われるまで，賃借人は留置権を主張して賃貸建物

の明渡しを行わないことが可能です[*8]。

　また，賃貸人が修繕義務を履行しない場合には，賃借人は，賃貸人に対して催告をして，債務不履行に基づいて賃貸借契約を解除することも可能です。逆に，あまりに修繕にお金がかかる場合は，建物の老朽化，倒壊の危険などを理由に賃貸人のほうからする，賃貸借契約の解除が認められることもあります[*9]。

　なお，建物が非常に老朽化して，朽廃して使用・収益ができないと判断された場合には，これを賃貸目的とする賃貸借契約は，いずれかが解除しなくても，当然に終了するとされます。たとえば，火災で賃貸建物が破損した場合につき，最高裁は，賃貸家屋が「滅失」した場合には，賃貸借契約は当然に終了するが，家屋が火災により「滅失」したか否かは，賃貸借の目的となっている主要な部分が消失して，全体としてその効用を失い，賃貸借の趣旨が達成されない程度に達したか否かによってきめるべきとし，それには消失した部分の修復が通常の費用では不可能と認められるかどうかも斟酌すべきとしました[*10]。そして，当該建物を完全に修復するには多額の費用を要し，その将来の耐用年数を考慮すると，破損部分を修復するよりも，かえって全部を新築するほうが経済的であること等から，当該建物は火災により「滅失」し，賃貸借契約は当然に終了したものと判断しました。

引用判例

- [*1] 東京地判平3・5・29判時1408号89頁。
- [*2] 東京地判昭41・4・8判時460号59頁など。
- [*3] 東京高判昭56・2・12判時1003号98頁。
- [*4] 名古屋地判昭62・1・30判時1252号83頁。
- [*5] 最判昭38・11・28判時363号23頁。
- [*6] 東京地判平5・11・8判時1501号115頁。
- [*7] 東京地判平9・1・31判夕952号220頁。
- [*8] 大判昭14・4・28民集18巻484頁。
- [*9] 東京地判平9・9・29判夕984号269頁など。
- [*10] 最判昭42・6・22判時489号51頁。

【丹生谷　美穂】

Q23 借地上の賃貸建物の修繕

借地上にオフィスビルを建築して賃貸しています。建築して30年ほど経過したせいか，壁にヒビが入って雨漏りがすると賃借人から苦情がきました。そこで壁の修繕を地主に申し入れたところ，耐用年数を延ばすことになる修繕だから承諾できないといわれました。どうしたらよいでしょうか。

A

　修繕の内容が部分的な補修にとどまり，通常の修繕の範囲内のものといえるのであれば，地主の承諾を得ずに修繕を施したとしても，問題はないと思います。
　しかし，通常の修繕の域を超えた大修繕をするような場合には，地主の承諾なしに修繕を行うと，そのような大修繕がなければ朽廃したと思われる時期に借地権が消滅すると解される場合があります。
　また，地主との間の借地契約で増改築禁止特約があり，修繕の内容が増改築に当たるような場合には，地主の承諾または裁判所による承諾に代わる許可を得てから修繕を行わないと，土地賃貸借契約が解除されるおそれがあります。

（キーワード）賃貸人の修繕義務，建物の修繕と地主の承諾

解説

1　賃貸人の修繕義務

　民法606条1項によると，賃貸人は，賃貸物の使用および収益に必要な修繕をする義務を負うものとされています。

この修繕義務については，特約によって，これと異なる定めをすることも可能なので，本件においても，借家人との間の建物賃貸借契約において，賃貸人が修繕義務を負わない旨の特約があれば，あなたが修繕をする義務はないことになります。

そのような特約がない場合には，一般に，①「修繕の必要性」と，②「修繕の可能性」があれば，賃貸人にこの修繕義務が発生すると解されています。

本件では，壁にヒビが入って雨漏りがするというのですから，①「修繕の必要性」はあるでしょう。

また，②「修繕の可能性」については，老朽化によって建物の効用を喪失しているような場合には否定されることがありますが，そうでなければ，②「修繕の可能性」も認められるでしょう。

ただ，修復するのに多額の費用が必要で，取壊しのうえ新築したほうが経済合理性を有すると認められるような場合には，信義則上，賃貸人に修繕義務はないとされた裁判例があります[*1]。

ところで，この修繕義務が認められる場合に，賃貸人が修繕しないときにはどうなるのでしょうか。

まず，賃借人から債務不履行に基づく損害賠償請求や賃貸借契約を解除される可能性があります。

また，修繕義務が履行されるまでの間，賃借人から賃料の全部または一部の支払を拒まれることもあります（民533条）。

さらに，雨漏りを直さないことによって，建物の一部が使用できなくなったような場合には，賃借人から賃料の減額請求を受けることもあります[*2]。

2 通常の修繕

さて，賃借人との関係で，あなたが修繕をしなければならないとすると，修繕をするのに地主の承諾は必要でしょうか。

建物の修繕は建物の原状を回復してその価値を維持する一種の保存行為ですから，その修繕が通常の修繕の範囲内のものであれば，借地人は自由に修

繕をなしうると思います。

　たとえば，ヒビの入った箇所を部分的に補修する程度のことならば，地主の承諾が得られなくても，補修をすることができると思います。

3　大修繕の場合

　問題は，雨漏りを止めるには，壁全体を壊して作り直すなど，大修繕をしなければならない場合です。

　まず，地主との間の借地契約で，増改築禁止の特約があり，これから行おうとする修繕が「増改築」に当たるような場合には，地主の承諾または裁判所による承諾に代わる許可（借地借家17条2項）を得てから修繕を行わないと，地主から借地契約を解除されるおそれがあります。

　もっとも，「増改築が借地人の土地の通常の利用上相当であり，土地賃貸人に著しい影響を及ぼさないため，賃貸人に対する信頼関係を破壊するおそれがあると認めるに足りないときは，賃貸人は前記特約に基づき，解除権を行使することは許されない」とした判例があります[*3]。

　それでは地主との間の借地契約で，増改築禁止の特約がない場合はどうでしょうか。

　この場合，地主の承諾を得ずに，大修繕を施したとしても，それを理由にして借地契約が直ちに解除されるということにはならないと思います。増改築禁止特約がなければ，原則として，借地人の増改築が自由なのですから，大修繕も自由と考えられるからです。

　しかし，旧借地法では，借地上の建物が朽廃した場合には，法定の借地期間の満了前であっても，借地権は消滅するとされていました（旧借地2条1項ただし書・5条1項後段）。旧借地法のこの規定は，借地借家法が施行された平成4年8月1日より前に成立した借地契約には，なお適用されるものとされています（附則5条）。本件でも，築後30年程度ということですから，借地借家法の施行前に締結された借地契約と思われるので，この規定の適用の余地はあるでしょう。そこで，この規定との関係で，大修繕によって，建物の朽廃を免れ，その寿命が延長された場合に，借地権の存続期間をどのように解

すべきかが問題になります。

　この点，木造アパートのコンクリート基礎にブロックを積み上げてセメントでかため，基礎をあげて家屋の土台を据え付け，支柱の腐食部分を切りとって継ぎ足すなどの大修繕をしたケースについて，「その建物の建築後の経過，修繕前の状況，修繕の実態，修繕当時の老朽の度合，とくに賃貸人がその修繕工事の着手の前後にわたって反対を申し入れたなどの事実関係のもとでは，借地契約は，おそくともその修繕前の建物が朽廃すべかりし時期に終了したものと解するのが相当である」とした判例があります[4]。

　本件でも，もし，借地上のオフィスビルが壁のヒビ等によって朽廃に近いような状態にあったとすれば，地主の異議があるまま大修繕を施したとすると，せっかく大修繕をしても，その修繕がなければ朽廃したと思われる時期に借地権が消滅すると解される可能性があります[5]。

引用判例

* [1]　東京地判昭41・4・8判時460号59頁。
* [2]　名古屋地判昭62・1・30判時1252号83頁。
* [3]　最判昭41・4・21判時447号57頁。
* [4]　最判昭42・9・21判時498号30頁。
* [5]　大阪地判平10・12・18判タ1001号239頁参照。

【後藤　啓】

第4章

賃借人の義務

Q24　賃借人の出す騒音と賃貸人の権利・義務

私は，マンションの一室をAさんに賃貸しています。ところが，近隣の住民から，Aさんの部屋からの騒音問題について苦情が入るようになり，近隣住民とAさんとの間でトラブルが生ずるようになりました。私は，契約を解除してAさんに退去してもらうことはできるでしょうか。また，私は，近隣住民からの苦情に対し，賃貸人としてどのように対応すればよいでしょうか。

A

　騒音の程度が，通常の生活音にとどまらない受忍限度を超えたものであり，賃貸人が繰り返し注意，警告をして改善を求めているにもかかわらず，一向に改善が見られない場合には，賃貸借契約を解除して退去を求めることができます。
　賃貸人としては，近隣住民から苦情を受けた場合には，騒音の有無，内容，程度を確認した上で，通常の生活音にとどまらない受忍限度を超えたものであれば，賃借人に対して注意，警告をして改善を求め，再三の注意，警告によっても改善が見られない場合には，賃貸借契約を解除して退去させるなどの努力を尽くす必要があります。

(キーワード) 近隣トラブルを理由とする賃貸借契約の解除，賃貸人の責任

解説

1　近隣トラブルをめぐる法律相談の特徴

　マンション，アパートの賃貸借に関する法律相談の中で，騒音，悪臭などのいわゆる近隣トラブルは，賃料の不払，建物明渡し，敷金・原状回復費

用に関する問題と並んで，弁護士が相談を受ける頻度が高い類型の一つですが，近隣トラブルをめぐる問題は，他の問題と比較して，難しい問題を多く含んでおり，解決に至るまでに多大な時間と労力を要することが少なくありません。

その理由としては，まず①一口に近隣トラブルといっても，その内容，程度は個々の事例によって多種多様であり，それを不快と感じるか否かは人によって受け止め方に個人差があること，②近隣トラブルには，近隣の住民，賃貸人，管理人，管理会社など多数の関係者が存在し，それぞれの間で比較的長期間にわたるやりとりとそこから生ずる深い感情的な対立が存在すること，③裁判所において，近隣トラブルを理由として賃貸借契約の解除が認められるには，後述するように，近隣トラブルの内容と程度が賃貸人と賃借人の「信頼関係を破壊した」といえる程度に達していることが必要であり，この点を裁判所において主張，立証するためには事実関係を記録にとどめ，証拠化するなどの準備を十分な時間と労力をかけて行わねばならないことが挙げられます。

また，近時は，賃借人による近隣トラブルについて，他の賃借人や近隣住民から賃貸人が責任を追及されるケースも増えています。その理由としては，①地域社会の関係が希薄化したことに伴い，近隣住民同士での解決が困難となり，その矛先が賃貸人に向いてしまうという事情や，②近隣トラブルの原因となっている賃借人を入居させたことや，そのような賃借人に対して十分な対策を講じないことは，賃貸人に責任があることが明確に意識されるようになってきたことが挙げられます。

2 近隣トラブルを理由とする賃貸借契約の解除

(1) 近隣トラブルと賃借人の債務不履行

一般に，建物賃貸借契約には，悪臭，騒音を発するなど他人に迷惑を及ぼす行為を禁止する規定が設けられています。また，賃貸借契約に特に規定がなくても，賃借人は賃貸人に対して善管注意義務（民400条）を負っており，建物の使用にあたって他人に迷惑を及ぼさないようにすることは，当然，善

管注意義務の内容に含まれます。

　そのため、賃借人が騒音を発し、それが通常の生活音にとどまらず受忍限度を超えるものであれば、上記のような賃貸借契約の禁止条項や善管注意義務に違反するものとして、債務不履行（民415条）に当たります。

(2) 賃貸借契約の解除の要件——信頼関係の破壊

　しかしながら、賃借人が迷惑行為をしたからといって、それだけで直ちに賃貸借契約を解除できるわけではありません。本書の中でも何度も言及されているとおり、賃貸借契約の解除には、単に債務不履行があることのみならず、賃貸借契約の継続が困難な程度に賃貸人と賃借人の信頼関係が破壊されたことが必要とされているからです。

　そのため、騒音などの近隣トラブルを理由に賃貸借契約を解除するためには、賃貸人は、騒音などが通常の生活にとどまらず受忍限度を超えている事実に加えて、賃貸借契約の継続が困難な程度に賃貸人と賃借人の信頼関係が破壊されたことを主張、立証する必要があります。

　そして、近隣トラブルを理由とする賃貸借契約の解除に関する裁判例は、賃貸人からの再三の注意、警告にもかかわらず改善がみられないという場面で、信頼関係の破壊を認め、賃貸借契約の解除を認めていますので、賃貸人としては、騒音等の近隣トラブルの事実を確認するとともに、賃借人に対して複数回にわたり注意、警告を与えて改善を求め、それでも改善が見られない場合に賃貸借契約を解除するという手順を踏む必要があります。

3　裁　判　例

　(1)　ある裁判例[*1]は、賃貸人が近隣住民から賃借人が大声で歌っているので注意してもらいたい旨の申入れを受けて、賃借人に対して近隣に迷惑をかけないよう注意したにもかかわらず、これを聞き入れず、以前よりも一層騒ぎ立てるようになり、かえって、苦情をいった近隣住民に対して怒鳴る、誹謗中傷するなどの言動を繰り返した事案について、賃借人の言動は「隣人らが通常の隣人関係において受忍すべき限度を超えているもの」と認め、「賃貸借を継続していくに足りる信頼関係は今や著しく破壊されている」と

して，建物賃貸借契約の解除を有効としています。

(2) また，別の裁判例[*2]は，マンションの1階テナントに入居したカラオケ店が県公害防止条例の定める騒音基準に違反して午前3時ころや明け方まで騒音を発生させ，マンション管理組合から警告を受けるとともに市や警察からも注意，警告を受けていたにもかかわらず，音響機器の交換，防音設備の些細な改善などのわずかな騒音防止措置をとっただけでその後も騒音を発生し続けた事案について，賃借人のテナント使用方法は「賃貸人と賃借人との信頼関係を破壊するに足る義務違反行為である」として店舗賃貸借契約の解除を有効としています。

3 他の賃借人，近隣住民に対する賃貸人の責任

それでは，賃借人の騒音について他の賃借人や近隣住民から苦情を受けた場合，賃貸人としてはどのように対応すべきでしょうか。

賃貸人は，賃借人に対して建物を「使用収益させる義務」（民601条）を負っていますが，この「使用収益させる義務」には賃貸借の目的たる建物を人の住居としての平穏で円満な使用収益ができる状態で引き渡す義務が含まれるとされています。

賃貸人が一棟の建物の複数の部屋を賃貸しており，そのうちの一室の賃借人が騒音を発生させるなどして他の賃借人の生活の平穏を害しているような場合，賃貸人は，このような賃借人を放置しておくことは，他の賃借人に対する「使用収益させる義務」を果たしていないとされ，債務不履行責任を問われる可能性があります。

また賃貸人は，近隣住民に対する関係でも，当然に当該建物を賃貸の用に供するにあたり入居者に近隣住民に対する迷惑行為をさせないように注意する義務を負っており，このような賃借人を放置しておくことは，そのような義務に違反するものとして，不法行為責任（マンションであれば管理規約違反として債務不履行）を問われる可能性があります。

そのため，賃貸人としては，賃借人の騒音について他の賃借人や近隣住民から苦情を受けた場合には，速やかに事実関係を確認し，これが通常の生活

音にとどまらず受忍限度を超えるようなものである場合には，賃借人に対して，注意，警告を与えて改善を求める，再三の注意，警告を与えているにもかかわらず，改善が見られない場合には，賃貸借契約を解除して退去を求めるなどの，賃貸人としてなすべき努力を尽くす必要があります。

　この点について，ある裁判例[*3]は，集合住宅内の一室が従前からその真上の室に居住し音に異常な程度過敏かつ粗暴な性格から近隣居住者の発する通常の生活音がうるさいとしてその住居に怒鳴り込みあるいはこれに暴力を振るうなどの生活妨害行為を繰り返している者がいるため，人の住居として円満な使用ができない状態になっていることを，知りないしは容易に知ることができたのに，新たな入居者をこれに入居させたことは，賃貸人としての債務不履行に当たるとして，賃貸人の損害賠償義務を肯定しています。

引用判例

* 1　東京地判昭54・10・3判タ403号132頁。
* 2　横浜地判平元・10・27判タ721号189頁。
* 3　大阪地判平元・4・13判タ704号227頁。

【田中　秀幸】

Q25 賃借人の用法違反

マンション1階を文房具店として使用するということで賃貸していました。借主から従業員の休憩設備を設置したいとの申入れがあり、許可しましたが、内装工事が終わってみると、店舗の一部が弁当屋に改装されていました。どうしたらよいでしょうか。

A

(1) 民法上、賃貸借契約で定められた目的物の使用方法を賃借人が守らなかった場合でも、当然に契約の解除が認められているわけではありませんが、少なくとも、契約で用法違反を理由とする賃貸人の解除権が明記されているのであれば、用法違反を理由として賃貸借契約を解除すべきでしょう。

(2) 用法違反を理由とする賃貸人の解除権が契約上明記されている場合でも、信頼関係破壊の法理との関係で、契約の解除が認められなかった裁判例もありますが、本問のような場合には、契約の解除は認められると解してよいでしょう。

(キーワード) 借家契約の用法違反、信頼関係破壊の法理

解説

1 建物の使用方法を制限する特約の有効性

賃貸借契約における賃借物の使用方法については、民法616条で使用貸借の規定である同法594条1項を準用しています。

民法594条1項は、「借主は、契約又はその目的物の性質によって定まった用法に従い、その物の使用及び収益をしなければならない。」と規定しています。

建物賃貸借契約も賃貸借契約の一種ですから、民法594条1項の規定が準用されることになり、当事者が建物賃貸借契約で建物の使用方法を具体的に規定したとすれば、借主はその定められた範囲内でしか建物を使用できないということになります。言い換えると、借主は建物賃貸借契約で定められた範囲内で、その建物を使用する義務を負うということになります。

民法の規定からしても、建物賃貸借契約で建物の使用方法を制限する契約は有効であり、単に店舗として使用するというだけではなく、飲食店として使用するとか、さらに喫茶店として使用するとか、建物の使用方法を限定して賃貸するケースも数多くあります。

［2］ 用法違反を理由とする賃貸人の解除権

問題は、建物の使用方法が賃貸借契約で定められている場合に、その契約で定められた使用方法を賃借人が守らなかった場合です。

使用貸借については、民法594条3項で、「借主が前2項の規定に違反して使用又は収益をしたときは、貸主は、契約の解除をすることができる。」と規定されていますので、借主が契約で定めた使用方法に違反すれば、同条の規定により契約の解除をすることができると解されます。

一方、賃貸借の場合は、民法616条で民法594条1項は準用されていますが、同条3項は準用されていないので、使用貸借の場合とは異なり、用法違反があったからといって、当然に契約の解除が許されるわけではありません。

もっとも、重大な用法違反については、債務不履行に関する民法541条等に基づき契約の解除をすることが可能であるほか、実務上使われるほとんどの建物賃貸借契約書には、契約内容に違反した場合の解除権が明記されているため、実際には解除権の有無はあまり問題にならないと思われます。

［3］ 関連する主な裁判例

ところで、裁判例にはどのようなケースがあるでしょうか。

(1) 不動産業務の事務所としてビルの一室を賃貸した場合，賃借人がその室で貸机業を営んだ場合，特約による用法違反として建物賃貸借契約の解除が認められた裁判例があります[*1]。

貸机業は室内に多くの机を置き，これを第三者（会員）に使用させることを目的とする契約で，特定の机に特定の会員専用の使用権限を認め，外部よりの電話の応対（その会員を名乗る）や郵便物の受領を行うもので，会員は机一つあればできるような小規模の業者などで取引先とのトラブルも多く，賃貸人としても直接関係のない第三者（会員）が多数出入りすることになるので，他の室に優良な賃借人を確保することが困難になる等の理由でこれを嫌う賃貸人が多いといわれています。

上記の裁判例は，前賃貸人が，不動産業の事務所として使用するとの約定で賃貸したところ，賃借人の設置した内装が貸机業であったので難色を示したが賃借人から懇請され，2年間のみ貸机業をさせるとの特約で特別に貸机業を認めていました。その建物を買い取った新建物所有者が貸机業の廃止を求めたところ，賃借人が拒否し，貸机業を継続したため，新建物所有者が貸机業を廃止するよう催告した上で契約解除したところ，賃貸人側の主張が認められたという事案です。

上記裁判例では，そもそも，貸机業は認められていなかったが，約定の2年間の期間経過後も貸机業を営んでいたことは用法違反に該当し，ビルの一室の賃貸において貸机業を行ってはならないと用法義務として定めることは相応の合理性があるとして，契約解除を認めています。

(2) 事務室として使用する目的でビルの一室を賃貸した場合，賃借人がその室をテレホンクラブに無断で改装して使用したことが，用法違反に当たり信頼関係を破壊し賃貸借契約の存続を著しく困難にするものとして契約解除を認めた裁判例があります[*2]。

この裁判例では，テレホンクラブはビル全体の品位を損なう，始めからテレホンクラブであると知っていたら賃貸人は賃貸しなかった，テレホンクラブの営業により，他の賃借人からの苦情があることから信頼関係も破壊したとして，契約解除を認めています。

(3) 賃借人がレンタルスペース（貸ホール）として使用することを前提と

してなされた賃貸部分で若者向けのヒップホップ系クラブを営業したケースでは、音楽イベントの開催はレンタルスペースで予定された利用方法の一種で、音楽イベントは禁止されていなかったほか、騒音発生の可能性を念頭に念書が作成されていたとして、用法違反を理由とする解除が否定されています[*3]。

　上記(1)(2)のケースは、いずれもビルの一室における事務所目的の物件を、貸机業やテレホンクラブに使用したもので、何らかの紛争が生じることが大いに予測されるものですが、(3)のケースは、形式的には契約違反ということになるものの、賃貸人に生じるであろう迷惑が想定の範囲内に収まるというところが、結論の分かれた理由であると思われます。

　いずれにしても、文房具店を使用方法として契約したにもかかわらず、店舗の一部とはいえ弁当屋に改装し、しかも従業員の休憩設備に改装すると嘘をついてまでしているのですから、賃貸人としては賃借人の用法違反を理由として、建物賃貸借契約を解除するべきです。

　中途半端にしていては、賃貸人は暗黙のうちに認めたなどと言い出されないとも限りません。たとえ契約違反であっても長期に渡って黙認したと見られるようなときは、不利になることがありますので注意してください。

4　信頼関係破壊の法理との関係

　用法違反の場合、特に賃貸借契約で使用方法が制限されている場合には、形式論的にその定められた使用方法に違反しているとして、賃貸人が用法違反を理由に契約を解除しても、賃借人から実質的に信頼関係を破壊していないから契約解除は無効だという反論があり得ます。

　継続的契約関係においては、信頼関係を破壊するほどの違反行為ではないという対応の仕方が往々にしてありますので、賃貸人としてはその点も踏まえて考えておいたほうがよいでしょう。

　ところで、本件では、契約で定められた使用方法である文房具店を弁当屋に使用変更したものですから、形式的な用法違反は明らかです。

　問題になるのは、それが信頼関係を破壊するものかそうでないかですが、

弁当屋ですから調理場的な設備が設置され，臭いの発生や建物の壁等の耐用年数に影響をもたらすなどのことから考えても，信頼関係を破壊しないという主張は通らないと思われます。

引用判例

＊1　東京高判昭61・2・28判タ609号64頁。
＊2　東京地判昭63・12・5判時1322号115頁。
＊3　東京地判平16・11・29判例集未登載（判例マスター参照）。

【西村　康正】

Q26 賃借人が賭博をさせている場合

店舗，事務所用のビルを所有して賃貸しています。喫茶店に使用するものとして2階の店舗を賃貸したのですが，最近ゲーム喫茶として賭博行為をさせていることが分かりました。明渡しを要求することができるでしょうか。

A

> ゲーム喫茶として賭博行為をさせているのが事実であるとすれば，特段の事情がない限り，賃貸借契約を解除の上，明渡しを要求することができると思います。

（キーワード）用法違反

解説

1 賃借人の用法遵守義務

賃借人は，建物の使用・収益にあたって，契約上定められた用法に従う義務がありますし，そのような特約が締結されていない場合にも，建物の性質によって定まった用法に従う義務があります（民616条・594条1項）。

そして，賃借人がこの義務に違反した場合には，賃貸人は，違反行為の停止を催告の上，賃借人がそれでも従わなければ，賃貸借契約を解除することができます（民541条）。

もっとも，賃借人の義務違反の程度が小さくて，いまだ賃貸人と賃借人との間の信頼関係を破壊するには至っていないような場合には，賃貸借契約を解除することはできません。

逆に，信頼関係の破壊の程度が著しい場合には，賃貸人の無催告解除も許

されることがあります。

２　ゲーム喫茶と用法遵守義務違反

　それでは，本件の場合，賃借人に用法遵守義務違反があるでしょうか。
　まず，特約によって，賭博行為を禁じているのであれば，その特約に基づいて用法遵守義務違反を根拠づけることができるでしょう。
　しかし，そのような特約がない場合はどうでしょうか。
　賭博行為といえば，刑法に違反する犯罪行為です（刑185条・186条）。ゲーム喫茶として賭博行為をするということは，正に犯罪の手段として借家を利用したことになります。
　また，そのような犯罪行為が行われるビルであるとすれば，他の賃借人からの苦情も出るでしょうし，ビルに対するイメージも悪くなります。他の賃借人が出て行ってしまうかもしれませんし，これから新しく借りたいという人も来なくなるかもしれません。その意味で，ビル全体の資産価値が低下することになると思います。
　したがって，借りた部屋を利用して，ゲーム喫茶として賭博行為をしてはいけないということは，賃貸人と賃借人の信義則上の義務といえると思います。
　よって，賃貸借契約書に，賭博行為を禁じる旨の特約がなくとも，賃借人に義務違反行為はあるものと考えます。

３　解除の可否

　それでは，本件の場合，賃貸借契約を解除することができるでしょうか。
　ゲーム喫茶として賭博行為をしたことをもって，賃貸人と賃借人との間の信頼関係を破壊するに至ったといえるかどうかが問題となります。
　この点，事案は異なりますが，店舗の賃借人が第三者にノーパン喫茶を営業させた事案について，仮に条例違反で摘発された事実があったとしても，それだけでは，無催告解除を認めることができないとした裁判例がありま

す[*1]。

　しかし，この事案は，他に複雑な事情があった事案で，これを一般的なものと考えることはできないと思います。

　逆に，賃貸店舗の営業態様を純喫茶からノーパン喫茶に変更したことを理由とする賃貸借契約の無催告解除を有効とした裁判例もあります[*2]。

　そして，転借人がゲーム喫茶として賭博行為をした事案について，賃借人（転貸人）が賃貸人側から警告を受けても何らの措置も講じなかったのは，賃借人（転貸人）としての信頼関係を損なうものであり，賃貸人の無催告解除は有効であるとされた裁判例があります[*3]。

　思うに，ゲーム喫茶として賭博行為をするということは，先に述べたとおり，犯罪行為の手段として借家を利用するということですし，ビルの資産価値を低下させる行為です。したがって，ゲーム喫茶として賭博行為をするということは，賃借人としてあるまじき行為ですから，特段の事情のない限り，信頼関係を破壊する行為として，解除原因になりうるものと考えます。

　さらに，賃借人が自らゲーム喫茶として賭博行為をするということは，その意味内容を理解した上で敢えてそのような犯罪行為をするということですから，信頼関係の破壊の程度が著しく，無催告解除も許されると考えます。

　よって，ゲーム喫茶として賭博行為をしているのが事実であるとすれば，特段の事情がない限り，直ちに賃貸借契約を解除の上，明渡しをすることができると考えます。

引用判例

　[*1]　東京地判昭59・1・30判時1129号78頁。
　[*2]　東京高判昭59・3・7判時1115号97頁。
　[*3]　東京高判平5・11・22判タ854号220頁。

【後藤　啓】

Q27 暴力団の使用を禁ずる方法

マンションの一室を貸そうと思っています。暴力団員が入居したり，暴力団の組事務所になっては困ります。対処方法を教えてください。

A

> 部屋を貸す前に，契約申込者の身元を調査することが大切です。
> そして，契約をするときには，契約書を作成して，その中に，暴力団排除条項を盛り込んでおくとよいでしょう。

(キーワード) 暴力団排除条項

解説

1　はじめに

賃貸マンションに暴力団が入室する場合には，暴力団員が自分の住まいとして入居する場合と，暴力団の組事務所として使用される場合があります。そこで，まず，暴力団の組事務所として使用される場合について述べたいと思います。

2　暴力団の組事務所として使用されることによる被害

賃貸マンションの一室が暴力団の組事務所になると，乱暴な使い方をされたり，勝手に部屋を改造されたりする危険があります。
また，他の入居者が，暴力団員と顔を合わせたり，エレベーター内で乱暴な言葉をかけられたりして，日常的に怖い思いをさせられることがありま

す。

　さらに，出入りする暴力団員による騒音，不法駐車，ゴミの不法投棄などによって近隣が多大な迷惑を被ることもあります。

　のみならず，一度，抗争事件が起きれば，他の入居者に流れ弾が当たったり，他の入居者が人違いで襲われたりすることもあります。

　それ以外にも，組事務所やその周辺で，リンチや覚せい剤使用などの犯罪行為が行われる可能性もあります。

　そのようなことから，賃貸マンションの一室が暴力団の組事務所になると，他の入居者が退去してしまい，新たな入居者も入らなくなる可能性があり，マンションの資産価値は大幅に低下することになります。

3　契約時の調査

　そこで，そのようなことを未然に防ぐためには，まず契約申込者の身元の調査をしっかりと行うことです。

　不動産仲介業者に任せ切りにせず，自分で契約申込者本人と会って，心配な点を確認することも一つの方法です。

　その中で，不審な点があれば，警察に相談することも考えられます。

4　契約の際の注意

　次に，賃貸借契約を締結するに際しては，当然のことながら，賃貸借契約書を作るべきです。

　そして，契約申込みに来た者が，契約書上の契約者本人であるかを確認します。

　契約申込みに来た者が単なるダミーにすぎず，実際には，暴力団によって貸室を使用されてしまうというケースがあります。

　そのような場合，契約書上の契約者と実際に部屋を使用している者が違っていれば，無断転貸などを理由に賃貸借契約の解除の主張が可能になります。

その意味でも，賃借人が誰かは契約書でしっかりと特定しておく必要があります。

5 暴力団排除条項

さらに，賃貸借契約書の中に，暴力団排除条項を盛り込んでおくべきです。

そうすれば，仮に，暴力団の組事務所として使用された場合に，明渡しを求める有力な法的根拠になります。

仮に暴力団排除条項がなかったとしても，無断で暴力団の組事務所として使用された場合には，明渡しを求める余地はあると思います。

しかし，暴力団排除条項があれば，賃借人の義務違反が明確になりますので，賃借人と交渉する際にも，裁判所に訴える場合にも，有力な法的根拠になるでしょう。また，暴力団等に対するけん制として予防効果もあるかもしれません。その意味で，是非，この条項を入れるべきでしょう。

6 暴力団組事務所に使用されてしまった場合

それでも暴力団組事務所として使用されてしまった場合には，すぐに警察や弁護士に相談して，手を打ったほうがよいと思います。

先に述べたとおり，貸主にとって，貸室を暴力団の事務所に使用されることによる被害は甚大です。放置していては被害が大きくなるばかりです。

弁護士会によっては，民事介入暴力に対応するための委員会等を立ち上げているところもあります。

暴力団に対しては，警察や弁護士を利用した正攻法で対応するのが一番の早道だと思います。

7 暴力団員が自分の住まいとして入居する場合

暴力団員が自分の住まいとして入居することを防ぐ方法も，基本的には組

事務所の場合と同様です。

　しかし，賃借人が暴力団員というだけで，ほかに迷惑な行為をしているわけではないような場合に，退去を要求できるかどうかは問題です。少なくとも，組事務所として利用されるよりも，被害は明確ではないからです。

　そこで，このような場合に備えるためにも，賃貸借契約書に暴力団排除条項を定め，契約時に契約申込者に対して，暴力団には貸さない旨を十分に説明しておく必要があると思います。そして，その説明をしたことの証拠（説明書など）があれば，より安全なのではないかと思います。

【後藤　啓】

Q28 パソコン教室としての使用の可否

分譲マンションの一室を所有して，貸家にしています。そのマンションは管理規約で居住用とされています。はじめ賃借人のAさんは住まいに使っていたのですが，Aさんは，最近そこでパソコン教室を始めました。管理組合からは，規約違反だからパソコン教室は止めて欲しいといわれています。どうしたらよいでしょうか。

A

パソコン教室の規模や人数，時間帯，マンションの状況（オートロック方式か否か）等にもよると思いますが，住居の平穏を害するような使用方法であれば，Aさんにパソコン教室としての使用を止めるように求め，それでもAさんがいうことを聞かない場合には，賃貸借契約の解除も考えるべきでしょう。

キーワード　管理規約，規約違反行為，共同の利益違反行為，占有者に対する引渡請求

解説

1 区分所有者の義務

分譲マンションの区分所有者は，建物の管理または使用に関し，「区分所有者の共同の利益に反する行為」をしてはなりません（区分所有6条1項）。

また，建物の区分所有者は，建物の使用に関し，管理規約を遵守しなければなりません（同30条1項）。

この義務は，区分所有者であるあなたが専有部分をAさんに貸している場合でも，なくなるわけではありません。

あなたはAさんに貸した後も，他の区分所有者に対する関係において，Aさんが管理規約を守り，「区分所有者の共同の利益に反する行為」をしないようにする義務を負っているものと解されます。

したがって，Aさんが管理規約に違反し，「区分所有者の共同の利益に反する行為」をしているような場合に，あなたがそれを放置すると，あなた自身が他の区分所有者から損害賠償の請求等を受ける可能性があります。

［2］ 専有部分の賃借人の義務

ところで，管理規約を守り，「区分所有者の共同の利益に反する行為」をしてはならないという義務は，専有部分の賃借人であるAさんも，区分所有者に対して，直接，負担するものとされています（区分所有6条3項・46条2項）。

したがって，Aさんが管理規約に違反したり，「区分所有者の共同の利益に反する行為」をした場合には，区分所有者の全員または管理組合法人はAさんに対して，違反行為を止めるよう警告または勧告することができますし，規約に定めがあればそれにより制裁を課すことも可能です。

また，Aさんの行為が，「区分所有者の共同の利益に反する行為」といえる場合には，区分所有者の全員または管理組合法人はAさんに対し，その行為の停止，その行為の結果の除去，その行為の予防に必要な措置を講じるよう請求することができます（区分所有57条4項）。

さらに，Aさんの行為による区分所有者の共同生活上の障害が著しく，他の方法によってはその障害を除去して共用部分の利用の確保その他の区分所有者の共同生活の維持を図ることが困難な場合には，区分所有者の全員または管理組合法人は，集会の決議に基づき，あなたとAさんの賃貸借契約を解除し，専有部分の引渡しを求める訴訟を提起することも可能です（区分所有60条）。

［3］ パソコン教室としての使用は許されるか

それでは，Aさんが，居住用マンションの一室をパソコン教室として使用

することは、許されることなのでしょうか。管理規約には居住用とされているとのことですが、Ａさんのパソコン教室としての使用はこの規約に違反することになるのでしょうか。また、パソコン教室としての使用は、「区分所有者の共同の利益に反する行為」といえるでしょうか。

　この点、居住用マンションの一室で、常時、不特定多数の人が来店する店舗を開くことは、居住用と定める管理規約に違反し、かつ、「区分所有者の共同の利益に反する行為」といえることが多いと思います。

　事務所使用についても、住居専用の専有部分の賃借人が、会社事務所として使用した場合に、「区分所有者の共同の利益に反する行為」として、区分所有法60条による解除、引渡しを認めた裁判例があります[*1]。

　また、区分所有者が居住用マンションの一室を保育所として使用した場合に、管理規約に違反し、「区分所有者の共同の利益に反する行為」として、使用の差止めを認めた裁判例もあります[*2]。

　それではパソコン教室としての使用はどうでしょうか。

　Ａさんが居住しながら、少数の知人を集めてパソコンを教える程度であれば、居住用と定める管理規約に違反し、「区分所有者の共同の利益に反する行為」とまではいえない場合もあるでしょう。

　しかし、多くの生徒を集めて、かなりの頻度で行うような場合には、住居の平穏を害する可能性があるので、居住用と定める管理規約に違反し、「区分所有者の共同の利益に反する行為」といえる場合もあると思います。特に、静かな住宅地にあるオートロック方式の住居専用マンションなどではその可能性が高いでしょう。

　したがって、パソコン教室の規模や人数、時間帯、マンションの状況（オートロック方式か否か）等にもよると思いますが、Ａさんの使用方法が住居の平穏を害するような使用方法であれば、居住用と定める管理規約に違反し、「区分所有者の共同の利益に反する行為」として、許されないことになると思います。

　そして、この場合には、あなたの意思に関わらず、集会の決議に基づき、あなたとＡさんの賃貸借契約が解除されることがあり得ることは、先に説明したとおりです（区分所有60条）。

4 賃貸人による賃貸借契約の解除

　それでは、Aさんのパソコン教室としての使用方法が、居住用と定める管理規約に違反し、「区分所有者の共同の利益に反する行為」として許されない場合に、あなたがAさんとの間の賃貸借契約を解除することができるでしょうか。

　この点、あなたとAさんの賃貸借契約書に明文をもって禁止規定が書かれていなくても、区分所有建物の一室を賃借する以上、その建物の管理規約に違反し、「区分所有者の共同の利益に反する行為」をしてはならないということは、賃貸借契約上の当然の義務と解されます。

　したがって、あなたがAさんにパソコン教室としての使用を止めるように求め、それでもAさんがいうことを聞かない場合には、あなたはAさんとの賃貸借契約を解除することができると思います。

　逆に、あなたがそのような措置をとらない場合には、他の区分所有者等から損害賠償請求等を受ける可能性があることは、先に説明したとおりです。

　したがって、あなたとしては、Aさんのパソコン教室としての使用が、管理規約に違反し、「区分所有者の共同の利益に反する行為」といえるものであれば、Aさんにパソコン教室としての使用を止めるように求め、それでもAさんがいうことを聞かない場合には、賃貸借契約の解除も考えるべきでしょう。

引用判例

＊1　東京地八王子支判平5・7・9判タ848号201頁。
＊2　横浜地判平6・9・9判タ859号199頁。

【後藤　啓】

Q29　無断譲渡・転貸と契約解除

雑居ビルの1階の一室を株式会社秋葉原商事という会社に飲食店用に貸しました。同社は「うぐいす」という小料理店を始めましたが、いつのまにか、「のがみ」という店名に変わっていました。内装は変わっていないようですが、店に出ている板前が変わっており、私としては、今後の成り行きが不安です。何を調べ、どのように対処すればよいでしょうか。

A

　賃借人が賃貸人に無断で転貸した場合や賃借権を無断で譲渡した場合は、通常それが賃貸人との信頼関係を破壊するような事情と判断されるので、賃貸借契約を解除することができるとされています。
　したがって、まずあなたは、上記の変更が賃借権の無断譲渡や無断転貸に当たるかの事情を調査する必要があります。その上で、無断転貸や無断譲渡が発覚した場合は契約を解除し、明渡し、損害賠償等の請求をしてゆくことになります。
　なお、場合によっては無断転貸や無断譲渡を承認ないし追認するか、あるいは賃借人との賃貸借を解除し、転借人、譲受人と直接賃貸借契約を新たに締結することなども考えられるでしょう。

(キーワード) 無断転貸、賃借権の無断譲渡による契約解除、背信行為と認めるに足りない特段の事情

解説

1　賃貸借契約の無断転貸・無断譲渡

　建物を壊したりせず契約した目的に従ってきちんと使ってくれるか、賃料

をきちんと支払ってくれるか，賃貸借契約が終了した際には明渡しがスムーズに行くかなど，賃貸人にとって賃借人が誰であるかは重要な問題であり，賃借人に信頼がおけると考えてはじめて賃貸人は賃貸借契約を結ぶのです。

このように賃貸人と賃借人との間の賃貸借契約は，信頼関係に基づくものであり，賃借人が変更されたり，転貸借された場合には，これまでと賃借物の使用状況に変化が生ずることや，賃料の支払がなされなくなることも考えられます。

そこで，民法612条1項は，賃借権の譲渡および賃借物の転貸には，賃貸人の承諾を必要とするとしています。そして，同条2項では，賃貸人の承諾を得ない賃借権の無断譲渡や無断転貸により賃借人が第三者に賃借物の使用収益をさせたときは，賃貸人は賃借人との賃貸借契約を解除できるとされています。

しかしながら，借地・借家の場合は，賃借人の無断転貸，賃借権の無断譲渡が「背任行為と認めるに足りない特段の事情」がある場合は民法612条2項による解除権は発生しないと最高裁は判断しました[*1]。

2 判例の基準

(1) 一般的な基準

「背信行為と認めるに足りない特段の事情」には，明確に決まった要件があるわけではなく，個別具体的な事案ごとにいろいろな事情を総合判断しているのが実情です。

転貸借について判例を整理すると一般的には，以下のような事情から判断されているようです。

① 義務違反の軽微性
・転貸が一時的であるなど義務違反が軽微である。
② 賃借人と転借人の関係，使用状況の変化
・賃借人（転貸人）と転借人が親子など親族その他の特殊関係にある。
・賃借家屋で営業していた個人が法人成りして法人組織に変更したが，営業状況には実質的な変化がないなど。

③ 転貸借の非営利性
・転貸の賃料が僅少である、権利金をとっていないなど非営利性が強い。

(2) 訴訟における「背信行為と認めるに足りない特段の事情」の立証責任

この点、賃貸人は賃借権の譲渡、転貸があったことを立証すれば足り、一方賃借人は賃貸人の承諾があったこと、あるいは、「背信行為と認めるに足りない特段の事情」の立証責任があると一般的に考えられています。

しかし、賃貸人としては、特段の事情の有無の一応の予測をするためにも、あらかじめできるだけの調査をして証拠化しておくべきでしょう。

3 営業委託

賃貸人が賃借権の無断譲渡や無断転貸を理由とする解除を主張したとしても、賃借人は無断譲渡や無断転貸の事実はなく営業委託契約である、と反論することが考えられます。

営業委託とは、その店舗での営業を委託する契約で、①営業の名義も営業上の損益もすべて委託者においてなされるいわゆる「経営管理契約」と、②営業名義は委託者の名で行い損益は受託者に帰属するいわゆる「経営委任契約」に大きく分けられます。この場合、店舗の使用名義は委託者であり通常は変わりませんので、転貸借に当たらないと主張されることがあるでしょう。しかしながら実際は、経営委託契約の中には当該建物の賃貸借契約に近い性質を有するものもありますので、判例は、小料理店、バー、テレホンクラブの営業委託などの事例で実質は転貸借契約であると認めたものがあります[*2]。

上記判例実務からみると、経営管理契約とされる場合は、賃貸借とは認定されず、これに対し、経営委任契約とされる場合は、実質は賃貸借とみなされ、借地借家法が適用され無断転貸とみなされる場合が多いようです。

借地借家契約が適用されるかどうかは、「経営権の実質が受託者（転借人となるべき者）にあって委託者（賃借人）は一定額を受領するにすぎない」かどうかという点にあるようです。

4 何を調べるか

(1) 建物の利用状況の変化

現在の実際の建物の利用者は誰か，賃貸建物に大きな改装等はないか，営業形態が大きく変わっていないかなど利用状況の変化を調べます。

(2) 賃借人の状況，占有者と賃借人の関係

実際の占有者・利用者と賃借人が異なっている場合は，限界があるでしょうが，利用者と賃借人との関係はどのようなものか，親族関係などが認められるかなど，あらかじめ占有者と賃借人の関係をできるだけ調査しておきましょう。

(3) 賃借人の態度

転貸借が疑われる場合，賃借人（転貸人）が転借人に対し，当該家屋を賃貸人から賃借している事実を告げず，自己所有の家屋であるようにふるまっているなどの事情をも加味して判断した事例もあります[*3]ので，それとなく，このような事情がないか転借人・利用者に聞いてみるとよいでしょう。

(4) 賃料支払の状況

賃料支払の状況が変わっていないか。他人名義で賃料の支払がなされるようになったなど。

(5) その他

無断譲渡，無断転貸が認められなくても無断改装が用法違反として背信行為となる場合もありますので，気になる点は一通り調査しておきましょう。

5 対 処

まずは，事実確認をして，場合によっては書面で事情を尋ねて書面で回答を得て証拠化しておきます。

賃借権の無断譲渡・無断転貸を理由に賃貸借契約を解除して，明渡等を求めるのが妥当と判断した場合は，まず契約解除の意思表示をすることになりますが，後に争いにならないよう，配達証明付き内容証明郵便によるのがよ

いでしょう。

　明渡し，賃料相当損害金の請求は，賃借人と転借人双方を相手にするとよいでしょう。賃借人がまた第三者に占有を移転してしまわないよう，また占有者が誰だか分からないような場合には，あらかじめ契約上の賃借名義人を債務者とする占有移転禁止の仮処分命令を申し立て，執行官の現地調査を通じて正体不明者を明らかにしてもらうのも一つの方法です。

　賃借権の無断譲渡・無断転貸があったと判明した場合には，そのまま放置せず，早期に対応しましょう。賃借権の無断譲渡や無断転貸の事実を初期の段階から知っていたのであればその段階から，そうでなくてもできるだけ早くから，中止の要請をしておきましょう。何もせずそのまま放置しておくと，賃借権の無断譲渡・無断転貸に対し，黙示の承諾があったと認定されて，解除が認められなくなるおそれがあるからです。

　なお，無断転貸が常態ともなっているような繁華街などで賃貸借契約締結時の状況で転貸が黙認されていたと認定できるような場合は，無断転貸が認定されても，特段の事情があるとみなされ賃貸借契約を解除できないこともあるでしょう[4]。

引用判例

* 1　最判昭28・9・25民集7巻9号979頁，最判昭39・6・30判時380号70頁など。
* 2　東京地判昭30・10・18判夕52号68頁，東京地判昭53・7・18判夕371号105頁，東京地判昭60・9・9判夕568号73頁，東京地判平2・1・26判時1373号71頁，東京地判平2・12・25判夕761号215頁。
* 3　東京地判昭31・4・2判時79号10頁参考。
* 4　仙台高判昭35・6・30下民集11巻6号1410頁参考。

【飯塚　惠美子】

Q30　賃借人を会社とする場合の賃借権の無断譲渡

私は，マンションの一室を賃貸するにあたり，賃借人の希望で借主を株式会社名義にすることにしました。最近，その会社の株主も役員もすべて代わってしまい，その部屋は当初の賃借人とは全く別の人が使用していることが分かりました。このような場合，私はその会社との賃貸借契約を解除することができるでしょうか。

A

　株主，役員がすべて代われば賃貸人からみれば実質的には賃借人が変わったようなものですから，賃借権の無断譲渡・無断転貸があったとして，賃貸借契約を解除することができないでしょうか。

　しかしこの場合，賃借人はあくまで法人である会社であって，会社の株主や役員ではありません。このような事案で最高裁は，会社の株主や役員が代わり当初の賃借人とは全く別の人が使用しているからといって，賃借権の無断譲渡や無断転貸があったとして契約を解除することは原則としてできないと判断しました。

　もっとも，法人格否認の法理が妥当する場合は賃借権の無断譲渡・無断転貸と認定できる場合もあると考えられ，これらに基づき賃貸借契約の解除ができるでしょう。また，賃貸人との信頼関係が破壊されているケースでも，賃貸借契約の解除が認められるでしょう。

(キーワード)　賃借権の無断譲渡，転貸（民612条2項），法人格否認の法理

解説

⌈1⌉ 問題の所在（賃借権の無断譲渡・無断転貸）

　賃借人が会社のような法人である場合，大規模な会社の場合もあれば小規模な一人会社のようなものまでその内容はさまざまです。
　大規模な会社で株主や役員の変動があったとしても会社の業務形態・経営状態等に変化がないような場合は，賃貸借契約が法人となされているとしても実際的な賃借物の使用形態や賃料の支払能力などには変化もみられないと思われ，賃借権の無断譲渡・無断転貸などを理由として賃貸借契約を解除するまでの実質的意義はないでしょう。
　ところが小規模の法人である場合は，賃貸人は賃借人である代表取締役自身等を賃借人として妥当か否かを判断して賃貸借契約を結ぶことが多いでしょう。したがって，株主や役員が変わってしまった場合は，賃貸借契約締結時の代表取締役等の個人に対する信頼関係は失われてしまいます。また，今後以前と同様賃借物を使用し，賃料をきちんと支払ってくれるか分かりませんので，設問のような事態があり得るでしょう。
　設問の場合は，賃借人の希望に沿うことなく借主を個人として貸していた場合は賃借権の無断譲渡・無断転貸ということになり，賃貸借契約を解除できるのではないかと考えられます（民612条2項）。そこで，賃借人が同じ法人であっても実質的には別の主体に賃借権が無断譲渡・無断転貸されたと同視して，賃貸借契約を解除できないかが問題となります。なお，賃借権の無断譲渡・無断転貸については，**Q29**をご参照ください。

⌈2⌉ 判例の流れ，結論

　この点，従来の下級審裁判例では，賃借権の無断譲渡・無断転貸を肯定したもの[1]，と否定したもの[2]の両者が混在している状況でした。
　その後，小規模で閉鎖的な有限会社において，代表者およびその家族全員

が持分全部を第三者に譲渡し，役員も全員が交替してしまった事案について，最高裁は，「賃借人が法人である場合において，右法人の構成員や機関に変動が生じても，法人格の同一性が失われるものではないから，賃借権の譲渡には当たらない」「右の理は，特定の個人が経営の実権を握り，社員や役員が右個人及びその家族，知人等によって占められているような小規模で閉鎖的な有限会社が賃借人である場合についても基本的に変わるところはない」と判示しました[*3]。なお，原審高裁は実質的にみて賃借権の譲渡に当たるという判断をしていました。

その後，下級審では建物賃借人たる株式会社の全株式が譲渡され，取締役，商号等が変更されるなどしても無断譲渡には当たらないと判断しています[*4]。

もっとも，上述の最高裁の判示にはさらに，以下のようなことも示されています。

① 賃借人である法人の法人格が全く形骸化していて，いわゆる法人格否認の法理が妥当する場合は賃借権の譲渡がなされたものと認められる余地がある。

② 賃借権の譲渡を理由にはできなくとも，経営者の交替の事実が賃貸人・賃借人間の信頼関係を悪化させ，その他の事情と相まって賃貸借契約の解除事由を発生させる場合があり得る。

したがって，設問については，賃借権の無断譲渡・無断転貸とは原則として認定されないでしょうから，これらを理由とする賃貸借契約の解除はできないことになります。

ただし，設問でも法人格否認が認定できる場合や，賃貸人と賃借人間の信頼関係が破壊されたと認定できるような事情があれば，これらを理由とする賃貸借契約の解除が可能でしょう。

3 対　策

また，前記の最高裁判決は，賃貸人としては経営者個人との信頼関係を重視する場合の賃貸人としての対策も示唆しています。

すなわち，
① 当該個人を相手方として賃貸借契約を締結する。
② 法人と賃貸借契約を締結する場合でも，賃借人が賃貸人の承諾を得ずに役員や資本構成を変動させたときは契約を解除することができる旨の特約をしておくなどの処置を講ずることができるはずである。
と，述べています。
　また，これに加えて，
③ 役員個人を当該賃貸借契約の連帯保証人として賃料の支払義務のみならず賃借物件の明渡し等についても契約の連帯責任を追及できるようにしておく。
ということも考えられるでしょう。

　しかしながら，個人を賃借人とした場合，個人から法人への転貸借が問題となり得る場合もあるでしょうし，また，後日賃借人との間で何らかの紛争が生じて明渡訴訟や強制執行に至った場合に，実質的に法人の占有が認められた場合にかえって賃貸人が不利益を被る場合がないか疑問が残ります。

　また，賃貸借契約上，役員の交替・資本構成の変更等を契約解除の条件とすることは考えられますが，このような条項は，当該法人が独立した経済活動をすることに対する不当な干渉となることも十分考えられ，訴訟の場では公序良俗等に反するとして無効と判断される可能性もあるのではないでしょうか。

　むしろ，賃貸人としては，賃貸借契約書上で，その法人の経営内容などから現状での賃貸借の態様がどうなるかをきちんと見極め，賃貸借契約の中で使用目的・使用態様等を事細かに条項化しておき，その違反が認められた場合は，それを理由として賃貸借契約の解除を求めていくのが実際的かもしれません。

4　参　　考──法人格否認の法理

　法人格否認の法理とは，法人制度の目的に照らして，ある会社の形式的独立性を貫くことが正義・衡平の理念に反すると認められる場合（形骸化事

例),または会社という法形態が法人格の目的を超えて不法に利用されている場合(濫用事例)に,特定の事案の妥当な解決のために必要な範囲で,法人格の独立性を否定して,会社と社員(支配株主等)を同一視して事案の衡平な処理を図る法理をいいます。

その効果として,最高裁は,「会社という法的形態の背後に存在する実態たる個人に迫る必要を生じるときは,会社名義でなされた取引であっても,相手方は会社という法人格を否認して恰も法人格がないのと同様,その取引をば背後者たる個人の行為であると認めて,その責任を追及することを得,そして,また,個人名義でなされた行為であっても,相手方は商法504条を俟つまでもなく,直ちにその行為を会社の行為であると認め得る」としています[*5]。

法人格否認の法理を適用する要件は,以下のとおりとなります。

(1) 法人格の形骸化事例

法人とは名ばかりで実質的には個人営業または親会社の営業の一部門に過ぎないような場合で,以下の諸点等を勘案して判断されますが,必ずしもすべてが必要ではないとされています。

- ・全株式の所有(一人会社)
- ・経営の実権
- ・主体の混同
- ・会社財産と個人財産の区分不分明
- ・会社法上の手続不遵守
- ・過小資本
- ・会社利益の搾取

(2) 法人格の濫用事例

支配の要件として,法人格がその背後にあって支配している者により単なる道具として意のままに支配されていること。

目的の要件として,法人格を違法・不当な目的のために利用するという目的があること。

以上のような法人格否認の法理の適用がある場合には,賃借権の無断譲渡として解除が可能である場合があるということになります。

引用判例

＊1　東京高判平5・12・15判タ874号210頁など。
＊2　東京高判昭56・3・26判タ450号116頁など。
＊3　最判平8・10・14判タ925号176頁。
＊4　東京高判平18・5・15判時1938号90頁。
＊5　最判昭44・2・27民集23巻2号511頁。

【飯塚　惠美子】

第 5 章

賃貸人の交替

Q31　賃貸物件の譲渡と賃借人の地位

賃貸マンションの所有者からその一室を借りて居住しているのですが，先日，このビルがＡ会社に譲渡されたとの通知が届きました。また，通知には，このマンションの管理業務はＢ会社に委託することになったため，今後は賃料・管理費等はＢ会社の銀行口座に支払うようにと書かれていました。Ａ会社もＢ会社も今まで名前も聞いたことのない会社なのですが，Ｂ会社に賃料・管理費等を支払うべきでしょうか。

また，すでに支払った３ヵ月分の敷金はどうなるのでしょうか。

A

> 新所有者が建物につき所有権移転登記を備えている場合には，賃借人はその後の賃料を新賃貸人に支払う必要があります。また，この場合には新所有者が管理会社を指名してその銀行口座に振り込むよう賃借人に通知した場合には，賃借人はこれに従う必要があります。なお，旧所有者に差し入れていた敷金は，未払賃料に充当されて残額が新所有者に承継されるため，以後に敷金返還を請求する場合には新所有者に対して請求することになります。

（キーワード）賃貸人たる地位の承継，民法177条・605条，借地借家法31条1項

解説

１　賃貸人たる地位が移転する場合

賃借人が賃借権を登記するか，または賃借した建物の引渡しを受けると，賃借権は対抗力を具備するため（民605条，借地借家31条1項），その後に賃貸建

物が譲渡されて所有者が変わった場合でも，賃借人は新所有者に対して賃借権を対抗できることになります。ご質問のケースは，賃借人が賃貸マンションに居住しているため，賃貸物件の引渡しを受けており，対抗力を具備しているといえます。この場合，賃貸建物が新しい所有者に譲渡されると，特段の事情のない限り，承継が賃借人に通知されたかどうかにかかわらず，譲渡に伴って賃貸人たる地位は当然に譲受人に承継されるものとされています[1]。また，新旧所有者の間で賃貸人たる地位を承継せずに旧所有者に留保するとの合意をした場合や，賃貸人たる地位の承継につき賃借人が異議を述べた場合であっても，それのみをもっては，賃貸人たる地位の承継は妨げられないとされています[2,3]。

これに対して，新所有者が賃借人に対して新賃貸人であることを対抗するためには，新所有者が建物について所有権移転登記を備える必要があります（民177条）。そこで，ご質問のケースでは，A会社がマンションの賃貸部分につき所有権移転登記を備えていれば，賃借人はA会社に対して賃料を支払うべきことになります。

ただ，すでに発生している延滞家賃がある場合には，これは当然には新所有者に承継されるものではなく，旧所有者と新所有者との間で延滞家賃につき債権譲渡が行われる必要があります[4]。そして，新所有者が延滞家賃についての債権を譲り受けたことを賃借人に対抗するためには，譲渡人である旧所有者が賃借人に対して通知をするか，または賃借人が承諾する必要があります（民467条1項）。よって，延滞賃料については，賃借人はこのような通知または承諾があった場合にはA会社に支払う必要があり，この場合A会社はこの延滞賃料を相当期間内に支払わないことをもって賃貸借の解除事由とすることが可能になります[5]。これに対して，このような通知も承諾もない場合は，原則として，賃借人は従来どおり旧所有者に延滞家賃を支払うべきことになり，この場合A会社は延滞賃料の不払を賃貸借の解除事由とすることはできないこととなります。

2　賃貸人たる地位が移転する場合の法律関係

　賃貸人が賃料の受領・管理などの業務を管理会社に委託することは可能であるため，上述のとおりＡ会社が有効に賃貸物件につき所有権移転登記を備えた場合には，原則として，賃借人はＡ会社の指示に従って，以後はその管理会社であるＢ会社の銀行口座に賃料を振り込むべきことになります。ただ，旧賃貸借契約の内容によっては，契約書の中に合意事項として，賃料の支払先である銀行口座が具体的に記載されている場合もあり，このような場合は支払先の銀行口座の変更は契約内容の変更となるため，賃借人がこれを承諾する必要があります。口頭の合意ではトラブルになるおそれがあるため，特にご質問のケースのように支払先の銀行口座の名義が賃貸人ではない場合には，新賃貸人と賃借人との間で合意書を交わすべきといえます。
　なお，このように建物所有者が変更された場合でも，賃借人が承諾しない限り，賃料はそれまでと変わりません。従来の賃貸借契約における賃貸条件や，ペット可などの特約，転貸借の承諾等も，そのまま新所有者に引き継がれますので，賃借人が改めて新所有者との間で特約等を取り付ける必要はありません。もし新所有者が一方的に，従来の特約を削除しようとしたり，新たな特約を設定する旨通知してきた場合でも，賃借人が承諾しない限り，このような賃貸条件の変更は有効とはなりません。
　また，賃借人が旧所有者に敷金を差し入れていた場合は，建物所有権の移転の時点で，未払賃料があった場合には，これに当然に充当され，その残額が新所有者に承継されることになります[*6]。したがって，充当により当初予定されていた敷金額より減少した場合には，賃借人はその分を新賃貸人に対して新たに差し入れる必要があります。ただ，新所有者が旧所有者より資力がない場合などは，賃貸物件の所有権の移転に伴い自動的に賃貸人たる地位が移転して賃借人は新所有者に対してしか敷金返還請求権を行使できなくなるとすると賃借人にとっては不利益が生じますが，この点については，旧賃貸人に差し入れた保証金の返還請求権の一部に質権を設定していた事案で，このような不利益もやむを得ないとした判例があります[*7]。

3 新所有者が登記を備えない場合

なお，新所有者がマンションの賃貸部分につき所有権移転登記を備えていない場合には，新所有者は賃借人に対して賃貸人としての地位を対抗することはできないことになります。しかし，賃借人の側から新所有者を賃貸人と認めることは可能であるため，賃借人が新所有者に対して賃料を支払った場合は有効な支払となります[8]。実際に他人の建物に居住しながら誰にも賃料を支払わない場合には，賃貸借契約が解除されたり損害賠償請求がなされる可能性もあるため，もし賃貸建物の譲渡前後の事情等により賃借人にとって賃貸人が誰かが不明な状況である場合は，供託の制度を利用することも考えるべきでしょう。なお，供託についての一般的な説明はQ54をご覧ください。

引用判例

* 1　最判昭33・9・18民集12巻13号2040頁。
* 2　最判平11・3・25判時1674号61頁。
* 3　東京地判平4・1・16判時1427号96頁。
* 4　大判昭10・12・21新聞3939号13頁。
* 5　東京高判昭33・11・29判時176号21頁。
* 6　最判昭44・7・17判時569号39頁。
* 7　大阪高判平16・7・13金法1731号67頁。
* 8　最判昭46・12・3判時655号28頁。

【丹生谷　美穂】

Q32 賃借物件の譲渡と契約条件の変更

私は，ビルの一室を2年間の約定で賃借し飲食店を営業していますが，契約期間中にビルが売却されビルの所有者が変わりました。ビルの売却直後に，ビルの新所有者から，新所有者との間で改めて賃貸借契約を締結し直す（巻き直す）旨の申入れがありました。新所有者は賃料を現行の倍に増額とすることを新契約の条件とし，これに応じないのであれば退去するようにと迫ってきました。私はこのビルで営業を続けたいのですが，新所有者の提示した条件で賃貸借契約を巻き直さなければいけないでしょうか。

また，賃貸借契約の巻き直しができなかった場合，退去しなくてはならないのでしょうか。

A

賃貸借契約の期間中に建物が売却された場合，原則として賃貸人の地位は新所有者に移転し，賃貸借契約は新所有者にそのまま引き継がれますので，所有者が変わったからといって新所有者との間で賃貸借契約を巻き直す必要はありません。新所有者との間で賃料についての協議が整わずに賃貸借契約の巻き直しができなかったとしても，賃借人は退去する必要はありません。

(キーワード) 賃貸人の地位の移転

解説

1 賃貸人の地位の移転と賃貸借契約の巻き直しの要否

(1) 賃貸借契約期間中の賃貸建物の譲渡

賃貸人が賃貸借契約の期間中に賃貸建物を譲渡した場合，原則として，賃貸人の地位は新所有者に移転します[*1]。

賃貸人の地位の移転には賃借人の同意は不要です[*2]が，新所有者は，賃貸人の地位が移転したことを賃借人に対抗するには賃貸建物についての所有権移転登記を具備する必要があります[*3]。

(2) 賃貸人の地位の移転と新賃貸人に承継される賃貸借契約の内容

そして，賃貸人の地位の移転に伴って新所有者に引き継がれる賃貸借契約の内容は，原則として，従来の旧所有者との間の賃貸借契約と同一であり，契約条件もそのまま引き継がれます[*4]。敷金関係も同様です。

そのため，賃貸人の地位の移転に伴って，賃貸借契約を巻き直す必要はありません。

(3) 賃貸人の地位の移転に伴う賃貸借契約の巻き直し

賃貸実務では賃貸人の地位の移転に伴って，賃貸借契約の巻き直しが行われることがあります。賃貸借契約の巻き直しは，単に賃貸人が交替したことを確認するにとどまり，契約条件は従前のままとするものもありますが，賃料の額，期間など契約条件の変更がなされることもあります。

賃貸人と賃借人との間で賃貸人が交替したことを確認することは，賃料の支払先の混乱などのトラブルを避けることができるという点で双方にとってメリットがあるといえるでしょう。

他方，契約条件の変更は，従前の契約条件に不満がある場合に，賃貸人の交替を機会に修正しておきたいという意図から，賃貸人，賃借人のいずれかから交渉が持ちかけられたり，双方から交渉が持ちかけられたりすることがあります。賃貸人と賃借人との間で協議が整えば，新しい契約条件で賃貸借契約の巻き直しがなされますが，協議が整わない場合は，賃貸借契約の巻き直しがなされないままとなることもあります。

しかし，上述のとおり，賃貸人の地位の移転に伴って，賃貸借契約を巻き直すことは必須ではありませんので，賃貸借契約の巻き直しができなくても，賃貸借契約関係の継続に何ら問題はありません。

2 設問に対する回答

　設問の場合，新所有者は，賃料を現行賃料の倍額にすることを条件にし，これに応じないのであれば退去するように迫っているようですが，上述のような考え方から，新所有者の主張は不当だといえます。新所有者との間で協議が整わず，賃貸借契約の巻き直しができなかったとしても，賃借人は退去する必要はなく，従前の契約条件で賃貸建物の使用収益を継続することができます。

　なお，契約の巻き直しに応じる場合でも新しい契約となると新所有者が設定する抵当権との関係が問題となります。この点については，**Q33**，**Q34**をご参照ください。

引用判例
　＊1　最判昭39・8・28判時384号30頁。
　＊2　最判昭46・4・23判時634号35頁。
　＊3　最判昭49・3・19判時741号74頁。
　＊4　最判昭46・2・19判時622号76頁。

【田中　秀幸】

Q33 抵当権が設定された物件の賃貸借の保護

　私は，銀行から建築資金を借り入れて，賃貸マンションを建築しました。銀行借入れについては，マンションに抵当権が付いています。貸付けは仲介業者に任せようと考えているのですが，万一抵当権が実行された場合の短期賃貸借の保護という制度がなくなったと聞きました。どのように変わったのでしょうか。

A

　短期賃貸借保護制度が廃止され，新たに明渡猶予制度が設けられました。

キーワード 短期賃貸借の保護，抵当建物使用者の明渡猶予，抵当権者の同意制度

解説

1　短期賃貸借保護制度

　不動産の所有者は，抵当権が設定された後でも，不動産の使用収益を継続することができます。

　したがって，マンションに抵当権を付けた後でも，あなたはマンションを他人に賃貸することができます。実際，あなたのように，建築資金を銀行から借り入れて賃貸用マンションを建て，抵当権を設定した後に，他人に賃貸するということはよくあることです。

　しかし，抵当権設定登記後に，あなたからマンションを借りた賃借人は，賃借権の対抗要件（登記または引渡し）を備えたとしても，抵当権の対抗要件（抵当権設定登記）には遅れることになります。したがって，その後に抵当権

が実行された場合に，マンションの賃借人は，買受人に賃借権を対抗できず，買受人からの明渡要求に応じなければならないことになります。

しかし，そうすると，このような物件を借りようとする者が現れず，不動産の所有者の賃貸権限が満足に行使できないことになるのではないかとの懸念がありました。

他方で，賃借人が無制限に抵当権者に対抗できるとすると，今度は抵当権者の利益を害する可能性があります。というのは，賃借人の存在する不動産の価値は，存しない場合に比べて低下するのが通常で，抵当権を実行しても，安くしか売れず，被担保債権を回収しきれない可能性があるからです。

そこで，この利害の調整を図るために，従来認められていた制度が短期賃貸借保護制度でした（旧民395条）。

この制度は，民法602条に定める期間，すなわち山林につき10年，その他の土地につき5年，建物につき3年を超えない期間の賃貸借に限り，抵当権設定登記後に賃借権の対抗要件を備えたものであっても，抵当権者に対抗できるという制度です。

この制度によれば，あなたと賃借人との間で，3年を超えない期間の賃貸借を締結し（更新についても同じ），賃借権の対抗要件を備えた場合には，その後に抵当権の実行があったとしても，その3年の期間については，賃借人が抵当権者に対抗できる（買受人が賃貸人の地位を承継し，買受人と賃借人の賃貸借関係になる）ことになります。

2　明渡猶予制度

ところで，この短期賃貸借保護制度は抵当権の実行妨害として濫用されることが多く，特にバブル経済崩壊後は，不良債権処理の足かせとして強い批判を受けるようになりました。さらに，抵当不動産の所有者の賃貸権限を保護するには，短期賃貸借保護制度は立法技術的にそもそも適切ではないなどの批判もあり，この制度は，平成15年の民法改正により廃止されることになりました（なお，この改正法は平成16年4月1日に施行され，改正法附則5条により，「この法律の施行の際現に存する抵当不動産の賃貸借（この法律の施行後に更新されたも

のを含む）のうち民法602条の期間を超えないものであって当該抵当不動産の抵当権の登記後に対抗要件を備えたものに対する抵当権の効力については，なお従前の例による」とされています）。

　そうすると，抵当権設定登記後に設定された賃貸借は，原則として，抵当権者に対抗できないことになりますが，「抵当権の実行後は，賃借人は直ぐに出ていけ」というのでは，正常な賃貸借によって居住している賃借人の保護に欠けることになります。

　そこで，平成15年の民法改正によって新しく設けられた制度が，明渡猶予制度（民395条）です。

　これは，抵当権設定登記後の建物の賃借人についても，抵当権実行前から使用収益している者については，建物買受人の買受けの時点から6ヵ月を経過するまでは，その建物を買受人に引き渡さなくてよいという制度です。

　この制度で保護されるには，民法602条に定める期間を超えない賃貸借である必要はありませんが，短期賃貸借保護制度と異なり，「建物」の賃貸借に限ります。

　また，この制度では，単に建物賃借人の明渡しが猶予されているにとどまり，短期賃貸借保護制度のように，一定の期間，賃借人が賃借権を抵当権者に対抗できる（買受人が賃貸人の地位を承継し，買受人と賃借人の賃貸借関係になる）わけではありません。

　したがって，買受人に敷金返還債務は承継されませんし，買受人が賃貸人としての修繕義務を負うこともありません。

　賃貸借関係ではないので，賃料請求権は発生しませんが，明渡猶予期間中の賃料相当額は不当利得となります。そこで，買受人は賃借人に「建物を使用したことの対価」を請求することができます。

　なお，この支払義務について，買受人からの催告に対して，賃借人が相当の期間内に履行しなかったときは，買受人は直ちに明渡しを請求できることになります（民395条2項）。

3　抵当権者の同意制度

　以上のとおり，短期賃貸借保護制度は，抵当権者の利益を害するものとして廃止されたのですが，抵当権設定登記後に設定された賃貸借であっても，場合によっては，抵当権実行後も賃貸借を存続させるほうが抵当権者の利益になることがあります。
　たとえば，優良テナントが入っている収益物件のような場合には，抵当権実行後もそのテナントに残ってもらったほうが，物件が高く売れるということがあります。
　そのようなときに，先に登記しているすべての抵当権者が賃貸借の存続に同意し，その同意を登記したときは，同意した抵当権者に対し賃借権を対抗することができるという新たな制度が設けられました（民387条）。
　本件でも，抵当権者の同意が得られるのであれば，この制度の利用が考えられますが，入れ替わりの激しい居住用の賃貸マンションにおいて，個々の賃借人ごとに抵当権者の同意を得て登記をするのは現実的ではないようにも思います。
　したがって，本件で抵当権者の同意制度が利用されるとすれば，不動産管理業者等がサブリース形式で一括して賃借するような場合だろうと思います。

【後藤　啓】

Q34 抵当権の実行と賃借人の地位

賃貸オフィスを借りているのですが，賃貸人が倒産して，オフィスビルが競売になったという情報が入りました。明渡しになるのは困るのですが，どのように考えればよいでしょうか。

A

抵当権設定登記がなされた時期と賃借権の対抗要件（賃借権の登記または引渡し）を備えた時期の先後関係，賃貸借契約の時期によって，対応が異なります。

(キーワード) 短期賃貸借の保護，抵当建物使用者の明渡猶予

解説

1　抵当権設定登記と賃貸借契約の対抗要件の先後関係

賃貸人が倒産して，オフィスビルが競売になったということは，オフィスビルに設定されていた抵当権が実行されたのではないかと思われます。

この場合，あなたが明渡しをしなければならないかどうかは，抵当権設定登記とあなたの賃借権の対抗要件の先後関係によって異なります。

まず，あなたが賃借権の対抗要件（賃借権の登記または引渡し）を備えた後に抵当権設定登記がなされている場合には，あなたの賃借権のほうが抵当権に優先しますから，あなたは自分の賃借権を競落人に対しても主張できます。したがって，あなたと賃貸人との賃貸借契約は，当然に競落人との間に承継されて，あなたは従前の賃貸借契約どおりに引き続きオフィスビルを使用することができ，明渡しをする必要はありません。

それでは，あなたが賃借権の対抗要件（賃借権の登記または引渡し）を備える

前に抵当権設定登記がされていた場合はどうでしょうか。

　この場合，あなたは，自分の賃借権をもって競落人に対抗することができず，原則として，競落人に建物を明け渡さなくてはなりません。

　しかし，例外として，以下に述べる「短期賃貸借保護制度」や「明渡猶予制度」によって保護される場合があります。

2 短期賃貸借保護制度

　平成15年の改正前の民法には，「短期賃貸借保護制度」（旧民395条）が存在し，抵当権実行による差押え前に，期間3年以内の短期賃貸借契約が締結されている場合には（差押え前の更新を含む），賃借人が抵当権者に対抗できる（競落人が賃貸人の地位を承継し，競落人と賃借人の賃貸借関係になる）とされていました。

　この制度は平成15年の民法改正により廃止されましたが，この改正には経過措置が存在し，「この法律の施行の際現に存する抵当不動産の賃貸借（この法律の施行後に更新されたものを含む）のうち民法602条の期間を超えないものであって当該抵当不動産の抵当権の登記後に対抗要件を備えたものに対する抵当権の効力については，なお従前の例による」（改正法附則5条）とされています。

　したがって，あなたの締結した賃貸借契約が，平成15年の民法改正の施行日である平成16年4月1日より前に締結された短期賃貸借契約で，それがその後に更新されたものであれば，改正前の民法の規定によることになります。

　よって，その後の更新が，本件の差押えより前になされたものであれば，改正前の「短期賃貸借保護制度」の適用があり，あなたと賃貸人との賃貸借契約は，競落人との間に承継されて，あなたは従前の賃貸借契約どおりに引き続きオフィスビルを利用することができ，明渡しをする必要はありません。

　逆に，あなたの賃貸借契約が，平成16年4月1日より前に締結された短期賃貸借契約で，それがその後に更新されたものであっても，本件差押え後，

競落人の代金納付前に，更新された場合には，「短期賃貸借保護制度」の要件を満たさないので同制度の適用はなく，かつ，改正法附則5条により後に述べる「明渡猶予制度」の適用もありません。

　したがって，この場合には，あなたは競落人に対して，直ちに明渡しをしなければなりません。

　もっとも，競落人がこのビルを貸ビルとして使用することを企図しているような場合には，新たなテナントを探す手間が省けるので，競落人が，引き続きあなたにこのビルを貸してくれるかもしれません。しかし，その場合にも，従前の契約とは別の新たな契約の締結ということになりますので，従前の敷金・保証金は承継されませんし，新規賃料が要求されることも覚悟しなければなりません。これらのことは，明渡しが必要な他の場合についても同様です。

３　明渡猶予制度

　それでは，先ほどの経過措置の規定（改正法附則5条）の適用がない場合はどうでしょうか。

　この場合，当然ながら，平成15年の民法の改正法が適用になります。

　平成15年の民法改正では，短期賃貸借保護制度が廃止されたので，この制度により，あなたが保護されるということはありません。

　しかし，平成15年民法改正により，新しく「明渡猶予制度」が設けられました（民395条）。

　この制度は，抵当権設定登記後の建物の賃借人についても，抵当権実行前から使用収益している者については，建物競落人の買受けの時点から6ヵ月を経過するまでは，その建物を競落人に引き渡さなくてもよいという制度です。

　この新制度によれば，あなたの契約が，短期賃貸借であろうとなかろうと，差押え前から本件ビルを使用している限り，競落後6ヵ月を経過するまでは，あなたは競落人に明け渡さなくてよいことになります。

　しかし，この制度は，単に建物賃借人の明渡しが猶予されているにとどま

り，短期賃貸借保護制度のように，賃借人が賃借権を抵当権者に対抗できる（競落人が賃貸人の地位を承継し，競落人と賃借人の賃貸借関係になる）わけではありません。

したがって，6ヵ月経過後も，引き続き使用したければ，競落人との間で，従前の契約とは別の新たな契約を締結しなければなりません。

なお，明渡猶予期間の法律関係は，賃貸借関係ではないので，競落人に敷金返還債務は承継されません。

競落人に敷金返還債務が承継されないということは，元の賃貸人が敷金を返還することになりますが，元の賃貸人には敷金を返還する資力がないことが多々あります。そこで，差押え後は，賃借人は，不安の抗弁権に基づいて，敷金額までは賃料の支払をストップできるという学説が存在します。

明渡猶予期間の法律関係は，賃貸借関係ではないので，競落人に賃料請求権は発生しませんが，競落人は賃借人に対して，不当利得返還請求権として「建物を使用したことの対価」の請求をすることができます。そして，賃借人が競落人からこの請求を受けた後に相当の期間内に履行しなかった場合には，直ちに建物を明け渡さなければならないことになります（民395条2項）。

【後藤　啓】

Q35 前所有者に対する賃料不払を理由とする解除の可否

私は中古の居住用マンションを購入しましたが，そのマンションの賃借人の1人は，すでに賃料を3ヵ月分も延滞しているそうです。これからも賃料を支払ってもらえそうにないのですぐにでもその賃借人との賃貸借契約を解除したいのですが，前所有者に対する賃料の不払を理由に契約を解除することは可能でしょうか。

A

(1) 賃貸の用に供されている建物について所有権の移転があった場合には，特段の事情のない限り，当該建物に係る賃貸人の地位は当然に新所有者に承継されるものと解されていますが，賃料債務の不履行を理由とする契約解除権までが当然に承継されるわけではありません。

(2) 建物の前所有者に対する賃料不払を理由に建物の新所有者が賃貸借契約を解除するには，建物の新所有者が前所有者から未払賃料債権を譲り受け，かつ賃料債権の譲渡について賃借人への対抗要件を具備していることが必要になります。

(3) 建物の新所有者が賃料債務の不履行を理由に賃貸借契約を解除する場合，解除のための催告の時点では，建物の所有権移転登記を経ていることは必ずしも必要ありませんが，解除の意思表示をする時点では，所有権移転登記を経ている必要があると解されます。

(キーワード) 賃貸人の地位の承継，解除権の移転，未払賃料債権の譲渡，債権譲渡の対抗要件，賃貸人の地位の対抗要件

解説

1　建物所有権の移転と賃貸人の地位の承継

　設問に対する回答の前提として，賃貸借契約の目的物たる建物の所有権が第三者に譲渡された場合，新所有者に対する賃貸借契約上の地位（賃貸人の地位）の承継がどのような要件で認められるか，ということが問題となります。

　この点について判例[*1]は，賃貸に供されている建物の所有権が第三者に移転した場合には，特段の事情のない限り，借地借家法31条1項（借家権の対抗力）の規定により，賃貸人の地位は建物の新所有者に移転するものと解しており，賃貸借契約の目的物たる建物の所有権が新所有者に移転した後は，建物の旧所有者は賃貸人としての地位を失うことになるので，建物の賃借人に賃料不払などの債務不履行があっても，建物の旧所有者が賃貸借契約の解除権を行使することはできないと解しています。

　そして，所有権の移転に伴う賃貸人の地位の承継については，特段の事情のない限り，賃借人の承諾を必要とせず，新所有者が旧所有者の賃貸人としての義務を承継するには，特段の事情がない限り，賃借人の承諾を必要とせず，旧所有者と新所有者との間の契約をもってこれをなすことができる[*2]と解されています。賃貸人の地位は，賃貸人が何人であるかによって履行方法が特に異なるものではなく，所有権の移転があった場合は新所有者にその義務の承継を認めることがむしろ賃借人にとって有利であるというのがその理由とされています。

　ただし，上記（*2）の判例は，土地の賃貸借契約に関するものであるところ，建物の賃貸借については貸主の修繕義務，契約終了時における敷金の返還義務といった場面で，賃貸人の資力や信用に影響されることが土地賃貸借の場合より多いと考えられることから，少なくとも上記特段の事情が認められる余地は，土地賃貸借の場合よりは大きいと解することもできるでしょう。

2　賃貸人の地位の承継と契約解除権

　もっとも、建物の所有権移転に伴い賃貸人の地位が承継されるとしても、それに伴い前所有者が有していた賃貸借契約の解除に関する地位も新所有者に承継されるかについては、別個の考察が必要です。建物の所有権移転に伴い、前所有者から新所有者に未払賃料債権の譲渡がなされた場合であればともかく、そうでない場合には、建物の新所有者と賃借人との間の賃貸借関係においては、未だ契約解除の要件たる賃料債務の履行遅滞（民541条）があったとはいえないからです。

　判例も、建物の譲渡により賃貸人の地位を承継した者が、当該契約に係る未払賃料債権の譲渡も受けている場合には、当該賃料の不払を理由とする契約解除を有効と認めています[*3]が、当該賃料債権の譲渡につき、債務者に対する通知（民467条1項）がなかった事案については解除権を否定した裁判例[*4]がありますので、この裁判例の立場によれば、そもそも賃料債権の譲渡が行われなかった場合については、当然前所有者に対する賃料不払を理由とした賃貸借契約の解除はできないものと解されます。

　よって、設問に対する回答としては、当該マンションの前所有者から、その賃借人に対する延滞賃料債権を譲り受け、かつ前所有者が賃借人にその旨を通知するか、または賃借人が当該賃料債権の譲渡を承諾することにより、賃料債権譲渡の対抗要件（民467条1項）を具備した場合に限り、当該マンションの前所有者に対する賃料不払を理由に契約の解除をすることができるという結論になります。

　なお、建物の新所有者が未払賃料債権を譲り受けても、その債務者対抗要件を具備していない場合は、当然ながらその未払賃料の支払を債務者に請求することはできませんが、賃借人が建物の新所有者に対しても賃料を延滞していた場合に、債権譲渡について債務者対抗要件を満たしていない未払賃料も請求する旨の催告をしてしまうと、当該催告は過大請求であるとして適法な催告と認められず、これに応じなかったことを理由とする契約解除の効力も認められなくなる可能性があります[*4参照]ので、賃料債権を譲り受けるに

あたり債務者対抗要件を具備しているか否かについては，十分注意する必要があります。

③ 契約解除権の行使時における登記の要否

ところで，賃貸建物の所有権移転による賃貸人の地位の承継については，当該建物に関する所有権移転登記の具備が賃借人に対する対抗要件であるとされており[*5]，その一方で，当該登記があれば承継の通知等は不要とされています[*6]。

そこで，前所有者に対する賃料不払を理由とする契約の解除ないしそのための履行の催告（民541条）をするにあたっては，前述した賃料債権譲渡の対抗要件を具備するほかに，賃貸人の地位の承継についても，所有権移転登記による対抗要件の具備を必要とするか否かが問題となります。

この点について，判例[*7]は，賃貸家屋の所有権および未払賃料債権の譲受人が，賃借人に対し延滞賃料の支払を催告したところ賃借人がこれに応じなかったので，当該家屋の明渡請求の訴えを提起し，当該訴訟の係属中に当該家屋について所有権移転登記手続を経由し，次いで当該訴訟の法廷において賃借人に対し賃料不払による賃貸借契約解除の意思表示をしたという事案について，当該催告は「契約解除の前提としての催告と認め得るところである」と判示しています。したがって，民法541条の規定による契約解除のための催告をする際には，賃貸建物について所有権移転登記を経ることは必ずしも必要ないということになります。

もっとも，契約解除の意思表示をする際に所有権移転登記を経ている必要があるか否かについては，上記判例において明確には述べられていないものの，上記判例の原審[*8]では，所有権移転登記前になされた契約解除の意思表示を有効と認めず，登記後に改めてなされた解除の意思表示を有効と認めており，上記判例ではこの点は特に問題にされていません。

したがって，契約解除の意思表示をするときには，賃貸人の地位の承継について，所有権移転登記による対抗要件の具備を要するというのが，現在の判例の立場であると考えられます。

引用判例

* ＊１　最判昭39・8・28民集18巻7号1354頁。
* ＊２　最判昭46・4・23民集25巻3号388頁。
* ＊３　大判昭14・8・19新聞4456号17頁，東京高判昭33・11・29判時176号21頁など。
* ＊４　東京地判昭32・6・7新聞67号12頁。
* ＊５　最判昭49・3・19民集28巻2号1325頁。
* ＊６　最判昭33・9・18民集12巻13号2040頁。
* ＊７　最判昭42・12・14民集21巻10号2586頁。
* ＊８　東京高判昭41・12・27民集21巻10号2597頁。

【坂本　隆志】

Q36　解約申入れをした法的地位の承継の可否

賃借人に対しては，貸室内の損耗がひどくこれ以上賃貸の用に供せないということで，すでに前所有者が内容証明郵便で解約申入れをしたそうなのですが，この賃借人に対し改めて解約申入れをする必要はあるでしょうか。

A

(1) 賃貸の用に供されている建物の所有者が交替した場合には，特段の事情がない限り当該建物の新所有者は当該建物の賃貸人の地位を当然に承継するものと解されていますが，これにより当然に解約申入れをした法的地位の承継も認められるわけではありません。

(2) 建物の前所有者が賃貸借の解約の申入れをした後，賃貸借契約が終了するまでに賃貸人の交替があった場合には，原則として解約の申入れはその効力を失うものとされており，解約の申入れをした地位の承継（解約申入れの効力の存続）が認められるのは，解約申入れの事由に変更を生じないと考えられる特段の事情が認められる場合に限るというのが，現在の判例の立場であると考えられます。

(3) 貸室内の著しい損耗を理由とする解約の申入れであれば，その性質上賃貸人の交替によりその事情に変動を生じるものではないため，解約の申入れをした地位の承継が認められる可能性はありますが，実務上は改めて新所有者からも解約の申入れをしておいたほうが無難であると思われます。

キーワード　賃貸人の地位の移転，解約申入れをした地位の承継，正当の事由，解約申入れに関する事由の変動

解説

1　問題の所在

　借地借家法26条1項では，期間の定めのある建物の賃貸借契約について，契約期間の満了の1年前から6ヵ月前までの間に相手方に対して更新をしない旨の通知または条件を変更しなければ更新をしない旨の通知（いわゆる契約更新拒絶の通知）をしなかったときは，従前の契約と同一の条件で契約を更新したものとみなすと定めており，同法27条では，建物の賃貸人が賃貸借の解約の申入れをした場合においては，建物の賃貸借は，解約の申入れの日から6ヵ月を経過することによって終了するものとされています。

　Q31でも述べられているとおり，賃貸の用に供されている建物の所有権が移転した場合には，特段の事情のない限り，当該建物の賃貸人の地位は当然に新所有者に移転するものと解されていますが，賃貸建物の前所有者が借地借家法26条1項の規定に基づく契約更新拒絶の通知，または同法27条の規定に基づく賃貸借の解約の申入れをし，その後に当該建物の所有者が交替した場合，当該通知ないし申入れの効力はどうなるかが問題となります。

　設問の事例は，建物の前所有者が借地借家法27条による解約申入れをしたものと考えられるところ，貸室内の損耗（老朽化）が解約申入れの正当な事由（借地借家28条）として認められるかはそれ自体大きな問題ですが，その点についての検討はQ71などに譲るとして，本問では，当該解約申入れ自体については正当の事由が認められることを前提として解説していきます。

2　正当の事由との関係

　建物の賃貸借契約における契約更新拒絶の通知および解約の申入れは，いずれも「正当の事由」が要求されていますが（借地借家28条），当該正当の事由の認定にあたり考慮される事情については，①建物の賃貸人および賃借人が建物の使用を必要とする事情，②建物の賃貸借に関する従前の経過，③建

物の利用状況および建物の現況、および④建物の賃貸人が建物の明渡しの条件としてまたは建物の明渡しと引換えに建物の賃借人に対して財産上の給付をする旨の申出をした場合におけるその申出が条文上列挙されています。

上記考慮される事情には、賃貸人自身に関する事情も含まれることから、賃貸人が交替すれば正当の事由に関する事情も変化することになり、場合によっては賃貸人の交替により正当の事由が消滅することもあり得ます。

したがって、賃貸建物の所有権の移転により賃貸人の地位の移転があったとしても、それに伴い当然に契約更新拒絶の通知または解約の申入れをした地位の承継を認めることはできず、当該地位の承継が認められるか否かを判断するにあたっては、賃貸人の地位の交替により当該通知または申入れに関する事由に変動が生じるか否かを個別具体的に検討する必要があるものと解されます。

3 裁判例

この問題に関し、裁判例[*1]は、「解約申入後、賃貸借契約終了に至るまで法定期間経過前に賃貸人に更替があった場合、その解約の申入の効力がそのまま存続するかどうかは困難な問題であるが、正当事由の有無は解約申入をした賃貸人自身について論ずるのが原則であり、従って一般的には賃貸人の更替あるときは前賃貸人の解約申入は、その申入の基礎である事由の消滅によって効力を失うものとし、社会通念に照らし解約申入の事由に変更を生じないと考えられるような特段の事情の下に賃貸人の更替が行われたときは、解約申入の効力がそのまま存続するものと解するの外はない」と述べています。

なお、この裁判例は、原告の長男が、原告一家が居住するために必要ということで建物賃貸借契約の解約申入れをし、その後原告が所有権の譲渡を受けたという事案に関するものですが、原告とその長男は居住および生計を異にしており、原告の長男がした解約申入れの事由がそのまま原告にも存在するとは認めがたいとして、結論として解約申入れの効力は所有権の移転とともに消滅したものと判示し、予備的になされた原告自身の解約申入れも正当

の事由がないとしてその効力を否定しています。

　一方、別の裁判例[*2]は、「建物所有者たる賃貸人が解約の申入をなした後六ヶ月の申入期間満了前に建物を他に譲渡し賃貸人の更替あるときは、前賃貸人の解約の申入は、原則として申入事由の消滅によって効力を失うものと解される」が、「解約申入の事由に変更を生じないと考えられる特段の事情の下に賃貸人の更替が行われたときは、解約の申入の効力はそのまま存続するものと解すべきである」と判示しています。

　一般論として述べていることはほぼ同じですが、こちらの裁判例は、賃貸建物が前所有者である会社の社宅として、同社の取締役である被告に賃貸されていたところ、その後同社が経営不振に陥り債務整理を行うことになり、当該債務整理のため特に設立された会社である原告が当該建物を含む会社不動産を帳簿価格の8倍近い金額で買い取り、その売却代金を銀行への返済原資に充てる一方、当該建物を空家にしてできるだけ高額で売却できるよう、あらかじめ前所有者から被告に対し解約の申入れがなされていたという事案であり、結論としては解約申入れの事由に変更を生じないと考えられる特段の事情が認められるとして、前所有者からなされた解約申入れの効力は存続するものとし、建物の明渡請求を認めています。

　このように、実際には解約申入れをした地位の承継（賃貸人の交替による解約申入れの効力の存続）が認められた裁判例もあるものの、建物の所有者である賃貸人が解約の申入れをしても、その後賃貸借契約が終了するまでの期間内に賃貸人の交替があった場合には、原則として当該解約の申入れはその効力を失うとするのが現在の判例の立場であり、解約申入れをした地位の承継が認められるのは、賃貸人の交替によっても解約申入れの事由に変更を生じないと考えられる特段の事情がある場合に限られることになります。

　なお、賃貸借契約の解約申入れではなく、契約更新拒絶の通知が行われた後賃貸借契約終了までに賃貸人の交替があった場合については、有力な裁判例は見当たりませんが、契約更新拒絶の通知に関しても解約申入れと同様に正当の事由が要求されている関係上、これと別異に解すべき理由はないことから、契約更新拒絶の通知も、原則として賃貸借契約終了までに賃貸人が交替した場合にはその効力を失うことになるものと解されます。

4 結論

　設問の事例は，貸室内の損耗がひどくこれ以上賃貸の用に供せないことを理由として前所有者が賃借人に対し解約申入れをしたという事例であるところ，このような解約申入れの事情は賃貸人の交替によって変更を生じるような性質のものではありませんから，新所有者から改めて解約の申入れをしなくても，賃貸借契約の解約の効力が認められる可能性はあります。

　しかしながら，解約申入れをした後賃貸借契約が終了するまでの間に賃貸人が交替した場合には，原則として前所有者がした解約申入れはその効力を失うものであり，解約申入れをした地位の承継が認められるのはあくまで例外的な場合に限るというのが現在の判例の立場であること，実際には貸室内の損耗のみを理由として賃貸借契約の解約をすることは法律上かなり困難であると考えられることを考慮すると，実務上は新所有者からも改めて解約申入れの通知をしておいたほうが無難であるといえるでしょう。

引用判例

＊1　東京地判昭26・2・16下民集2巻2号218頁。
＊2　大阪地判昭33・6・13下民集9巻6号1070頁。

【坂本　隆志】

Q37 賃貸マンションの譲渡担保権者と賃借人との関係

私は，貸しているお金の担保として，ある賃貸マンションを譲渡担保に取りましたが，その賃貸マンションの賃借人に対し賃料を請求できるでしょうか。また，ある賃借人からは，退去にあたり敷金の返還を請求されて困っていますが，譲渡担保権者に過ぎない私が敷金を返還しなければならないのでしょうか。

A

(1) 譲渡担保における所有権移転の効力は，担保目的に必要な範囲内でのみ認められるものであり，特約のない限り目的物件の使用収益権は，譲渡担保権が行使されるまでは担保権設定者に帰属すると解されることから，譲渡担保の被担保債権について債務不履行が生じている場合を除き，譲渡担保権者が目的物件である賃貸マンションの賃借人に賃料を請求することはできないと解されます。

(2) 譲渡担保権者が，清算手続を経て確定的に目的物件たる賃貸マンションの所有権を取得した場合には，当然に担保権設定者から敷金返還義務を承継することになります。また，清算手続を経る前であっても，譲渡担保権者は担保権設定者と重畳的に目的物件の賃借人に対する敷金返還義務を負担するとした裁判例があり，譲渡担保権者の敷金返還義務が認められる可能性はあります。

(3) 譲渡担保について，目的物件の賃借人の承諾を得た上で，賃貸人の地位を譲渡担保権者または担保権設定者のいずれかとする特約は一般的に有効と解されており，将来における紛争防止のためには，賃借人との関係について譲渡担保の契約時に特約を設けておく必要性が高いといえます。

（キーワード）確定的な所有権の取得の有無，信託的譲渡説，担保的構成説，所有権移転時期の不明確性，敷金返還請求権の引当に関する期待の保護，賃貸人の地位に関する特約の効力

解説

１　譲渡担保の意義および一般的効力

　設問に対する回答の前提として，まず譲渡担保の意義および一般的な効力について若干解説しておきます。

　譲渡担保とは，債権の担保として，物の所有権その他の財産権を，法律形式上債権者に譲渡して信用授受の目的を達する行為をいいます。譲渡担保には，買戻特約付きの売買契約の形式を採る「売渡担保」と，消費貸借契約の形式を採る「(狭義の)譲渡担保」の二種類があるとされていますが，判例[*1]においては，仮に買戻特約付売買契約の形式を採っていても譲渡担保と認定しているものが多く，両者を区別する実益は基本的にないと解されます。

　そして，譲渡担保における所有権移転の効力は，担保目的に必要な範囲内においてのみ認められるものであり，担保権者は被担保債務の履行遅滞があれば目的物件の処分権能を取得し，その権能に基づき帰属清算または処分清算の方法により優先弁済を受け得るにとどまるというのが判例[*2]の立場であり，債務者との関係では，被担保債務の履行遅滞ないし目的物件の買戻期間が経過した後，目的物件を適正な評価額により清算するまでは，譲渡担保権者は確定的に目的物件の所有権を取得するわけではない[*3]ものと解されています。

　もっとも，譲渡担保権者は，対外的には目的物件の所有権を取得しているため，譲渡担保権者から目的物件を譲り受けた第三者は，その善意・悪意にかかわらず有効に所有権を取得する[*4]と解されているほか，特段の事情がない限り，目的物件の不法占有者に対し譲渡担保権者がその返還請求権を行使することも可能であり[*5]，譲渡担保設定者の一般債権者がした強制執行の排除を求める第三者異議の訴えを提起することも可能と解されています[*6]。

　ただし，債務者について会社更生手続が開始されたときは，譲渡担保権者は目的物件に対する所有権を主張してその引渡しを請求することはできず，更生担保権者に準じて権利の届出をし，更生手続によってのみ権利行使をす

ることができると解されており[*7]，また譲渡担保権者について破産手続開始の決定があった場合には，設定者は破産財団に債務の弁済をして目的物件の取戻しを請求することができると解されています[*8]。

2 不動産の譲渡担保権者と賃借人の法律関係

　以上を前提として，不動産の譲渡担保権者と賃借人との間の法律関係を考えることになりますが，まず譲渡担保権者が担保権を実行し，帰属清算の方法により確定的に不動産の所有権を取得している場合には，目的物件に関する賃貸人の地位も譲渡担保権者に移転し，賃料を収受する権利も敷金を返還する義務も譲渡担保権者が承継することに異論の余地はないものと思われます。

　問題は，譲渡担保権が設定され，かつ清算手続が未了の状態であるときであっても，譲渡担保権者は譲渡担保権の設定に伴う所有権の移転により，目的物件の賃貸人としての権利義務を承継するか否か，というところにあります。

　譲渡担保の法的構成に関する学説は，古くは信託的譲渡と解する説が支配的でしたが，近年は担保的構成を採る学説が主流となっています。信託的譲渡説を採るのであれば，譲渡担保権が設定された時点で目的物件の賃貸人としての権利義務も当然に譲渡担保権者に移転するという結論になると思われますが，担保的構成を採るのであれば，譲渡担保権が設定されても目的物件の賃貸人の地位が当然に譲渡担保権者に移転するわけではなく，ただ抵当権の場合（民371条）に準じ，被担保債権について不履行があったときは，その後に生じた賃料債権を譲渡担保権者が収受できると解することになるでしょう。

　この問題のうち賃料の収受に関しては，農地が譲渡担保に供された事案につき，その目的たる土地から生じる小作料収益は債務者（担保権設定者）に帰属し，債務者はこれを借金の元本・利息に充当できるとした判例[*9]があり，建物が譲渡担保に供された場合もこれと別異に解すべき理由はありませんので，特約のない限り，譲渡担保権者は目的物件の賃借人に対し自ら賃料を請

求することはできず，ただ被担保権者の不履行があった場合には，抵当権に関する民法371条を類推適用し，譲渡担保権者自ら賃借人に賃料の支払を請求できるものと解されます。

　一方，目的物件の賃借人が，譲渡担保権者に対し敷金や保証金の返還を請求できるかについては，裁判例は分かれています。不動産の賃貸人である所有者が，その目的物件の上に帰属清算型の譲渡担保を設定したからといって，賃貸人の地位は担保権者に移転するものではないと判示している裁判例[*10]がある一方，所有権移転登記を経た譲渡担保権者は，譲渡担保についての清算が終了するまでの間，目的物件の賃借人に対し，担保権設定者と重畳的に敷金返還義務を負担するものとした裁判例[*11]もあります。

　後者の裁判例は，①譲渡担保権者は所有権移転登記を経ることによって，対外的にはその物件の所有者として扱われるべきであること，②譲渡担保の被担保債権についての弁済期の定めその他の債務者の履行遅滞の有無，譲渡担保権者と設定者との間の清算手続の有無およびその進行の程度について，当事者ではない建物賃借人がこれを把握することは容易ではなく，しかも当該清算手続において清算の必要あるいは清算額をめぐって争いを生ずる場合や，清算終了時までに設定者からいわゆる受戻権が行使され，かつその要件をめぐって当事者間にしばしば紛争を生ずることを考えると，建物の所有権が譲渡担保権者に確定的に移転する時期は，その当時においては必ずしも明確でないことが多く，譲渡担保権者が，清算手続を経て確定的に建物所有権を取得するまでは賃貸人としての地位を承継せず，敷金の返還義務も負わないとすることは，賃借人が新所有者に敷金返還を求めることができるようになる時期および要件が不明確となり，その地位を不安定にして，建物の賃貸借契約が存続中に建物所有権が譲渡された場合に賃借人が旧所有者に差し入れていた敷金は，賃借人がその賃借権を新所有者に対抗できるときには新所有者に当然に承継されるとする法理[*12]を没却することになること，③賃借人が敷金返還請求権の権利行使の実現を確保するための賃貸人の財産は，現に賃貸借に供されている不動産である建物それ自体を第一次的にはその引当とするのが契約当事者の一般的な意思と解されるところ，譲渡担保権者が清算手続を経て確定的に所有権を取得するまでは敷金返還義務を負わないと解

することは，譲渡担保により建物の所有権移転登記がなされると，その清算手続がなされて担保権者が確定的に所有権を取得するまでの間に賃貸借が終了した場合における賃借人は，設定者が受戻権を行使して登記を戻した場合を除いては，賃借建物に対する強制執行をする手段を奪われることになることを理由に挙げています。

　譲渡担保権の法的性質につき担保的構成を採る場合でも，賃借人保護の観点に照らせば，上記の裁判例*11が判示している問題点を無視することはできないと考えられます。この問題に関する確定判例と呼べるものは存在しないものの，清算手続を経ていない譲渡担保権者であっても，賃借人に対する敷金返還義務を負う可能性があることは否定できないでしょう。

③　当事者間における合意の効力

　もっとも，譲渡担保契約の具体的内容は事案によってさまざまであり，目的物件の賃借人との関係について特約が設けられることもあります。

　特約の効力が問題となった裁判例としては，第三者へ賃貸している土地を譲渡担保に供する際に，譲渡担保契約の当事者間で，賃貸人たる地位は設定者に残る旨を合意し，賃借人もこれを承認したときは，合意の効力を賃借人に対しても主張することができるとしたもの*13，農地の売渡抵当につき，特約があれば，債権者が担保土地の所有者として自ら第三者と小作契約を締結することもできるとしたもの*14などがあり，基本的に賃貸人の土地を担保権設定者とする特約も譲渡担保権者とする特約も，少なくとも賃借人がこれを承諾しているのであれば有効と解して差し支えないでしょう。

　建物の譲渡担保は，そもそも民法上明文の規定が設けられていない類型の法律行為であり，目的物件の清算や受戻しなどについてもしばしば紛争となるほか，建物賃借人との関係も前記のとおり必ずしも明確ではなく，設問のような問題が実際に発生した場合には，裁判上の紛争に発展する可能性も高いと考えられます。

　したがって，第三者に対する賃貸の用に供されている建物につき譲渡担保権の設定をする際には，敷金や保証金の返還義務も含めた賃貸人の地位の帰

属について，賃借人の承認も得た上で明確に定めておく必要性が高いといえるでしょう。

引用判例

* ＊1 　東京高判平元・7・25判時1320号99頁，東京地判平2・7・13判時1381号64頁，高知地判平7・7・14判夕902号106頁，東京高判平10・7・29判夕1042号156頁など。
* ＊2 　最判昭57・9・28判時1062号81頁。
* ＊3 　東京高判平10・7・29判夕1042号156頁。
* ＊4 　大判大9・9・25民録26輯1389頁。
* ＊5 　最判昭57・9・28判時1062号81頁。
* ＊6 　最判昭56・12・17民集35巻9号1328頁，最判昭58・2・24判時1078号76頁。
* ＊7 　最判昭41・4・28民集20巻4号900頁。
* ＊8 　大判昭13・10・12民集17巻2115頁。
* ＊9 　大判昭17・6・11法学12巻241頁。
* ＊10　東京地判平2・10・3判夕757号197頁。
* ＊11　東京地判平2・11・5金法1288号34頁。
* ＊12　最判昭44・7・17民集23巻8号1610頁。
* ＊13　東京地判昭44・4・9判夕238号229頁。
* ＊14　大判大7・5・4新聞1425号19頁。

【坂本　隆志】

第6章

転 貸 借

Q38 賃借物件の譲渡と承諾依頼①

　私は，オフィスビルの1階店舗部分を賃借して喫茶店を経営しています。先日，賃貸人であるビル所有者から，当該ビルを信託銀行に信託譲渡したが，賃貸人の地位は，新所有者である当該信託銀行から，当該地位を承継する特別目的会社になるので，これを承諾して欲しいという趣旨の承諾依頼書（承諾書を兼ねるもの）が郵送されてきました。私は，これを承諾しなければならないでしょうか。
　また，承諾した場合と，承諾しない場合の違いを教えてください。

A

　賃貸物件の譲渡が行われた場合，賃貸借関係は，新所有者（本問では，信託銀行）との間で継続することを原則としますので，従前の賃借人は，賃貸人の地位を特別目的会社とすることを承諾する義務はありませんが，これを承諾した場合は，賃貸人（転貸人）を特別目的会社とする転貸借関係になります。
　承諾依頼書には，敷金返還債務も特別目的会社が免責的に承継する（信託銀行は敷金返還債務を免責される）趣旨も含んでいる（承諾文言として印字されている）ことがありますので，承諾文言の内容に留意する必要があります。

(キーワード) 不動産の流動化（証券化），信託銀行（受託者），賃借人（テナント）の承諾，特別目的会社，マスターレッシー，プロパティマネジャー

第6章 転貸借

解説

1 不動産の流動化とは

　近時，賃貸ビルなど賃料等の収益を生み出す不動産の所有者が財務内容の改善などを目的として不動産を売却するにあたり，買主側が，スポンサー，投資家，金融機関など複数の当事者が関与するファンドを用いる流動化の手法が広く行われています。それゆえ，事務所や店舗または居住用としてビルの一部を賃借している場合に，当該ビルが流動化され，ビルの所有者から設問のような承諾依頼を受けるという事例も多くなっていると思われます。そこで，設問の回答に先立ち，まず不動産の流動化について簡潔に説明します。

　資産の流動化を行うためのファンドの法的形態はさまざまですが，不動産の流動化でポピュラーなのは，不動産の所有者（以下，「旧所有者」といいます）が当該不動産を受託者（多くの場合，金融機関の信託業務の兼営等に関する法律に基づき信託業を行う信託銀行）に信託譲渡し，それにより旧所有者が取得する信託受益権を，買主側のスポンサー（多くの場合，不動産の開発業者など不動産の実質的なリスクを負担し得る事業会社）が組成する特別目的会社（会社の形態としては，会社法施行以前に設立された特例有限会社や，会社法施行後に設立された合同会社など，機関設計が簡易で設立コストを軽減し得るもの。資産の流動化に関する法律に基づく特定目的会社を用いることもあります）に売却し，旧所有者は，当該特別目的会社から信託受益権の売却代金として，当該不動産の売買代金相当額を取得します。

　特別目的会社は，金融機関や貸金業者から貸付金として受け入れた金銭，およびスポンサーや一般投資家からの匿名組合出資として受け入れた金銭をもって，旧所有者（信託受益権の売主）に対し，信託受益権の購入代金を支払います（特定目的会社の場合には，特定目的借入れ，特定社債および優先出資証券の発行になります。匿名組合出資は，金融商品取引法により有価証券とみなされます。こうして，流動化においては，収益資産に投資する投資家からの資金は，証券の発行代金として

調達されるため，資産の流動化は，「資産の証券化」とも呼ばれます）。

　特別目的会社は当該信託受益権を一定期間保有し，その間の賃料収入等を原資として受託者（信託銀行）から受益者に対して交付される収益配当をもって，金融機関等に貸付金の利息を支払い，投資家に匿名組合出資の利益を配当し，一定期間経過後に信託受益権を売却して（受託者が当該不動産を売却することもあります），当該売却代金をもって，金融機関等に貸付金の元本を返済し，投資家に匿名組合の出資金を返還します。

　このような不動産の流動化の期間において不動産の所有権を保有する信託銀行は，不動産の管理を信託業務として行うのが信託法および信託業法の建前ですが（信託26条，信託業22条。ただし，平成19年の信託法および信託業法の改正により，かかる建前は緩和されました。改正信託法28条，改正信託業法22条参照），不動産の流動化においては，不動産の管理（賃貸業務を含む）が上手く運営されるか否かにより当該不動産の収益性が左右され，投資家に対する利益の分配額に直接的な影響を及ぼすため，多くの場合，スポンサー自身またはスポンサーが（特別目的会社のアセットマネジャーとして）指定する不動産管理会社が，信託銀行から委託を受けて，プロパティマネジャーとして，当該不動産の管理業務を行い，また，スポンサー自身または特別目的会社（信託の受益者であるファンド自身のこともあれば，別途設立された特別目的会社であることもあります）が，信託銀行から当該不動産を一括して借り上げて，マスターレッシーとして，当該不動産の賃貸（転貸）業務を行うことになります。

2　マスターレッシーによる賃貸（転貸）

　賃貸不動産が売却される事案に関して，判例は，自己の所有建物を他に賃貸して引き渡した者がかかる建物を第三者に譲渡して所有権を移転した場合には，特段の事情がない限り，賃貸人の地位もこれに伴って当然にかかる第三者に移転し，賃借人から交付されていた敷金に関する権利義務関係もかかる第三者に承継されると解すべきとしています[*1]。

　そして，特段の事情に関連して，判例[*2]は，新旧所有者間において，従前からの賃貸借契約における賃貸人の地位を旧所有者に留保する旨の合意をし

たとしても，これをもって直ちに特段の事情があるものということはできないとしています。この判例は，何が特段の事情となり得るかについて明示していませんが，この判例の原審[*3]は，「特段の事情」に関して，「従前からの賃貸借関係の賃貸人の地位を従前の所有者に留保する旨の合意をすることは契約自由の範囲内のことであるが，建物の賃借人が対抗力のある賃借権を有する場合には，その者は新所有者に対して賃借権を有することを主張し得る立場にあるものであって，その者が新所有者との間の賃貸借関係を主張する限り，賃貸借関係は新所有者との間に移行するものであるから，新旧所有者間に右の合意があるほか，賃借人においても賃貸人の地位が移転しないことを承認又は容認しているのでなければ，前記の特段の事情が存する場合に当たるとはいえない」と判示しています。「特段の事情」は，賃借人の承認または容認がある場合に限られるかは検討の余地があると考えられますが，いずれにせよ，賃借人の承認または容認がある場合を「特段の事情」とすることは異論のないところでしょう。

　新旧所有者の合意とこれに対する賃借人の承認により賃貸人たる地位および敷金関係が旧所有者にとどまることを認める上記高裁の論理は，その根拠を「契約自由の原則」と「これにより不利益を受ける賃借人の承諾」に求めていると理解されますので，旧所有者に賃貸人の地位を留保するのではなく，本件のように第三者に賃貸人の地位および敷金関係が移転するとすることも，当事者（受託者と第三者）間の合意および賃借人の承認により認められると考えられます。

　それゆえ，本件においては，旧所有者が本件不動産を信託銀行に信託譲渡して所有権を移転したことにより，賃貸人の地位もこれに伴って当然に信託銀行に移転し，賃借人から交付されていた敷金に関する権利義務関係も信託銀行に承継されるところ，賃借人が承諾すれば，賃貸人の地位および敷金関係は，第三者である特別目的会社に移転すると考えられます。

3 承諾の内容

　賃貸不動産が流動化された場合に賃貸人の地位および敷金返還債務を新所有者（信託銀行）でない第三者が承継することに対する承諾依頼書の内容は，多くの場合，①所有者が信託銀行に変更した旨の通知，②承継されるべき賃貸借契約の内容の確認依頼（従前の賃貸借契約の主要な条件が列挙されます），③賃貸人の地位および敷金返還債務を第三者が承継し，新所有者である信託銀行が敷金返還債務から免責されることの承諾依頼，④賃料振込先口座が当該第三者の口座に変更される旨の通知，により構成され，承諾依頼書の末尾に賃借人が上記を確認し，承諾する旨の文言が印字され，賃借人がこれに押印する様式になっていますが，上記のとおり，賃貸借関係および敷金関係は，原則として新所有者である信託銀行に承継されるので，賃借人としては，承諾依頼書の末尾に記載された承諾文言にそった承諾をする義務を負うわけではなく，その任意の判断に委ねられます。

　このような承諾をすると，本来であれば，新所有者である信託銀行との間の直接の賃貸借関係として継続する賃貸借が，マスターレッシーを介した転貸借関係となるため，マスターレッシーの債務不履行によりマスターレッシーと信託銀行の間の賃貸借が解除された場合に，賃借人が信託銀行から明渡しを請求されれば転貸借関係が終了すると考えられます（もっとも，賃料振込先に指定される口座が，当該第三者ではなく新所有者である信託銀行の場合もあり，かかる場合には，賃借人の支払う賃料は，直接，マスターレッシーと信託銀行の間の賃貸借契約の賃料に充当されるため，マスターレッシーの債務不履行が生じる余地は小さいと思われます）。また，承諾文言が敷金返還債務の免責的承継も含むものであれば，明渡しにより具体化する敷金返還請求権を新所有者である信託銀行に行使できないことになります。

　それゆえ，賃貸人側からの承諾依頼に応じるかは，マスターレッシーとなる者その他流動化の主要な仕組みや関係者についての説明を受けた上で，マスターレッシーの信用力を評価して判断するのが妥当と考えられます。

　なお，仮に承諾依頼に応じない場合であっても，賃料振込先口座の変更の

通知（上記④）は有効になされていると解されます。

引用判例

- ＊1　最判昭39・8・28民集18巻7号1354頁，最判昭44・7・17民集23巻8号1610頁。
- ＊2　最判平11・3・25判時1674号61頁。
- ＊3　東京高判平7・4・27金法1434号43頁。

【大串　淳子】

Q39　賃借物件の譲渡と承諾依頼②

賃貸物件の所有者が，当該賃貸物件を譲渡するにあたり，当該所有者（賃貸人）が，従前の賃貸借関係における賃貸人の地位にとどまり，従前の賃貸借関係を転貸借関係とすることにつき，賃借人である私に承諾を求めてきました。賃借人として，当該承諾をするかの判断にあたり，どのような事項に留意すべきか教えてください。

A

　上記承諾をしなければ，従前の賃貸借は新所有者との間で従前の条件において継続しますが，上記承諾をすることにより，従前の賃貸借は，転貸借関係（新所有者と旧所有者の間で新たに締結されるマスターリース契約を基礎とするもの）となりますので，転貸人（旧所有者）にマスターリース契約上の不履行があれば，賃貸人としての新所有者から明渡しを請求されることにより，転貸借契約が終了することもあり得ると考えられます。
　また，上記承諾において，敷金返還債務も旧所有者のみが負担することが明示されている場合，明渡しの際に，敷金の返還を新所有者に請求することが困難となると考えられます。

(キーワード) 賃借人（テナント）の承諾，転貸借の終了，敷金返還債務の承継

解説

1　承諾をする場合

　Q38においては，賃貸不動産が売却された場合における賃貸人の地位が新所有者から第三者（特別目的会社）に移転することについての承諾の要否を

検討しました。本問では，賃貸人たる地位が第三者に移転するのではなく，当該不動産の従前の所有者のままであるという相違はあっても，従前の賃貸借関係が転貸借関係となるということに相違ありません。

　すなわち，賃貸不動産が売却されると，原則として，賃貸人の地位もこれに伴い新所有者に移転し，賃借人から交付されていた敷金に関する権利義務関係も新所有者に承継されますが，賃借人の承諾があれば，従前の賃貸借関係を旧所有者との間で継続させることも可能です。また，敷金関係も，賃借人の承諾（敷金返還債務につき，新所有者を免責することの承諾）により，旧所有者のもとにとどまり，新所有者は，賃借人との関係において敷金返還債務を負担しないとすることも可能と考えられます[*1]。

　もっとも，このような場合には，旧所有者は当該不動産の所有権を失っているため，旧所有者が従前の賃借人に当該不動産を賃貸するためには，自らが新所有者との間であらたな賃貸借契約（いわゆるマスターリース契約）を締結して，当該マスターリース契約に基づき賃貸権限（転貸権限）を取得しなければならず（すなわち，当該マスターリース契約は，転貸を許容する内容を有するものとなります），したがって，従前の賃貸借関係は，転貸借関係となります。

　このような契約関係をもたらす承諾をするかの判断にあたっての主な留意事項は，Q38の回答にも記載しましたが，従前の賃貸借関係が転貸借関係となるため，旧所有者のマスターリース契約上の債務不履行によりマスターリース契約が解除された場合に，賃借人が新所有者から明渡しを請求されれば転貸借関係が終了すると解される点でしょう。

　もっとも，旧所有者からの承諾の依頼において，転貸借関係における賃料振込先として指定される口座が，従前の旧所有者の口座ではなく，新所有者名義の口座である場合もあり，かかる場合には，賃借人の支払う賃料は，直接，旧所有者と新所有者の間のマスターリース契約の賃料に充当されると解され，したがって，マスターリース契約上の賃料債務の不履行が生じる余地は小さいと思われます。

　他方，このような場合には，マスターレッシーとなる旧所有者が，従前，賃借人から受け入れていた敷金を確保しておく必要性は高くないと思われ，したがって，賃借人としては，その敷金返還請求権を，マスターレッシーに

限らず，新所有者に対して行使し得ることが望ましいと考えられるため，上記のように新所有者を免責する結果となる承諾を与えるべきかは慎重に検討すべきでしょう。

2 承諾をしない場合

Q38で述べたように，賃借人が承諾をしない場合は，新所有者と旧所有者の間に賃貸人たる地位を旧所有者のもとにとどめる合意があったとしても，原則として，賃貸人たる地位は新所有者へと移転します。

引用判例
 ＊1　最判平11・3・25判時1674号61頁。

【大串　淳子】

Q40 賃借人の賃料不払と転借人の保護

都内に営業拠点としての店舗を賃借しています。その建物の所有者という人から，借家の契約が家賃の不払で解除になったから，店舗を明け渡すようにとの通知が来ました。実は，サブリース契約で，私は中間の業者から借りていました。私は中間の賃貸人に家賃の不払など一度もしていませんし，私にも，賃料支払の機会が与えられるべきではなかったかと思いますが，明渡しをしなければならないでしょうか。

A

(1) 適法な転貸借がなされている賃貸借契約を，賃貸人が債務不履行により解除するにあたっては，特段の事情がない限り転借人に催告をする義務はないというのが判例の立場ですので，建物の賃貸借契約が賃借人の債務不履行により解除された場合には，原則として，賃料支払の催告を受けなかったことなどを理由に転借人が建物の明渡しを拒むことはできません。

(2) もっとも，賃貸借契約がサブリース契約というだけで，上記「特段の事情」があるとするのは難しいと思われますが，たとえば転借人から賃貸人に対し，あらかじめサブリース業者が賃料の支払を怠ったときには自分が賃料を支払う旨の申入れをしていたとか，転借人を追い出すために賃貸人とサブリース業者が共謀の上意図的に債務不履行の状態を作出したなどというときは，上記「特段の事情」が認められ，転借人への賃料支払の催告がなかったことを理由に建物の明渡しを拒む余地があると考えられます。

(キーワード) 債務不履行による解除，賃貸人の催告義務，特段の事情，サブリース契約

解説

1　建物転貸借契約における転借人の地位

　賃貸借の目的となっている建物を第三者に転貸するには賃貸人の承諾が必要ですが（民612条1項），本問のようなサブリース目的の建物賃貸借契約においては，賃借人が建物を第三者に転貸することができる旨の特約が定められ，転貸についてはあらかじめ包括的承諾がなされているのが一般的ですので，以下の解説も転貸借自体は適法であるということを前提として行うものとします。

　適法な建物の転貸借がなされた場合において，賃借人が債務不履行により賃貸人から賃貸借契約を解除されると，当該建物に関する転貸借契約は，原則として，賃貸人が転借人に対して目的物の返還を請求したときに終了するというのが判例[*1]の立場です。

　したがって，たとえば建物所有者AがBに建物をBに賃貸し，BがAの承諾を得て当該建物をCに転貸したという場合，CがBに対してきちんと賃料を支払い続けていても，BがAへの賃料支払を怠っている場合には，Aが債務不履行によりBとの間の賃貸借契約を解除し，Cに対し建物の明渡請求をしてくる可能性があることになります。

　もっとも，以上の理由により，転借人Cは，Bの賃料債務につき法律上の利害関係（民474条2項）を有するため，BがAに対する賃料の支払を怠っている場合には，CはBに代わってAに対し賃料を弁済し，賃貸借契約を存続させることも可能と解されます。

　この旨を明示した判例は今のところ見当たりませんが，借地上の建物の賃借人が，その敷地の地代の弁済について法律上の利害関係を認めた判例[*2]がありますので，建物の転借人についてもこれと同様に考えてよいでしょう。

　一方，建物の転貸借がなされている場合において，建物の賃貸借が期間の満了または解約申入れによって終了するときは，建物の賃貸人は，転借人に対し6ヵ月前に通知をしなければ，賃貸借の終了を転借人に対抗することが

できないものとされています（借地借家34条1項・2項）。

そこで，このような転借人保護に関する規定の趣旨を類推拡大し，賃借人に家賃の不払があったときは，転借人に対しても支払の催告をしなければならない，とする学説も有力になっています。

2　判例の立場

しかし，最高裁は今のところこのような学説を採用しておらず，土地の賃貸借契約において，適法な転貸借関係が存在する場合に，賃貸人が賃料の不払を理由に契約を解除するには，特段の事情のない限り，転借人に通知をして賃料の代払の機会を与えなければならないものではないとして，賃貸人の転借人に対する催告義務を否定しています[*3]。

これは，賃貸人の催告義務を認める法的根拠がなく，転貸借の存在のみをもって賃貸人の契約解除権を制限するのは，賃貸人の契約解除権に対する過度の制約になるという理由によるものと考えられますが，下級審判決の中には，賃借人と不和になった転借人が，賃貸人に対して，もしも賃借人が賃料を延滞したら自分が代わりに支払うと申し出ていたにもかかわらず，賃貸人が転借人に通知せずに賃借人との契約を解除した場合には，その解除を転借人に対抗できないとしたもの[*4]もあります。

上記最高裁判決[*3]も，「特段の事情のない限り」という留保を付けていますので，上記裁判例[*4]のような特段の事情が認められる場合にまで，賃貸人の催告義務を否定する趣旨ではないものと解されます。

3　サブリース契約における「特段の事情」の有無

ところで，本問のような不動産のサブリース契約は，土地所有者が建築した建物を賃貸ビル業者（サブリース業者）が一括で借り上げて，これを個々の転借人に転貸し，建物所有者に対しては契約で定められた賃料を支払うというもので，いわば転貸借が予定された建物賃貸借契約であり，このような場合において借地借家法による保護の要請が働くのは，賃借人ではなくむしろ

転借人であるともいえます。

　そして，サブリース契約については，いわゆる賃貸人と賃借人の共同事業性から，賃借人の更新拒絶による賃貸借契約終了をもって建物の再転借人に対抗できないとした判例[*5]もあることから，学説においても，転貸借をサブリース契約の賃貸人と賃借人から成る共同事業体からの賃貸借とみたり，または賃貸人から賃貸権限を委嘱された賃借人からの賃貸借とみたりするなどの法律構成により，基礎となる賃貸借契約が債務不履行解除によって終了した場合においても，転借人の使用収益権を保護すべきであるとする見解が唱えられています。

　もっとも，このような見解の是非について判断した裁判例は今のところ見当たりませんが，実際のサブリース契約においては，共同事業性がみられないのがむしろ原則形態ではないかという指摘もあり，転貸借の基礎となる賃貸借契約がサブリース契約であるというだけで，当該賃貸借契約の債務不履行解除にあたり賃貸人の催告義務を認めるべき「特段の事情」があるとすることは難しいように思われます。

4　設問に対する当てはめ

　設問については，転貸借の基礎となる賃貸借契約が債務不履行により解除されてしまった以上，賃貸人（建物所有者）からの明渡請求により転貸借契約も終了することになり，原則として賃貸人からの明渡請求を拒むことはできないと解されます。

　ただし，たとえば中間の業者（サブリース業者）がもともと業績不振で，転借人から賃貸人に対し，あらかじめ，サブリース業者が倒産等のため賃料の支払を怠ったときには自分が賃料を支払う旨の申入れをしていたのに，賃貸人が転借人に何の通知もせず賃貸借契約を解除したとか，転借人を追い出すために賃貸人とサブリース業者が共謀の上意図的に債務不履行の状態を作出したなどという特段の事情がある場合には，転借人への賃料支払の催告がなかったことを理由に，建物の明渡しを拒む余地もあるといえるでしょう。

　そもそも，サブリース契約においては，賃貸人は専ら安定した賃料収入を

得ることを目的として建物の建築や賃貸を行っているのが通常であり，設問のような事案においては，賃貸人も転借人を追い出して新たなテナントを探すよりは，転借人との間で新たに賃貸借契約を締結して引き続き賃料収入を得たいと考えるのがむしろ通常であると思われ，転借人側からそのような申入れをしているにもかかわらず，賃貸人がなおも明渡請求にこだわっているということであれば，上記のような特段の事情の存否を疑う余地があるかもしれません。

引用判例

*1　最判平9・2・25民集51巻2号398頁。
*2　最判昭63・7・1判時1287号63頁。
*3　最判平6・7・18判時1540号38頁。
*4　東京地判昭33・3・21判時146号7頁。
*5　最判平14・3・28民集56巻3号662頁。

【吉永　英男】

Q41 賃貸借契約の合意解除と転借人の保護

私は，サブリースの転借人ですが，転貸人と建物所有者との間で，賃貸借の期限が来たので，賃貸借契約を合意解除する予定であるという話が伝わってきました。このようなことができるのでしょうか。

A

(1) 建物の賃貸借契約が契約期間の中途で合意解除された場合には，特段の事由がない限りその効力を転借人に対抗することはできませんが，契約期間の満了に伴う合意解除の場合には，当然にこれと同視することはできません。

(2) もっとも，サブリース契約に基づく転貸借の場合には，賃貸人と賃借人の共同事業性ないし賃貸人の賃借人に対する賃貸権限の委譲といった実質が認められる場合には，賃借人が契約更新を拒絶して賃貸借契約を終了させても，その効力を転借人に対抗することはできないと解されます。

(3) 賃貸借契約終了の効力を転借人に対抗できない場合，賃貸人と転借人との間の法律関係について学説の見解は分かれていますが，サブリースの事案については，賃貸人が賃借人（転貸人）の地位を引き継ぐと解することが妥当であると考えられます。

キーワード 合意解除，信義誠実の原則，特段の事由，契約の更新拒絶，サブリース契約，共同事業性，賃貸権限の委譲

解説

1 建物転貸借契約における原契約の合意解除と転借人の地位

　サブリース契約は，契約の当初から転貸借が予定された建物賃貸借契約の一種ということができますが，転貸借契約においては，原契約である賃貸借契約の効力が消滅すると，転貸借契約もその基礎を失って履行不能となり，その効力が消滅してしまうのが原則です。

　しかし，たとえば建物所有者Aが建物をBに賃貸し，BがAの承諾を得て当該建物をCに転貸した場合において，CはBの賃借権を前提とし，これが契約期間の中途で消滅することがないと信頼して当該建物の転借権を取得しており，Aもこれを承諾しているのに，Cの転借権が，Bの恣意や，AとBの通謀により一方的に消滅させられるというのはあまりに不当です。

　そこで，判例[*1]は，賃借人が賃借家屋を第三者に転貸し，賃貸人がこれを承諾した場合には，転借人に不信な行為があるなどして賃貸人と賃借人との間で賃貸借を合意解除することが信義誠実の原則に反しないような「特段の事由」がある場合のほか，賃貸人と賃借人とが賃貸借解除の合意をしても，そのため転借人の権利は消滅しないものと解しています。

　なお，実際に賃貸借契約の合意解除により転借人の権利が消滅する場合としては，上記判例が例示している転借人に不信な行為がある場合などのほか，賃貸人が，家屋の一部の転貸借につき，近く予想される賃借人の家屋退去に至るまでの期間を限って承諾を与えたものであり，転借人もそのことを知っていたとき[*2]などが挙げられます。

2 サブリース契約の期間満了による場合

　上記判例法理は，期間の定めのある賃貸借契約をその中途で合意解除した場合に関するものであり，契約期間の満了に伴い，賃貸人と賃借人が賃貸借契約の更新をせず同契約を終了させた場合にも，当然にそれが転借人との関

係で信義誠実の原則に反するといえるかどうかは、なお検討を要します。

　建物の賃貸人が契約更新の拒絶をする場合には、借地借家法28条に定める「正当の事由」が必要であり、正当な事由の認定にあたっては建物の転借人が建物の使用を必要とする事情も考慮されますが、建物の賃貸人が契約更新の拒絶をする場合にはこのような制限はなく、契約の更新によりその賃借権を半永久的に存続させることが、転貸借契約において当然に期待されているとまではいえませんし、賃借人から契約の更新を拒絶された賃貸人が、これによる賃貸借契約終了の効力を転借人に対し主張することが、当然に転貸の承諾と矛盾する態度であるともいえないからです。

　もっとも、サブリース契約において、賃貸人と賃借人との間に共同事業性ないし賃貸人の賃借人に対する賃貸権限の委譲といった実質が認められるときには、賃借人が契約の更新を拒絶し賃貸借契約を終了させた場合であっても、これを理由とする賃貸人による転借人への明渡請求は信義誠実の原則に反すると解することも考えられます。

　判例[*3]は、ビルの賃貸・管理を業とする会社を賃借人とする事業用ビル一棟の賃貸借契約が賃借人の更新拒絶により終了した場合において、賃貸人が、賃借人にその知識、経験等を活用してビルを第三者に転貸し収益を上げさせることによって、自らも各室を個別に賃貸することに伴う煩わしさを免れるとともに、賃借人から安定的に賃料収入を得ることを目的として賃貸借契約を締結し、賃借人が第三者に転貸することを賃貸借契約締結の当初から承諾していたものであり、かつ、当該ビルの貸室の転借人および再転借人が、当該目的の下に賃貸借契約が締結され転貸および再転貸の承諾がなされることを前提として、転貸借契約および再転貸借契約を締結し、再転借人が現にその貸室を占有しているなどの事実関係があるときは、賃貸人は、信義則上、賃貸借契約終了をもって再転借人に対抗することができないとし、X社がサブリース業者であるA社の勧めにより、X社代表者所有の土地にビルを建築してA社に一括して賃貸し、A社がその一部をBに転貸し、Bがさらにその一部をY社に再転貸していたところ、A社が転貸方式によるビルの経営は採算に合わないとして経営から撤退し、X社との契約期間満了に伴い契約の更新を拒絶したという事案について、X社のY社に対する建物明渡請求

を認めませんでした。

　上記判例の趣旨に照らせば，設問の事例では，仮に転貸人と建物所有者との間で，賃貸借の契約期間が満了したことに伴い賃貸借契約を合意解除したとしても，その効力を転借人に対抗することはできず，転借人は，その後も転借部分の使用収益を継続することができると考えられます。

3 合意解除の効力を対抗できない場合における賃貸人と転借人の関係

　賃貸借契約の合意解除等により転借人の権利が消滅しない場合，賃貸人と転借人との間の法律関係をどのように解するかが問題となります。

　この点について学説は分かれており，①賃貸借契約の合意解除の効力を生じないとする見解，②転借人との関係では転借権を存立せしめるのに必要な範囲で賃貸借契約も存続するという見解，③賃貸人が賃借人（転貸人）の地位を引き継ぐとする見解，④転借人が賃借人の地位を引き継ぐとする見解などがあります。下級審の裁判例には，③の見解を採るものが多いようです[*4]。

　設問の事例について，サブリースが賃貸人と賃借人との間の共同事業契約ないし賃貸権限の委譲という実質を有することを根拠に，賃貸借契約終了の効力を転借人に対抗できないものと解するのであれば，③の見解が理論的には最も適合するものと考えられます。

　この場合，転借人は賃貸人に対し直接賃料を支払うことになりますが，たとえば前記の例において，AとBの賃貸借契約で定められた賃料が月額45万円，BとCの転貸借契約で定められた賃料が月額50万円であったときは，③の見解に従えば，CはAに対し月額50万円の賃料を支払うことになります。

　サブリースの事案においては，この例においてBが収益していた賃料月額5万円分は，実質的には物件の管理費とみることができますから，これをAが収益することになっても実質的に不都合はないと思われますが，具体的事情に照らしかかる結論が不当である場合には，別の法律構成を考える必要があるでしょう。

引用判例

＊1　最判昭37・2・1裁判集民58巻441頁。
＊2　最判昭31・4・5民集10巻4号330頁。
＊3　最判平14・3・28民集56巻3号662頁。
＊4　東京高判昭38・4・19下民集14巻4号775頁，東京高判昭58・1・31判時1071号65頁。

【吉永　英男】

Q42 賃貸借契約の解除をめぐる争いと転借人の地位

　マンションの一室を賃借人から転借して住んでおり，賃貸人（マンションの所有者）もこの転貸借を承諾していると転貸人（賃借人）から説明を受けていました。ところが最近，賃貸人から，賃貸借契約は解除したので今後は賃貸人に対して直接賃料を支払うようにとの連絡がありました。しかし，転貸人（賃借人）は，そのような解除の事実はないので，転借料は従来どおり転貸人（賃借人）に支払ってほしいといっています。聞くところによると，賃貸人と転貸人（賃借人）の間の賃貸借契約の解除をめぐって両者の間で紛争になっているようです。私としてはどちらに賃料を支払うべきか分からないので，できれば紛争が解決するまで賃料を支払いたくないのですが，可能でしょうか。

A

　このような場合でも，転借人は，賃料を支払わなければ，賃料不払として転貸人から遅延損害金の支払を求められたり，またそのような状態が長く続くと，転貸人から転貸借契約を解除される可能性もあります。よって，転借人の過失なくして賃貸人と転貸人のいずれが賃料請求権を有するかを知りえない場合として，弁済供託をすべきでしょう。

(キーワード) 民法494条以下，民法613条，弁済供託

解説

１　債権者が不明の場合の供託の可否

　ご質問のケースでは，賃貸人は賃貸借契約を解除したと主張していますが，賃借人はこれを認めていないものと思われ，転借人としては，賃貸借契約が有効に解除されたかどうかは不明です。また，仮に賃貸借契約が有効に解除されても，それをもって直ちに転貸借契約が終了するかどうかについては，後述のとおり考え方が分かれています。仮に転貸借契約が存続している場合には，転借人が自分の判断で転借料を支払わないことは転借人の債務不履行になり，転貸人から遅延損害金の支払を請求されたり，転貸借契約を解除される可能性があります。また，転貸借契約が存続している場合に直接賃貸人に転借料を支払う場合も，同様のことがいえます。このようなリスクを回避するには，転借料の供託を行うことが考えられます。

　民法は，弁済者が弁済の目的物を債権者のために供託所に寄託して債務を免れる制度として弁済供託の制度を設けています（民494条以下）。弁済供託が認められるのは，①債権者が弁済の受領を拒絶する場合，②債権者が弁済の支払を受領することができない場合，③債権者は存在するが，債務者がその過失なくして，それが誰であるか知りえない場合，とされています。ご質問のケースはこのうち①，②には該当しませんが，③に該当するかが問題となります。

　③は，債務者が善良な管理者の注意を払っても，債権者が誰であるのか知りえない場合をいい，その理由は事実上のものでも法律上のものでも構わないとされています。たとえば，債権者が死亡して相続が開始したが相続人が誰であるか不明の場合，債権が二重に譲渡されて債権者を認知できない場合，複数の者が債権者と称して支払を請求する場合，などです。

　他方，民法には，「賃借人が適法に賃借物を転貸したときは，転借人は，賃貸人に対して直接に義務を負う」という規定があります（民613条1項）。そこで，この規定により転借人は賃貸人に転借料を支払うべきであり，「債権

者が誰であるか」が知りえないということはない、として、裁判で争われた事例がありました[*1]。しかし、この裁判例は、たとえば、①転貸人が行方不明になった場合でも、賃貸人は転借人から賃料の支払を受けることができる、②転借人による保管義務違反があった場合に、賃貸人は転借人に対して損害賠償請求できる、③賃貸借契約終了時に賃貸人は転借人に対して目的物の返還を請求することができる、などが民法613条の規定するところであるとしました。そして、民法613条は、転借人が転貸人に対する義務に優先しあるいは先んじて賃貸人に対して義務を負う旨を定めたものではなく、賃貸人の転借人に対する賃料請求権と転貸人の転借人に対する賃料請求権は、連帯債権類似の関係になるものとしました。

さらに、この裁判例は、ご質問のケースのように、転借人に賃貸人と転貸人の双方から請求書が届き、賃貸人の地位について賃貸人と転貸人との間で紛争中のためそのいずれが賃料債権を有するかを確知できない場合に、転借人の過失により確知できないものではないとして、供託を認めました。ご質問のケースでも、転借人が弁済供託を有効に行えば、その効果として、転借料を弁済したのと同様に転借人の転借料支払義務が消滅するため、この債務不履行として損害賠償を請求されたり転貸借契約を解除されるおそれがなくなります。

なお、民法613条の規定は、これにより賃貸人と転借人の間に賃貸借関係が成立するわけではなく、転借人の用益権能が賃貸人に対する限度で適法になるだけと解されています。よって、転借人は民法613条を根拠に、賃貸人に対して、修繕の請求、費用償還の請求などはできず、転貸人に対して差し入れた敷金の返還請求権もないとされます[*2]。

供託手続の一般的な説明については、**Q54**をご覧ください。

２ 解除された場合の転借人の地位

賃貸人と賃借人の間の紛争が裁判、和解等により解決して、賃貸借契約は解除されずに有効に存続していたとされた場合には、供託された転借料は賃借人が供託された転借料を受領することになります。転借人は原則として、

従来どおり転借人としてマンションの使用を続けることができます。

　これに対して，賃借人の債務不履行によって賃貸借契約が解除された場合には，転借人は転借権を賃貸人に対抗することができなくなると解されています[*3]（なお，賃貸人と賃借人が賃貸借契約を合意解除した場合には，転借人は転借権を賃貸人に対抗することができます。詳しくはQ41参照）。では，賃貸借契約が，賃借人の債務不履行に基づき賃貸人により解除された場合，転借人の法的地位はどのようになるのでしょうか。

　一般的には転貸借契約は，原則として，転貸人が建物を転貸する権限を有するかに関わらず有効に成立し，転貸人が所有者から建物を賃借できない場合や，転貸借の承諾を得られない場合は，転貸人が転借人に対して建物を貸す義務の債務不履行ということになります。賃貸借契約が賃借人の債務不履行に基づき賃貸人により解除された場合については考え方が分かれており，①賃貸借契約が解除された場合には転貸借契約も終了するという考え方，②賃貸人により転借人に対して建物の明渡請求がなされた場合に転貸借契約が終了するという考え方，③裁判により賃貸人による明渡請求が確定的に認められた場合など事実上転借人に建物を用益させることができなくなったときに転貸借契約が終了するとする考え方，④転借人が現実に建物の使用を続ける限りは解除の意思表示がなければ転貸借契約は終了しないとする考え方，などがあります。判例はこのうち，②の立場を取っています[*4]。

　したがって，ご質問のケースで，仮に賃貸借契約が賃貸人により有効に解除された場合でも，判例の立場によれば，賃貸借契約の解除に伴って転貸借契約も自動的に終了するというわけではなく，賃貸人が転借人に対して明渡請求した場合に転貸借契約が終了することになります。ただ，本件では賃貸人自身が転借人に対して賃料を請求していることから，転借人に対してマンションの明渡しを請求するつもりはないものと思われます。よって，転借人としては，賃貸人との間で改めて賃貸借契約を締結することが考えられます。このように賃貸人と転借人との間で新たな賃貸借契約が締結された場合は，転貸借契約の転貸人による建物を貸す義務が履行不能になったとして，転貸借契約は終了すると考えられます（ケースはちがいますが，同様の結論を出している判例があります[*5]）。

なお，賃貸人と転借人との間で改めて賃貸借契約を締結する場合は，もともとの転貸借契約とは別の新たな契約となるため，賃貸借の条件が従来の転貸借と同一であることは保証されないことに注意が必要です。

引用判例
* 1　東京地判平14・12・27判時1822号68頁。
* 2　大判大9・9・28新聞1777号19頁。
* 3　最判昭36・12・21民集15巻12号3243頁。
* 4　最判平9・2・25判時1599号69頁。
* 5　最判昭49・12・20判時768号101頁。

【丹生谷　美穂】

第7章

賃借権の譲渡

Q43　賃借権の譲渡

　ビルの一室を賃借して営業している飲食店を賃借権付きで譲渡したいとの申出を受けています。私が，営業を引き継ぐためには，どのような注意が必要でしょうか。賃貸借契約が終了した場合は，備付けのカウンター，テーブルや椅子などの備品は家主に引き取ってもらえるのでしょうか。

A

　賃貸人の承諾がなければ，原則として賃借権は譲渡できないので，そもそもビルの賃貸人が賃借権譲渡に承諾しているのか，注意する必要があります。
　また，飲食店の営業を引き継ぐ際には，テーブルや椅子，食器等の備品，厨房設備等の造作，ノウハウ等も合わせて引き継ぐことが効率的ですが，これらは，旧賃借人との間で個別に契約を結ばなければ引き継げません。備品等の譲渡が含まれているのかについても注意する必要があるでしょう。
　なお，敷金については，新賃借人に承継されないので，その扱いについて旧賃借人との協議を詰めておく必要があります（これについてはQ44をご参照ください）。
　賃貸借契約が終了する場合，テーブルや椅子などの備品はあなたの所有ですので，あなたが取り外して持ち出さなければならず，原則として賃貸人に引き取ってもらうことができません。
　ただし，その備品がカウンターのように造作に当たるときは，それが賃貸人の同意を得て建物に付加したような場合であれば，原則として，時価をもって，賃貸人に買い取るように請求することができます。

（キーワード）賃借権の譲渡，造作買取請求権

解説

1　賃借店舗の譲受け

(1) 賃借権の譲受け

(a) **無断譲渡の禁止**　民法は，賃貸人の承諾なしには，賃借権の譲渡も転貸もできず，無断で行うと解除原因になると規定しています（民612条）。

民法が，賃借権の無断譲渡を禁止したのは，この人なら大丈夫と思って部屋を貸したのに，突然，賃借権が，資力のない賃借人に譲渡されてしまったり，使用方法の悪い賃借人に譲渡されたりすると賃貸人が大変な迷惑を被ってしまうからです。

設問の場合も，賃貸人の承諾がなければ，原則として，飲食店を賃借権付きで譲り受けることはできません。

ですから，単に現在の飲食店の経営者が店を譲るといっているだけでは不十分です。飲食店の賃貸人が譲渡を承認しているかを確認しなければなりません。

(b) **信頼関係破壊の法理**　先ほど「原則として」と申し上げたのは，無断譲渡の禁止には「例外」があるからです。

賃借権の無断譲渡の禁止は，賃貸人を保護するためのものですので，賃貸人が何の損害も受けない場合にまで，自由に賃貸借契約を解除できるとする必要まではありません。

そのため，裁判所が判例を積み重ねる形で賃貸人の解除権を制限する「例外」が認められるようになりました。

リーディングケースとなった判例は，地主にほとんど実害の生じない土地の転貸がなされた事件に関するものでした。

最高裁は，「賃借人が賃貸人の承諾なく第三者をして賃借物の使用収益をなさしめた場合においても，賃借人の当該行為が賃貸人に対する背信的行為と認めるに足らない特段の事情がある場合においては，同条の解除権は発生しないものと解するのを相当とする」と判断し，無断譲渡・転貸であっても

解除権が制限される場合があることを明らかにしました[*1]。

　その後判例は，賃貸借契約は，当事者の信頼に依拠した継続的契約であるから，当事者の信頼関係が破壊されていないと認められる特段の事情の存在する場合には，解除は認められないという考え方に収束されるようになりました。このような考え方は講学上信頼関係破壊（の）法理といわれます。

　信頼関係破壊の有無は，それぞれの事案に則して判断されることになりますが，一般的には，親が同居の息子に借家権を譲渡・転貸した場合や，従来の賃借人が法人化した場合には信頼関係は破壊されていないと判断されることが多いと思われます。

　もっとも，設問のように賃貸目的物が店舗であるような場合は，たとえ，親から同居の子どもへの譲渡・転貸であっても，信頼関係が破壊されていないとはいえないと判断され，原則どおり解除が認められることが多いと思われます。

　店舗を目的とする賃貸借契約の場合，賃借人の経営能力等に着目して契約が締結されるのが通常ですので，たとえ同居の親子間での譲渡であっても，賃貸人にとっては，思わぬ損害を被るおそれがあるからです。

　他方，従来の賃借人が法人化したような場合には，経営能力等に変化はなく，賃貸人は損害を受けません。信頼関係が破壊されていないと判断され，解除が認められないことが多いと思われます。

　以上については，**Q29，Q30**もご参照ください。

(2) **備品等の譲受け**

　飲食店など事業を新たに始める場合には，それに必要な備品をそろえなければなりません。他人の事業を引き継ぐのであれば，備付けの備品等をそのまま使えれば，手間や費用が省け，また，事業の引継ぎもスムーズに行くことが期待できます。

　しかし，備品等の所有権は，建物に付合して建物と一体となっているもの以外は，旧賃借人にあるので，賃借権の譲渡契約とは別個に，備品等の譲渡契約を結ぶ必要があります。

　譲渡の対象となるものとしては，テーブルや椅子，カウンター，厨房施設のほか，店舗経営のノウハウなども考えられます。

もちろん、これらの譲渡については、賃貸人の承諾は不要です。

2 契約終了時の備品等の処理

(1) 原　則

契約が終了した場合には、備品等は、自分で処理をしなければなりません。備品は、先ほど説明したとおり、建物に付合して建物と一体となっているもの以外は賃借人の所有ですので、賃借人が自分で始末しなければならないからです。

すなわち、すべての備品を店舗から取り外して持ち帰るなり捨てるなりしなければならないのが原則です。

なお、建物に付合して建物と一体となっているもの以外は賃借人の所有となる、と説明しましたが、物理的に分離することが不可能である場合や、分離によって物が毀損される場合、分離のために過大な費用を必要とする場合などが、ここでいう付合（民242条）に当たると考えられています。

つまり、厨房内に組み込まれた煙突や、1階の厨房から2階の客室まで料理を運ぶために壁の中に組み込まれた料理運搬用の小さなエレベーターなどは建物に付合するものとして、契約終了時に賃借人において取り外して持ち出す必要はありませんが、付合に至らない程度の備品については、取り外したうえ持ち出さなければならないのが原則です。

(2) 造作買取請求権

先ほど述べましたとおり、付合に至らない程度の備品については、契約終了時に賃借人が取り外して、持ち出さなければならないのが原則ですが、賃借人が賃貸人の同意を得て建物に付加した造作については、賃貸借契約が期間満了または解約申入れによって終了する場合、賃貸人に時価をもって買い取るよう請求することができるとされています（旧借家5条、借地借家33条）。これを造作買取請求権といいます。

造作とは、建物（借家）に付加された物件で賃借人の所有に属し、かつ建物の使用に客観的便宜を与えるものとされています[*2]。

ただし、賃借人が特殊な目的に使用するために付加した設備や、容易に収

去が可能であり，収去してもその価値の減少をきたさないものは造作に当たらないとされています。

建物（借家）に付加された物件が造作に当たるか否かは，個別具体的に決せられることとなります。レストラン用店舗における調理台，レンジ，食器棚，空調，ボイラー，ダクト等設備一式が造作と認められた例[*3]がある一方で，店舗の内装および空調設備等がいわゆる造作に該当しないと判断された例もあります[*4]。

この造作買取請求権は，賃借権の譲受人にも承継されると考えられているので，もし，前経営者から譲り受けた造作が，賃貸人の承諾を得て店舗に付加されたものであれば，賃貸借契約終了後，その買取りを賃貸人に請求することができます。

なお，借地借家法では，賃貸人の造作買取義務を免除する特約を有効とし，旧借家法適用の契約についても，新たに免除の特約を結ぶことを認めていますので（借地借家37条），このような特約がある場合は，賃貸人に買取りを求めることはできません。

引用判例

- [*1] 最判昭28・9・25民集7巻9号979頁。
- [*2] 最判昭33・10・14民集12巻14号3078頁。
- [*3] 新潟地判昭62・5・26判夕667号151頁。
- [*4] 東京地判平5・4・26判時1483号74頁。

【細川　健夫】

Q44 賃借権の譲渡と敷金返還請求権

知人が，ビルの一室を借りて飲食店を経営していましたが，それを私に譲ってくれるといっています。知人は，この部屋を借りる際に，大家に，敷金を入れているとのことですが，私が，その敷金を入れたことにすることはできるでしょうか。

A

> 原則として，知人の差し入れた敷金をあなたが差し入れたことにすることはできません。
> 例外として，大家が同意してくれた場合には，敷金をあなたが差し入れたことにすることができます。

キーワード 賃借権の譲渡，敷金返還請求権

解説

1 敷金・敷金返還請求権

(1) 敷金とは

建物の賃貸借契約の場合，賃借人は賃貸人に対し，敷金もしくは敷金と同様の性質を持つ保証金名義での一時金を差し入れているのが普通です。

敷金とは，賃貸借契約から生じる賃借人の賃貸人に対する一切の債務を担保するために，賃借人から賃貸人に交付される金銭所有権の移転をいうと判例・学説上定義されています。

敷金の額は，地域により若干異なるとは思いますが，居住用建物では平均すると，1～3ヵ月の賃料相当額となっています。営業用建物の場合は，居住用建物よりも高額の敷金が設定されることが多いといわれており，10ヵ月

分以上の賃料相当額になる場合もあります。

(2) 敷金返還請求権

(1)で述べたとおり，敷金は，賃貸借契約から生じる賃借人の賃貸人に対する一切の債務を担保するために交付されるものです。賃貸人は，賃貸借契約が終了し，建物の明渡しを受けた時点で，賃貸借契約上の債務が残っていれば，敷金からこれを差し引いてその残額を賃借人に返還することになります。

なお，敷金が担保するのは，契約終了時までの賃借人の債務なのか，建物明渡しまでの賃借人の債務なのかについては学説上争いがありましたが，最高裁は，建物明渡しまでの賃借人の債務を担保するものと判断しました[*1]。

賃借人の賃貸人に対する一切の債務を担保する趣旨で敷金は交付されることからすると，この最高裁の判断は妥当なものであったということができます。

つまり，契約終了後に不法占拠を継続しているような場合の賃料相当損害金についても，敷金で担保しうることがこの判例で明確になりました。

2 賃借権の譲渡と敷金返還請求権の承継の有無

(1) 賃借権の譲渡

本問は，知人が，賃借していたビルの一室を他人に譲ってくれるといっているという事例ですが，そもそも賃借権は賃貸人に黙って自由に譲渡できるものではないのが原則です。

ですので，賃借権を譲り受けるには，原則として，賃貸人の承諾が必要です。詳細については，**Q43**でご確認ください。

(2) 敷金返還請求権の承継

敷金は，賃借人の賃貸人に対する債務を担保するために交付されるものです。

賃借権が有効に譲渡された場合であっても，敷金（敷金返還請求権）は承継されないのが原則です。

ある人が差し入れた担保は，その人の債務を担保するために使われるべき

もので，他人の債務を担保するために使われる趣旨まではないのが通常だからです。そこで，従来の賃借人が差し入れた敷金は，従来の賃借人の債務を担保するために使われ，新しい賃借人の債務を担保するためには使われないのが原則です。

　敷金返還請求権は，民法467条の指名債権譲渡の要件を備えさせるため，譲渡人である旧賃借人から債務者である賃貸人への通知か債務者である賃貸人の承諾が必要ですが，そもそも，(1)で述べたとおり，賃借権譲渡を受けるためには，賃貸人の承諾が必要です。

　そこで，賃借権譲渡を受けようというのであれば，その承諾を得る際に，従来の賃借人の他，賃貸人も交えて三者で，併せて敷金についての話合いもしておくのがよいでしょう。

■引用判例
　＊1　最判昭48・2・2民集27巻1号80頁。

【細川　健夫】

第8章

賃　料

Q45 賃料増減額をめぐる紛争の解決手段

家賃の値下げ・値上げの方法を教えてください。また，家賃額をめぐり紛争が生じたときの家賃の支払方法を教えてください。

A

> 借地借家法32条に基づく賃料増減額請求権を行使することになります。かかる請求による賃料の増減額につき当事者間に協議が調わないときは，裁判所の判断により相当な賃料が定まることになります。かかる裁判所の判断が確定するまでの間，賃借人は自己が相当と考える賃料を支払うことにより債務不履行を免れることができますが，裁判所の判断が確定した後に，不足額に年1割の割合による利息を付して支払う義務が生じることがあります。

(キーワード) 賃料増減額請求権，調停前置主義，民事調停

解説

1 賃料増減額請求権の法的性質

(1) 形成権としての賃料増減額請求権

借家関係は，借地関係と同様に長期にわたって継続することが予定されるものであることから，借家契約の当初に当事者が合意した賃料が，その後の経済情勢の変化などにより不相当になることがあり得るため，借地借家法は，借地関係と同様に，借家関係についても，当事者に賃料の増減額請求権を認めています（借地借家32条。なお，借地につき，同11条）。もっとも，借家関係の継続が一定期間経過後に終了することが予定されている定期借家契約においては，借地借家法32条の適用を排除することが可能です（同38条7項。**Q48**

の解説参照)。

借地借家法32条1項は,「建物の借賃が,土地若しくは建物に対する租税その他の負担の増減により,土地若しくは建物の価格の上昇若しくは低下その他の経済事情の変動により,又は近傍同種の建物の借賃に比較して不相当となったときは,契約の条件にかかわらず,当事者は,将来に向かって建物の借賃の額の増減を請求することができる」と規定し,当事者が同条項に基づき賃料増減額請求権を行使した場合の効果が法文上必ずしも明確ではないですが,賃料増減額請求権の法的性質は,(権利の実現に相手方の行為を要するいわゆる「請求権」ではなく)当該請求の意思表示をしたときに直ちに契約関係が変更されるいわゆる「形成権」と解されているため,賃料額は,当事者が賃料増減額請求の意思表示をしたときに変更されることになります。

(2) 形成(増減)される賃料の額

次に,当事者が賃料増減額請求の意思表示をしたことにより変更される賃料の額が問題となりますが,この点,借地借家法32条の前身ともいうべき借家法7条に関して,判例[*1]は,「借家法7条に基く賃料増減請求権は,いわゆる形成権たる性質を有するものであるから,賃料増減請求の意思表示が相手方に到達すれば,これによつて爾後賃料は相当額において増減したものといわなければならない。ただ増減の範囲について当事者間に争ある場合には,その相当額は裁判所の裁判によつて定まるのであるが,これは既に増減の請求によつて客観的に定つた増減の範囲を確認するに過ぎない」と述べています。

すなわち,増減額は,必ずしも当事者が行使した賃料増減額請求権の意思表示の内容によって定まるわけではなく,借地借家法32条に掲げる経済事情の変動等を考慮要素として客観的に相当な額として定まるものと考えられます。

2 賃料増減額請求権等の行使の態様

(1) 賃料増減額請求権の行使方法

賃料増減額請求権の行使による賃料額の増減は,相手方に対する一方的な

意思表示により，それが相手方に到達したときに効果が生じるとされていますが，当該意思表示の方法については特段の要式は求められていませんので，文書に限らず，口頭で行うことも可能です。また，増減の額は，必ずしも当事者の請求の意思表示の内容によるわけではなく，客観的に相当な額として定まるものと解されるため，当該請求の意思表示において，増減額等を明示することも要件とされていません。それゆえ，賃料増減交渉を行うこと自体が賃料増減請求権の行使とみなされることも多いでしょう（星野英一『借地・借家法』241頁参照）。

　もっとも，後述のとおり，賃料増減額の交渉において，当事者間で協議が調わないときは，客観的な相当額について，調停・訴訟の法的手続によって（確認的に）定まることになりますので，そのような手続に移行することが予測される場合は，賃料増減額請求権の行使は，当該請求権の行使の時期，相当賃料算定の根拠となるべき客観的事情等の立証の便宜のため，配達証明付き内容証明郵便によって，請求する増減の額および根拠（公租公課の増減や経済事情の変動など）を明示して行うのが妥当でしょう。

(2) 賃料の催告・支払方法

　賃料増減額請求権が行使された場合の増減額は客観的に相当な額として定まるとはいっても，当事者間に協議が調わない間は，「客観的に相当な額」は事実上不分明な状態にありますが，かといって，増額請求を受けまたは減額請求した賃借人が賃料支払を怠れば賃貸人により解除権を行使されかねず，他方，増額請求または減額請求を受けた賃貸人が過大な賃料請求をすれば解除権の前提としての催告と認められない可能性があります[*2]。

　そこで，借地借家法32条2項および3項は，賃料の増減額につき当事者間で協議が調わないときは，相当額を定める裁判が確定するまでの間につき，①増額請求を受けた賃借人は，自己が相当と認める額の賃料を支払えば足り，②減額請求を受けた賃貸人は，自己が相当と認める額の賃料を請求することができるとしていますが，当該裁判が確定したときに，①の場合において，過去の支払額に不足があれば，当該不足額に年1割の割合による支払期後の利息を支払うことを要し，②の場合において，過去の受領額が超過していれば，当該超過額に年1割の割合による受領後の利息を付して返還するこ

とを要するとして，当事者間の公平を図っています。

それゆえ，賃借人・賃貸人ともに，後に1割の利息を付した精算が要求される可能性を念頭におきつつ，自己が相当と認める額の賃料を支払い（賃貸人が当該額では受領しないことが明らかな場合には，供託することが可能です），また，請求することになるでしょう。

もっとも，たとえば，従前の賃料額が，すでに賃貸人の負担する公租公課相当額にも満たないようなものとなっている場合においては，たとえ賃料増額請求を受けた賃借人が従前の賃料額を主観的に相当と考え当該賃料を支払ったとしても，公租公課に満たない賃料額が不相当であることは明らかですので，このような賃料支払は債務の本旨に従った履行とは認められず，賃貸人に解除権が生じることがあることに留意を要します[*3]。

(3) 賃料増減額請求権の行使の時期

賃料増減額請求権は，建物の賃料が土地建物に対する公租公課等の増減や経済事情の変動などにより客観的に不相当となれば認められるものであり，現行の賃料が定められたときから一定の期間を経過しているか否かは，当該賃料が不相当となったか否かの判断の一事情に過ぎないため[*4]，現行賃料が定められたときから短期間しか経過していないとしても，当該請求をなし得る場合はあります。

もっとも，いわゆるサブリース契約（Q48の解説参照）の事案に関する判例[*5]は，サブリース事業等の不動産業を営む会社が土地所有者との間で，あらかじめ，賃貸借の開始を建物竣工後引渡しの日とする期間20年，賃料自動増額特約付きの賃貸借契約を締結し，これに伴い，当該事業者が土地所有者に高額の敷金（その一部は，建設協力金の性格を有すると解され得るでしょう）を差し入れ，土地所有者が当該金銭をもって建物を建築し，当該建物の竣工後に当該事業者に建物を引き渡し賃貸借が開始したが，当該事業者が，賃貸借開始の直前に賃料減額請求権を行使した事案（ただし，当該事業者は，賃貸借開始後も，さらに2回目の減額請求権を行使しています）において，賃料増減額請求権は，賃貸借契約に基づく建物の使用収益が開始された後に，賃料の額が，同項所定の経済事情の変動等により，または近傍同種の建物の賃料の額に比較して不相当となったときに，将来に向かって賃料額の増減を求めるものと解

されるから，賃貸借契約の当事者は，契約に基づく使用収益の開始前に，上記規定に基づいて当初賃料の額の増減を求めることはできないと判示し，2回目の減額請求の当否の審理のため事件を原審に差し戻しています。

賃貸借開始以前に賃料減額請求がなされるという紛争はバブル経済崩壊前後の契約関係という特殊な背景事情によるものとも考えられますが，将来的に類似の状況が生じないとも限りませんので，上記判例の事案を記憶にとどめることは有益でしょう。

③ 賃料増減額請求にかかる法的手続

(1) 調停前置主義

上記のとおり，賃料増減額請求につき当事者間の協議が調わない場合，裁判所が相当額を定めることになります。かかる手続は，借地に関する賃料増減額請求事件であっても非訟事件の対象とされておらず（借地借家41条・42条参照），訴訟事件として取り扱われることになります。

もっとも，賃料増減額請求事件は継続的な契約関係の中で生じる紛争であり，当事者が互譲により合意に達することが将来の円満な契約関係の形成に資するため，民事に関する紛争につき当事者の互譲により解決を図る手段である民事調停の手続に馴染むことから，民事調停法は，「建物の借賃の額の増減の請求に関する事件について訴えを提起しようとする者は，まず調停の申立てをしなければならない」としています（調停前置主義，民調24条の2第1項）。

それゆえ，仮に当事者が賃料増減額請求事件につき調停申立てすることなく訴えを提起した場合には，裁判所は，原則として，その事件を調停に付すことになります（同24条の2第2項）。

調停は，原則として，裁判官である調停主任1名，および不動産鑑定士など専門的知識を有する民事調停委員2名以上で組織されます（民調6条）。そして，調停は，手続において当事者間に合意が形成され調書に記載されたときに成立し，当該調書の記載は，裁判上の和解と同一の効力を有することになります（同16条）。すなわち，調停調書の記載は，確定判決と同一の効力を

有します（民訴267条）。

(2) 調停不成立の場合

　民事調停においては，当事者間に合意が成立する見込みがない場合または成立した合意が相当でない場合において，当事者が，調停申立て後に調停委員会の定める調停条項に服する旨を書面で合意しているときは，調停委員会は，適当な調停条項を定めることができるとされ（調停条項の裁定，民調24条の3第1項），調停不成立となりそうな場合に直ちに訴訟に移行させることなく，調停委員会の専門的な判断による事件の解決の機会を設けています。かかる調停条項も調書に記載されることにより確定判決と同一の効力を有することになりますが（民調24条の3第2項，民訴267条），これは，当事者が調停委員会の定める調停条項に服することを合意していることから正当化されるものと考えられます。

　加えて，民事調停法は，当事者間に合意が成立する見込みがない場合において，裁判所が相当と認めるときは，民事調停委員の意見を聴き，当事者の申立ての趣旨に反しない限度で，事件解決に必要な決定をすることができるとし，裁判所の判断による後見的な事件解決の方途を設けています（調停に代わる決定，民調17条）。当事者は，かかる決定の告知の日から2週間以内に異議の申立てをすることができ，かかる異議申立てにより決定は失効し，当該期間内に異議申立てがないときは，調停に代わる決定は，調停調書や調停に代わる調停条項の調書と同様に，確定判決と同一の効力を有することになります（同18条）。かかる効力は，当事者に裁判所の判断に対する異議の機会が与えられていることから正当化されるものと考えられます。

引用判例

* 1 　最判昭32・9・3民集11巻9号1467頁。
* 2 　最判昭29・4・30民集8巻4号867頁など。
* 3 　最判平8・7・12民集50巻7号1876頁。
* 4 　最判平3・11・29判時1443号52頁。
* 5 　最判平15・10・21判タ1140号75頁。

【大串　淳子】

Q46 賃料増額請求権を制限する特約の有効性

オフィスビルを借りて雑貨を販売する店舗を経営しています。賃料は、営業売上げに応じてスライドする特約になっています。しかし、最近ビルのオーナーから、周囲の店舗建物の賃料が増加傾向にあることを理由に、賃料の増額を求められました。賃料が営業売上げに応じて変わるのに、さらに増額されることがあるのでしょうか。

また、要求された増額は周囲の賃料に比べても高すぎるように思うのですが、どのように適正な賃料を決めればよいでしょうか。

A

設問のように営業売上げに応じて賃料がスライドする建物賃貸借契約の場合でも、近隣と比べて賃料が著しく不相当となった場合には、賃料の増額請求権が認められます。相当な賃料額につき当事者間で協議が調わないわない場合は、鑑定によることになります。

キーワード 賃料増額（減額）請求権，借地借家法32条，適正賃料の算定，自動改定特約，売上スライド特約，調停前置主義，借地借家法38条7項

解説

1 賃料の増額（減額）請求

建物の賃料が、租税・維持管理費・火災保険料などの負担の増減、土地・建物の価格の上下、その他の経済事情の変動により、または相場の変動により近隣の同種の建物の賃料に比べて著しく不相当となったときは、賃貸人ま

たは賃借人は，賃料の増額または減額を求めることができるとされています（借地借家32条1項）。よって，賃貸人は，周囲の建物の賃料が増加し，当該建物の賃料が著しく不相当となった場合には，賃借人に対して，賃料増額請求をすることができます。では，たとえば賃貸借契約の成立後短期間で賃料増額・減額を請求することは可能でしょうか。この点について最高裁は，たとえば急激な相場の変動などで，先回の賃料改定のときから短期間で賃料が不相当となった場合でも，賃料増額請求は可能であると判断しています[*1]。

賃料増額請求権の行使に理由がある場合は，賃借人の同意がなくても，賃料は一方的に当然に相当額に増額されたことになります[*2]。賃借人が増額された賃料に不満がある場合には，訴訟で争うことができます。判決が出されるまでの間は，賃借人は自らが相当と考える金額の賃料を支払えばよいとされていますが，その後に判決が確定し，確定判決に従うとすでに支払った金額に不足が生じるような場合には，不足額につき年1割の利息を付して支払う必要があります。

なお，賃料の増減額請求については，すぐに裁判を行うことはできないため，注意が必要です。すなわち，当事者はまず調停を申し立てる必要があり（民調24条の2第1項），調停では解決できずに不調として調停が終了したときにのみ，訴訟を提起することができるとされています。調停は通常，裁判官1名と，調停委員2名以上から成る調停委員会により行われ，調停が成立すると裁判上の和解が成立したのと同じ効果を有します（同16条）。なお，調停申立人が不調の通知を受けた日から2週間以内に訴訟を提起した場合には，調停申立てのときに訴訟提起がなされたものとみなされます（同19条）。

2 「相当な賃料」の判断方法

では，「相当な賃料」はどのようにして判断するのでしょうか。当事者間で協議がまとまらない場合は，鑑定を依頼することになります。すでに継続している賃貸借の賃料改定を求める場合であるため，「継続賃料」についての鑑定を求めることになります。鑑定では，借家契約の内容・経緯・改定額・近隣の事例や，従来の家賃の決定以後の経済事情の変動割合，利潤率な

どを勘案して決定され，差額配分賃料，スライド賃料，利回り賃料，継続基準賃料を関連づけて決定されます。依頼の方法は，当事者の双方で合意して鑑定を依頼する方法もありますが，賃貸人・賃借人がそれぞれ別々に鑑定人に依頼することもあります。なお，裁判例では，原告・被告の提出した鑑定書には合理性に問題のある点があるとして，裁判所の鑑定結果を採用した例があります[*3]。

賃借人が請求された増額に同意しない場合は，賃借人は，自分が相当と認める金額を賃貸人に支払えばよいことと規定されています（借地借家32条2項）。また，賃貸人がそのような金額を受け取らない場合には，供託制度を利用することとなります。供託については，**Q54**をご参照ください。

3 賃料改定に関する特約がある場合

上記に関わらず，一定の期間建物の賃料を増額しない旨の特約がある場合は，その期間中は，賃料増額請求は認められないと規定されています（借地借家32条1項ただし書）。

では，賃料の改定に関してその他の特約がある場合はどうでしょうか。たとえば，自動的に賃料を増額する特約として，一定期間経過ごとに一定金額を増額する特約（定額制），一定期間経過ごとに一定割合を増額する特約（定率性），固定資産税等が増額された場合にその増加分またはその比率に準じて増額する旨の特約（公租公課倍率制）などがあります。

この点判例は，賃料の増額・減額請求権の規定は強行法規であり，賃料の改定に関する特約がある場合でも増額・減額請求権の行使が妨げられることはないとしています[*4,5]。よって，たとえば賃料の自動増額特約がある場合には，増額・減額請求権が行使されるまでは，この特約に従って賃料が増額されるが，その結果近隣の同種の建物の賃料に比べて著しく不相当となったときは，増額・減額請求権を行使することも可能ということになります。ただし，一定期間賃料増額をしないという特約の場合は，その特約の存在を前提として当初の賃料が設定されているため，事情によっては増減額が認められないケースも出てくるものと思われます。

では、本件のように売上げに関連して賃料がスライドする特約がある場合はどうでしょうか。売上げに連動した賃料であれば、最高裁は、店舗の賃貸借契約で、営業売上げに対して一定の歩合率を乗じて算出した金額を賃料とする契約につき、確かにこの賃貸借契約は営業利益分配契約的な要素を有するものの、それだけでは賃料増額請求権を否定することにはならないとしました。また、かかる特約は借地借家法32条1項ただし書で規定する賃料不増額の特約に該当するものでもないとし、よって賃料増額請求権を認めました[6]。

なお、逆に賃料減額の場面の話ですが、賃料を減額しない旨の特約がある場合であっても、賃借人は賃料減額請求権を有すると判断した最高裁判例もあります[7]。このケースでは、3年ごとに賃料改定を行うこととし、改定後の賃料は、賃料を消費者物価指数および公租公課の変動に応じたものとするが、消費者物価指数が下降しても賃料を減額することはない旨の特約が付されていましたが、最高裁は賃料減額請求権は強行法規であるから賃借人は賃料減額請求権を行使し得るとしました。

なお、定期借家契約の場合も、原則として賃料増額・減額請求権は認められます。ただ、定期借家契約中に賃料の改定に関する特約が設けられている場合には、賃料増額・減額請求権はないこととされています（借地借家38条7項）。

引用判例

*1　最判平3・11・29判時1443号52頁。
*2　最判昭36・2・24民集15巻2号304頁。
*3　東京地判平11・6・30判タ1056号213頁。
*4　最判昭31・5・15判時77号18頁。
*5　最判平15・6・12判時1826号47頁。
*6　最判昭46・10・14判時644号51頁。
*7　最判平16・6・29判時1868号52頁。

【丹生谷　美穂】

Q47 サブリースにおける賃料自動増額の特約

当社は所有する土地に賃貸マンションを建設して、不動産会社に一括賃貸することを考えています。不動産会社から当社に支払われる賃料は、2年ごとに5パーセントずつ増額される予定です。ただ、このような特約を設けても、将来的に賃料相場より高額になった場合には賃料が減額される可能性もあると聞いたのですが、本当でしょうか。

A

ご質問のケースでは、2年ごとの賃料増額特約がありますので、通常はこの特約に沿った取扱いがなされます。しかし、将来的に賃料相場が大幅に下がったような場合には、借地借家法における賃料減額請求権が行使される可能性もないとはいえません。

キーワード　サブリース契約，賃料自動増額特約，空室保証，賃料保証，賃料減額請求権，借地借家法32条

解説

1　サブリースとは

ご質問の契約はサブリースと呼ばれます。サブリースとは、もともとの語義では転貸借を意味しますが、「土地所有者が建築した建物を賃貸ビル業者（サブリース業者）が一括して借り上げて、自らの採算でこれを個々の転借人（テナント）に転貸し、所有者に対してその種々の形式で定められた基準による賃料を支払うものであり、その事業全体をサブリース業と称する」ものとされています。

サブリースの形態はさまざまですが，大きく分けて，サブリース業者に用地確保・建物建築・賃貸借管理まで一貫して委託する方法（総合事業受託方式），サブリース業者が建物を借り上げて最低賃料保証をする方式（賃貸事業受託方式），および，サブリース業者自らも利用するが，転貸もする方式（転貸方式），に分かれます。また，サブリース業者に支払う賃料の定め方は，テナントからの転貸料とは無関係に定める方法と，転貸料の一定の比率により定める方法があります。

　サブリース契約は，サブリース業者が土地所有者に提案して新たにテナント転貸用の建物を建築することが少なくない点で，一般の建物賃貸借契約と異なる特徴があります。また，サブリース業者による最低賃料の保証，一定の割合により自動的に賃料を増額する内容の特約，空室保証などの特約が付されていることが多く見受けられます。また，賃貸借契約が15年，20年などと長期間のものが多く，その間サブリース業者はこれらの保証等の負担を負い続けることになります。サブリース契約は，特にバブル期においてよく行われ，賃料が右肩上がりに上がっている間は円滑に行われていました。

２　サブリース契約の場合の賃料減額請求

　しかし，バブル崩壊によりテナントからの転貸料が大幅に下落し，サブリース業者がテナントから受け取る転貸料が，サブリース業者が所有者に対して支払う賃料保証額に満たないという事態が発生し（いわゆる「逆ざや」），このためサブリース業者は賃料減額請求を行うようになりました。借地借家法は，建物の賃料が租税などの負担の減少，市場価格の低下などの経済事情の変動により不相当となった場合や，近隣建物の賃料に比べて不相当となった場合は，契約条件に関わらず，基本的に，賃借人が賃貸人に対して賃料の減額を請求することを認めています（借地借家32条１項本文）。そこで，ご質問のような賃料自動増額特約のあるサブリース契約の場合でも，借地借家法で規定されている賃料減額請求権が認められるかが問題となります。

　サブリース業者は，建物建設，賃貸・管理事業などのプランニングをし，ファイナンスのためのストラクチャリングにも関与していることも多く，こ

のような事業に慣れた大規模業者であるのが一般的です。これに対して，土地所有者はこうした事業に不慣れな企業または個人であることも珍しくなく，このためノウハウのあるサブリース業者にコストを払って委託したという側面があります。もともと借地借家法は弱者である賃借人の保護という性格を有しているため，サブリース契約に借地借家法の適用を認めることが果たして妥当かという問題意識が生じます。

また，サブリース契約の場合，建築した建物からの将来のキャッシュフローを見込んで，金融機関が土地所有者に対して多額の建築資金を融資するのが一般的です。よって，サブリース業者からの賃料が減額されると借入債務が返済できなくなるおそれがあります。さらに，このような借入れの返済を考慮し，その他事業における収益を予想して，賃料が一般的な相場よりもかなり高額に設定されることがあります。したがって，サブリースは賃貸借契約というよりは，むしろ土地所有者とサブリース業者による共同事業的な性格を有すると考えて，借地借家法の適用を否定する見解もあります。また，当初から賃料相場と無関係に賃料が設定された場合に，近隣相場と比較して不相応になったという理由で賃料減額請求を認めるのが妥当かという問題意識もあります。

実質的には，サブリース業者の行った賃料保証が，バブル崩壊による極端な転貸料の下落の場合にも維持されて，逆ざやになってもサブリース業者が転貸料下落のリスクを取るべきものか，または借地借家法における賃料減額請求を認めて，ある程度土地所有者へのリスクの転化を認めるかという問題になります。

3 裁 判 例

以上の点については，下級審でもさまざまな判断が下されてきましたが，平成15年に3つの最高裁判例[1,2,3]が出されて，基本的な考え方が定まったといえます。すなわち，サブリース契約の場合にも借地借家法における賃料増減額請求権を認めることを明らかにし，その上で，請求の当否および相当賃料額の判断にあたっては，当事者が賃料額決定の要素とした事情その他諸

般の事情を総合的に考慮すべき，としました。また，賃料額決定や賃料自動増額特約等が付されるに至った経緯，特に約定賃料額と当時の近傍同種の建物の賃料相場との関係，サブリース業者の転貸事業における収支予測に関わる事情，土地所有者の敷金および融資を受けた建築資金の返済に関わる事情等も考慮すべき，としています。

これを受けて，最高裁平成15年10月23日の差戻後の高裁判決[*4]では，賃料減額請求権を認めた上で，サブリース契約の場合，通常の賃貸借のように賃料の鑑定額をもって直ちに相当賃料額であるということはできないとして，相当賃料額の決定にあたっては賃貸借契約の当事者が賃料額決定の要素とした事情を総合考慮すべきとしました。また，特に土地所有者が当該事業を行うにあたって考慮した予想収益，それに基づく建築資金の返済計画をできるだけ損なわないようにしなければならないとしました。そして，最終的には，同時期に変動金利による借入れの金利が下がり，その分土地所有者は負担が軽減されたことを勘案して，多少の賃料減額を認めました。ただ，まだ平成15年の最高裁の3つの判例より後に，多くの判例が出されたわけではないため，今後必ずしもこの高等裁判所のような判断がなされるかは明確ではありません。

4 設問に対する当てはめ

したがって，ご質問のケースは2年ごとの賃料増額特約が付されたサブリース契約ではありますが，借地借家法の賃料減額請求権の適用が認められている以上，将来的に賃料相場より高額になった場合には賃料が減額される可能性もないとはいえないことになります。ただ，上記高裁判決の考え方からすると，サブリース開始時点における土地所有者の予想収益や借入金返済計画はできる限り尊重されるものと思われます。

引用判例

* 1　最判平15・6・12判時1826号47頁。
* 2　最判平15・10・21判時1844号37頁，50頁。
* 3　最判平15・10・23判時1844号54頁。

＊4　東京高判平16・12・22判タ1170号122頁。

【丹生谷　美穂】

Q48 賃料増減額請求と建設協力金

　私は，建物を一棟借りする予定の者から建設協力金を差し入れさせ，当該者（賃借人）の要望にそった建物（用途をスーパーストアとし，他に転用の困難な仕様の建物）を建設し，当該建築過程において，賃借人から詳細な仕様の指図を受けるとともに，長期借上げを前提とした賃料額を定めました。このような場合において，将来，賃借人が賃料減額請求をした場合，かかる請求は認められることがあるのでしょうか。

　仮にこのような賃料減額請求が認められることがある場合，当該請求の当否の判断に際して考慮する要素はどのようなものでしょうか。

A

> 　将来，賃料の額が不相当に高額と評価される事態になった場合には，賃借人による賃料減額請求が認められることがあるでしょう。
> 　賃借人による賃料減額請求の当否の判断に際しては，賃貸人が，賃借人による一棟全体の長期間にわたる借受けを前提として，他に転用の困難な仕様の建物を賃借人から詳細な仕様の指図を受けつつ建築したという事情が，重要な事情として考慮されることになるでしょう。

(キーワード) 建設協力金，敷金，保証金，賃料減額請求権，定期借家契約，事情変更の原則

解説

１　建設協力金とは

(1) 敷金，保証金，建設協力金

　ビルの賃貸借において，賃借人から賃貸人に交付される金銭にはさまざまな名目および内容のものがありますが，民法等には敷金の存在を前提とした若干の規定があるのみで（たとえば，民法619条２項等），その意義を明らかにした規定がないため，慣習を参酌してその法的性質を考えることになります（星野英一『借地・借家法』256頁参照）。これらは，おおまかに，敷金，保証金（狭義），建設協力金に分類することができると考えられます。

　敷金は，賃借人の賃料債務その他を担保する目的で賃貸人に交付される金銭であり，契約終了の際に，賃借人に債務不履行があれば，それによる債務の額が当然に敷金から控除され，その残額が返還されるべきものであって，賃貸不動産の所有者が移転し，賃借人が新所有者に対抗できる場合には，敷金関係も新所有者に承継されると解するのが通説判例とされています[*1]。

　保証金とは，狭義には，約定期間よりも早期に退出する場合の制裁金（いわゆる空室損料の制裁金）をいうものと解されています（建物賃貸借において「保証金」の名目で行われる賃借人から賃貸人〔建物所有者〕に対する金銭の交付の意義は多義的で，狭義には，空室損料の補償金と解されますが，広義には，敷金の性質や建設協力金の性質をあわせ有する場合があります。以上，敷金，保証金，建設協力金の分類については，最高裁判所判例解説・民事篇〔昭和51年度〕掲載の最判昭和51年３月４日に関する解説番号２〔斉藤次郎〕の解説を参考にしています）。

　他方，建設協力金は，すでに完成しているビルの賃貸借契約の締結にあたり，または建設予定ビルの建設着工時点などビルの完成に先立ち当該ビルの賃貸借予約契約を締結するにあたり，当該ビルの建設企画者（当該ビルの敷地の所有者，または当該敷地所有者から借地権の設定を受けてビルを建設する者等）が建設資金に利用することを目的として，賃借人または賃借予定者から融資を受ける金銭です（斉藤・前掲15頁参照）。

(2) 建設協力金の特色

　建設協力金の授受およびその返還約束は，賃貸借契約中に規定されることが多いですが，賃貸借契約とは別個の金銭消費貸借契約として締結される場合もあります。建設協力金の返還約束の内容は各事業ごとの経済条件として定められるため区々ですが，一定の据置期間経過後に，毎月定額を返還するものとされ，賃貸人が賃借人に支払うべき当該返還額と，賃借人が賃貸人に支払うべき賃料とが，対当額について相殺されるものとする場合が多いのではないでしょうか。このような事案では，賃借人は，賃貸借を中途解約する場合に違約金の支払義務を負うことになり，当該違約金と，賃貸借が早期終了することにより期限の利益が失われた建設協力金の残額とが，対当額について相殺されるものとすることがあります[*2]。

　賃貸不動産の所有権が移転した場合における建設協力金返還債務の帰属について，判例[*3]（ただし，建設協力金の実質を有する金銭が「保証金」の名目で差し入れられた事案です）は，次のように判示して，建設協力金返還債務は原則として新所有者に承継されないとしています。すなわち，「本件保証金は，その権利義務に関する約定が本件賃貸借契約書の中に記載されているとはいえ，いわゆる建設協力金として右賃貸借とは別個に消費貸借の目的とされたものというべきであり，かつ，その返還に関する約定に照らしても，賃借人の賃料債務その他賃貸借上の債務を担保する目的で賃借人から賃貸人に交付され，賃貸借の存続と特に密接な関係に立つ敷金ともその本質を異にするものといわなければならない。そして，本件建物の所有権移転に伴つて新所有者が本件保証金の返還債務を承継するか否かについては，右保証金の前記のような性格に徴すると，未だ新所有者が当然に保証金返還債務を承継する慣習ないし慣習法があるとは認め難い状況のもとにおいて，新所有者が当然に保証金返還債務を承継するとされることにより不測の損害を被ることのある新所有者の利益保護の必要性と新所有者が当然にはこれを承継しないとされることにより保証金を回収できなくなるおそれを生ずる賃借人の利益保護の必要性とを比較衡量しても，新所有者は，特段の合意をしない限り，当然には保証金返還債務を承継しないと解するのが相当である」。

2　賃料増減額請求権とは

(1)　借賃増減請求権の強行法規性

借地借家法32条1項は,「建物の借賃が,土地若しくは建物に対する租税その他の負担の増減により,土地若しくは建物の価格の上昇若しくは低下その他の経済事情の変動により,又は近傍同種の建物の借賃に比較して不相当となったときは,契約の条件にかかわらず,当事者は,将来に向かって建物の借賃の額の増減を請求することができる。ただし,一定の期間建物の借賃を増額しない旨の特約がある場合には,その定めに従う」と規定しています。

同条項は,長期的,経済的な建物賃貸借関係において,一度約定された借賃等が経済事情の変動等により不相当となることも予想されるので,公平の観点から,当事者がその変化に応じて借賃等の増減を請求できるようにしたものと解されます。この規定は,同条項ただし書にあるように借賃不増額の特約がある場合を除き,契約の条件にかかわらず,借賃増減請求権を行使できるとしているため,強行法規であると解されています[4]。それゆえ,本件でも,将来賃料が不相当になったと認められる場合には,賃借人が,借地借家法32条1項に基づく賃料減額請求権を行使することが考えられます。

(2)　借地借家法32条1項の適用可否

もっとも,本件においては,賃貸人は,賃借人が一棟全体を一定の長期間借り受けることを前提として,賃借人が営むスーパーストアを用途として,他に転用の困難な仕様の建物を建設し,当該建築過程においては,賃借人から詳細な仕様の指図を受けるとともに,建築資金をまかなう目的の建設協力金を賃借人に差し入れさせ,また,賃貸借契約においては,長期借上げを前提として賃料額を定めたというのですから,おそらく,賃料の額は,賃借人による借受期間における賃料総収入が建物建設費用を賄い一定の利潤を生じるとした収支予測のもとに設定され,また,賃貸人が賃借人に返還すべき建設協力金は,賃借人が支払うべき賃料額を考慮して決定されたものと推測されます。

このような場合に，賃料が「不相当」になったとして，賃借人側から行使される賃料減額請求が認められると，賃貸人としては，収支予測および建設協力金等の返済計画に狂いが生じることになりますが，賃貸人は，賃借人が一棟全体を長期間借り受けることを前提として，賃借人が営むスーパーストアを用途として他に転用の困難な仕様の建物を賃借人から詳細な仕様の指図を受けつつ建築した事情を鑑みると，かかる結果が果たして妥当か疑問が生じなくもなく，このような事情は，借地借家法32条1項の適用を否定すべき特段の事情とならないかが問題となり得ます。

(3) いわゆるサブリース契約と借地借家法32条1項

　この点，いわゆるサブリース契約（不動産賃貸業者が，土地所有者が建築する建物で転貸事業を行う目的で，土地所有者との間であらかじめ賃料額，その改定等についての協議を調え，その結果に基づき土地所有者〔建物所有者〕から当該建物を一括して賃料自動増額特約等の約定のもとに賃借することを内容とする契約）に関する事案ではありますが，判例[*5]は，当該契約に借地借家法が適用されるとし（同判例の藤田宙靖裁判官補足意見は，サブリース契約の特殊性なるものは，いずれも契約を締結するにあたっての経済的動機等，同契約を締結するに至る背景の説明にとどまり，同契約の性質を建物賃貸借契約とみることと両立し得るという趣旨を述べています）同法32条の規定の適用を肯定しています。

　そして，上記判例は，当該契約が，サブリース契約であって，不動産賃貸業者である賃借人の転貸事業の一部を構成し，当該契約における当初賃料額および賃料自動増額特約の存在が，賃貸人による賃借人の転貸事業に対する多額の資本投下の前提となったものであって，当該サブリース契約における重要な要素であるため，これら事情は，当該契約の当事者が当初賃料を決定する際の重要な要素となった事情であるから，衡平の見地に照らし，借地借家法32条1項の規定に基づく賃料減額請求の当否（同項所定の賃料増減額請求権行使の要件充足の有無）および相当賃料額を判断する場合に，重要な事情として十分に考慮されるべきという趣旨を述べて，事件を高等裁判所に差し戻しました[*6]。

(4) 本件への当てはめおよび対策

　上記のとおりですので，設問においても，借地借家法32条1項の適用はあ

るものの，同項所定の賃料増減額請求権行使の要件充足の有無および相当賃料額を判断する場合には，賃貸人が，賃借人による一棟全体の長期間にわたる借受けを前提として，賃借人が営むスーパーストアを用途として他に転用の困難な仕様の建物を賃借人から詳細な仕様の指図を受けつつ建築したという事情は，重要な事情として考慮されることが予測され，また，仮に要件の充足が肯定された場合における相当賃料額の判断にあたっては，賃貸人側の負担する経費等のうち当初の予測より軽減されたものがあるか，およびその金額などが考慮されると思われます。

　なお，借地借家法38条7項は，同条に定める定期建物賃貸借契約において，借賃の改定に係る特約がある場合には，同法32条の規定を適用しないとしていますので，将来，賃借人から賃料減額請求権が行使される可能性を排除したい場合には，当該賃貸借契約を定期賃貸借契約とした上で賃料改定特約を設けることが考えられます。もっとも，借地借家法38条7項に（定期借家法研究会編著『Q＆A定期借家制度の解説』44～46頁参照）基づき同法32条の適用を排除するための賃料改定特約は，賃料を客観的に定めるものでなければならないとされていること，および，たとえ借地借家法38条7項に基づき同法32条の適用を排除できたとしても，民法の一般原則まで排除することはできないため，契約締結当時予見することができなかった著しい経済事情の変動があった場合には，事情変更の原則[*7]などによってなお賃料減額請求が認められる余地があることに留意する必要があるでしょう。

引用判例

* ＊1　最判昭44・7・17民集23巻8号1610頁など。
* ＊2　もとより，かかる約定の効力が，権利濫用，公序または公平の見地などから制限されることはあるでしょう。名古屋高判平12・4・27判時1748号134頁は，建物賃借人が破産し，破産管財人が賃貸借を中途解約した場合に，賃貸人が取得する違約金請求権と（敷金および）建設協力金返還債務の相殺の合意の効力を，権利濫用を根拠に一部否定しています。
* ＊3　最判昭51・3・4民集30巻2号25頁。
* ＊4　借地借家法32条1項が強行法規であることについては，（借家法7条に関するものですが）最判昭31・5・15民集10巻5号496頁参照。また，借地借家法32条

1項の規定の趣旨については，（同趣旨の規定である借地借家法11条1項に関するものですが）最判平15・6・12民集57巻6号595頁参照。

＊5　最判平15・10・21民集57巻9号1213頁。大手不動産賃貸業者である賃借人（転貸人）と賃貸人（建物所有者）が，賃貸期間，当初賃料，賃料改定等についての協議を調え，賃貸人がその協議の結果を前提とした収支予測の下に，建築資金として賃借人から約50億円の敷金の預託を受けるとともに，金融機関から約180億円の融資を受けて当該建物を建築することを内容とするいわゆるサブリース契約に関する事案です。

＊6　東京高判平16・12・22金商1208号5頁。この差戻審では，賃貸人の負担する金利および公租公課等が当初予測を下回ったことによる軽減額を超えない限度での賃料減額が認められています。

＊7　事情変更の原則とは，「契約締結後その基礎となった事情が，当事者の予見し得なかった事実の発生によって変更し，このため当初の契約内容に当事者を拘束することがきわめて苛酷になった場合に，契約の解除または改定が認められるか」という問題ですが，最判平9・7・1民集51巻6号2452頁は，ゴルフクラブ入会契約締結後，ゴルフ場ののり面が崩壊したという事情の変更があった事案において，事情変更の原則を適用するためには，「契約締結後の事情の変更が，当事者によって予見することができず，かつ，当事者の責めに帰することができない事由によって生じたものであることが必要」としたうえで，「自然の地形を変更しゴルフ場を造成するゴルフ場経営会社は，特段の事情のない限り，ゴルフ場ののり面に崩壊が生じ得ることについて予見不可能であったとはいえず，また，これについて帰責事由がなかったということもできない」として，事情変更の原則の適用を否定しています。

【大串　淳子】

Q49 賃料増額の合意と日常家事債務

私は，賃貸しているマンションの賃料を増額するにあたり，賃借人の1人が何回出向いても外出中なので，その妻との間で賃料増額の合意を取り付けました。この合意には法的効力は認められるでしょうか。

A

> 本件の賃貸借契約につき，民法761条の趣旨により，賃借人の妻も賃借権を取得したと解されるかについては議論の余地があるものの，現に居住している妻との間の賃料増額の合意であれば，日常家事に関する法律行為として，妻が単独で有効になし得ると解されます。

（キーワード）日常家事に関する法律行為の代理権

解説

1 夫婦の日常家事の代理権

(1) 日常家事に関する法律行為の代理権

本件においては，賃貸マンションの賃料増額を希望する賃貸人が，賃借人と交渉しようとしても直接話ができないため，その妻から増額の合意を取り付けていますが，かかる合意が有効か，すなわち，賃借人である夫に対して拘束力を有し，賃貸借契約の内容（賃料の額）が，かかる合意に従って変更（増額）されるかが問題となり得ます。

この点，民法761条は，夫婦の一方が日常の家事に関して第三者と法律行為をしたときは，他の一方は，これによって生じた債務について，連帯し

てその責任を負うと規定します。この規定は，文言上は，夫婦の一方が負った債務について，他方配偶者の連帯責任を認めることを直接的に規定するものですが，この規定の前提には，夫婦は，日常家事に関する法律行為について，相互に代理権を有するという原則があるとされています[*1]。

(2) **日常家事に関する法律行為の範囲**

そこで，上記により夫婦が代理権を有することになる日常の家事に関する法律行為とはどのようなものかが問題になり得ます。この点，一般には，夫婦の日常の家事に関する法律行為とは，抽象的には，個々の夫婦がその共同生活を営むために通常必要な法律行為，すなわち，夫婦共同生活体の常務をいうものであり，その具体的な内容，範囲，程度は，個々の夫婦の社会的地位，職業，資産，収入等によって異なるため，これらの諸事情を考慮して個別的に判定することになりますが，民法761条が，日常の家事の範囲内において，夫婦の一方と取引関係に立つ第三者を保護することを目的とする規定であることから，上記のような夫婦の個別事情の考慮に加え，当該法律行為の客観的な種類，性質等も考慮して判断すべきとされています。

上記のような判定基準によると，たとえば，社会通念上生活必需品とされる食料，衣類等の購入，夫婦の共同生活に不可欠な水道光熱費や家賃等の支払，子の養育に関する契約等は，当該夫婦の主観にかかわらず，日常の家事に関する法律行為に該当することになり，他方，客観的に日常の生活費を超える多額の借入れや，他方配偶者の固有財産である不動産の売却等は，日常の家事に関する法律行為に属さないことになるでしょう[*2]。

２ 賃料増額合意の日常家事該当性

(1) **賃料増額合意の日常家事に関する法律行為該当性**

それでは，賃料増額の合意をすることはどうでしょうか。上記のとおり，家賃の支払が日常家事に関する法律行為に含まれますが，賃料の支払（債務の弁済）は，賃借人の債務を消滅させ基本的に賃借人に不利益な行為でないということからも，これを日常家事に含めて，他方配偶者が有効になし得るとすることに議論の余地はないでしょう。

しかしながら，賃料増額の合意をすることは，将来にわたって賃借人の負担を増加させるものであり，他方配偶者が代理権を有するかは一応問題となり得ます。この点は，夫婦の一方が，夫婦の共同生活のための住居として借家契約を締結した場合，他方の配偶者は，民法761条の趣旨により当該借家契約の当事者（借家人）としての地位を取得するかという論点との関係で整理することが可能と考えられます。

(2) 借家契約の解除合意の場合との比較

夫婦の一方が共同生活のため借家契約を締結した場合に他方の配偶者は借家人としての地位を取得するかという論点は，夫婦関係が破綻し別居となったのちに，退去した者と賃貸人が借家契約を合意解除した場合に，当該借家に居住し続ける配偶者に対抗できるかというかたちで問題とされることが多いようですが，この点について，下級審裁判例は，夫婦が同棲生活を営むために家を借りることは広い意味において日常の家事に属することであり，民法761条との関係上，契約締結をしていない配偶者も賃借人としての地位を取得するという趣旨を判示するもの[*3]と，民法761条は，家賃支払等日常の家事に関し，とくに夫婦の連帯責任を定めたものにすぎず，特段の事情がない限り，夫婦の一方が締結した借家契約により，他の一方も当然に賃借人としての地位を取得するに至る趣旨までも含むものとは解されないとの趣旨を判示するもの[*4]が併存しており，他方，学説は，おおむね居住を継続する者の賃借権を保護する方向にあると思われます（青山道夫＝有地亨編『新版注釈民法（21）761条』457頁〔伊藤昌司〕，星野英一『借地・借家法』157頁等参照）。

以上を踏まえると，借家契約の解除と比べれば借家人に対する影響は限定的といえる賃料増額においては，たとえば，夫婦関係が破綻して別居状態にある場合に，賃貸人がそれと知りつつ（賃貸人が，別居状態を知らなければ，賃料増額合意は，客観的に日常家事の範囲内の性質と解され得るでしょう），当該別居配偶者との間で賃料増額の合意をした（本件の事例は，居住している妻との間の合意のようですので，かかる事情もないでしょう），などの特段の事情がない限り，夫婦の一方が行った賃料増額の合意は有効とされる可能性が高いと考えられます。

引用判例

＊1　最判昭44・12・18民集23巻12号2476頁参照。
＊2　以上，前掲最判（＊1）の解説，最高裁判所判例解説民事篇（昭和44年度（下））解説番号97（奥村長生）998頁等参照。
＊3　大阪地判昭27・9・27下民集3巻9号1306頁。
＊4　東京地判昭39・8・28判時388号42頁。

【大串　淳子】

Q50 契約時に必要な金銭

　ビルの一室を事務所として使うために借りたいと思っていますが，契約時にどの程度の金額を用意しなければならないのか分かりません。一時金という言葉も何か分かりません。賃貸人によって，要求する金額が違うとの話も聞きますが，交渉に必要な基本的知識を知りたいと思います。

A

　賃貸借契約締結の際，賃料のほか敷金等の一時金の授受がなされますが，面倒でも，金銭の授受の意味内容を確かめることが重要です。

キーワード　賃料（家賃），敷金，保証金，権利金（礼金），仲介手数料

解説

1　借家をする場合に必要な金員

　事務所にしろ，住まいにしろ，建物を借りようとするときは，建物賃貸借契約を締結することになりますが，大体，仲介業者に仲介を依頼することが多いと思います。

　仲介業者から，物件を紹介され，物件を実際に見て気に入ったら，賃貸借契約を締結するという段取りになります。建物の賃借は，物件の立地条件や使い勝手の善し悪しも重要ですが，賃貸借契約を締結する場合，具体的に賃借人側にどのような支払が発生するかも重要になりますので，注意が肝心です。

　では，建物を賃借する場合，賃借人にどのような内容の支払が発生するで

しょうか。

　賃借するのですから，1ヵ月ごとの賃料（家賃）は当然ですが，そのほかに敷金，保証金，権利金あるいは礼金等の一時金，また仲介を依頼している場合は仲介手数料などを支払うということになります。

　一時金は名目や名目は同じでも契約内容に違いがありますから，その区別をしっかり認識しておく必要があります。

　仲介手数料は仲介が成立したときに業者に支払う手数料ですが，実務的には，賃借人側が賃料の1ヵ月分を支払う場合が多いようです。

2 権 利 金

　まず，権利金ですが，借家が少なく相対的に賃貸人側に有利な需給関係の時代に発生したもので，賃貸人には早期に投下資本を回収できるというメリットがありました。権利金は一部では礼金という名称でも呼ばれていますが，いずれにしても，賃借人がいったん支払うと返還されることのない性質のものです。権利金（礼金）について，学説では，営業権の対価，場所的利益の対価，賃料の前払などと説明し，最高裁も場所的利益の対価との性質を持つなどとしていますが，いわゆる，バブル経済の崩壊とともに，借家の需給関係が変化し，供給過剰になったことから，現在では，あまり見られないようです。

　権利金（礼金）は賃貸人に一度支払ってしまうと，賃貸借が終了しても返還されることのない趣旨の金銭ですから，もし，契約締結の際に，権利金とか礼金の授受という話がでたときは，注意してください。

3 敷金・保証金

　次に，問題になるのは，敷金や保証金という名目の金銭です。

　敷金という言葉は，建物賃貸借契約では，必ずといっていい程登場する言葉ですが，意外なことに民法の賃貸借契約や借地借家法中に，明確な定義規定がありません。民法619条2項の「従前の賃貸借について当事者が担保を

供していたときは，その担保は，期間の満了によって消滅する。ただし，敷金については，この限りでない」という条項に，敷金が登場するので，敷金は賃貸借契約における担保の一つということが分かる程度なのです。

　建物の賃貸借，特にビルの賃貸借においては，敷金あるいは保証金の名目で，場合によっては，賃料の数十ヵ月分にも及ぶ高額の金銭が預けられることがありますから，賃借人にとって，敷金，保証金の性質がどういうものかということは大変重要な問題になります。

4　敷　　金

　敷金の実態としては，従来から，居住用の建物賃貸借などでは，通常賃料の1ヵ月分ないしは2ヵ月分を敷金として賃貸人が預かるというケースが多かったと思われます。

　そこで，敷金の解釈ですが，判例では，敷金とは，建物の賃貸借の際，賃借人の賃料債務その他の債務を担保する目的で，賃借人から賃貸人に交付される金銭で，契約終了の際，賃借人の金銭債務で債務不履行のものがあれば，当然その額が控除され，債務不履行がなければ全額賃借人に返還され，その限度において敷金返還請求権は消滅し，賃貸人の地位の承継があった場合，その残額について敷金返還債務が賃貸人の地位の移転に伴って承継されるものとされています[*1]。

　したがって，賃貸建物の所有者が何らかの理由で第三者に移転した場合，敷金返還債務は自動的に新所有者が引き継ぐということになります。たとえば，建物売買の際，買主は売主から，敷金の授受があるということを聞いておらず，その授受があったことを知らなかった場合でも，当然に，敷金返還債務を引き継ぐことになります。

　もし，競売で買い受けた場合でも，新所有者は，当然に，敷金返還債務を引き継がなければならないとされます。賃借人としては，新所有者が敷金返還債務を引き継いでくれるのですから，明渡しのとき敷金が返還される確実性が高くなり，それだけ安全といえます。逆に，賃借人のいる建物を買い受けようとする人は，思いもよらない負担を負うことになるので，用心しなけ

ればなりません。

5 保証金

これに対して，保証金は，建物賃貸借の際，賃借人の賃料債務その他の債務を担保する目的で交付されるという点では敷金と同じですが，建物の建設資金に充てるとか，建物建設のために借り入れた建設資金の返済のために貸し付けるという建設協力金的な意味を持つものもあり，返還についても賃貸借継続中の一定期間経過後から分割して返済するものや，賃貸借終了後一定金額を償却して返還するなど，それぞれの契約内容によって異なるので，敷金のように定義づけることは難しいとされています。

特に保証金は貸金的性質を持っていますので，敷金と異なり，建物の所有権が移転したからといって保証金返還債務を新所有者が当然に引き継ぐというように解釈されません。

そこで，賃貸借契約締結時に賃借人が支払った金銭が，敷金か保証金かは，万一，建物所有者が倒産などして，競売になった場合，新所有者から返還してもらえるかどうか，賃借人にとって，大変重要な問題となります。

建物の賃借，特に大型のビルの賃借にあっては，賃料以外に支払う金銭も高額ですから，敷金なのか保証金なのか確かめておく必要があります。

6 敷金または保証金返還債務の承継

現実的な問題として，敷金名目，保証金名目の金銭の多寡も問題になります。筆者は，従来，裁判所が敷金返還債務を新所有者が自動的に引き継ぐものとしてきた背景には，敷金は賃料の1ヵ月分からせいぜい3ヵ月分程度であったから，建物の売買があって当然に引き継ぐとされても，新所有者にさほどの被害が生じないという部分もあったからではないかと考えていました。しかしながら，ビルの賃貸においては，現実には，敷金名目，保証金名目にかかわらず，相当多額の金銭の預託が行われるようになっています。この場合，名目によって，取扱いがどうなるのかは大変重要な問題になりま

す。

　そこで，判例ですが，たとえば，賃料月額20万円，保証金2000万円（賃貸借終了時に15％償却），敷金の授受なしという事案で，保証金の額，賃料額，立地条件を総合的に考慮して，保証金として差し入れた金員の内200万円は敷金としての性質を有するとして，保証金名目の金銭を，敷金部分と保証金部分に分けた判例がありました[*2]。

　このように保証金一本の場合など，敷金部分と保証金部分に分けたほうがある意味公平といえそうです。そう考えると，逆に敷金一本でもその額が余りに多額となると，敷金名目であっても，敷金と保証金に分けるということもありえそうに思えます。

　しかし，最近，大阪地裁ですが，ビルの賃貸借で，敷金名目で賃料の55ヵ月分という高額の敷金が支払われその建物が競売になり，新所有者となった競落人がその敷金全額の返還債務を承継するということを認めたケースがありました[*3]。

　確かに敷金としては高額とは思いますが，敷金の原則的解釈からすると，このような判決が出されることも考えられないわけではありませんから，ビルを賃借する場合の賃借人としては，賃借する際には，賃貸人の要求する一時金が敷金か保証金かを確認し，さらに，具体的な返還の条件を確認することは当然ですが，できれば，敷金の割合を多くしてもらうよう交渉するとよいのではないかと思います。

■引用判例
* 1　最判昭44・7・17判時569号39頁。
* 2　東京高判平6・12・26判夕883号281頁。
* 3　大阪地判平17・10・20金商1234号34頁。

【西村　康正】

Q51 家賃の支払を確保する手段

家賃の支払を確保する手段にはどのようなものがあるでしょうか。

A

> 家賃の支払を確保するためには，貸す際に賃借人の資力を調査しておく，敷金・保証金をあらかじめ受領しておく，連帯保証人を付ける等の手段が考えられます。また，家賃の支払のみとの関係では，賃貸借契約書を執行受諾文言付きの公正証書にして作成しておくことも考えられるでしょう。

(キーワード) 敷金・保証金，(連帯) 保証人，公正証書

解説

1 敷金・保証金

(1) 敷金・保証金とは

敷金とは，賃借人が借りた家屋を明け渡すまでに生じた賃貸人に対する一切の債権を担保するものです。

これに関連して，不動産賃貸借契約では，敷金という名目ではなく，礼金，保証金，権利金，建設協力金などいろいろな名目で賃借人から賃貸人に交付される金銭があります。

一般的には，礼金，権利金は賃貸借契約を締結するための対価とされており，賃借人に返還されません。また，保証金は大阪を中心とした関西圏にみられるもので，賃料の3ヵ月分ないし10ヵ月分という金額が設定されています。保証金には，俗に「敷引き」，「解約引き」といわれる契約で定められ

た金銭を差し引いて返還されることが予定されている場合があり，この場合は，保証金に賃貸借契約の担保として預ける部分と，権利金としての部分の双方があることになります。

　敷金の場合は，2，3ヵ月というのが一般的なようです。敷金・礼金という方式がとられる場合，契約期間を1年から3年とされている契約の更新時に，家賃の1，2ヵ月分の更新料の支払義務を課す場合もあるようです。

　ただし，名目はどうあれ，その法的性質は当事者がどのような趣旨で金銭を授受したかによってきまります。

　また，敷金は，賃貸借契約が終了すると，借主の延滞賃料や部屋を毀損した場合の損害賠償などその賃貸借契約から発生した賃貸人から賃借人に対する債権額を控除して清算されることになります。その結果，残額があれば，借主に返還されることとなります。最近では借主への返還額があまりに少ないケースや，債権額の方が敷金より多くて賃貸人より追加の請求をしたところ，借主からクレームがつき，少額訴訟などに持ち込まれる場合もあるようです。

　そこで，賃貸人としては，賃料の支払を確保するために敷金・保証金などをあらかじめ契約上設定しておき，賃借人から受領しておくことが望ましいです。ただし，あまり高く設定してしまいますと，賃借人が近隣物件に逃げてしまうことにもなりかねませんのでおのずと限界があるでしょう。

(2)　そ の 他

　敷金を確保し家賃や損害賠償と相殺できるようにしておけば，家賃が滞ったり，当該賃貸借契約の関係で賃貸物の破損や契約終了後の賃料相当損害金等，賃貸人に損害賠償請求権が発生したりした場合に敷金と対当額を相殺することができます。

　敷金の返還時期は，賃貸借契約終了時となりますので，賃貸借契約継続中に第三者が敷金返還請求権を差し押さえたとしても，賃貸借契約が終了するまで，第三者に支払う義務はありません。またたとえば，賃借人が物件引渡後に賃料を滞納して破産したとしても，相殺の合理的期待が認められるため，破産決定後でも滞納賃料等との相殺は可能です。

2 賃借人の資力の調査

　賃借人本人の財産関係の調査は大切です。
　契約を締結する前に，十分に賃借人本人から話を聞き，また，資力や勤務先など調査しましょう。きちんと支払ってくれる人なのか人柄などからもある程度は判断できる場合があるでしょう。ただしこれにも限界があります。
　賃借人の勤務先等は賃料の支払が滞った際に，給料の差押えの可能性もありますので，できれば必ず押さえたいところです。また，勤務先変更の場合には，賃貸借契約で届出義務を課しておくのがよいでしょう。

3 保　証　人

(1) 保　証　人（連帯保証人）

　賃貸借契約の際に，賃借人に保証人を立てさせることは一般に広く行われています。
　そこで，賃貸借契約締結の条件として，借主に保証人を付けることを求めるとよいでしょう。この場合，保証人となる者は資力があるものが望ましいでしょうから，その点についても賃借人からの聞き取りのみならず，できれば保証人となる者の背景などの資料があるのが理想的です。
　また，単なる保証ではなく，必ず連帯保証とすべきです。単なる保証人と違って，連帯保証人に対しては，賃料の請求などが特段にしやすくなるからです。
　連帯保証人には，賃借人と同じ賃貸借契約書に連帯保証人の責任を明記して，きちんと署名捺印してもらえば，後日責任の内容などに無用な争いが起こりにくいです。なお，書面は義務的です（民446条2項）。

(2) 契約更新の場合の保証人の責任

　さらに，契約更新後は保証人の責任は問えるのかが問題となります。この点，民法619条1項から考えれば，少なくとも法定更新の場合は保証人に責任追及し得ないという結論になりそうです。しかし，最高裁平成9年11

月13日は，以下のように保証人の責任を肯定しました（なお，実務では，更新後の保証人の責任は，法定更新の場合も合意更新の場合も変わらないとされています）。

すなわち，「建物の賃貸借は，一時使用のための賃貸借等の場合を除き，期間の定めの有無に関わらず，本来相当の長期間にわたる存続が予定された継続的な契約関係であり，期間の定めのある建物の賃貸借においても，賃貸人は自ら建物を使用する必要があるなどの正当事由を具備しなければ，更新を拒絶することができず，賃借人が望む限り，更新により賃貸借関係を継続するのが通常であって，賃借人のために保証人となろうとする者にとっても，右のような賃貸借関係の継続は当然予測できるところであり，また保証における主たる債務が定期的かつ金額の確定した賃料債務を中心とするものであって，保証人が予期しないような保証責任が一挙に発生するようなことはない。

期間の定めのある建物の賃貸借において，賃借人のために保証人が賃貸人との間で保証契約を締結した場合には，反対の趣旨をうかがわせるような特段の事情のない限り，保証人が更新後の賃貸借から生ずる賃借人の債務についても保証の責めを負う趣旨で合意がされたものと解するのが相当であり，保証人は，賃貸人において保証債務の履行を請求することが信義則に反すると認められる場合を除き，更新後の賃貸借から生ずる賃借人の債務についても保証の責めを免れないというべきである。」としています。

(3) 特段の事情，保証人の解除権，保証人の責任に限度を設ける

上記判例の「特段の事情」については，個々具体的な事情によることになるでしょうが，たとえば，保証人が辞めたいとの意向を示し，賃借人が多額の賃料を滞納させているのに賃貸借契約が法定更新されたなどの場合，保証人の責任を否定した裁判例などがあります。

また，下記のような要件を満たす場合，保証人が将来に向けて保証契約を解除することが認められる場合があります。

① 保証期間の定めがない
② 保証契約締結後相当の期間を経過した
③ 賃借人がしばしば賃料の支払を怠り将来も誠実にその債務を履行する見込みがない，あるいは，保証後賃借人の資産状態が著しく悪化し，そ

れ以上保証を継続するとその後の分に対し将来求償権の実現がおぼつかなくなる恐れがあるか,賃借人が継続して債務の履行を怠っているのに賃貸人が保証人にその事実を告げず,遅滞の生ずるごとに保証債務の履行を求めず突然一時に多額の延滞賃料の支払を求め保証人を予期しない困惑に陥らしめる等の事態が生じた

④ ③があるにもかかわらず賃貸人が賃貸借の解除,明渡請求等の処置を取ることなく賃借人に使用収益をさせている

　また,保証契約の解除を認めるところまではいかなくても,ある金額を超えた部分については保証人の責任が及ばないとする保証責任の限定を認めた裁判例もありますので,賃貸人としては保証人がいるからというだけで安心してしまわないようにしましょう。

【飯塚　恵美子】

Q52　先取特権

　私は，所有する店舗を貸していましたが，賃借人が賃料不払のまま行方不明になってしまいました。どのようにしたら少しでも未払賃料を回収できるでしょうか。店には営業用の什器備品，在庫などが放置されていますが，これを処分して未払賃料に充てることはできるでしょうか。

A

　まずは敷金との相殺をし，足りない分について，残置された什器備品，在庫などに有する先取特権を行使することが考えられます。建物内に放置されていたものであっても，賃借人の同意なく勝手に処分することは認められず，損害賠償を請求されるおそれもありますので，気をつけてください。

キーワード　公示送達，相殺，不動産賃貸の先取特権，譲渡担保

解説

1　公示送達による賃貸借契約の解除

　賃借人が行方不明になってしまった場合は，賃貸建物の明渡しを受ける必要があります。方法としては，裁判所に，建物の明渡しを求める訴えを提起します。ご質問のケースでは賃借人が行方不明のため，訴状を公示送達の方法により賃借人に送達することになります。これは，裁判所の掲示板に，「送達の名宛人が裁判所に出頭すれば，いつでも交付する」という趣旨の書かれた文書を2週間以上張り出す方法です。訴訟を提起するときは相手方に訴状を送達する必要がありますが，本件のように相手方の住所等がわからず

送達できないときに、この公示送達の制度が取られます。なお、公示送達の方法により送達するためには、裁判所に対して、本当に相手方の住所等が不明であることを資料を添えて提出して証明する必要があります。この際に、訴状に、賃貸借契約の解除の意思表示を記載しておくことにより、公示送達の手続が取られてから2週間が過ぎれば賃貸借契約は解除されたことになり、明渡しの強制執行も可能です。

２　相殺による賃料回収

ただ、このようにして賃貸借契約を解除して、明渡しの強制執行を求めても、賃料回収には直接つながりません。賃料回収の最も早くて確実な方法は、賃貸人が預かっている敷金と、未払賃料債務との相殺でしょう。敷金については、賃借人の債権者が、敷金返還請求権に質権等の担保権の設定を受けている場合もありますし、また敷金返還請求権を差し押さえる可能性もあります。しかし、敷金返還請求権は本来、賃貸建物の明渡時において、賃貸借契約により賃貸人が賃借人に対して取得する一切の債権を敷金額より控除し、なお残額がある場合に、その残額につき具体的に発生するものとされます[*1]。したがって、未払賃料債権は、まず最初に、当然に敷金額から差し引くことが可能です。

３　不動産賃貸の先取特権

滞納家賃が敷金額を超えていて、相殺ではカバーできないときは、超過分につき、不動産賃貸の先取特権（民311条1項1号）に基づいて動産競売を申し立てる方法があります。すなわち、ご質問のケースでは、賃借人が什器備品や在庫等を賃貸建物に残していなくなっていますが、不動産の賃貸人は、これらにつき法律上、先取特権を有するものとされています。よって、この不動産の賃貸借契約など、先取特権の存在を示す文書を執行裁判所に提出して動産競売の開始の許可を求めることができます（民執190条2項〔なお、1の賃貸建物の明渡しを求めると同時に、未払賃料の支払を求める判決を取得し、これに基づ

いて動産に対して執行する方法や、1の賃貸建物の明渡しの強制執行の際の動産の売却によって生じた供託金（民執168条5項・8項）に対して執行をする方法も考えられます〕）。
　ただし、この先取特権は、敷金で弁済を受けない債権の部分についてのみ認められるため（民316条）、敷金をそのままにして先取特権の行使で未払賃料の全額を回収することはできません。
　先取特権が及ぶのは、賃借人がその建物に備え付けた動産です（民313条2項）。その具体的な範囲については考え方が分かれますが、裁判例は、ある期間継続して存置するために建物に持ち込まれた動産であればよく、金銭、有価証券、宝石類、営業用什器、商品なども先取特権の対象になると広く判断しています[2]。ただ、建物の利用と無関係なものについてまで先取特権が及ぶとするのは行き過ぎの場合もあるため、合意的な範囲内ということになるでしょう。ご質問のケースでは、営業用の什器備品や在庫等であるため、先取特権の対象となると考えてよいでしょう。

4　他の担保権との優劣

　動産先取特権は、不動産賃貸借についてのみならず、動産の保存、動産の売買など、いくつかの場合に認められている（民311条）ため、同一の動産に複数の先取特権が成立する可能性があります。そのような場合の優劣のつけ方については、民法に規定がありますが、不動産賃貸に基づく先取特権は第一順位のカテゴリーに入っているため（民330条1項）、原則として他の先取特権についてはあまり心配する必要はないといえます。
　また、他の担保権との優劣関係も問題となります。特に、本件のように店舗で営業を営んでいる賃借人の場合、在庫や価値のある什器備品等については、金融機関などの賃借人の債権者が、すでに担保権の設定を受けている可能性があります。質権が設定された場合は、不動産賃貸借の先取特権と質権は同順位になります（民334条）。これに対して、譲渡担保権が設定された動産に先取特権が及ぶかについては、学説上は異論もありますが、動産売買の先取特権に関する判例ですが、先取特権は及ばないと判断したものがあります[3]。このため、賃貸建物内の動産に譲渡担保権が設定されているかの確認

は重要です。ただ，譲渡担保は，実際には動産を動かさずに，今後は債権者のために占有するという意思表示をする（占有改定）ことによって対抗要件を具備できることから，外観からは動産に譲渡担保が設定され対抗要件が備えられているかどうかは不明なところが問題です。

最近は，アセット・ベースト・レンディング（ABL）など，従来より動産担保が積極的に活用されるようになっており，在庫など出し入れのある物についても譲渡担保を設定することが可能です。平成17年10月からは，動産の譲渡担保も東京法務局で登記ができるようになりました。動産譲渡担保の登記の有無は，誰でも調べることができ，また利害関係者であれば登録事項の証明書を取得することも可能です。

5 仮差押えによる方法

賃貸建物内の賃借人所有の動産を，賃借人や他の人が持っていってしまったり，売却してしまう可能性がある場合には，あらかじめ仮差押えしておくことも有効でしょう。この場合，後に延滞賃料の請求訴訟をする裁判所か，または動産の置かれている物件所在地を管轄する地方裁判所に仮差押えを申し立てることになります。申立てにあたっては，未払の賃料債権の総額や，仮差押えを必要とする理由を明らかにして疎明する必要があります。疎明とは，証明よりは軽い程度のもので，一応確からしいとの推測を裁判官が行ってよいような状態をいいます。

6 賃借人に無断で処分できるか？

なお，賃貸人が無断で賃借人の所有物を処分することは，認められていません。賃借人の存置した物を廃棄物と判断して無断で処分したケースで，代替性のない記念アルバムが含まれていたことなどから慰謝料請求が認められた裁判例もあります[*4]。また，賃貸借契約書に，遺留品は放棄されたものとして，賃貸人がこれを売却処分して債務に充当することができる旨の条項があった場合でも，無断で家財の処分をしたことにつき慰謝料請求が認められ

た例があるため[*5]，注意が必要です。よって，明らかに無価値のものでない限り，遺留品は勝手に処分すべきではないでしょう。

引用判例

* 1　最判昭48・2・2金法697号15頁。
* 2　東京地判昭50・12・24判時821号132頁など。
* 3　最判昭62・11・10判夕668号34頁。
* 4　大阪高判昭62・10・22判夕667号161頁。
* 5　浦和地判平6・4・22判夕874号231頁。

【丹生谷　美穂】

Q53 賃料債権の譲渡と差押え

マンションを賃借して住んでいたところ，賃料債権が賃貸人の債権者に譲渡されたという通知が届いたため，以後この債権者に対して賃料を支払ってきました。ところが，最近になって，裁判所から，賃料債権がマンションの抵当権者によって差し押さえられたという内容の差押命令が届きました。今後賃料は誰に支払ったらよいのでしょうか。

A

　賃料債権についての差押命令を受け取った場合は，以後の賃料については，賃借人は供託所に供託することができます。権利関係が明確でないご質問のようなケースには，供託により債務を免れるほうがよいかもしれません。
　なお，債権者が競合する場合は，供託が義務づけられています。

（キーワード）抵当権の物上代位権，賃料債権の譲渡，指名債権譲渡の対抗要件，供託

解説

1　賃料債権の譲渡

　ご質問の事例では，マンションの賃貸人が将来発生する賃料債権を譲渡しています。つまり譲渡の時点では将来の賃料債権はまだ発生していないわけですが，一定の期間を区切って，その間に発生する賃料債権として特定するなどして，債権が発生する前に譲渡することは可能と考えられています[*1]。また，債権譲渡の事実が債務者である賃借人に対して通知され，または賃

借人が承諾した場合には，賃借人に対して対抗要件を備えたものとされます（民467条1項）。ただ，今回のケースのように他の第三者（抵当権者）との優劣が問題になるときは，この通知または承諾は確定日付のある証書によってなされる必要があります。なお，その他に，債権譲渡登記により対抗要件を具備する方法もあります（動産及び債権の譲渡の対抗要件に関する民法の特例等に関する法律）。

もし賃借人が譲渡人に対して相殺できる債権を有している場合には，譲渡人が賃料債権の一部を免除した場合等は，賃借人が上記の承諾をするにあたって，これを留保しておく必要があります。何も留保しないで，ただ賃料債権の譲渡につき承諾をした場合には，これらの相殺や免除を譲受人に対抗することができなくなってしまうため，注意が必要です。

２　抵当権の効力

他方，建物に設定された抵当権の効力がその建物につき生じる賃料債権にも及ぶかについては，従来意見が分かれていましたが，平成元年に，最高裁の判例[*2]が，抵当権の物上代位として賃料債権へも抵当権の効力が及ぶことを認めました（民372条・304条1項）。すなわち，抵当権は本来目的物の交換価値から優先的に弁済を受ける権利であって，建物の抵当権者は抵当権を実行して建物を換価処分することで弁済を受けられる以上，賃料債権にまで抵当権が及ぶとする必要がないという意見もありましたが，直ちに建物を換価処分するのではなく賃料債権から回収することもできるとするほうが柔軟に対応可能なこと，土地の価格が下落した場合にも債権回収の強力な手段となり得ることなどの理由から，抵当権の物上代位権として，建物の賃料債権にも抵当権が及ぶことが判例により確認されました。なお，抵当権の設定の対抗要件は，抵当権設定登記をすることとされています（民177条）。

３　賃料債権の譲渡と抵当権の優劣

では，ご質問のように，賃料債権が譲渡され，かつ建物に抵当権が設定さ

れている場合は、どちらの効力が優先すると考えるべきでしょうか。平成10年の最高裁判例は、抵当権設定の登記が賃料債権譲渡の対抗要件具備よりも先になされている場合は、抵当権の物上代位権が優先するとしました[*3]。また、物上代位にあたっては、差押えをする必要がありますが（民304条1項ただし書）、判例は、この差押えが賃料債権譲渡の対抗要件具備より後になされた場合でも、この結論に影響はないとしました。

その理由として、上掲最高裁判例は、物上代位の際に差押えが必要とされているのは、第三債務者である賃借人が誰に賃料を支払うべきか分からないという不安定な立場に置かれるのを防いで賃借人を保護する趣旨であり、差押えにより優劣を決する趣旨ではないとの理解を示しました。また、もし対抗要件を備えた賃料債権の譲渡を行えば抵当権の物上代位に優先すると解するとすると、債務者は、物上代位の際の差押えの前に賃料債権を譲渡することで容易に物上代位権の行使を免れてしまい、債権者（抵当権者）の利益を不当に害することになることも、理由として挙げています。そして、この結論は、物上代位による差押えの時点において、賃料債権の弁済期が到来しているか否かを問わないとしています。

4　抵当権設定登記が先の場合

したがって、今回のケースでは、以前受け取った賃料債権譲渡の通知が、確定日付のある証書によってなされたものであれば、この確定日付の日付と、抵当権設定登記の日付を比べて、いずれか先になされたほうが優先することになります。

抵当権設定登記のほうが先の日付の場合は、抵当権の効力が優先しますが、抵当権に基づく差押えを受けない限り、賃借人は抵当権者に賃料を支払う必要はありません。すなわち、上記の平成10年最高裁判例も述べていますが、賃借人は、抵当権の物上代位による差押命令の送達を受けるまでは、賃料債権の保有者（通常の場合は賃貸人ですが、ご質問のケースでは賃料債権が譲渡されているので、その譲受人を意味します）に対して賃料を支払えばよいことになります。その後抵当権に基づく賃料債権の差押えがなされた場合であって

も，差押命令を受けるまでに賃借人が賃料債権の保有者に対して行った支払は有効で，抵当権者に対抗することができます。

　差押命令の送達を受けた場合は，抵当権者は，その後1週間を経過した後は，賃借人に対して，賃料債権の保有者ではなく直接抵当権者に賃料を支払うよう要求することができます（民執155条1項）。よって，このような請求がなされた場合は，原則としては，賃借人は抵当権者に対して直接支払を行ってもよいことになります。ただ，今回のケースのように差押えを受けた場合は，その債権金額を供託することが可能であり，供託した場合は賃借人が有効に賃料の支払を行ったことになります（権利供託，同条1項）。また，債権者が二者以上で競合する場合には，賃借人は賃料を供託することを義務づけられ，供託しないと債務の免責を受けられず，二重払を余儀なくされる危険もありますので，注意が必要です（義務供託，民執156条2項）。また，このように義務的な供託でなくても，供託は，賃料債務の履行地の供託所に対して行うことになります。なお，権利供託の場合も，義務供託の場合も，供託を行ったときは執行裁判所（差押命令を発した裁判所）に対して事情届出をする必要があり，この届出は供託書正本を添付した書面で行うこととされていますので，この点注意が必要です（民執156条3項，民執規138条）。供託についての一般的な説明は，**Q54**をご覧ください。

5　抵当権設定登記が後の場合

　以上に対して，抵当権の設定登記の日付が賃料債権の譲渡の通知または承諾の確定日付よりも後であった場合には，賃料債権の譲渡が優先することになります。ただ，上記の権利供託により，賃借人は差押えをされた賃料債権にかかる金銭を供託することにより，免責を受けることができます。

　なお，賃料債権の譲渡の通知または承諾に確定日付が付されていない場合は，この通知・承諾は賃借人との間では効力を有しますが，抵当権者との間の優劣の関係では，対抗力を有しません。よって，通知・承諾に確定日付が付されていなかった場合は，たとえ通知・承諾の日付が抵当権の設定登記の日付よりも早かったとしても，抵当権が優先することとなります。

6 賃借人からする相殺の可否

では，賃借人が，賃貸人に対して反対債権を有していた場合は，建物の抵当権者に対して相殺を主張することができるでしょうか。この点につき，判例[4,5]は，抵当権設定登記の日付よりも後に賃借人が賃貸人に対して取得した債権による相殺は，抵当権者が賃料債権の差押えをした後は，抵当権者に対抗できないとしましたので，注意が必要です。すなわち，建物についての抵当権が登記されれば，物上代位により抵当権の効力が賃料債権に及ぶことが抵当権設定登記により公示されたといえるから，その後に賃借人が賃貸人に対して取得した債権による相殺に優先するということです。逆に，抵当権設定登記前に取得した賃貸人に対する債権であれば，賃借人はこの債権と賃料債権を相殺することが可能です。

引用判例

*1　最判平11・1・29判時1666号54頁など。

*2　最判平元・10・27判時1336号96頁。

*3　最判平10・1・30判時1628号3頁。

*4　最判平13・3・13判時1745号69頁。

*5　東京地判平16・3・25金法1715号98頁。

【丹生谷　美穂】

Q54　家賃の供託

家賃はどのような場合に供託できるでしょうか。その他，供託の基礎的知識を教えてください。

A

> 債権者が弁済の受領を拒絶する場合，債権者が弁済を受領できない場合，債権者を知りえない場合に，弁済供託が可能です。賃料増額請求が行われたときに相当額を供託することもできます。また，賃料債権が差押え，仮差押えされた場合も供託が可能です。

キーワード　弁済供託，弁済の提供，還付・取戻し，執行供託，民法494条，民事執行法156条，民事保全法50条

解説

1　総　論

家賃を供託する主な場面としては，民法に基づく弁済供託の場合，および民事執行法，民事保全法に基づく執行供託として，地代・家賃債権が差押えまたは仮差押えされた場合があります。

2　弁済供託とは

弁済供託とは，弁済者が弁済の目的物を債権者のために供託所に供託して債務を免れる制度です。弁済供託ができる場合は，次の3つの場合に限られています（民494条）。

① 債権者が弁済の受領を拒絶する場合　　この場合は，まず供託前に

債務者が弁済の提供をする必要があります。現実に弁済を提供することが基本ですが，例外的に，債権者があらかじめ受領を拒んでいる場合には，口頭で通知して受領の催告をすることをもって足りるとされています（民493条）。これらの弁済の提供を行った後でなければ，提供は有効とみなされません。ただ，債権者がとうてい受領しないことが明らかな特別な事情がある場合においては，供託前の弁済の提供は不要であるとした判例があります[1]。

② 債権者が弁済の支払を受領することができない場合　たとえば，債権者が不在の場合，住所不明の場合などが挙げられます。これらは一時的な不在でもよいとされています。

③ 債権者は存在するが，債務者がその過失なくして，それが誰であるか知りえない場合　たとえば，債権者が死亡したが相続人が不明の場合，債権が譲渡されたか否かにつき譲渡人と譲受人との間で争いがある場合などがあります。債権が二重に譲渡されてしまい，いずれに支払ってよいかわからない場合も，この場合に当たります[2]。また，譲渡禁止の特約がある債権にも関わらず債務者に債権譲渡の通知が届いた場合も，これに該当します。なお，賃貸人が建物管理を委託した委託先との間でトラブルが生じた事案で，管理会社が賃料改定，調停等を行っていたことから，賃借人としてはいずれが債権者か知りえないとして賃料の供託を認めた裁判例もあります[3]。

3　供託すべき場所など

供託すべき場所は，債務履行地の法務局，地方法務局，その支局もしくは法務大臣が指定する出張所です。賃料債務の支払の場合，特約がない場合は，債務履行地は債権者の現住所地となります（民484条）。また，債権者の住所が不明の場合は，債権者の最後の住所地最寄りの供託所とされています。

供託は，原則として，すでに発生した現在の確定債務でなければ供託できません。家賃債務は継続して毎月発生する債務ですが，将来発生する分もま

とめて一度に供託することはできず，毎月支払日が来た後に供託する必要があります（ただし，先払の特約がある場合は別です）。また，すでに債務が履行遅滞となっている場合には，遅延損害金を付す必要があります。注意が必要なのは，債務の一部を供託することは認められないことです。供託をする場合には，その全額を供託する必要があるとされます[*4]。なお，賃借人が賃貸人に対して債権を有する場合は，それが賃料の支払日よりも先に弁済期が到来する場合は，賃借人はこれを相殺して，残額についてのみ供託することができます。

4 供託金の払渡し

供託金の払渡しの種類としては，還付と取戻しがあります（供託8条）。還付は，賃貸人など，権利者からの供託物払渡請求に基づいて払い渡されるものです。債権者が供託された金銭を受け取るためには，自己がそのような権利（供託物還付請求権）を有することを証明する必要があります。なお，供託金には年0.024パーセントの利息が付され，原則として，元金の払渡しと同時に，供託金の払渡請求をする者に払い渡されます（供託規33条1項・34条1項）。

取戻しは，①供託原因が不存在であった場合など，供託が錯誤等により無効だったとき，または②供託後に供託原因が消滅したときに供託者に供託物を払い渡すことで，これにより当初から供託がなされなかったことになります。また，③弁済提供においては，供託者は，債権者が供託金の還付を受けるまでは，原則としていつでも供託金を取り戻すことができます（ただ，供託を有効と宣告した判決が確定した場合は，取戻しはできません。民496条1項）。なお，債権者が確定するなどして，借主が免責の効果を受ける必要が消滅した場合，そのときから原則として10年で供託物取戻請求権は消滅時効にかかり，取り戻すことができなくなりますので，注意が必要です[*5]。

5 執行供託

以上に対して民事執行法に基づく執行供託は、地代債権または家賃債権が差し押えられた場合、または仮差押えを受けた場合に、賃借人が、この債権を供託することができるとするものです（民執156条1項，民保50条5項）。この供託によって、弁済供託と同様に債務を消滅させる効果を持つので、権利供託と呼ばれています。原則として地代・賃料債権の全額を供託する必要がありますが、地代・賃料債権の一部が差し押さえられたに過ぎない場合は、その部分だけの供託でも全額の供託でもいずれでもよいとされます。なお、この供託をした場合は、その事情を執行裁判所に届け出る必要があります（民執156条3項）。

また、すでに差押えまたは仮差押えを受けた地代・賃料債権に、さらに別の差押え・仮差押えがなされた旨の命令を受けた場合は、債権全額を供託する必要があります（民執156条2項，民保50条5項）。これは、債権者間の平等を図るためであり、賃借人は供託が義務づけられています（義務供託）。なお、この場合も、供託の事情を執行裁判所に届け出る必要があります（民執156条3項）。

引用判例
- ＊1 大判大11・10・25民集1巻616頁。
- ＊2 東京地判昭37・3・5下民集13巻3号347頁。
- ＊3 東京地判平15・2・19判タ1136号191頁。
- ＊4 大判昭12・8・10民集16巻1344頁。
- ＊5 最判昭45・7・15判タ251号166頁。

【丹生谷　美穂】

第9章

敷金・礼金・保証金

Q55　保証金と賃料の相殺の可否

保証金として賃料の8ヵ月分を預かっています。期間満了の8ヵ月前に更新しないとの連絡があったのはいいのですが，その後保証金と相殺するとの理由で，賃料の支払をしなくなりました。賃貸人としては，資金繰りからも困ります。このような相殺は許されるのでしょうか。

A

> 原則として，このような相殺は許されないと思われますが，保証金の性質等によっては，許される場合もあります。

(キーワード) 保証金

解説

1　保証金とは

(1) 定　義

保証金は，ビルやマンションの賃貸借またはその予約に際し，賃借人から賃貸人に対して支払われるもので，一定期間据置後，長期分割払で返還すること，あるいは，賃貸借契約終了時等に一定金額を償却費として差し引いて賃借人へ返還することなどの約定がなされているものをいいます。

賃貸人は，交付された保証金を自由に利用することができますが，約定に従って，賃貸借契約終了による明渡時あるいは，長期据置後，長期分割払で，保証金全額または大部分を返還するべきものとされています。

(2) 法的性質

保証金には，①建設協力金または貸金としての性質を有するもの，②敷金

の性質を有するもの，③期間途中に解約になった場合の空室損料の性質を有するもの，④権利金としての性質を有するものに分かれますが，多くの場合は，これら2つ以上の性質を併せ持つと考えられます。

以上につき，詳しくは**Q50**をご参照ください。

［2］ 相殺の可否

(1) 相殺の定義・要件

相殺とは，相互に対立する関係にある債権・債務につき，その対等額につき消滅させる旨の意思表示のことをいいます。

相殺の要件は，①相殺適状にあること，②相殺の意思表示をすること，③相殺が禁止されないことの3点とされています。

設問事例では，賃借人が，保証金と賃料とを相殺すると主張していますが，厳密にいうと，保証金返還請求権と賃料とを相殺するということになります。

そして，このような相殺が許されるかは，結局，前述の，相殺の3要件のうち，①相殺適状にあるか否かにかかっています。

そして，相殺適状とは，互いの債務が，即時に履行すべき状態にあることをいいますが，判例上，受働債権（相殺を主張しようとする者に対する債権）については，必ずしも弁済期が到来している必要はないとしていますので，結局，自働債権，すなわち保証金返還請求権の弁済期が到来しているか否かにかかることになります。

(2) 保証金返還請求権の弁済期

前述のとおり，保証金の法的性質としては，①建設協力金または貸金としての性質を有するもの，②敷金の性質を有するもの，③期間途中に解約になった場合の空室損料の性質を有するもの，④権利金としての性質を有するものに分かれると考えられています。

そして，保証金が，①建設協力金または貸金としての性質を有していた場合には，賃貸借契約に基づく債務というよりは，むしろ，別個の消費貸借契約に基づく債務と考えられますので，契約上，弁済期が別個に定められてい

ます。

　また，保証金が，②敷金の性質を有するものであった場合には，敷金返還請求権の発生時期の議論が妥当し，判例上，弁済期は，目的家屋明渡後一定期間経過後ということにされています。

　さらに，保証金が，③空室損料の性質を有していた場合，④権利金としての性質を有していた場合には，弁済期は，賃貸借契約上の存続期間終了時となるのが一般でしょう。

　もっとも，実際には，保証金の性質から直ちに弁済期が決まるというよりは，むしろ，逆に，弁済期の定め方などから，法的性質が推測されるという関係に立っているといえます。

(3)　**設問事例の検討**

　以上より，保証金の性質が，②敷金の性質を有するものであった場合，③空室損料の性質を有していた場合，④権利金としての性質を有していた場合には，賃貸借契約存続中は，保証金返還請求権が現実化せず，その弁済期が到来しない，といえます。

　とすると，自働債権の弁済期が到来していないことから，相殺は許されないこととなります。

　他方，①建設協力金または貸金としての性質を有しており，すでに弁済期が到来しているような場合には，相殺が許されるといえます。

　事例では，賃貸人が，「資金繰りからも困ってしまいます」と嘆いていることからも，未だ保証金返還請求権の弁済期は到来しておらず，保証金の運用を許されている期間内であると考えられます。

　すなわち，保証金の法的性質としては，②ないし④であり，賃貸借契約存続中は，保証金返還請求権が現実化していない，と考えられ，相殺は，許されないのが原則です。

　もっとも，保証金が建設協力金ないし貸金として交付され，弁済期が到来している場合には，例外的に相殺の主張も認められることとなります。

3 対応策

(1) 催告

上述の相殺が許されない場合であるにもかかわらず、賃借人が、相殺を主張しているような場合の対応策としては、まず、相殺の主張が認められないことを賃借人に説明し、賃料を支払うよう催告することが考えられます。

賃借人が、相殺を主張してくる事情としては、①資金不足の場合、②保証金と相殺処理をするほうが簡便と考えているに過ぎない場合、③保証金返還請求権が確実に履行されるか不安を感じている場合、などが考えられます。

①の場合については、項を改めてご説明することとし、②③の場合は、保証金返還請求権の弁済期が到来しておらず、相殺はできないことを丁寧に説明していくことになると思われます。

②の場合は、それほど問題とはならないとは思いますが、③の場合に相手方を説得するのはなかなか大変です。

賃借人からしてみれば、保証金返還請求権には、何の担保もありませんから、たとえ、弁済期になったとしても、確実に支払ってもらえるとは限りません。

にもかかわらず、賃料を毎月毎月支払わなければならないというのは相当な不公平感を感じるのは当然だからです。

ですので、③の保証金返還請求権の履行に不安を感じているような場合には、それが確実に履行できることを、資料等を示しながら丁寧に説明することが大事だと思います。

(2) 解除

いずれにしても、賃料支払を催告したにもかかわらず、支払ってくれなかった場合には、賃貸借契約を解除することもできます。

しかし、この場合、解除により賃貸借契約が終了したことを理由として、保証金の即時返還を賃借人が求めてくることも考えられます。

このような保証金の即時返還請求が認められてしまうと、そもそも解除の意味がなくなってしまうので、注意が必要です。

どのような場合に保証金の即時返還が認められてしまうかの問題については，Q58で詳説していますので，そちらをご参照ください。

なお，判例上，保証金の即時返還請求義務を否定したものとしては，保証金の分割返還の約定等につき賃貸借契約が存在しなくなった場合も同様，とする特約のあった場合に関するもの[*1]や賃借人の都合による解約のときには期限の利益を失わないとする特約のあった場合に関するもの[*2]があります。

もっとも，仮に保証金の即時返還が認められるとしても，保証金が敷金や空室損料としての性質を持つものである場合には，空室損料分を保証金から控除できると考えられます。

すなわち，解除をする際には，保証金が敷金や空室損料の性質を持つものか否かを考慮して行わないと，保証金の一括返還義務が生じる可能性もあることから，かえって，不利益が生じてしまうことにもなりかねないので，注意が必要です。

引用判例
 *1　東京地判昭50・6・21金商475号17頁。
 *2　東京地判昭63・10・26判タ703号166頁。

【細川　健夫】

第9章 敷金・礼金・保証金

Q56 旧住宅金融公庫融資物件における設備協力金

旧住宅金融公庫融資物件を賃借しています。礼金や更新料の支払はないのですが，設備協力金名目で多額の費用を取られています。何か問題はありませんか。

A

(1) 旧住宅金融公庫法35条1項および旧住宅金融公庫法施行規則10条1項では，旧住宅金融公庫の融資を受けた賃貸用物件について賃貸人が礼金や更新料を徴収することを禁止しており，この規定は現在でも効力を有することから，設備協力金やその他の名目で多額の費用を支払わせることは，同条に違反するのではないかという問題があります。
(2) 賃貸用の公庫融資物件に関する設備協力金の定めのうち，標準的な冷暖房機等の使用料相当額を超える部分については，公序良俗違反により無効になると解されます。

キーワード　旧住宅金融公庫法，賃借人の不当な負担になる賃貸条件，設備協力金，公序良俗違反

解説

1　はじめに

旧住宅金融公庫は，旧住宅金融公庫法に基づく公法上の法人であり，国民大衆が健康で文化的な生活を営むに足る住宅の建設および購入に必要な資金について，銀行その他一般の金融機関が融通することを困難とするものを自ら融通すること等を目的とした業務を行ってきました。

旧住宅金融公庫法は，特殊法人等の整理合理化を目的とした，独立行政法

人住宅金融支援機構法（平成17年7月6日法律第82号。以下，「支援機構法」といいます）の施行により平成19年4月1日をもって廃止され，これに伴い住宅金融公庫は同日に解散しました。旧住宅金融公庫の業務は，新たに設立された「独立行政法人住宅金融支援機構」に承継されています。

　もっとも，支援機構法の附則5条では，「公庫がこの法律の施行前に締結した貸付契約に係る貸付金その他の貸付けに係る事項については，なお従前の例による。」と規定されており，旧住宅金融公庫法に規定されていた公庫融資物件に関する法規制は，上記規定により現在もその効力を有するものと解されます（住宅金融支援機構のホームページでも，このような解釈を前提とした説明が行われています）ので，本問における回答および解説は，これを前提に行うこととします。

　なお，平成19年4月1日以降に，住宅金融支援機構から融資を受けた物件については，以下に述べるような家賃の金額等に関する法律上の規制は特にありません。

２　旧住宅金融公庫法35条1項に基づく規制

　旧住宅金融公庫は，優良な住宅を安価で広く一般社会に供給することを目的として，住宅建築を企図する者に他の一般金融機関と比較して有利な条件で建設資金を融資してきました。

　そして，公庫融資物件の賃貸人に，融資物件の賃借人から，不当に高額な賃料等の受領を認めてしまうと，優良な住宅を安価で供給するという旧住宅金融公庫法の立法目的が達せられないことから，同法35条1項では，不動産賃貸事業者向けの公庫融資を受けた者について「当該貸付金に係る住宅を（中略）賃借人の資格，賃借人の選定方法その他賃貸の条件に関し主務省令で定める基準に従い，賃貸しなければならない。」と規定し，これを受けた旧住宅金融公庫法施行規則10条1項では，「賃貸人は，毎月その月又は翌月分の家賃を受領すること及び家賃の三月分を超えない額の敷金を受領することを除くほか，賃借人から権利金，謝金等の金品を受領し，その他賃借人の不当な負担となることを賃貸の条件としてはならない。」と規定しており，

これにより賃貸用の公庫融資物件については、礼金や更新料の徴収が禁止されています。

③ 設備協力金に関する問題点

このように、旧住宅金融公庫法が、賃貸用の公庫融資物件について賃貸人による礼金や更新料の徴収を禁じていることから、当該公庫融資物件の賃貸人の中には、あらかじめマンション等に冷暖房機等を設置し、その使用料名目（本設問のように「設備協力金」という名称が用いられることが多いです）で入居および更新の際に一定の金額を賃借人に支払わせる条項を契約書に入れる者もいます。

このような設備協力金は、入居時・更新時に支払の対象となることから、実質的には、旧住宅金融公庫法施行規則10条1項により受領を禁止されている礼金や更新料に当たるのではないか、が問題となります。

もっとも、設備協力金は、冷暖房機等の設備の使用の対価としての性質も有していることは間違いありません。

したがって、入居時・更新時に支払の対象となるからといって、直ちに旧住宅金融公庫法が禁止している礼金や更新料に当たり、無効であるとまではいえないと思われますが、設備協力金のうち、標準的な冷暖房機の使用料相当額を超える部分がある場合には、その超える部分については、礼金・更新料の性格を有していると考えられ、その部分については無効であると解されます。

④ 裁判例

裁判例[*1]も、賃貸人が、設備協力金名目で金員を受け取ることは、旧住宅金融公庫法35条、同法施行規則10条の「賃借人の不当な負担になる賃貸条件」で賃貸してはならない旨の定めに違反するが、旧住宅金融公庫法に違反することから直ちに設備協力金の支払を定めた契約条項が全部無効となるものではなく、標準的な冷暖房機等の使用料相当額を超える部分についてのみ

公序良俗（民90条）に違反し無効となると述べ，設備協力金の一部については支払う必要がないとしています。

すなわち，旧住宅金融公庫法は，社会生活的見地から旧住宅金融公庫法による融資を利用して建築した賃貸建物部分についての賃貸条件を規制しているのであって，それ以上に賃貸建物部分の賃貸条件の私法上の効果まで規制しているものではなく，その約定が同法等の規制を逸脱することが著しく，公序良俗規定や信義則に照らして社会的に容認しがたいものである限り，その限度で私法上の効力が否定されるとしたのです。

なお，前述のとおり，旧住宅金融公庫法はすでに廃止されていますが，これは旧住宅金融公庫法に基づく融資の公共的性格を否定するものではなく，旧住宅金融公庫法に基づく賃貸用の公庫融資物件に関する賃貸借契約については，上記判例の射程はなお及ぶものと解されます。

  引用判例
＊1　大阪高判平10・9・24判時1662号105頁。

【細川　健夫】

Q57 敷金に対する債権差押命令の競合

私が所有しているアパートの一室の賃借人が，借金をしていて，裁判所から敷金の債権差押命令が債権者2名の分として，2通送られてきました。この賃借人は，賃貸借を解除して，部屋を明け渡してもらうことになっており，敷金を返すことになりますが，誰に返せばよいのでしょうか。

A

(1) 先にあなたに到達した差押命令の債権者に敷金を返せばよいのですが，2つの差押命令が同時に到達した場合には，どちらかの債権者に敷金を返せばよいです。
　もっとも，同時到達の場合，後日債権者間の紛争に巻き込まれるおそれがありますので，債権者不確知を理由として，敷金を供託するのが無難です。
(2) なお，到達の先後が分からなくなってしまった場合には，裁判所に確認するなどして，先に到達した差押命令の債権者に返すべきです。
　債権が二重譲渡とされ，譲渡通知が複数到達した場合に，到達の先後が不明なときには，債権者不確知を理由として供託できますが，供託実務上，貸主の過失なくして到達の先後関係が不明な場合にのみ供託を認める扱いとなっていますので，裁判所の差押命令のように，裁判所に確認さえすればすぐに分かるものについては，債権者不確知を理由としては供託できないからです。

(キーワード) 敷金返還請求権，差押え，差押えの競合

解説

1　敷金返還請求権

　建物賃貸借契約の際には，賃借人から賃貸人に，敷金が差し入れられるのが普通ですが，敷金は，賃借人の賃貸人に対する建物明渡しまでの賃貸借契約上の一切の債務を担保するものですので，賃貸人は，賃借人から建物の明渡しを受けた時点で賃貸借契約上の債務が残っていれば，契約時に受領した敷金から控除し，その残額を賃借人に返還することになります。

　これを賃借人側から見ると，上記残額について返還請求権を持っているということになります（敷金返還請求権）。

2　敷金返還請求権の差押え

　前述のとおり，敷金は，賃借人の債務を差し引いた上で残額が賃借人に返還されるものですので，賃借人の債権者が，自己の債権の満足を得るために敷金返還請求権を差し押さえるという設問のような事態が発生することがあります。

　債務者の第三債務者に対する債権が債権者によって差し押さえられた場合に，第三債務者が債務者に弁済したとしても，その弁済は，債権者には対抗できません（民執145条）。

　すなわち，敷金返還請求権が差し押さえられたときには，第三債務者である賃貸人は，債務者である賃借人に敷金を返還したとしても，差押債権者には対抗できません。

　したがって，賃貸人は，敷金を差押債権者に支払うべきことになります。

　なお，敷金返還請求権については，譲渡禁止特約が設けられることがありますが，判例上，差押債権者に対しては，譲渡禁止特約の効力を主張できないとされています[*1]。

　ところで，1 で述べたとおり，敷金は，賃借人の建物明渡しまでの賃

貸借契約上の一切の債務を担保するものですので、建物明渡後に具体的に発生し、建物明渡前には、具体的には発生していません。

したがって、建物明渡前には、未だ賃借人に対して敷金を返還する必要がない以上、執行債権者からの取立てに応じる必要はありません。

判例もこの段階では、転付命令の発令を認めていません[*2]。

3　差押えの競合

敷金返還請求権が差し押さえられた場合、賃貸人は、差押債権者に敷金を返還することとなるのは、ご説明したとおりです。

それでは、設問の事例のように、複数の差押えが競合した場合には、賃貸人はどうすればよいのでしょうか。

この点、差押えが競合したときには、裁判所の差押命令の賃貸人への到達日時の先後関係を比べて、その最も早く到達する者が優先されるとするのが判例です[*3]。

そして、判例上、差押命令が同時に賃貸人に到達した場合には、それぞれの債権者が、賃貸人に債権額の全額を請求できるものとされており[*4]、賃貸人としては、いずれかの債権者に支払えば免責されることになります。

もっとも、同時到達の場合には、後日債権者間の紛争に巻き込まれるおそれがありますので、債権者不確知を理由に敷金を供託したいところですが、供託実務上は、貸主の過失なくして到達の先後関係が不明な場合にのみ供託を認める取扱いとされており、裁判所の差押命令のように、裁判所に確認すればすぐにその先後関係が分かるものについては、債権者不確知を理由とする供託はできず、差押命令の先後関係が明らかでない場合は、賃貸人が自ら裁判所に確認する必要があります。

4　その他の問題

(1)　敷金返還請求権の譲渡

敷金返還請求権は、建物明渡後に賃貸人から賃借人に返還される財産上の

請求権ですので，賃借人は，融資を目的として，質権を設定したり，第三者に譲渡したりすることができます。

債権譲渡は，債権者と譲受人との合意のみによって効力を生じますが，これを債務者に対抗するためには，債権者からの通知または債務者の承諾が必要です（民467条1項）。

敷金返還請求権も債権ですので，譲渡自体は，賃借人と譲受人との合意のみによって可能ですが，これを賃貸人に対抗するためには，賃借人からの通知，または賃貸人の承諾が必要となります。

また，敷金返還請求権が二重に譲渡されたような場合には，確定日付ある譲渡通知・承諾通知がなければ競合する他の債権者には対抗できないとされています（民467条2項）。

(2) 譲渡・差押えの競合

敷金返還請求権が譲渡され，賃借人からの通知または賃貸人の承諾がある場合には，賃貸人は，譲受人に敷金を返還することになりますが，敷金返還請求権が二重に譲渡された場合や，譲渡と差押えが競合する場合には，本設問と同様の問題が生じます。

判例は，譲渡・差押えが競合した場合，確定日付ある譲渡通知の賃貸人への到達日時，裁判所の差押命令の賃貸人への到達日時の先後関係を調べ，その最も早く到達した者が優先するとしています。

そして，差押えの場合と同様に，同時に賃貸人に到達した場合には，それぞれの債権者が，賃貸人に債権額の全部を請求でき，賃貸人は，どちらか一方に支払えば免責されます。

なお，判例は，到達の先後が不明な場合には，同時に到達したものとみなしているので[*5]，その場合にも，賃貸人はどちらか一方に支払えば免責されることとなります。

もっとも，差押えの場合と同様，後日の債権者間の紛争に巻き込まれるおそれがあるので，債権者不確知を理由として，敷金を供託するのが無難です。

引用判例

＊1　最判昭45・4・10民集24巻4号240頁．

＊2　最判昭48・2・2民集27巻1号80頁。
＊3　最判昭49・4・10民集28巻2号174頁。
＊4　最判昭55・1・11民集34巻1号42頁。
＊5　最判平5・3・30民集47巻4号3334頁。

【細川　健夫】

Q58 保証金の返還に関する特約

私は，事務所として使用するためにビルの一室を賃借しましたが，その際の契約書を見ると，賃貸借契約の際に差し入れた保証金の返還を，次の入居者が決まるまで猶予するという特約が付いていました。このような特約は有効なのでしょうか。

A

(1) 保証金の法的性質について学説の見解は分かれていますが，判例の立場としては，保証金の返還に関する約定の内容や，賃貸借契約と保証金授受との関係に着目して，具体的結論を導いているものと考えられます。

(2) 設問の事例については，賃貸借契約の期間満了前に，解除等の理由により中途で契約が終了したような場合には，一定の範囲で特約の効力が認められる可能性がありますが，特約の効力が全面的に認められる可能性は低いと考えられます。

（キーワード）保証金，賃貸借契約と保証金との関係

解説

1 保証金とは

保証金は，ビルやマンションの賃貸借またはその予約に際し，賃借人から賃貸人に対して支払われるもので，一定期間据置後，長期分割払で返還すること，あるいは，賃貸借契約終了時等に一定金額を償却費として差し引いて賃借人へ返還することなどの約定がなされているものをいいます。

賃貸人は，交付された保証金を自由に利用することができますが，約定に従って，賃貸借契約の終了後に，保証金の全額または大部分を返還するべき

ものとされています。

　返還の時期は，約定により明渡時とされることもあれば，長期据置後，長期分割払と定められることもあります。

　保証金には，①建設協力金または貸金としての性質を有するもの，②敷金の性質を有するもの，③期間途中に解約になった場合の空室損料の性質を有するもの，④権利金としての性質を有するものに分かれますが，多くの場合は，これら２つ以上の性質を併せ持つと考えられます。

　もっとも，保証金の法的性質から単純に返還時期が決められるわけではなく，むしろ，当事者間の合意の内容や賃貸借契約と保証金授受との関係のほうが重要です。

　多くの判例も，保証金についての特約の内容や，賃貸借契約と保証金授受との間の関係に着目して結論を導いています。

２　賃貸借契約と保証金契約との関係

　賃貸借契約と保証金契約との関係についての学説は，以下の３つの見解に分かれています。

(1) 密接不可分説

　両契約の関係は，原則的に密接不可分の関係にあり，賃貸借契約が解約により終了すれば，保証金契約も終了となるとする見解です。

　この見解に従えば，賃貸借契約の終了により保証金契約も終了する以上，直ちに，保証金は返還されることとなります。

(2) 付随契約説

　保証金契約は，賃貸借契約の付随的なものに過ぎないとする見解です。この見解は，保証金契約は，賃貸借契約の内容とまではなっておらず，賃貸借契約が不成立または無効もしくは取り消された場合には保証金契約も不成立または無効となりますが，賃借人の責めに帰すべき事由によるときは，保証金契約の特約は有効であるとします。

(3) 可分説

　賃貸借契約と保証金契約とは全く別個の契約であり，賃貸借契約の終了

は，保証金契約に影響を及ぼさないとする見解です。

　この見解に従えば，たとえ賃貸借契約が終了したとしても保証金契約は終了せず，保証金返還は保証契約上定められた時期に返還すれば足りることとなります。

　もっとも，この見解も，新賃借人が保証金を支払った場合や賃貸人の一方的都合で解約した場合には，保証金を一括返済するとの慣行があるとするので，そのような場合には，保証金は返還されることとなります。

3　裁　判　例

　裁判例の多くは，保証金についての特約の内容や，新賃借人からの保証金の受領の事情を考慮して結論を導いています。

　たとえば，特約の内容として，保証金据置期間10年で，その後分割返済する約定があり，賃貸借が合意解約され，賃貸借契約が存在しなくなった場合でも，据置き・分割返済の約定については同様とする旨の条項がある事案において，約定弁済期まで返還を要しないとした裁判例があります[1]。

　反対に，特約の内容として，賃貸借契約終了の際にも据置き・均等償還の約定に従う定めが存在しなかった事案において，賃貸人が賃借人から新たに保証金を徴収していることなども併せ考え，保証金の返還を要するとした裁判例もあります[2]。

　また，賃貸借契約と保証金授受との関係に着目して結論を導く裁判例もあります。

　この裁判例は，賃貸借期間20年，保証金500万円の据置期間も20年との約定があり，賃貸借開始後約6年半で賃料不払を理由として解除された事案において，「据え置き期間の定めは，賃貸借期間満了によって終了した通常の場合を予想して約定されたもの」なので，引渡しによって返還義務が生ずると判断しています[3]。

　結局のところ，裁判例は，保証金の法的性質という講学上の概念から単純に結論を導き出しているわけではなく，当事者間の合意の内容や賃貸借契約と保証金授受との関係に着目して，結論を導いていると考えられます。

4 設問の検討

　設問の特約は，保証金の返還を次の入居者が決まるまで猶予することを内容としています。このような特約は効力を有するのでしょうか。
　判例が，当事者間の合意の内容や賃貸借契約と保証金授受との関係とで分析していることは，すでに指摘したところです。
　とすると，保証金の返還時期が，賃貸借契約の満期と無関係に設定され，賃貸借契約が中途で終了した場合に例外的に次の入居者が決まるまで猶予するという形の特約であった場合には，特約の効力が一定の範囲で認められる余地はありますが，それ以外の場合には，保証金の返還時期について，特約の効力が全面的に認められる可能性は低いと思われます。
　通常，当事者の意思としても，保証金は，賃貸借契約を担保する趣旨等で差し入れられるものが多く，賃貸借契約と保証金授受とは密接に関連するものであり，保証金返還時期も賃貸借契約の満了時と定められているものが多いところ，設問のように保証金の返還時期を次の入居者が決まるまで猶予すると定められている場合には，賃貸借契約との関係を否定することは尚更困難であると考えられます。
　そして，次の入居者が決まるまでといった返還時期の定めは，場合によっては永遠に次の入居者が決まらない事態もあり得ることから，無条件に返還猶予の効力を認めることは明らかに妥当性を欠くと思われます。
　よって，設問のようなケースでは，次の入居者が決まるまで保証金の返還を猶予するという特約は，賃借人の責めに帰すべき事由により賃貸借契約が中途で終了した場合に，次の入居者が決まるまでの合理的期間内に限り保証金の返還を猶予する旨の特約であると解するのが契約当事者の合理的意思であると考えられ，特約の効力が全面的に認められる可能性は低いといえるでしょう。

引用判例

＊1　東京地判昭50・6・21金商475号17頁。
＊2　名古屋地判昭49・2・12金商415号13頁。

＊3　大阪地判昭52・3・15金商536号39頁。

【細川　健夫】

Q59 敷引特約

関西地方に転勤の予定です。敷引という方式があると聞きました。どのような点に注意すべきでしょうか。

A

(1) 敷引特約とは，敷金・保証金の返還にあたって，一定額を償却（控除）する旨の特約をいいます。関西地方で多く見られる慣習で，敷金の1，2割を差し引いた残額を返還するという例が多いようです。
(2) 判例は，一般的には，敷引特約を有効と判断しているものが多いですが，特約の内容が不合理な場合において，その特約の全部または一部を無効として取り扱っているものがあります。
(3) 敷引特約で注意すべきことは，①敷金以外の名目で交付される金銭（礼金）の存否，②控除割合，③期間満了前に終了する場合の取扱い，④更新時の取扱い等です。

キーワード 敷金返還請求権，敷引特約

解説

1 敷金と敷引特約

(1) 敷金とは

敷金とは，不動産の賃貸借に際し，賃借人の賃料債務その他の債務を担保する目的で，賃借人から賃貸人に交付される金銭であって，賃借物を返還（明渡し）したときに，賃借人に賃料債務その他の債務不履行があれば，それを差し引いた残額を，不履行がなければ全額が賃借人に返還されるものをいいます。

賃借人が賃貸人に返還を請求できる敷金は，賃貸借が終了し，実際に賃借物を返還（明渡し）したときに，賃借人が賃貸人に対して負担する債務を差し引いた残額です。

(2) 敷金から控除される金額

賃借人が，賃貸人に対し負担する債務とは，賃貸借契約に関して負う賃貸人に対する一切の債務であり，具体的には，未払賃料，賃料相当損害金はもちろん，家屋の損傷に対する賠償や造作・模様替えの原状回復費用等が含まれます。

もっとも，ここでいう原状回復費用とは，賃借人が故意または過失により通常の用法に従って生ずる程度を超える重大な損耗を生じさせた場合の修繕費用等のことをいいます。

すなわち，すべての場合に，入居時と全く同一の状態に戻すことまでは必要ではなく，経年劣化や，通常の用法に従って使用していた場合に生じるような損傷・汚損は，そのままの状態で明け渡せばよいと考えられています。

なぜなら，経年劣化や，通常の用法に従って使用していた場合に生じるような損傷・汚損は，目的物を賃借人に利用させることを内容とする賃貸借契約の本質上当然に予定されている損傷であり，このような損傷による投下資本の減価の回収は，賃料の一部である必要経費（減価償却費，修繕費）に含まれていると考えられるからです。

(3) 敷引特約

敷引特約とは，敷金・保証金の返還にあたって，あらかじめ一定額を償却（控除）することを約束する特約のことをいいます。

本来，敷金がいくらくらい戻ってくるかは，目的物の明渡後，家屋の損傷に対する賠償や造作・模様替えの原状回復費用等の計算が終わって，初めて分かるものです。

それを，契約締結時にあらかじめ一定の額を償却することを合意したのがこの敷引特約の特色ですが，償却分ではカバーしきれないほどの損傷・汚損が生じていた場合や，賃料の未払等があった場合には，それらは，別個残りの敷金から差し引かれることとなるので，必ずしも，差し入れた敷金から一定額を控除した残額が必ず賃借人に返還されるわけではありません。

このように，敷引特約は，本来，賃貸人が負担すべき，家屋の通常の損傷に関する原状回復費用を賃借人に負担させるものであり，賃貸人に有利な特約ですが，原状回復費用が定額化され，特段の事情のない限り，いくらくらい敷金が返還されることになるのかが賃借人に予測可能となるので，賃借人の側にとってもそれなりの意味のある特約ということになります。

もっとも，後述するように，敷引割合ないし控除額が不合理に高く設定されている場合や，敷引により実質的に礼金の二重取りになってしまっているような場合などには，その法的効力が問題となります（消費者契約法の適用がある場合には，同法9条による損害賠償の予定に関する制限に違反しないか否かも問題となります）。

2 敷引特約の効力に関する判例

この敷引特約については，判例は，必ずしもすべての場合に，効力を認めているわけではありません。一般的には敷引特約は有効と解しつつも，特約の内容が不合理な場合などに特約の全部または一部を無効として取り扱っています。

たとえば，東京地裁の裁判例[*1]は，期間満了前に賃貸借が終了した場合に，高額の敷金・保証金が控除される特約が存在したケースに関する裁判例ですが，敷引特約は一部無効であると判断しました。

上記裁判例は，敷引により控除される金額の性質につき，建物または付属備品の消耗その他の価値減に対する保証としての性質を有するとした上で，敷引特約により，控除されるべきであるのは，実際に継続した賃貸借契約の按分額に限られる，と判断したのです。

また，最高裁は，「敷引金は個々の契約ごとに様々な性質を有するものである」として事案ごとの敷引金の性質や当事者らの合理的意思解釈により控除できるか否かが決まると判断し，阪神淡路大震災において建物が滅失して賃貸借が終了した本件では，災害により当事者が予期しない時期に終了した場合にまで敷引金を返還しないとの合意が成立しておらず，敷引特約を適用できないと判断しました[*2]。

すなわち，敷引特約の有効性は，事案ごとに，特約の性質や当事者の合理的意思解釈により個別具体的に判断されるということになります。

3 敷引特約において考慮しなければならない点

　敷引特約は，前述のとおり，敷金からあらかじめ合意された一定額を控除し，賃貸借契約終了時に残額を返還することを内容とする特約です。
　敷引特約は，敷金から控除される原状回復費用等をあらかじめ合意により一定の金額に確定しておくものですが，業者の中には，敷引特約を設けておきながら，別途原状回復費用を差し引いて返金したりするなど実質的に原状回復費用を二重取りしているような業者もあります。
　そのような原状回復費用の二重取りとしか思えないケースについては，不合理なものとして，その限りで効力が認められないとされる可能性が高いですが，その他にも，賃借人に一方的に不利益で，合理性の認められないものも存在します。
　よって，敷引特約がある場合には，敷引特約により控除される金額は，原状回復費用等であるということを念頭においた上で，特約に合理性が認められるか，その内容を精査する必要があります。
　具体的には，①敷金以外の名目で交付される金銭（礼金）が他にも存在し，実質的に礼金の二重取りとなっていないか，②控除割合が通常の原状回復費用等と比較し，あまりに高額すぎないか，③期間満了前の控除額につき，あまりに高額に設定されていないか，④更新時に，控除金相当額の追加担保を納付することが求められていないか等の事情から，敷引特約の合理性について考慮する必要があるといえます。
　なお，一部の不動産会社では，敷引をした後に，自然償却分を当然のように差し引いてくるところもありますので注意が必要です。敷引後に差し引かれるのは自然償却分ではカバーしきれないほどの損傷・汚損が生じていた場合の修繕代金や，未払賃料等のみですので，通常の契約終了においては差し引かれません。
　敷引をした上でさらに何らかの実費精算がなされるような場合，精算根拠

を精査する必要があります。

引用判例

*1　東京地判平4・7・23判時1459号137頁。

*2　最判平10・9・3判時1653号96頁。

【細川　健夫】

第10章

更 新

Q60　賃貸借契約の更新と正当事由

転勤で東京に出てくることになり，勤務先に近いうえに家賃も手頃な賃貸マンション（築10年から15年程度）を見つけました。転勤の期間は5年程度ですが，仲介業者から賃貸の期間は2年といわれました。2年経過したら更新もできるとのことでしたが，本当に更新できるのでしょうか。

A

(1) 建物の賃貸借契約は，期間満了の1年前から6ヵ月前までに賃貸人が契約更新拒絶の通知をしなければ，同一条件で更新したものとみなされるほか，契約の更新拒絶には正当事由が必要とされています。
(2) 正当事由の判断にあたり考慮される事情としては，賃貸人および賃借人が建物の使用を必要とする事情が主であり，賃借人の不信行為や立退料など，その他の事情は補完的に考慮されます。
(3) 設問では，定期借家契約ではなく普通の建物賃貸借契約と考えられますが，家賃の滞納やその他の不信行為をしなければ，更新拒絶に正当事由が認められることはまず考えられませんから，更新できると考えてよいといえます。

(キーワード) 建物賃貸借契約の期間の規定，合意更新，法定更新，正当事由

解説

1　建物賃貸借契約の期間

(1) 契約期間の制限

建物賃貸借契約は，民法上の賃貸借契約の一種であり，民法604条は，賃

貸借契約の存続期間を最長20年とし，それ以上の期間を決めたときには20年に短縮される旨を規定しています。

ただし，建物賃貸借契約については，改正された借地借家法29条2項で，民法604条の規定は建物の賃貸借契約については適用しないものとされましたので，現行法上建物賃貸借契約の存続期間について上限はなく，たとえば50年といった長期の建物賃貸借契約も可能となっています。

一方，借地借家法29条1項では，期間を1年未満とする建物の賃貸借契約は，期間の定めのない建物賃貸借契約とみなすものとされています。ただし，定期借家契約については，この制限は適用されません（借地借家38条1項後段）。

したがって，定期借家契約の場合を除き，当事者間で建物賃貸借契約の存続期間を決める場合は，その期間は最短でも1年としなければならないことになります。なお，実際には，居住用のアパートや賃貸マンションの賃貸借契約の期間は2年程度が多いようです。

(2) 契約期間の定めがない場合

期間の定めのない建物賃貸借契約の場合には，民法617条により，当事者はいつでも解約の申入れをすることができ，建物賃貸借の場合は3ヵ月後に効力が生ずるものとされていますが，建物の賃貸人が解約の申入れをする場合については，この原則が大幅に修正されており，建物の賃貸人が解約の申入れをしたときは，その日から6ヵ月後に建物賃貸借契約は終了するものとされている（借地借家27条）ほか，解約の申入れには後述する正当事由が必要とされています（同28条）。

2 建物賃貸借契約の更新と正当事由

(1) 合意更新と法定更新

建物賃貸借契約の期間満了にあたり，当事者間の合意により契約を更新すれば，契約はそのまま存続します。これを合意更新といいます。

一方，建物賃貸借の更新について当事者が明示的に合意していない場合でも，当事者が，期間満了の1年前から6ヵ月前までに更新拒絶の通知をしな

かったとき，または契約条件を変更しなければ更新しないという通知をしなかったときは，以前の条件と同じ条件で更新したものとみなされます（借地借家26条1項）。

また，仮に賃貸人から更新拒絶の通知がなされた場合でも，賃貸借の期間が満了した後も賃借人が建物の使用を続けているのに，賃貸人が遅滞なく異議を述べなかったときは更新したものとみなされます（同26条2項）。これらの規定による賃貸借契約の更新を法定更新といいます。

合意更新であれば，更新後の契約の期間は当事者間の合意で定められるのが通常ですが，法定更新の場合は，更新後の契約は期間の定めのない賃貸借契約となります。

したがって，賃貸借契約の更新について，契約期間の満了までに賃貸人と合意に至らなかった場合でも，賃貸人から更新拒絶の通知がない限り，賃貸借契約の効力は法定更新により存続することになります。

また，賃貸人から更新拒絶の通知があった場合でも，当該更新拒絶の効力が認められるには，次に説明する正当事由が必要とされます。

(2) 借地借家法の正当事由の規定

借地借家法28条では，建物の賃貸人による更新拒絶または解約申入れは，「建物の賃貸人及び賃借人が建物の使用を必要とする事情のほか，建物の賃貸借に関する従前の経過，建物の利用状況及び建物の現況並びに建物の賃貸人が建物の明渡しの条件として又は建物の明渡しと引換えに建物の賃借人に対して財産上の給付をする旨の申出をした場合におけるその申出を考慮して，正当の事由があると認められる場合でなければ，することができない。」と規定されています。

なお，旧借家法では，建物の賃貸人が自ら使用することを必要とする場合その他正当事由のある場合に更新拒絶ないしは解約の申入れをすることができる，と規定していました。その結果，賃貸人に使用の必要性があれば，賃借人の使用の必要性とは関係なく，それだけで正当事由があると解釈されてしまうという問題がありました。

そこで，大審院は昭和19年の判決で，正当事由は賃貸人の使用の必要性のみを取り上げるべきではなく，当事者双方の利害を比較して調整するべきで

あるという基本的な考え方を示し，最高裁判所も大審院の考え方を受け，「建物賃貸借解約申入の『正当事由』は賃貸借の当事者双方の利害関係その他諸般の事情を考慮し社会通念に照し妥当と認むべき理由をいう」としました[*1]。

その後，裁判所によって正当事由の判断基準となる多くの判例が積み上げられ，平成３年の借地借家法の全面改正に際しては，判例の大勢を踏まえて，正当事由に関する規定も前述のとおりに改められたのです。

③ 正当事由の判断にあたり考慮される事情

借地借家法では過去に積み上げられた判例の基準を参考にしていますので，旧借家法と比較すれば，正当事由の内容がある程度具体的になりました。けれども，建物賃貸借に関するトラブルは，通常，建物賃貸借契約は長期で複雑な関係であり，賃貸人側・賃借人側の事情も個々のケースにより微妙に異なっていることが多いので，実際のケースにおいて正当事由があるかどうかの判断は，過去の判例を参考にして，正当事由に関する判例を類型化すると，概略，次のような事情が考慮されています。

(1) **正当事由が認められる方向の事情**
　①賃貸人自身の使用の必要性
　　・居住のため，営業のため，生活維持のため
　②賃貸人の独立している親族の使用の必要性
　③建物の老朽化・取壊しや建替えの必要性
　④建物の敷地の有効利用・高度利用
　⑤賃貸借契約成立時の事情およびその後の経過
　　・不法占拠後の契約
　　・情誼による賃貸…親族の苦境を見兼ねて賃貸した等
　　・不信行為…賃料不払，無断改装，乱暴な使用法等
　⑥立退料の提供

(2) **正当事由が否定される方向の事情**
　①賃借人自身の使用の必要性

・居住のため，営業のため，生活維持のため
②転借人または同居人の使用の必要性
③賃貸借契約成立時の事情およびその後の経過
　・権利金・保証金・更新料の支払等建物賃借人の支出
　・建物賃借人に債務不履行の事実がない等

4　正当事由に関する判断のポイント

(1) 賃貸人および賃借人における使用の必要性

　実際は，一つの事情だけではなかなか判断できないので，結局，以上のような事情を総合して，正当事由の有無は判断されるのですが，最終的には建物を賃貸人が使うべきか，それとも賃借人が使うべきかを判断するわけですから，最も重視されるのは，賃貸人と賃借人の使用の必要性です。現実の判例を分析すると，正当事由の有無の判断は，主として賃貸人と賃借人の使用の必要性を比較して決定し，賃借人の不信行為や権利金の支払，立退料の提供などは補完的な要素としています。

　賃貸人自身の使用の必要性といっても，現実にはいろいろな事情があります。賃貸人が災害等で他に住居がなくなったという場合と，他に住居はあるが家族が増えて狭くなったという場合とでは，前者の必要性のほうが高いといえるでしょう。

　また，他に住居はあるが狭くなったという場合でも，賃貸人の地方にいる甥が東京の大学に合格し同居したいので手狭になるという場合と，賃貸人の親が老齢で世話するために同居をしたいという場合では，後者の必要性が高いといえるでしょう。

　賃借人自身の使用の必要性も同じように判断します。賃借人が他に住居のない場合とある場合とでは，前者のほうが必要性は高いといえます。他に住居がないといっても，賃借人自身が学生で1人住まいの場合もあれば，妻子5人家族で十数年も生活していて簡単に引越しできない場合もあります。

　以上のように，自己使用の必要性といっても，それぞれのケースで必要性の程度が異なりますから，事実関係をよく整理して必要性の程度を判断し，

双方の必要性を比較する必要があります。

(2) 建物の老朽化

建物の老朽化も正当事由を認める事情になります。これは，通常賃貸人自身の使用の必要性の中で主張されます。たとえば，建物が老朽化し修繕には多額の費用がかかるので建て替えたい，また老朽化のうえ賃貸人の子供がアパート住まいなので，この際子供にも建築費を負担してもらって二世帯住宅にしたいというようなケースです。

しかし，老朽化といってもどの程度の老朽化があれば，正当事由が認められるかは実務上大変難しい問題です。建物の土台や通し柱などの重要な基礎的部分が腐食するなどしている場合は正当事由が認められやすいでしょうが，単に建て替えたほうが賃貸人にとって経済的に有利であるという程度では認められにくいでしょう。

(3) 土地や建物の有効利用等

土地や建物の有効利用も正当事由を認める事情になります。これも通常賃貸人の使用の必要性の中で主張されます。特に内需拡大政策に伴って昭和60年頃から生じたバブル景気の頃は，土地の有効利用を図ることが一種の社会的要請であるという考え方が生じ，裁判所も立退料の支払を条件として正当事由を認めたケースがかなりありました。

現在でも，土地に対する容積率を使い切っていない建物である，建物が古いのでテナントが集まらない，あるいは近隣が高度利用地域になったのでより近代的なビルにしたいなどの事情があれば，立退料の支払を条件に正当事由が認められる可能性があるでしょう。

賃貸人自身の使用の必要性が賃借人の必要性と比較して，ほとんど差がないかあるいは賃貸人の必要性が幾分弱いのではないかと判断される場合は，過去において賃借人に賃料不払があったなどの不信行為等の要素も重要になります。あまりに不信行為がひどい場合は正当事由が認められることもあり得ます。

5 設問に対する回答

　設問の事例は，仲介業者が期間2年で更新もできると説明しているのですから，定期借家契約ではなく普通賃貸借契約と思われます。

　普通賃貸借契約の場合，期間満了に際し，賃貸人と合意更新できれば問題はありません。もし，賃貸人から更新拒絶されたときは，正当事由の有無が問題になりますが，築10年から15年程度の普通の賃貸マンションであれば，賃貸人が自分で使うとか建替えということは考えにくいですし，賃料の滞納などなく普通に使っていれば，更新拒絶が有効になるという心配はあまりないと考えてよいでしょう。

引用判例

　＊1　最判昭25・6・16民集4巻6号227頁。

【西村　康正】

Q61　法定更新の場合における更新料の支払義務

私は，マンションの一室をＡに賃料１ヵ月10万円で賃貸していますが，賃貸借契約には更新料を10万円とする定めがあります。私は，期間満了の２ヵ月前にＡに対し，更新の意思を確認したところ，Ａは更新を希望しました。そこで，私は，Ａに対し，更新契約書を送付するとともに更新料10万円の支払を請求しましたが，Ａは更新料10万円の支払を拒絶しました。私はＡに更新料の支払を請求できるでしょうか。

A

(1)　Ａに対する更新意思の確認が期間満了の２ヵ月前になされているため，すでにＡとの間の賃貸借契約は法定更新となっているものと考えられますが，法定更新となっている場合に，特約に基づく更新料の支払請求ができるか否かについては，裁判例によって判断が分かれています。

(2)　更新料は賃料の一部前払ないし賃料の補充と見るべきであり，特約の適用範囲を合意更新の場合に限定して解釈すべき合理的理由はないことから，法定更新の場合でも更新料の支払義務は認められるものと考えられます。

キーワード　更新料，法定更新と更新料の支払義務，更新料の法的性質

解説

１　更新料支払義務が生ずる場合

　更新料とは，賃貸借契約が更新される際に，更新の対価として支払われる一時金です。

民法や借地借家法には，更新料についての規定はなく，また，判例[*1]は「我が国には更新料の支払いに関する商慣習ないし事実たる慣習はない」として，更新料の支払の合意がない場合には更新料の支払義務はないとしています。

そのため，更新料の支払義務が生ずるのは，賃貸人と賃借人との間に更新料の合意がある場合に限られます。

そして，更新料の支払に関する特約について，その金額が賃料の1ヵ月分とした事案では，これを有効とし，更新料の不払を理由とする賃貸借契約の解除を認めた裁判例[*2]がある一方，更新料の金額を賃料の3ヵ月分と定めた事案では，賃料の2ヵ月分を限度としてこれを有効とした裁判例[*3]があります。

設問の事例では，賃貸借契約に更新料支払の特約があり，その額も賃料の1ヵ月分となっていますので，裁判例の基準に照らし，更新料支払の特約はそのまま有効であると考えてよいでしょう。

2 法定更新の場合

しかし，設問の事例では，賃貸人がAに更新の意思を確認したのが期間満了の2ヵ月前ということですから，法定更新（Q60参照）となっているものと考えられます。

更新料支払の特約がある建物賃貸借契約が，借地借家法26条の規定により法定更新された場合，賃借人に当該特約に基づく更新料の支払義務があるか否かについては争いがあります。

(1) 更新料の支払義務を否定する裁判例

東京高判昭和54年2月9日[*4]は，更新料の支払の特約は，「合意更新の場合を予想して約定されたものと解され，法定更新の場合についてまでこれを認めたものとは解しがたい」とし，東京地判平成4年1月8日は，「特段の事由がない限り，更新時に更新料を支払うというのみの合意には，法定更新の場合を含まないと解するのが相当である」として，更新料支払の特約があっても，法定更新の場合には更新料の支払義務はないとしています。

(2) 更新料の支払義務を肯定する裁判例

これに対し，東京高判昭和53年7月20日[*5]は，「更新料の性質上法定更新の場合を除外すべき何らの根拠もない」とし，東京地判昭和57年10月20日[*6]は，「更新料は，実質的には更新後の契約期間の賃料の一部の前払たる性質のものと推定しうるから，たとえ法定更新の場合でも，賃借人に不利益であるとは言えず，むしろ，賃借人が更新の協議に応じない期間が満了して法定更新された場合には更新料の支払いを免れるとすれば，かえって公平を害するおそれがあることなどを総合的に考えると，法定更新の場合にも，賃借人は更新料の支払い義務を免れない」として，法定更新の場合でも更新料の支払の特約により更新料の支払義務はあるとしています。

また，東京地判平成10年3月10日[*7]は，更新料の支払の特約は，「合意による更新の場合に限定しているとは認められず，賃料の補充ないし異議権（更新拒絶）放棄の対価という更新料の性質，合意更新の場合との均衡という点に鑑みると，法定更新の場合を除外する理由はない」として，法定更新の場合でも更新料の支払義務はあるとしています。

3 更新料の法的性質

これらの裁判例を整理すると，法定更新の場合における更新料支払義務の有無は，更新料の法的性質について裁判例上も次のように見解が分かれ，これをどのように解釈するかによって結論が分かれている傾向がうかがえます。

① 賃料の一部前払，賃料の補充と見る見解　これは，特約による更新料を賃料の一部前払ないし賃料の補充と捉える見解であり，このような見解は，合意更新か法定更新であるかにかかわらず更新料支払の特約があれば賃借人の更新料支払義務を認めるという結論になじみやすいと考えられます（前掲東京地判昭和57年10月20日など）。

② 異議権放棄の対価と見る見解　更新料を異議権（更新拒絶）放棄の対価と捉えると，更新料支払の特約があっても，当事者間の協議が整わず合意更新に至らなかった場合にまで更新料を支払う義務はないという

結論になじみやすいと考えられます。
③　折衷的見解　もっとも，前掲東京地判平成10年3月10日は，更新料の性質を「賃料の補充ないし異議権放棄の対価」と広く捉えながら，法定更新の場合の更新料の支払義務を肯定しています。

更新料の性質および法定更新の場合の更新料支払義務の有無については，このように裁判例でも判断が分かれている状況であるため，いずれの見解が妥当であるかは，今後の最高裁による判断を待たねばなりません。

4　設問に対する回答

更新料を異議権放棄の対価と考えることは，賃貸人からの更新拒絶や解約申入れによる賃貸借契約の終了が認められにくく更新が原則となっている借地借家法の下で妥当でなく，更新料は賃料の一部前払もしくは賃料の補充と見るのが妥当と考えられます。

そして，賃貸人と賃借人が更新料支払の特約を締結する際に，合意更新と法定更新とを区別していると考えることには無理があり，特約の適用場面を合意更新に限定して法定更新の場合を除外する合理的な理由はないことから，更新料支払の特約がある場合には，法定更新となった場合でも，賃借人には更新料の支払義務はあると考えられます。

したがって，設問の場合，賃貸人はAに対して更新料の支払を請求できると考えられます。

引用判例

* 1　最判昭51・10・1判時835号63頁。
* 2　東京地判昭51・7・20判時846号83頁。
* 3　東京地判昭54・9・3判タ402号120頁。
* 4　東京高判昭54・2・9判時927号200頁。
* 5　東京高判昭53・7・20判時904号68頁。
* 6　東京地判昭57・10・20判時1077号80頁。
* 7　東京地判平10・3・10判タ1009号264頁。

【田中　秀幸】

第11章

賃貸借契約の終了

Q62 前家賃の特約の効力

　私は，マンションの一室をAに賃貸しています。この契約では賃料の支払時期について「毎月末日までに翌月分を支払う」という特約（前家賃の特約）で賃貸しています。
　ところが，Aは入居開始直後から当月分の賃料を当月末日に支払い，前家賃の特約を守っていません。私は，前家賃の特約違反を理由として契約を解除して退去を求めることはできるでしょうか。

A

(1)　いわゆる前家賃の特約自体は法律上有効と解され，Aが前家賃の特約を守らないのであれば，賃貸人がAに対して特約どおりに家賃の支払を請求することは可能であり，遅延損害金も特約による支払日の翌日から起算されることになります。

(2)　しかし，賃料不払を理由とする契約の解除には，これによって当事者間の信頼関係が破壊されたと認められることが必要であり，前家賃の特約違反による契約の解除が認められる可能性があるのは，あらかじめ賃貸人が賃借人に対し，再三にわたって前家賃の特約どおりに賃料を支払うよう求めているにもかかわらず，賃借人が長期間にわたって前家賃特約の不履行を繰り返して一向に是正しようとしないような場合に限られると解されます。一般論としては，前家賃の特約違反のみを理由として，契約を解除して退去を求めることは難しいでしょう。

キーワード　前家賃の特約，信頼関係破壊の法理

解説

1　賃料不払を理由とする賃貸借契約の解除

　民法上，賃貸人が賃貸借契約を解除することができるのは，①賃借人に債務不履行がある場合（民541条），②賃借人が無断転貸（または賃借権の無断譲渡）をしている場合（民612条2項）の2つであり，賃借人に何らかの義務違反がある場合です。
　賃料の支払義務は賃借人の最も基本的な義務ですから（民601条），賃料不払は賃借人の債務不履行の典型的な場面で解除事由となります。
　しかし，賃料不払があったとしても，賃貸借契約を継続することが困難な程度に賃貸人と賃借人との間の信頼関係が破壊されたといえない場合には，解除は認められません（信頼関係破壊の法理[*1]）。賃料不払の場合，裁判所において信頼関係が破壊されたと認められるのは未払賃料の額が3ヵ月程度に達した場合で，未払賃料の額が1ヵ月程度であれば，「未だ信頼関係は破壊されていない」として解除を認めないのが通常です。
　賃料不払による解除をするには，解除の意思表示に先立って，相当期間を定めて催告をすることが必要です（民541条）。
　未払賃料の額が9年10ヵ月分に達し，その間自己所有を主張していたという極端な事案では無催告解除を認めた判例[*2]もありますが，賃料の延滞が5ヵ月分に達しても，その後6ヵ月分をまとめて支払うという和解をした事案で無催告解除が認められなかった裁判例[*3]もありますから，賃料の不払を理由とする無催告解除が認められるのは極めて例外的な場合であり，基本的には催告を要すると考えたほうがよいと思われます。

2　賃料の支払時期——前家賃の特約

　建物賃貸借契約の賃料の支払時期は，「毎月末日に当月分を支払う」（当月払）のが原則ですが（民614条），「毎月末日に翌月分を支払う」旨のいわゆる

「前家賃の特約」を定めることも少なくありません。民法614条の規定は任意規定と解されており，賃借人の保護を目的とした借地借家法にも，賃料の支払時期に関する特別の規定はありませんので，このような前家賃の特約も有効と考えられます。

したがって，建物賃貸借契約に前家賃の特約があり，賃借人がその特約で定められた期日までに賃料の支払をしない場合，賃貸人が，賃借人に対し当該特約に基づく賃料の支払を請求することは法律上可能であり，未払賃料に対する遅延損害金の起算点も，当該特約による支払期日の翌日からということになります（もっとも，建物明渡請求と合わせて未払賃料の支払を裁判上請求する場合，未払賃料に対する遅延損害金を請求の趣旨に含めると，金額の計算が著しく複雑になってしまうことから，未払賃料に対する遅延損害金を裁判上請求することは実務上あまりないと思われます）。

３　前家賃の特約を履行しない場合の解除の可否

もっとも，前家賃の特約が法的に有効であるかという問題と，賃借人が賃料を当該特約どおりに支払わなかった場合，直ちに債務不履行を理由とする契約の解除が認められるかという問題は，あくまで別の話です。

前述のとおり，賃料の不払があった場合でも，賃貸借契約を継続することが困難な程度に賃貸人と賃借人との間の信頼関係が破壊されたといえない場合には，当該賃料不払を理由とする契約の解除は認められません。

賃借人が，前家賃の特約どおりに賃料を支払わなかったとしても，賃料1ヵ月分を1回延滞したという程度では，到底契約の解除は認められないでしょうし，逆に，賃料の延滞が6ヵ月分にもなってしまった場合には，契約の解除は認められることになりますが，これは前家賃の特約がなくても同じことです。

よって，前家賃の特約と解除権との関係について，実質的に論ずる意味があるのは，賃借人が特約による約定日から1ヵ月前後の延滞を繰り返し，事実上当月払の状態になってしまっているような場合に，これを理由とする契約の解除が認められるかという問題でしょう。

この点については，Q63の解説で述べられているように，故意に賃料を延滞しているという理屈で債務不履行解除を認めるという余地もないわけではありませんが，民法上の原則はあくまで当月払であり，賃料の前払を受けられないからというだけで当事者間の信頼関係が破壊されたというためには，それなりの説明が必要でしょうし，事実上当月払になっている状態を賃貸人がそのまま放置しておくと，当月払とすることを賃貸人も黙示に承諾していたと解釈されるおそれがあります。

　したがって，賃借人が前家賃の特約を守らず，事実上当月払になってしまっていることを理由に，賃貸人が契約を解除するには，最低限，あらかじめ賃貸人が賃借人に対し，再三にわたって前家賃の特約どおりに賃料を支払うよう求めているにもかかわらず，賃借人が長期間にわたって前家賃特約の不履行を繰り返して一向に是正しようとしないといった事情が必要であると考えられます。

　一般論としては，前家賃の特約違反のみを理由とする契約の解除はかなり難しいといわざるを得ないでしょう。

引用判例

＊1　最判昭39・7・28民集18巻6号1220頁。
＊2　最判昭49・4・26民集28巻3号467頁。
＊3　東京地判昭49・6・17判時766号88頁。

【田中　秀幸】

Q63　長期間の賃料1ヵ月分滞納を理由とする解除

賃貸マンションを所有していますが，家賃の支払が悪い賃借人がいて困っています。常に1ヵ月分は滞納しています。強く催促すると支払うので，2ヵ月分滞納したことはありません。契約解除はできませんか。

A

(1) 建物賃貸借契約の解除については，信頼関係破壊の法理と呼ばれるものが判例上認められており，形式的に賃料延滞などの債務不履行がある場合でも，それだけで契約の解除が認められるわけではありません。

(2) 実務上の感覚としては，一般的に賃料の延滞が3ヵ月分程度に達していれば，建物賃貸借契約の解除は認められると思われますが，設問のように，賃料の延滞が1ヵ月分のままであっても，その滞納状態が相当の長期間にわたっているのであれば，契約の解除も可能であると解されます。

（キーワード）賃料不払，無催告解除，信頼関係破壊の法理

解説

1　問題の所在

(1)　**賃借人の賃料支払義務**

賃貸借契約は，当事者の一方がある物の使用および収益を相手方にさせることを約し，相手方がこれに対してその賃料を支払うことを約することによって，その効力を生ずるものとされています（民601条）。

賃貸人が，賃借物を賃借人に引き渡して，賃借人に使用収益させること

が，賃貸借契約における賃貸人の最も基本的な義務であること，逆に，賃借人が賃料を支払うということが，賃借人の賃貸借契約における最も基本的な義務であるということが分かります。

(2) 契約解除権の根拠規定

では，賃借人に何らかの債務不履行があった場合，どのような根拠によって，賃貸人は契約解除できるのでしょうか。

賃借人に用法違反があった場合は，民法616条で使用貸借に関する民法594条の規定を準用していますし，賃借権の無断譲渡，賃借物の無断転貸の場合は，民法612条2項で解除権が認められています。しかし，それ以外の賃借人の義務違反があった場合の規定は，民法の賃貸借の条項にはありませんから，民法の契約解除に関する一般条項である民法540条以下が適用されるということになります。

(3) 民法541条の適用

民法541条によれば，当事者の一方が債務を履行しないときは，相手方は相当の期間を定めて履行の催告をし，その期間内に履行がないときは，契約解除できると規定されています。

通常の賃貸借契約では，賃借人は賃料の支払を，毎月末日までに翌月分を支払う，あるいは毎月末日までに当月分を支払うなどと規定されています。要するに，毎月，1ヵ月分を支払うという約定がほとんどなのです。

これに，先の民法の規定を機械的に当てはめると，たとえば，建物賃貸借において，毎月末日までに翌月分前払の契約であった場合，賃借人が平成19年1月31日に支払うべき平成19年2月分の賃料の支払を怠った場合，賃貸人は，平成19年2月1日に，賃借人に対し，同月7日までに2月分の賃料を支払うよう催告し，賃借人が同月7日までに，賃料を支払わなかったときは，賃借人による賃料支払義務の不履行を理由に賃貸借契約を解除できるという分かりやすい結論になりそうです。

仮に，賃借人が5年間の契約中一度の賃料不払もなく，たまたま2月分の賃料の支払を忘れ，2月9日まで出張に行っていたため，2月10日にあわてて賃貸人の家に持参したとしても結論は同じで，賃借人はあらかじめ出張が分かっていたのだから，今回に限って早めに賃料を払っておけばよかったの

にという理屈もあり得ますが，素直に考えれば，分かりやすいけれど賃借人にちょっと気の毒かなとも思えます。

しかし，実際の土地や建物の賃貸借においては，信頼関係理論という判例上の理論があって，このような単純な結論にはならないのです。

(4) 信頼関係破壊の法理

土地，建物の賃貸借契約は，通常，契約期間が相当長く継続するものと予定されているので，継続的債権関係といわれています。また，土地，建物の賃貸借契約においては，賃借人が賃借している土地上の建物や賃借建物は，賃借人の生活の基盤となっていて，万一賃貸借契約を解除されると，賃借人はその生活の基盤となっている家を失うことになり，たちまちのうちに路上生活を余儀なくされるということになりかねません。

そこで，土地や建物の賃貸借契約においては，裁判所でも，賃借人の行為が賃貸人に対する信頼関係を破壊するおそれがあると認めるに足りないときは，解除権の行使は許されないなどとして，賃借人の債務不履行を理由とする契約解除を救ってきたという経緯があります[*1]。

逆に，この理論は，賃借人の側に賃貸人に対する信頼関係を破壊する行為があった場合は，無催告での契約解除も有効となるという賃借人に不利な結果になる要素もあります。

要するに，具体的な事案において，当該賃貸借契約の契約条項，賃貸人，賃借人の行為等の事情から判断して，賃借人の行為が賃貸借契約を解除されてもやむを得ない程度のものであれば，契約解除となるが，その程度に至らないものであれば，契約解除にはならないということになります。

ですから，賃料の支払がなかった場合，民法541条の規定のとおりに，催告期間を定め，その催告期間に賃料の支払がなかったから解除したとしても，解除の効力が認められるとは限らないのです。

２ 賃料不払を理由とする契約解除の効力

したがって，建物賃貸借の賃料不払による解除の効力の有無は，具体的な事情によって，結論が異なるということになります。

では，どのように考えていったらよいでしょうか。事情は千差万別ですから，相当程度，実務での感覚ということになります。
　現在，市販の建物賃貸借契約書などでは，1ヵ月分でも賃料不払があった場合は無催告で解除することができるという特約規定が見られます。まず，1ヵ月分の賃料不払で，無催告解除をしても，裁判所は，解除の効力を認めないでしょう。
　私の経験からすると，建物賃貸借の場合，3ヵ月程度は不払がないと，契約解除して明渡しを実現するということは難しいと思われます。
　3ヵ月の不払があって，契約上1ヵ月分でも不払があったら無催告で解除できるという特約がある場合，3ヵ月分の不払を理由に無催告解除が認められるかというと，絶対とはいえないでしょう。やはり，相当の期間内に支払うよう催告し，それでも支払がない場合に解除するというほうが堅いでしょう。
　建物賃貸借の賃料は，地代と比較すると高額です。3ヵ月分も滞納すれば，つい忘れたという弁解は通用しないでしょう。また，3ヵ月分の賃料を滞納した場合，直ちに遅滞のない状態にすることは，実際は難しいでしょう。何故ならば，賃借人がどこかから借金などして，支払ったとしても，無理をしているので，大概，また，滞納状態に陥ります。
　よって，賃料の滞納が3ヵ月分程度に達していれば，一般的に滞納状態を解消するのも困難であり，賃貸借契約の基礎となる信頼関係の破壊があったといい得るわけです。

３　設問に対する回答

　設問の事例は，賃料の延滞が2ヵ月分に達することはないが，常に1ヵ月分の延滞があるということであり，このような賃借人は，ほとんど故意に賃料を延滞していると思われます。
　強く催促すれば，支払うということからすれば，支払能力がないというわけでもないようです。1ヵ月の不払が半年程度続くようであれば，信頼関係を破壊していないという主張も認められないのではないかと思います。

前述のとおり，賃貸借契約においては，賃料の支払は，賃借人の最も基本的で本質的な義務です。賃貸人が自己所有の建物を賃貸した場合，その建物は賃借人が物理的に占有，支配することになり，賃貸人は所有者といえども，賃貸した以上は使用できないということになります。賃貸人は，その建物については，賃料を受け取るという形でしか権利を行使することができません。そのほとんど唯一残された権利を失うことは賃貸人にとっても酷なことです。

半年以上，1ヵ月分の不払状態が続くようであれば，1週間程度の催告期間をおいて，支払わなかった場合は債務不履行解除ということでよいのではないかと思います。

引用判例

＊1　最判昭41・4・21民集20巻4号720頁。

【西村　康正】

Q64　建物明渡請求の相手方

分譲マンションの一室を賃貸しました。家賃が月50万円と高額です。賃借人はA株式会社ですが，入居者は社長の一家です。現在3ヵ月分の家賃の滞納があります。会社の経営が悪いようです。社長は奥さんと離婚したとの噂もあります。明渡しを求める場合の注意点を教えてください。

A

(1) 賃借人が会社名義になっている場合には，賃料（家賃）の催告，賃貸借契約の解除は会社が相手方になりますが，実務上，賃借人が誰になっているかは，契約書でしっかり確認する必要があります。
(2) 明渡しの訴訟の被告は，会社および社長個人になります。もし社長が奥さんと離婚しているのであれば，社長の妻も訴訟の被告に加えておくべきでしょう。

（キーワード）賃貸借契約の当事者，建物明渡しの強制執行の当事者，建物の占有状態

解説

1　はじめに

賃貸借契約は民法601条によって，「賃貸借は，当事者の一方がある物の使用及び収益を相手方にさせることを約し，相手方がこれに対してその賃料を支払うことを約することによって，その効力を生ずる。」と規定されています。

このように，賃貸借契約において賃料の支払は，最も基本的な賃借人の義

務ということになります。世間的には，建物賃貸借において，賃料のことを家賃，土地賃貸借においては地代ということが多いようです。

　以上のように，建物賃貸借契約において，賃料の支払は，賃借人の最も本質的で，基本的な義務ですから，その不払は賃貸借契約における重要な債務不履行ということになります。

　現実的にも，建物賃貸借における賃料は，安いアパートなどでも，1ヵ月あたり5，6万円になりますから，賃貸人にとっても，賃料の入金がないことは，経済的にも大きな痛手になります。

　実際，賃貸人も，借入金をして建物を購入し，賃料で借入金の一部を返済していることや，借入金はなくても，毎月の賃料を生活費として組み入れている場合もありますから，本件のように，1ヵ月の賃料が50万円にも及びますと，3ヵ月分も遅滞すれば，それだけでも150万円になります。

　こうなると，支払う側も大変ですし，賃貸人側でも，その生活に大きなダメージが生ずることになります。一刻も早く，効果的な対処をしなければなりません。

2　賃貸借契約の当事者の特定と内容証明郵便の送付

　実務的には，賃貸借の当事者が誰かということが，大変大事なこととなってきます。場合によっては，裁判，強制執行という法的処理が必要になるからです。裁判でも，強制執行でも，相手方を明確に特定しなければならないからです。

　本件では，賃借人が会社とのことですが，賃貸借契約書で，賃借人がどのように記載されているか確認しなければなりません。賃貸借契約書に，賃借人がA株式会社と記載されていれば，A株式会社を相手に，未払賃料請求の内容証明郵便を出すことになります。

　内容証明郵便を出すときは，念のため，会社の登記事項証明をとっておいてください。登記事項証明は，その会社の住所を管轄する登記所に行けば，誰でも交付を受けられるようになっています。申請書は，登記所に置いてあり，それに書き込めばよいようになっています。1000円の登記印紙が必要で

すが，登記所には印紙の販売所がありますので，そこで買ってください。
　会社の正式な住所に出しておかないと，あとで請求が届いた届かないという問題が生じ兼ねませんので，会社の登記事項証明に記載された住所に，未払賃料請求の内容証明郵便を出してください。
　内容証明郵便には未払賃料の請求と同時に，未払賃料の支払が催告期間内に行われなかったときは，賃貸借契約を解除するという意思表示も書き入れておいたほうがよいでしょう。
　催告期間内に支払のないときに，再度，契約解除の通知を出すのでは，二度手間ですし，中には，用心して二度目の契約解除の通知を受け取らないという対応をされることもあるからです。

③　建物明渡請求訴訟における注意点

　契約解除までたどりつけば，あとは，社長一家が自主的に明け渡してくれるかどうかということになります。自主的に明け渡してくれれば，それでよいのですが，明け渡してくれない場合は，建物明渡訴訟を提起して，明渡認容の判決をもらってから，強制執行の手続ということになります。
　訴訟手続のときに注意すべきは，明渡しの被告です。ご相談の場合，賃借人はA株式会社ですが，実際に入居しているのが，社長一家であれば，社長個人も被告にしておく必要があります。
　強制執行手続に際しては，債務名義が必要になり，この場合は判決が必要なのですが，実際の建物の占有者を被告にした明渡しの判決がなければ，その者に対する明渡しの強制執行ができないからです。
　せっかく訴訟を提起して，判決を手に入れても，A株式会社だけが被告だと，社長個人の家財道具等の運び出しが一切できないということになりますから，手間をかけて判決を手に入れた意味がないということになります。
　その場合，改めて社長個人を被告にした訴訟を提起して，社長個人に対する明渡判決を取得しなければならないことになりますが，余分な時間と費用がかかるということになります。
　このような場合は，あらかじめ，会社と社長個人を被告にして訴訟を提起

して，明渡しの強制執行の段階で問題が生じないようにしておかなければなりません。

　なお，気になるのが，社長の奥さんが離婚したという噂があるという点です。社長が離婚していなければ，本件建物の法的な占有は社長個人にあり，社長の妻には独立した占有はないということになりますから，社長の妻を被告にする必要はありません。

　しかし，万一，社長が離婚しているとなると，注意が必要です。離婚していれば，他人ということになりますから，社長の元妻は社長から独立した占有を有すると執行の段階で認定されかねないのです。

　もし，明渡しの強制執行の段階で，離婚していて独立の占有を有すると認定された場合は，再度，社長の元妻を被告にした判決を入手した上で，改めて強制執行をしなければならないことになります。これも，時間のロスということになります。

　建物賃貸借で，賃料を遅滞するようになった場合は，一刻も早く，明渡しをして新規の賃借人に入居してもらうのが，賃貸人として最善の方法です。会社の倒産になるような場合は，債権者から逃れるために，離婚という形をとることがよくあります。倒産の噂や離婚の噂のある場合は，念のため，離婚しているか否かも事前に調べておくべきでしょう。

【西村　康正】

Q65 建物の老朽化と賃貸借契約の終了

　私が貸しているアパートがかなり老朽化していることから，建て替えたいと思っていますが，なかなか賃借人が出て行ってくれません。10戸あるのですが，もうすでに4戸は空室です。どのような場合に，建物が老朽化したことを理由として賃貸借契約は終了するのでしょうか。
　また，1年ほど前から，建物が古くなったので出て行くように交渉をしているのですが，賃借人は，修繕をすれば住み続けられるのだから修繕しろと譲りません。どうしたらよいでしょうか。

A

(1) 判例上，賃貸借の目的となる建物が老朽化したときは，当然に賃貸借契約は終了するものと解されていますが，ここでいう建物の「老朽化」とは，時の経過により建物としての効用を失った状態，たとえば，崩れる危険があり，使用することができない状況を指します。実際の裁判例では，老朽化による賃貸借契約の当然終了が認められたケースは少なく，大半のケースでは，建物の築年数の経過は賃貸借契約の解約または更新拒絶の正当事由を判断するにあたり一事情として考慮されるにとどまっています。

(2) 本件では，今でも6戸が住んでいるということであれば，おそらくまだ使用できる状況でしょうから，それだけで賃貸借契約の当然終了は認められず，建物の築年数の経過に加えて，賃貸人が本件建物を取り壊さなければならない事情，賃借人がここに住み続けなければならない事情などを加味して，賃貸借契約の更新拒絶ないし解約の正当事由があるかどうかが判断されることになります。

(3) また，賃借人から修繕を求められているようですが，修繕する義務があるかどうかも，結局正当事由の判断要素として検討されます。つまり，賃貸人側の事情の一つとして修繕することによる

賃貸人の負担が加味され，比較考量により明渡しが認められなかった場合には，賃貸人に一定の修繕義務が発生します。

キーワード　老朽化，正当事由，比較考量

解説

1 老朽化による賃貸借契約の終了について

建物が自然荒廃した場合，賃貸借の目的物たる建物が老朽化によってその効用を失ったといえれば，賃貸借契約は当然に終了するものと解されています[*1]。

そして，一般的に「老朽化」とは，社会通念上，建物が時の経過により自然に建物としての社会経済的効用を失うことであると考えられており，建物が老朽化しているかどうかは，建物に対する全体的考察によって，建物としての効用を失ったか否かを判断すべきものとされています[*2]。

いずれにしても，判例上賃貸借契約の終了原因として認められている建物の「老朽化」は，かなり抽象的な概念であるため，これに該当するか否かは，事案に応じて個別具体的に判断するしかありません。

この点，老朽化による賃貸借契約の終了が実際に認められた事案としては，土蔵のケースですが，建築後年数を経たうえ，戦災による荒廃が甚だしく，いつなんどき崩壊するかわからないくらい危険な状態にある場合[*1]，築後64年経過していて，建物が傾き，土台も腐っていて，地盤崩壊の危険性すらある場合[*3]があります。

しかしながら，多くの裁判例では，建物の自然荒廃は更新拒絶や解約等における正当事由の一要素として勘案されるにすぎず，建物の自然荒廃のみで正当事由が認められるケースはまれであり，賃借人側の事情，賃貸人側の他の事情（自己使用の必要性，立退料など）を勘案した上で，正当事由の有無が決せられています。

2　賃貸人の管理義務，修繕義務との関係について

(1)　管理義務との関係について

　本件では，アパート10戸のうち4戸がすでに空室になっており，このようなことも老朽化の一要素として認められるかが問題となります。

　この点，建築後20年以上経過した建物について，賃貸人が他の賃借人についてはすべて明渡交渉が進み，賃借人が1人となった事案において，全体建物が賃貸することを目的として建てられた建物である以上，賃貸人としては老朽化に至るまでに恒常的に修繕を施し，管理すべきであり，そのような管理を行っていないことにより本来であれば30年以上賃貸建物としての機能がある建物を20数年で老朽化した場合に，賃貸人に更新拒絶を認めることはできないとした判例があります[*4]。

　本件のように，数名の賃借人がいる物件について，徐々に明渡しを進めていくケースでは，入居している賃借人が少なくなってくると賃料収入も下がることから，おのずと管理が不十分となってくることもあり得ますが，この判例から分かるように，そのような場合でも賃貸人には一定の管理義務が生じるため，この管理義務をおろそかにした結果，建物の老朽化が早まったような場合には，賃貸借契約の当然終了はおろか，老朽化を理由とする契約の更新拒絶すらも認められなくなるおそれがありますので，注意が必要です。

(2)　修繕義務との関係について

　賃貸人は，賃貸目的物の使用収益に必要な修繕をする義務を負っています（民606条1項）。

　本件でも，賃借人は修繕するように要求していますが，修繕義務と老朽化による賃貸借契約の終了の関係についても問題となります。

　この点，判例[*5]は，賃貸人は，修繕，改築等により，できる限りその効用期間の延長を図ることが求められるものの，家屋の自然荒廃により賃貸借の終了する前に，意思表示により終了させる必要があり，その必要が賃借人の有する利益と比較してもまさる場合には，賃貸人の修繕義務はなくなり，正当事由が認められるとしています。

つまり，賃貸人が賃貸借契約の更新拒絶ないし解約をする必要性と，賃借人が修繕により賃借を継続する利益とを比較考量し，前者が大きい場合には賃貸人が修繕する義務が免除されるのです。

なお，あくまでも比較考量ですので，建物が相当に自然荒廃している場合であっても，賃借人の生活状態を考慮して，正当事由が否定されることもあります[6]。もっとも，この事案は老朽化するまでの建物使用を許可したものであり，賃貸人に大修繕の義務を課する趣旨ではないと考えられます。

引用判例

* 1 最判昭32・12・3民集11巻13号2018頁。
* 2 大判昭9・10・15民集13巻1901頁。
* 3 東京地判平3・11・26判時1443号128頁。
* 4 東京地判平4・9・25判タ825号258頁。
* 5 最判昭35・4・26民集14巻6号1091頁。
* 6 東京地判昭55・6・30判タ431号117頁。

【古川　和典】

Q66 借家が火災に遭った場合の法律関係

借りていたアパートが火事で焼けてしまい、もう住めません。この場合、賃貸借契約は終了するのでしょうか。火事は発生しましたが、まだ住むことができる場合はどうでしょうか。

また、今回の火事は隣の人の不注意から起きたものだと聞きましたが、賃貸人に何らかの補償を求めることはできるでしょうか。逆に、賃借人である私が火事を出した場合は、賃貸人や他の被害者の方にどのような責任を負わなければならないですか。

A

(1) 火災により、賃貸借の目的たる建物がその効用を喪失したと認められる場合には、賃貸借契約は終了しますが、効用を喪失したとまでは認められない場合には、賃貸借契約はなお存続します。建物の効用が喪失したかどうかは、焼失後のさまざまな要素を、社会通念に従って総合的に考慮して判断されます。

(2) 火事が、隣家の住人の不注意から起きたものである場合、失火責任法の適用があるため、その住人に重大な過失がない限り、その住人に対する損害賠償責任を追及することはできません。また、賃貸人に対する責任を追及するには、賃貸人自身の重過失が必要となりますから、損害賠償責任を追及するためのハードルはさらに高いといえます。

(3) 建物の賃借人が火事を起こした場合、第三者に対する損害賠償責任については失火責任法の適用がありますが、賃貸人に対する債務不履行責任については同法の適用がないため、軽過失の場合でも、賃貸人に対する損害賠償責任を免れることはできません。

キーワード　建物の効用喪失、賃貸借契約の終了、失火責任法、債務不履行責任

解説

1 建物の効用喪失による賃貸借契約の終了

(1) 焼失と賃貸借契約終了の関係

　賃貸借の目的物たる建物が老朽化してその効用を失った場合には、賃貸借契約は当然に終了するものと解されています[*1]。この判例は建物の老朽化による効用喪失の事案に関するものですが、火災による焼失の場合も同様であると解されますので、火災により建物が焼失し、もって賃貸借の目的物たる建物がその効用を失った場合には、賃貸借契約は終了します。

　問題は、どのような場合に建物が火災によって「焼失」したといえるかですが、この点については、当該建物の主要な部分が焼失して、全体として効用を失い、賃貸借の趣旨が達成されない程度に達したか否かによって決めるべきであり、それには、焼失した部分の修復が通常の費用では不可能と認められるかどうかも斟酌すべきであると考えられています[*2]。

(2) 具体的ケースの検討

　たとえば、建物の屋根の骨組みが焼失し、壁軸組各部材の約90パーセント、屋根小屋組部材のすべて、2階床組部材の90パーセントが再使用不可能な場合には、建物の修復は物理的に不可能であり、賃貸借契約は終了するものと判断されました[*3]。

　また、建物の一部のみが焼失した場合であっても、残った部分の内装や電気・給排水・ガス等の設備廻りの補修、改装が必要であった上、建物の2階部分の天井が焼失し、屋根が抜け落ちたために雨漏りがするような状況にある場合には、残った部分も含めて、建物全体として効用を失っていて賃貸借契約は終了するとされた事案もあります[*4]。

　一方で、建物の柱、梁に火災以前と同等の構造体としての強度が確立されているとは認められず、地震、台風といった場合の建物の安全性を考慮するならば修繕が必要であるとしても、従前どおりの外形を保っていることなどから、それだけでは賃貸借契約は終了しないとされる事案もあります[*5]。

このように，焼失により建物の賃貸借契約が終了したといえるかどうかは，焼失後の建物のさまざまな要素を，社会通念に従って総合的に考量して判断されます。

(3) 設問の場合

設問の場合，細かい具体的事情が書かれていませんので，断定的な結論を下すことはできませんが，火災により建物が社会通念上「住むことができない」状態となったのであれば，賃貸借契約は終了したとみなされる可能性が高いと考えられます。

逆に，「住むことができる」のであれば，賃貸借契約は終了せず，なお存続しているという判断になると考えられます。この場合，建物の使用収益のため必要があるときには，一定の範囲で賃貸人の修繕義務が認められる可能性があります（Q65参照）。

2 隣家で火事が起きた場合の法的責任

設問では，火事の原因はアパートの隣室の住人（建物の賃借人）の不注意から起きたということですから，隣室の住人の不法行為責任が問題となります。

失火ノ責任ニ関スル法律（明治32年法律第40号）では，民法709条の規定は，失火者に重大な過失が認められるときを除き，失火の場合にはこれを適用しないものとされています。

この法律は，木造平屋建ての建物が多かった明治時代に，火災によって失火者がすべての責任を負うのは酷だということで制定されたものであり，その立法趣旨は現在では妥当しないという考え方もあり得るところですが，比較的最近にも，消防署職員の消火活動が不十分なため残り火が再燃して火災が発生した場合における公共団体の損害賠償責任についても，失火ノ責任ニ関スル法律の適用はあるという判例[*6]などが出ていますので，この法律はなお効力を有すると考えるしかありません。

よって，火事が隣室の住人の不注意によって生じたとしても，その住人に重大な過失が認められない場合は，隣室の住人に不法行為責任は認められな

いことになります。

　設問では，賃貸人に何らかの補償を求めることはできないかというご質問もありますが，設問のような場合に賃貸人の法的責任が認められるためには，賃貸人に火災の防止または延焼の防止に関する具体的な作為義務が認められ，しかもその作為義務違反に故意または重大な過失および損害との相当因果関係が認められる場合に限られます。

　したがって，賃貸人の責任を追及することは，一般論としては極めて困難といえますが，電燈会社がその架設した電線・電柱の瑕疵の修理を怠り，よって漏電・火災を起こしたときは，建物所有者は土地工作物の設置・管理について重大な過失があるとして，民法717条の責任を負うとした判例[7]もありますので，全くあり得ないわけではありません。

　なお，賃貸人に不法行為責任が認められない場合において，火災により建物の賃借人が被った損失を賃貸人に補償させるような制度は，現行法の下では存在せず，そのようなリスクは，火災保険などで各自対処すべき問題であるといわざるを得ません。

3　賃借人が火事を起こした場合の法的責任

　賃借人であるあなた自身の失火により火事が発生した場合，隣室など第三者の被害については失火責任法が適用され，失火につきあなたに重大な過失がない限り責任を負わないことになります。

　ただし，建物の賃借人は，契約上目的物の用法を遵守する義務（民616条・594条1項）および目的物の返還義務（民616条・597条1項）があり，失火により建物の返還ができなくなったときは賃貸人に対する債務不履行責任（民415条）を負うところ，このような債務不履行責任について失火責任法の適用はありませんから，軽過失による失火の場合でも，賃貸人に対する損害賠償責任は免れないことになります。

引用判例
　＊1　最判昭32・12・3民集11巻13号2018頁。
　＊2　最判昭42・6・22民集21巻6号1468頁。

*3　東京地判昭63・6・27判時1278号94頁。
*4　大阪地判平6・12・12判夕880号230頁。
*5　東京地判平6・10・28判時1542号88頁。
*6　最判平元・3・28判時1311号66頁。
*7　大判昭7・4・11民集11巻609頁。

【古川　和典】

Q67　自力救済行為の可否

　私は，Ａにマンションの一室を賃貸していますが，Ａが行方不明になってしまい，ここ4ヵ月ほど連絡がとれません。契約書には「賃借人が長期間所在不明等により連絡がとれなくなった場合には，賃貸人が室内に立入確認することができる」および「残置した物をすべて任意に処分することができる」との定めがあります。この契約書の定めに従ってＡの部屋に立入確認をすることができるでしょうか。また，残置物を処分してしまってもよいでしょうか。

A

(1)　Ａの部屋に立ち入ることや，残置物を処分することは，法治国家の大原則である「自力救済の禁止」に反する行為であり，いずれも許されません。これらの行為は，建造物侵入罪や窃盗罪などに該当するおそれがあり，また，民事上の不法行為に該当して損害賠償を請求されるおそれがあります。

(2)　賃貸借契約書に，賃貸人の立入確認権や残置物処分権を認める条項が置かれていても，判例上，そのような特約の効力は公序良俗違反で無効などと解される傾向がありますから，賃貸人としては，Ａに対し訴訟を提起して勝訴判決を取得した上で，確定判決に基づいて強制執行をするなど法的な手続を踏んで対処すべきです。

(3)　ただし，ガス漏れや水漏れといった事故への対応，保安上の措置等のために緊急の必要性がある場合に，その目的達成のために必要かつ相当な範囲で，賃借人の部屋への立入りや鍵の取替えなどをする行為は，適法と認められます。

（キーワード）　自力救済の禁止，賃貸人の立入り，残置物の処分，自力救済を認める特約，公序良俗違反

解説

1 自力救済の禁止

　自己の正当な権利を実現するためであっても，相手方の意思に反して強制的に行う場合には法的手続によらなければなりません。この原則を「自力救済の禁止」といい，法治国家における大原則とされています。そして，たとえ，相手方に契約違反行為などの落ち度があったとしても，法的手続によらずに相手方の意思に反して強制的に権利を実現しようとすると，その権利の実現行為自体が犯罪に該当する場合があり，民事上の不法行為として損害賠償請求の対象となる場合があります。

　最判昭和40年12月7日[*1]は，自力救済は「原則として法の禁止するところであるが，法律の定める手続によつたのでは，権利に対する違法な侵害に対抗して現状を維持することが不可能又は著しく困難であると認められる緊急やむを得ない特別の事情が存する場合においてのみ，その必要の限度を超えない範囲内で，例外的に許される」と判示しています。

2 賃貸アパート・マンションと自力救済

　賃貸アパート・マンションの実務では，賃借人が長期間にわたって賃料不払を続ける，長期間不在にして連絡がとれなくなって行方不明になった，といった場面で，賃貸人が鍵を替える（いわゆるロックアウト），賃貸人が合鍵で賃貸建物の中に立ち入る，賃貸人が残置物を運び出して処分する，といった対応をする例が散見されますが，このような賃貸人の行為は，いずれも自力救済に当たり，法治国家において許されるものではありません。

　たとえ，賃借人が長期間にわたって賃料不払を続ける，行方不明といった事情があったとしても，強制執行手続において執行官が賃借人の占有を解くまでは賃借人の占有は法的に保護されます。そのため，賃貸人が賃借人の承諾なく鍵を替えることは不動産侵奪罪（刑235条の2）に該当し，賃貸人が賃

借人の承諾なく賃貸建物内に立ち入ることは建造物侵入罪（刑130条）に該当します。

　また，賃貸人が賃借人の承諾なく残置物を運び出すことは窃盗罪（刑235条）に該当します。たとえ賃貸人から見て財産的価値のない物であったとしても，賃借人にとっては思い入れの強い大切な物であることもありますし，処分してしまった後に賃借人から高価なものが含まれていたとして損害賠償を請求されるなどの解決困難な紛争になりかねません。

　大阪高判昭和62年10月22日[*2]は，賃借人が約半年間賃料の支払を怠り，連絡がない場合に，賃貸人が建物内に放置された物品は無価値物であり所有権を放棄したものと判断して残置物を廃棄処分した事案について，残置物の中に代替性がなく賃借人にとって特別の主観的価値を有する記念アルバムなどが含まれていたことなどを理由として，賃貸人に損害賠償（慰謝料）の支払を命じています。

3　自力救済を認める特約の効力

　建物の賃貸借契約では，「賃借人が賃貸建物を長期間にわたり不在にして連絡がとれなくなった場合には賃貸人は賃貸建物内に立ち入ることができる」「賃貸人は残置物を任意に処分することができる」といった特約が置かれていることがあります。

　しかし，札幌地判平成11年12月24日[*3]は，賃貸人が特約に基づいて賃借人の承諾なく賃貸建物内に立ち入った事案について，そのような特約は「（法的手段によったのでは権利の実現が不可能または著しく困難であると認められる緊急やむを得ない）特別な事情がない場合に適用される限りにおいて，公序良俗に反し無効であるといわざるを得ない」として，賃貸人に損害賠償の支払を命じています。

　また，浦和地判平成6年4月22日[*4]は，賃貸人が賃貸人による残置物の処分を認める特約に基づいて賃借人の家財道具を廃棄処分した事案について，「特約に従ってなされたからといって廃棄処分が直ちに適法であるとは言えない」として賃貸人に損害賠償の支払を命じています。

したがって、このような特約があったとしても、法的手段によっては権利の実現が不可能ないし著しく困難となるような特別な事情のない限り、賃貸人は、賃借人の承諾なしに賃貸建物内に立ち入ったり、残置物を処分したりすることはできません。

このことは、賃借人の保証人や親族などが承諾して立ち会っていたとしても結論が変わるものではありません。

4 自力救済が許される例外的な場面

前掲の最判昭和40年12月7日[*1]や札幌地判平成11年12月24日[*3]など、自力救済の可否について判例が示した判断基準によれば、「法的手段によっては権利の実現が不可能ないし著しく困難となるような特別な事情」がある場合には、例外的に自力救済が許される場合も考えられます。

たとえば、賃貸建物内でガス漏れや水漏れ事故などが起きていて、賃貸人が賃貸建物に立ち入って直ちに措置を講じなければ重大な損害が発生もしくは拡大してしまうというような緊急性の高い場面では、賃貸人は賃借人の承諾なしに賃貸建物に立ち入ることが許されると考えてよいでしょう。

また、賃借人が賃貸建物の施錠をしないまま長期間不在にして連絡がとれない場合など、保安上の必要がある場合には、賃貸人が合鍵で施錠するなどの保安上の措置を講ずることは許されると考えてよいでしょう。東京高判昭和51年9月28日[*5]は、レストランの営業用に賃貸していた建物について、賃借人が長期間にわたり賃料を滞納したまま営業を中止して所在不明となっており、建物を現状のまま放置しておくと保安上の不安が感じられたことから、保安上の問題を解決する必要から賃貸建物の鍵を取り替えた事案について、「賃貸人の権利行使として社会通念上著しく不相当なものとまでは言え」ず、賃貸人が鍵を替えるという「措置をとったことをもって直ちに違法ということはできないと解すべきである」として、賃貸人による鍵の交換行為は不法行為とはならないと判示しています。

引用判例

* 1　最判昭40・12・7判タ187号105頁。

* 2　大阪高判昭62・10・22判タ667号161頁。
* 3　札幌地判平11・12・24判タ1060号223頁。
* 4　浦和地判平6・4・22判タ874号231頁。
* 5　東京高判昭51・9・28判タ346号198頁。

【田中　秀幸】

Q68 賃借人の逮捕・勾留と賃貸借契約の解除

私は，マンションの一室をAに賃貸しています。Aからの賃料の支払はこれまで一度も遅れたことはありませんが，ここ1ヵ月ほどAとは連絡がとれなくなりました。最近になってAが刑事事件で逮捕されたということが分かりました。私は，賃貸借契約を解除することができるでしょうか。

A

(1) 犯罪行為の内容，程度などを確認して，賃貸建物の他の入居者や近隣住民の生活の平穏が害される，賃貸借契約を継続することが困難な程度に賃貸人と賃借人との信頼関係が破壊されたといえる場合には，解除することができます。
(2) もっとも，刑事事件で「逮捕された」というだけでは，起訴されるか否か，有罪判決を受けるか否かは不明ですので，賃貸人には，解除の可否を判断するにあたって，自ら事実関係を確認するなど慎重な対応が求められます。

(キーワード) 賃借人の逮捕・勾留，賃貸借契約の解除事由，信頼関係破壊の法理，生活の平穏

解説

1 賃貸借契約の解除事由

賃貸人が賃貸借契約を解除することができるのは，①賃借人に債務不履行（賃料不払〔民601条〕，用法違反〔民616条・594条〕，善管注意義務違反〔民400条〕など）があった場合，および②賃借人が無断転貸もしくは賃借権の無断譲渡をした場合（民612条）です。

そして、賃借人に解除事由があったとしても、賃貸借契約の継続が困難な程度に賃貸人と賃借人の信頼関係が破壊されたといえない場合には、賃貸人は賃貸借契約を解除することができません。賃料の不払があっても、不払の額や期間が3ヵ月程度に達しないと、「未だ信頼関係が破壊されたとは言えない」として解除が認められない場合があることは、Q63で述べられているとおりです。

2 契約で定める解除事由による解除

賃貸借契約では、「賃借人が賃料の支払を2回怠った場合には賃貸人は賃貸借契約を解除できる」といった解除事由を定めておくことがあります。

しかし、消費者契約法10条では、民法等の任意規定が適用される場合に比し、消費者に一方的に不利な契約条項は無効としており、賃貸借契約についても、賃借人に一方的に不利な特約は無効となります。

また、賃貸人による契約の解除を認める条項は、信頼関係破壊の法理により特約の効力が大幅に制限され、実際には賃貸借契約に解除事由の定めがあっても、解除が認められない場合や、解除できる場面が制限される場合が多くあります。

たとえば、賃料不払の場面について、「賃料の不払が1ヵ月に達した場合には賃貸人は何ら催告をすることなく解除することができる」という特約が定められていることがありますが、このような特約について「催告をしなくても不合理と認められない事情が存する場合には無催告解除が認められるという趣旨の約定として限定的に解釈される」とする判例があります[*1]。

仮に、賃貸人がこのような特約に基づいて1ヵ月の賃料不払を理由に賃貸借契約の解除を主張しても、裁判所は「未だ信頼関係は破壊されていない」として解除を認めないのが通常です。

3 犯罪行為や公序良俗に反する行為を理由とする解除

では、設問のように賃借人が刑事事件で逮捕されたという場面で、賃貸人

は賃貸借契約を解除することはできるでしょうか。

　その刑事事件に係る犯罪行為が、賃貸借の目的物たる建物に放火するなど、目的物の使用収益に関するものであれば、当該犯罪行為により賃借人の債務不履行が生じたといえますが、賃借人が目的物の使用収益に関係しない犯罪行為に手を染めたに過ぎない場合は、これによって直ちに賃借人の債務不履行が生じたとはいえませんから、民法の規定に基づく解除権の行使はできません（ただし、賃借人が刑事事件で長期間勾留され、家賃の支払ができなくなったというのであれば、賃料債務の不履行を原因とする契約の解除は可能です）。

　もっとも、賃貸借契約では、賃借人の遵守事項として「犯罪行為その他公序良俗に反する行為をしてはならない」といった定めが置かれ、賃借人が遵守事項に違反した場合には賃貸人は賃貸借契約を解除することができるという定めがなされることがあります。そこで、賃借人が刑事事件で逮捕された場合に、このような遵守事項に違反し、解除事由に該当するといえるか否かが問題となります。

　まず、前提として、このような解除事由の定めの有効性を検討する必要がありますが、賃借人に犯罪行為や公序良俗に反する行為を禁止し、これに違反した場合は賃貸借契約を解除する旨の定めは、賃貸建物の他の入居者や近隣住民の生活の平穏を維持するための定めとして合理的で妥当なものであり、賃借人にとって一方的に不利な条項とも考えられませんから、有効と考えてよいでしょう[*2参照]。

　このような解除事由の定めが有効だとして、次にこの定めにより解除ができる場面（守備範囲）を検討すべきです。

　一口に犯罪行為といっても、軽微な犯罪行為や賃貸借契約関係の継続の可否とはあまり関係のないものもあり、その内容や程度はさまざまです。単に犯罪行為をしたということだけで直ちに賃貸借契約を解除できるということでは賃借人にとって厳しすぎるようにも思われ、このような解除事由の定めは、賃借人の犯罪行為や公序良俗違反行為によって賃貸建物の他の入居者や近隣住民の生活の平穏が害され、信頼関係の維持が困難な場合に賃貸借契約の解除が認められる約定と解釈されるべきと考えられます。

　そのため、解除の可否は、犯罪行為、公序良俗違反行為の内容、程度、場

所などによって結論が分かれるものと考えられます。
　たとえば，殺人罪，放火罪など生命，身体，生活の平穏を害する犯罪行為に当たる場合や，いわゆる「振り込め詐欺」の拠点として賃貸建物が使われていた，賃貸建物内で賭博行為が行われていたというように賃貸建物内で犯罪行為が行われた場合には，賃貸建物の他の入居者や近隣住民の生活の平穏が害され，賃貸人と賃借人の信頼関係の維持が困難な場合に当たるといえ，賃貸人は賃貸借契約を解除することができると考えられます。
　これに対し，交通事故などの業務上過失致死傷罪・自動車運転過失致死傷罪（刑211条）のような場合には，賃貸建物の他の入居者や近隣住民の生活の平穏が害されたとも，賃貸人と賃借人の信頼関係の維持が困難であるともいえず，賃貸人は賃貸借契約を解除することはできないと考えられます。

４　被疑者・被告人段階における判断

　仮に，問題となる刑事事件が解除事由に該当するものであるとしても，刑事事件で「逮捕された」というのは，「被疑者が罪を犯したことを疑うに足りる相当な理由がある」（刑訴199条1項）と判断された段階に過ぎません。
　賃借人が，ある被疑事実で逮捕されたとしても，その後の捜査の結果，被疑事実について起訴猶予になる，嫌疑不十分などの理由で不起訴処分になるといった事例は，実際の刑事手続でも少なくありません。
　また，その後賃借人が被告人として起訴されても，有罪判決となるかどうかは改めて裁判所が判断することであり，実務上の確率は低いですが，起訴されても裁判所によって無罪と判断されるケースもあります。
　つまり，刑事事件で逮捕された，起訴されたというだけでは，被疑事実たる「他の入居者や近隣住民の生活の平穏を害すると考えられる行為」が存在したかどうか，法的には未だ確定していない状態であり，単にそのような容疑で逮捕・起訴されたことのみを理由に賃貸借契約の解除をしてしまうと，後に司法の判断が覆った場合，その解除を法的に正当化することはできません。
　したがって，賃借人が刑事事件で逮捕・起訴されたとしても，賃貸人に

は，賃貸借契約を解除するか否かを判断するにあたって，自ら事実関係を確認するなどの慎重な対応が必要といえます。

引用判例

＊1　最判昭43・11・21民集22巻12号2741頁。

＊2　東京地判平10・5・12判時1664号75頁。

【田中　秀幸】

Q69 中途解約条項の有効性

賃貸マンションを3年契約で借りて、会社の事務所として使っています。契約締結したときは気がつかなかったのですが、3ヵ月前に予告すると契約解除できるという特約があって、先日、家主から建物を建て替えるので、あと3ヵ月で契約を解除するから明け渡すようにとの通知がきました。明渡しに応じなければならないでしょうか。

A

(1) 賃貸人が、契約期間内に賃貸借契約を中途解約できる旨の条項は、借地借家法の規定に反する特約で建物の賃借人に不利なものに該当し、同法30条の規定により無効であると解されます。
(2) したがって、ご質問の賃貸借契約の中途解約条項は無効であり、当該条項に基づく契約解除の効力は認められませんから、法律上明渡請求に応じる必要はないと解されます。

（キーワード）建物賃貸借契約の期間，中途解約条項の有効性

解説

1 賃貸借契約の存続期間に関する民法の規定

賃貸借契約の存続期間については、民法604条が原則的な規定を置いています。
民法604条1項では、賃貸借の存続期間は20年を超えることができず、契約でこれより長い期間を定めたときであっても、その存続期間は20年とするとされています。

ですから、賃貸借契約の存続期間は、契約で期間を決めたときは、最長でも20年ということになります。たとえば、当事者間で存続期間を30年と決めても、その期間についての合意は無効で、存続期間が20年の賃貸借契約ということにされてしまうわけです。一方、存続期間の短期については規定されていませんので、当事者間の合意次第では、1日でもよいということになります。

また、民法604条2項で、賃貸借の存続期間は更新できるが、その期間は20年を超えることができないとされ、更新後の賃貸借契約の存続期間も制限されています。

さらに、民法617条で、期間の定めのない賃貸借契約についての規定をしています。同条では、当事者が賃貸借の期間を定めなかったときは、各当事者はいつでも、解約の申入れをすることができるとし、申入れの日から、土地の賃貸借については1年、建物の賃貸借については3ヵ月を経過した日に契約が終了すると規定しています。

以上が、賃貸借契約の存続期間についての、民法の原則規定ですが、土地や建物の賃貸借契約については、旧借地法、旧借家法や借地借家法によって、民法の原則規定に重要な修正がなされているので注意が必要です。

2　借地借家法の規定による修正

すでに述べたとおり、建物の賃貸借については、民法の規定が借地借家法（同法の施行前に締結された賃貸借契約については旧借家法）によって修正されています。特に、平成11年の借地借家法改正では、民法604条の内容に重要な修正がなされました。

まず、平成11年改正により新設された借地借家法29条2項により、民法604条の規定は、建物の賃貸借については適用しないとされました。要するに、建物賃貸借契約については、存続期間については、完全に当事者間の自由に任すということなのです。これは、新しく導入された定期借家契約に限られていないことに注意してください。

したがって、平成12年3月1日（平成11年改正法の施行日）以降に締結された

建物の賃貸借契約については、定期借家契約であろうが、従来型の普通の借家契約であろうが、契約の存続期間についての民法上の制約は一切ないということになったのです。

極端なことをいえば、建物賃貸借の存続期間については、期間を50年にしても100年にしても有効ということになります。

次に、建物賃貸借契約の短期はどうかということですが、旧借家法時代から、1年未満の存続期間の定めのある建物賃貸借契約の期間については、期間の定めのない賃貸借契約とみなすものとされています（旧借家3条の2）。

したがって、建物の賃貸借契約で、2ヵ月や10ヵ月といった存続期間の合意をしても、期間の定めのないものとみなされます。借地借家法29条1項でも、期間を1年未満とする建物賃貸借は期間の定めのない建物賃貸借とみなすとして、旧借家法と同様の規定をおいています。

ただ、この規定は、普通借家契約に関するものであり、定期借家契約については、借地借家法38条1項後段により、同法29条1項の規定を適用しないものとされ、1年未満の存続期間でも有効ということになっています。

このように、定期借家契約では、普通借家契約と微妙に異なり、完全に存続期間を当事者が自由に決められるということになっているので、注意してください。

以下の解説は、普通建物賃貸借契約についてのご質問に対する回答ということを前提としていますので、ご了解ください。

③　存続期間の定めがない場合

次に、存続期間の定めがない場合にどうなるかということですが、借地借家法27条で、建物の賃貸人が賃貸借の解約の申入れをした場合においては、建物の賃貸借は、解約の申入れの日から6ヵ月を経過することによって終了すると規定されています。

ただ、この借地借家法の規定は、賃貸人が解約申入れをした場合の制限ですから、賃借人が解約申入れをする場合は、民法617条の原則に戻って、解約申入れ後3ヵ月で終了するということになります。

そして，賃貸人が契約存続期間の満了に伴う契約更新を拒絶する場合でも，存続期間の定めがない契約の解約申入れをする場合でも，借地借家法28条によって，いわゆる正当事由が備わっていなければこれらの行為は有効にならないとされており，賃借人の権利は強力に保護されています。

4 中途解約条項に関する問題の所在

設問の事例では，建物の賃貸借契約に，3ヵ月前に予告することにより賃貸人が契約を中途解約できるという特約があり，以上のとおり賃借人の権利を強力に保護している借地借家法の趣旨に照らし，そのような特約の法的効力が認められるかどうかが問題となります。

現実的には従来から，建物賃貸借契約の存続期間は，アパート，賃貸マンションなどで2年，店舗の賃貸借で3年から5年程度が多かったようです。

また，存続期間が2年程度のアパートや賃貸マンションの賃貸借では，2年なら2年の賃貸借契約の存続期間中に中途解約ができるという中途解約条項が特約として入ることもあまりなかったと思われます。ただ，ある程度存続期間の長いものや賃貸人がある時期その建物を自己使用するかもしれないというような場合，中途解約条項が特約として入っていることはあり得ることです。そこで，建物賃貸借契約におけるこの中途解約条項の有効性が問題となってくるのです。

5 結論

これについては，旧借家法時代のものですが，東京地裁の判例があります。建物賃貸借契約において，賃貸人が6ヵ月前の予告があれば，中途解約できるという特約に基づいて，賃貸借契約を解除したというケースで，東京地裁は，このような特約があることは当事者間に争いないが，期間の定めのある賃貸借契約において，賃貸人にいつでも期間の定めのないものとなし得る権利を与えたと同様の効果を与えたようなもので，期間を定めたにもかかわらず，期間の定めのないものと同視できるような結果をもたらすもので旧

借家法6条（現：借地借家30条）により，賃借人に不利な特約であって無効であるとしました[*1]。

　契約期間を定めながら，一方では3ヵ月の予告期間をもって解約申入れができるという特約を設けたということは，実質的には，期間の定めのない契約をしたという理論も考えられないではありませんが，それなら始めから，期間の定めのない契約を締結すればよいわけで，場合によっては契約期間の有効性を利用し，場合によっては，中途解約条項を利用しようというのは，借地借家法の解釈としても無理があると思います。

引用判例

＊1　東京地判昭27・2・13下民集3巻2号191頁。

【西村　康正】

Q70 特定の事業者のために建築された建物の賃貸借契約

　当社は、スーパーマーケットを複数店舗経営している事業会社です。今般、新規出店に相応しい立地条件の遊休地を見つけたのですが、当社は、土地を購入して建物を建築するための資金力に不足しているため、地主と交渉して、当社の店舗が入居する建物は、地主が建築するものとし、地主は、当該建物を当社に賃貸し、その賃料収入から建築資金を回収するという仕組みで建物賃貸借契約を締結することになりました。
　このような建物賃貸借契約を締結する場合には、どのような事項に留意すべきでしょうか。

A

(1) 設問のように、地主がその所有地の利用を希望する事業者の指示に基づく仕様により建物を建築した上で、当該事業者に完成建物を賃貸する場合、地主が投下資本を回収する必要上、建物賃貸借契約は定期建物賃貸借契約として締結され、中途解約禁止条項および違約金条項が付されることが多いと思われますが、かかる特約の有効性は、通常の（賃借人側の仕様による建物の賃貸借でない）借家契約の場合より広く認められると解されます。

(2) それゆえ、地主側にとどまらず、事業者側も、定期建物賃貸借の期間や賃料の設定に綿密な計画性が求められるほか、通常は建物着工前に賃貸借契約が締結されることから、賃貸借の目的となる建物の建築監理に関する定めも置く必要があるでしょう。

（キーワード）定期借家、賃貸改定に関する特約、中途解約禁止条項、違約金、建築監理に関する定め

解説

1　設問のような建物賃貸借契約のメリット

　小売店舗を市況に応じて機動的に複数展開する事業者が新規出店する場合に負担となる不動産取得資金を軽減する方法としては、たとえば、当該用地の所有者から事業用借地権の設定を受ける方法があり、これにより事業者は用地の購入資金を節減でき、また、普通借地権設定に伴う高額の権利金の支払も回避することができるでしょう。

　しかしながら、この場合には、建物建築資金は自己資金または金融機関からの借入等により調達しなければなりません。また、事業用借地権の設定は、存続期間を10年以上20年以下としなければならず（借地借家24条1項）、また、公正証書によってしなければならない（同24条2項）とされているなど、硬直的なところがあります。

　そこで、設問のように、事業者が、地主に当該事業に即した建物を建てさせ、地主は、当該建物を事業者に賃貸することから得られる賃料収入によって建築資金を回収する仕組みが採用されることがあります。

　このような仕組みは、地主にとっては、遊休土地であっても手放したくない場合で、かつ、長期間にわたる蓋然性の高い借地権の負担も回避したい場合において、建物所有者として賃料収入を得られるところにメリットがあるといえるでしょう。

2　契約上の留意事項

(1)　各種特約の必要性

　1に述べたような仕組みにおける賃貸条件は、地主・事業者双方ともに綿密な資金計画・開発計画・事業計画に基づいて定めるべきものと考えられます。すなわち、①現実の賃料収入が予定と異なることになれば、地主の投下資本回収に狂いが生じ、②賃料等の賃貸条件にフレキシビリティがなけ

れば，事業者の事業計画の変更に対応できず，また，③地主の所有となる完成建物の仕様が事業者の予定していたものと異なってしまうと，事業者の営業に支障が生じることになります。

　それゆえ，このような仕組みのための建物賃貸借契約の締結にあたっては，地主・事業者双方とも，上記事態に対応するための特約を設けることが必要になります。

(2) **借賃改定に関する特約**

　たとえば，上記①に対応するため，当該定期借家契約の賃料は，設定された賃貸期間における賃料収入によって，地主が投下資本を回収し，かつ一定の利益が得られるように設定されると考えられますので，賃貸期間中に経済条件等の変動が生じたとしても，事業者側から借地借家法32条に基づく賃料減額請求権を行使されることがないよう，同条の適用を排除できる定期借家制度を利用した上で，借賃の改定に関する特約（同38条7項）が設けられることになるでしょう。

　もっとも，普通借家契約であれば賃料減額請求権の排除に関する特約は無効とされるのですから，定期借家契約において借地借家法32条に基づく賃料減額請求権の適用を排除する効果を有する「借賃の改定に関する特約」には，改定の有無，時期および方法について一定の明確性が求められると解されますので，たとえば「借賃は，3年ごとに経済状況を勘案して改定するものとする」というような抽象的な内容の規定にとどまる場合には，上記「借賃の改定に関する特約」に該当せず，賃料減額請求権は排除されないと解される可能性が高いと考えられます。

(3) **中途解約禁止特約**

　賃借人である事業者にとって当該店舗の営業から撤退する必要が生じることは珍しくないでしょう。しかしながら，借地借家法38条5項が，建物の賃借人の都合により賃貸借契約を中途解約できるとし，同条6項が，かかる規定に反する建物の賃借人に不利益な特約を無効としているのは，床面積が200平方メートル未満の居住用建物を目的とする定期借家契約の場合に限定されています。

　このように，定期建物賃貸借契約において，一定の居住用建物賃貸借を除

いて，建物の賃借人の都合による中途解約の禁止が可能とされているのは，本条の規定の立法経緯が，良質な賃貸住宅等の供給の促進を目的としたものであることから，建物所有者に，一定期間に限定した借家権の設定を許容した上で，当該期間における賃料収入の安定を図ることを可能とする必要があったためと推測されます。

したがって，設問のように，地主が，その所有地の利用を希望する事業者の指示に従った仕様により建物を建築した上で事業者に完成建物を賃貸する場合，地主が賃料収入から投下資本を回収する必要性は高く，当該定期建物賃貸借契約に中途解約禁止条項および違約金条項が設けられた場合には，かかる特約の有効性は，通常の借家契約の場合より広く認められると考えられます。

それゆえ，事業者としては，地主との交渉において定期賃貸借の期間を定めるにあたって，事業計画の綿密な検証が重要となり，また，撤退の必要が生じたときに当該店舗での営業を第三者に承継させて違約金の発生を回避する措置を講じることなどが求められるでしょう。

(4) **建築監理に関する特約**

設問のような仕組みは，地主が自己資金をもって，事業者の指定する仕様に従って，建物の建築を事業者が指定または承諾する建築請負業者に発注する時点から，地主および事業者の双方を当該仕組みに拘束する必要があるため，建物賃貸借契約は，建物が完成し，事業者が入居できる時点より以前の，建物の着工までに締結されることが多いと考えられます。

この場合，完成建物の建築資金は地主が拠出し，完成建物の所有権は地主に帰属するものであっても，上述のとおり，事業者は，一定の期間，一定の賃料の支払を義務づけられるため，完成建物の仕様について，実質的には建物所有者と異ならない利害を有するといえるでしょう。それゆえ，建物の完成以前に締結されることになる建物賃貸借契約において，事業者が建物の設計・監理についてモニタリングできるような規定を設ける必要があるでしょう。

【大串　淳子】

Q71 正当事由の判断要素

借家契約の更新拒絶はどのような場合に認められますか。また，建物の老朽化による立替えの必要性，借家の敷地の再開発は，更新拒絶における正当事由になりますか。

A

(1) 賃貸人は，借地借家法28条に列挙された判断要素を総合的に考慮し，正当事由が認められる場合に限り，更新拒絶をすることができます。判断要素としては，当事者双方の建物利用の必要性が主に考慮され，賃貸借に関する従前の経過，建物の利用状況，建物の現況，立退料の提供等が補完的要素として考慮されます。

(2) 建物の老朽化による建替えの必要性は，老朽化の程度その他の事情により正当事由と認められる可能性があり，借家の敷地の再開発は，相当額の立退料の提供等を申し出れば，正当事由と認められる可能性があると考えられます。

(キーワード) 更新拒絶，正当事由，建物使用の必要性，建物の現況，朽廃，土地の再開発

解説

1 借地借家法28条に定める更新拒絶の正当事由

(1) 正当事由の必要性

借地借家法28条は，建物の賃貸人が，期間の定めのある建物の賃貸借について，期間満了の1年前から6ヵ月前までの間に相手方に対して行うべきとされる更新拒絶の通知（借地借家26条1項），または，期間の定めのない賃貸借について解約の申入れ（同27条1項）をするには，正当事由があると認めら

れる場合でなければ、することができないと規定しています。

この規定により、建物賃貸人が賃貸借の更新拒絶または解約をするには、いわゆる「正当事由」が必要となります。

(2) 正当事由における考慮要素

借地借家法28条は、正当事由の有無の判断にあたり、①建物の賃貸人および賃借人が建物の使用を必要とする事情（当事者双方の建物利用の必要性）のほか、②建物の賃貸借に関する従前の経過、③建物の利用状況、④建物の現況、および⑤建物の賃貸人が建物の明渡しにあたり賃借人に対して財産上の給付をする旨申し出ているか（立退料等の提供）を考慮するとしています。

上記のうち、①当事者双方の利用の必要性が主要な考慮要素であり、これに、その他の要素を補完的な考慮要素として、これらが総合的に考慮され、正当事由の有無が判断されることになります。すなわち、賃貸人に自己使用の必要性があるからといって、直ちに正当事由が認められるわけではないのです。

なお、正当事由に関する各考慮要素の分析は、稲本洋之助他編『コンメンタール借地借家法〔第2版〕』208頁以下〔本田純一〕に詳述されていますので、詳細については上記文献の参照をお勧めします。

(3) 建物利用の必要性

上述のとおり、当事者双方の利用の必要性が主要な考慮要素ですので、当事者双方の建物利用の必要性に顕著な差が認められる場合、すなわち、賃貸人側の居住の必要性が賃借人側のそれをかなり上回っている場合には、他の要素について考慮することなく、正当事由が認められることになるでしょう。

他方、双方の建物利用の必要性に顕著な差が見出せない場合には、立退料の提供等の補完的要素が考慮されることになります。

また、賃借人側の利用の必要性が相当程度高い場合には、立退料の提供または代替家屋の提供等の補完的事情があっても、正当事由が認められないことになります[*1]。

そして、建物利用の必要性には、居住の必要性に限らず、営業の必要性、たとえば、賃借人が当該建物に営業上の資本投下をしている場合や、当該建

物において営業を継続することが必要である場合なども含まれることになります。もっとも、当事者それぞれに、営業の必要性および居住の必要性が認められる場合、居住の必要性のほうが重視される傾向にあるようです[*2]。

(4) 賃貸借に関する従前の経過

「賃貸借に関する従前の経過」とは、①借家関係設定の事情（雇用関係や親族関係等の特別な関係を根拠とするものか）、②かかる事情に変更が生じたか、③当事者間に信頼関係を喪失させる事情が生じたか、④借家関係設定後の期間の長短、⑤賃料等の相当性が失われていないか、などを挙げることができます。

このうち、借家関係設定の事情は、借家関係が、多くの場合、賃貸人および賃借人双方のその時点における建物利用の必要性を反映して設定されるものであるため、その後の事情を加味した上で、正当事由の有無の判断において重要な役割を担うことが多いようです。

たとえば、当初、賃借人が営業所とする予定の他のビルが完成するまで一時的に賃貸する趣旨で借家契約が締結されたが、その後なし崩し的に通常の賃貸借に変更された場合[*3]や、取り壊して新築する具体的な予定があることを知って賃借した場合には、正当事由が認められやすいようです。

なお、借家契約の締結時点で、賃貸人が建替えのため建物を取り壊す計画を有していることを賃借人が知っていたが、計画が具体化していなかったため、賃貸人と賃借人間の借家契約において一時使用の合意がなされていたとまでは認めることができないが、その後、賃貸人の建替計画が具体化し、賃貸人が借家契約の解除を求めたという事案において、賃貸人の生活安定等と賃借人の営業上の利益とを考慮して、正当事由を認めた裁判例[*4]もあります。

(5) 建物の利用状況

「建物の利用状況」とは、その文言からは、賃借人が契約上の使用目的に従って建物を使用収益しているか、また、賃借人が他に建物を所有または賃借しているなどにより当該建物を事実上利用していないのではないか、などの事情をいうものと解されますが、このような事情は、双方当事者の建物利用の必要性（上記(3)参照）の中に含まれるとも考えられます。

他方,「建物の利用状況」を,当該建物の構造・規模等を勘案した場合の当該建物の利用状況が適当かという見地から判断するものと解すると,次に述べる「建物の現況」という考慮要素とあまり差異がなくなります。本要素は,立法当初より,独立の考慮要素としての趣旨があまり明確でなかったようです。

(6) 建物の現況

　「建物の現況」とは,建物自体の物理的状況,すなわち,建替えの必要性が生ずるに至っているかという事情をいうと考えられます。建物が老朽化している状況はもとより,老朽化以外の原因により社会的・経済的効用を失っている場合も含まれると解されています。

　建物が倒壊する危険が迫っているほどに朽廃に至っていれば,賃貸人に自己使用の必要性がなくても直ちに正当事由が認められます。

　また,朽廃が差し迫っていなくても,当事者間に建替物件の再利用に関する合意があれば正当事由が認められると考えられます。もっとも,賃借人が当該建物で営業していた場合には,その間の営業利益の逸失を補完するため立退料の提供が必要となるでしょう。

　他方,朽廃が差し迫っていない場合の建替えにつき,当事者間に再利用に関する合意がなければ,賃貸人側の自己使用の必要性が優越するか,または,立退料の提供などにより正当事由を補完しなければならないことになります。

　さらに,この場合には,賃貸人に建物計画を実現する能力が認められることも要件とされるようです[*5参照]。

2 建物の老朽化による建替えの必要性,借家の敷地の再開発と正当事由

　上述のとおり,建物の老朽化による建替えの必要性は,その老朽化の程度,当事者間の再利用約束の有無,賃貸人側の立退料の提供の有無,賃貸人側の計画実現能力の有無などの事情に左右されるものの,正当事由となり得ます。

　他方,土地が近隣と比較して有効に利用されていないため収益が極めて低

い場合などに，借家の敷地が再開発される場合が，「建物の現況」という正当事由の判断基準に含まれるかについては，建物が土地の利用関係から存立を続けられなくなることも建替えが必要な場合としての正当事由に含まれ得ると考えられることから，これを肯定することが可能ではないかと考えられます。

　この点，借地借家法の制定において，同法28条に列挙された判断基準に「地域の状況」が加えられなかったことが，当該基準が土地の高度利用を理由とする明渡しに繋がることを懸念したものであると解されることから，土地の高度・有効利用を「建物の現況」という判断基準に含めることは疑問とする見解もあります（本田・前掲207頁，215頁）。

　しかしながら，上記見解の論者も，近時の裁判例が，建物の高度利用を目的とするものについて，高額の立退料提供を補完条件として正当事由を広く認容する方向にあると分析しています。

　土地の再開発という見地からは，土地の有効利用と建物の高度利用とは同義ともいえるので，相当の立退料の提供等の補完事由があることを前提とすれば，土地の再開発が正当事由となることもあり得るのではないでしょうか。

引用判例

＊1　東京高判昭50・8・5判タ333号197頁。
＊2　東京地判平3・9・6判タ785号177頁。
＊3　東京高判昭60・10・24判タ590号59頁。
＊4　東京地判昭61・2・28判時1215号69頁。
＊5　東京地判平9・2・24判タ968号261頁。

【大串　淳子】

Q72　敷地の有効利用と正当事由

　地上4階建ての賃貸マンションを持っています。鉄筋コンクリート造ですが，昭和40年代に建築されたビルで，耐震性に問題があります。付近は，現代にマッチするマンションがどんどん建てられています。容積率も半分位しか利用されていないので，建て替えたいのですが，どうしたらよいでしょうか。

A

(1)　建物の老朽化や土地の有効利用は，条文上「建物の利用状況」や「建物の現況」として，正当事由の考慮要素になると解されますが，実際にはそれだけで正当事由が認められるわけではなく，立退料の提供など他の要素も考慮した上で，契約更新拒絶等の正当事由が認められることが多いようです。

(2)　設問の事例で建替えを実現するには，建物の老朽化，土地の有効利用等を理由に，賃貸借契約の期間満了時に更新を拒絶して，賃借人に明渡しを求める必要があります。ただし，建物の明渡請求にあたり，ある程度の立退料の支払はやむを得ないでしょう。

（キーワード）更新拒絶，正当事由，建物の老朽化，土地の有効利用

解説

1　問題の所在

(1)　はじめに

　建物賃貸借については，平成11年の借地借家法の改正で定期借家契約が認められました。定期借家契約であれば期間が満了すれば，当然に賃貸借契約は終了するので，賃貸人は期間満了ということだけで，明渡しが可能になり

ましたので，明渡しについては，特に困難な問題はなくなりました。

　しかしながら，普通借家契約について，賃貸人が建物の明渡しを求めたいというときは，建物賃貸借契約を終了させるにあたり，借地借家法の正当事由という問題をクリアーしなければなりません。

(2) 借地借家法制定の経緯

　借家についての法律は，平成3年に従来の旧借地法，旧借家法および「建物保護ニ関スル法律」をまとめて，借地借家法という一本の法律に改正され，平成4年8月1日から施行されるようになりました。その際，借地借家法の附則4条で，原則的に附則に特別の規定のない限り，借地借家法の施行前に生じた事項にも適用するとされました。

　しかし，借家関係につきましては，附則12条で，この法律の施行前になされた建物の賃貸借の更新の拒絶の通知および解約の申入れに関しては，なお従前の例によるとされましたので，借地借家法の施行前に成立した建物賃貸借については，旧借家法1条ノ2が適用され，借地借家法28条の適用がないことが明らかにされています。これは，借地借家法が施行されると，賃借人に不利になるのではないかという不安を払拭するためとされています。

　もっとも，借地借家法28条の正当事由に関する規定は，旧借家法当時の判例の解釈を踏まえて制定されたものですから，実務上は差がないと考えてよいと思います。

(3) 借地借家法に基づく契約更新の拒絶

　建物賃貸借契約に存続期間の定めがあれば，明渡しを求める賃貸人は，借地借家法26条に基づいて賃貸借契約の期間満了の1年前から6ヵ月前までの間に，賃借人に対して，更新をしない旨の通知（更新拒絶の通知）をしなければなりません。

　この通知を怠ると，従前の契約と同一の条件で契約を更新したものとみなされてしまいます。いわゆる法定更新というものです。法定更新された場合は，期間の定めのない建物賃貸借契約として継続するということになります。明渡しを求めようと考えている場合は，更新拒絶の通知は忘れないようにしなければなりません。

(4) 「正当事由」による更新拒絶の制限

ところが，更新拒絶は，借地借家法28条によってその効力に大きな制限を受けています。借地借家法28条は，「建物の賃貸人による第26条第1項の通知又は建物の賃貸借の解約の申入れは，建物の賃貸人及び賃借人が建物の使用を必要とする事情のほか，建物の賃貸借に関する従前の経過，建物の利用状況及び建物の現況並びに建物の賃貸人が建物の明渡しの条件として又は建物の明渡しと引換えに建物の賃借人に対して財産上の給付をする旨の申出をした場合におけるその申出を考慮して，正当の事由があると認められる場合でなければ，することができない。」としています。要するに，正当事由がなければ，更新拒絶の効力が認められないということです。

では，正当事由とは，どういうものでしょうか。これについては Q60 や Q71 でも説明されていますが，正当事由については，旧借家法の下，具体的なケースで多くの判例が積み重ねられ，その正当事由の判断基準をある程度具体化して条文化した借地借家法28条に基づき，正当事由の有無を，賃貸人，賃借人の双方の建物使用の必要性を基本的要素，それ以下の事情を補充的要素として，これらの要素を総合的に考慮して判断することになります。

３ 敷地の有効利用の必要性は「正当事由」になるか

(1) 条文との関係

では本件のようなケースの場合，正当事由が認められるのでしょうか。旧借家法の時代から，判例は，建物の老朽化，それによる建物の取壊しの必要性や建替えの必要性を，正当事由を認める方向での事情としてきました。

借地借家法28条でも，「建物の利用状況」および「建物の現況」を正当事由の当否を判断する要素として挙げています。旧借家法や借地借家法の正当事由の解釈として，建物の老朽化や敷地の有効利用は，賃貸人が建物の使用を必要とする事情の一つとして，正当事由を認める方向のものとなっていることは否定できません。

(2) 建物の老朽化の意義

建物の老朽化や敷地の有効利用とは，具体的には，どのようなものでしょうか。

建物は未来永劫不変のものではありません。年月を経るごとに傷んでいきます。一方賃貸人は賃借物を使用収益させる義務がありますから，建物を使用に耐える状況にしておかなければなりません。民法606条では，賃貸人に修繕義務を負わせています。ですから，賃貸人は，賃貸建物が損傷などした場合，修繕して使用させなければならないということになります。

しかし，建物は経年劣化を免れ得ないものですから，年月を経て建物が余りに老朽化してくると，通常の修理では追いつかないということも生じてきます。建物の老朽化の程度がひどく，朽廃の一歩手前の状態ということもあるでしょうし，それほどではないけれども，修繕するには，極めて多額の費用がかかり，賃貸人に修繕義務を課すのは気の毒であるという状況のこともありえます。

現実には建物の賃貸借において建物が朽廃の一歩手前の状態にあるというケースはあまりなく，老朽化しているので，大修繕をする必要があるが，費用を考えると，建て替えたほうが経済効率がよいというケースがほとんどです。

このような場合，老朽化は正当事由を肯定する要素にはなりますが，老朽化のみで正当事由が認められることはなく，他の正当事由の要素と絡めて正当事由が認められることが多くなっています。

(3) 建物の老朽化に関する裁判例等

たとえば，建物の老朽化，建替えの必要性等が正当事由と認められるかどうか争われたケースとして，ＪＲ駅前のビルの一区画の食堂を目的とする賃貸借につき，建物の老朽化，建替えの必要性を理由とする解約の申入れが4000万円の立退料の提供により正当事由が認められたというケースがあります[*1]。

その他にも，建物の老朽化，建替えの必要性を理由として明渡しを求めた場合，立退料の提供と引換えに正当事由が認められたケースは数多くあります。

昨今では，耐震偽装事件でも問題になりましたが，中高層のマンションなどでは，耐震強度の不足も正当事由を認める方向の事情の一つになり得るでしょう。

(4) 敷地の有効利用

　敷地の有効利用とは，建物の床面積が少なくて敷地の容積率を満たしていない場合，賃貸人が敷地に対する建物の容積率（建築基準法上認められる容積率の範囲）を100パーセント利用して，大きなマンションに建て替えて，その敷地を有効に利用したいというものです。

　以前に建築した建物が，容積率を十分に利用していなかったこともあるでしょうし，法令の改正により容積率の許容範囲が増えたというケースもあるでしょう。

　いずれにせよ，敷地の容積率を十分に利用して，建物の床面積を増やし，土地や建物の利用効率を上げようという主張です。

　さらに，賃貸人の主観的な理由に加えて，その地域周辺が再開発され，高度な商業地域になったため，それに合わせて近代的なビルに建て替えることが，社会的に要請されるという場合もあるでしょう。

　こうした敷地の有効利用の必要性は，正当事由に関する比較的新しい問題といえますが，基本的には建物の老朽化と同様，立退料の提供など他の要素と絡めて正当事由の有無が判断されることになると考えられます。

　裁判例としては，このような敷地の高度有効利用を目的とする建物明渡請求事件について，かなり高額な立退料と引換えに正当事由を認めたものも散見されます[*2]。

　実際の訴訟でも，建物の老朽化，建替えによる敷地の有効利用，賃貸人やその家族の新築建物への居住による自己使用の必要性，さらには新築建物の床面積を増やし賃料収入のアップを図るなどを組み合わせて正当事由があると主張される場合が多いようです。

引用判例

＊1　東京地判平8・5・20判時1593号82頁。

＊2　大阪地判昭63・10・31判夕687号166頁，東京高判平元・3・30判時1306号38頁，東京地判平2・9・10判時1387号91頁など。

【西村　康正】

Q73　賃借人の問題行為と契約の解除等

　マンションを賃貸していますが，賃借人の中に次のような使用方法をしている方がいるので，賃貸借契約を解除，解約あるいは更新拒絶して退去してもらおうと思います。賃貸借契約の解除，解約あるいは更新拒絶はできるでしょうか。
　①　私のマンションはペット禁止ですが，その賃借人の1人であるAさんは，マンションの中で猫を飼っています。また，仮に賃貸借契約でペット禁止の特約がなかった場合はどうでしょうか。
　②　Bさんは夫婦で音楽が好きなようで，自分たちで楽器を鳴らしたり，頻繁にパーティーをして近所に迷惑をかけています。
　③　1階の店舗用に貸している場所ですが，Cさんにマリンスポーツ用品の販売店・事務所として使用するということで貸していたにもかかわらず，Cさんは，勝手に，クラブ営業を始めてしまいました。また，合わせてCさんが改装をしている場合はどうでしょうか。

A

(1)　いわゆる賃借人の迷惑行為に対しては，建物の用法遵守義務違反があるとして賃貸借契約を解除する方法のほか，契約の更新拒絶や解約申入れをする方法が考えられますが，前者の場合には当事者間の信頼関係を破壊する重大な契約違反であること，後者の場合には正当事由が必要となります。

(2)　①については，ペットを飼っているという理由だけでは契約の解除は困難ですが，ペットを飼うことによるさまざまな弊害（鳴き声，悪臭など）を理由として，解除等することが認められる可能性が高いと考えます。また，特約がなくても，ペットを飼うことによる弊害が著しい場合には，解除等が認められると考えられ

(3) ②については，騒音や近所に対する迷惑の程度にもよりますが，受忍限度を超える程度の騒音等を出しているのであれば，解除等が認められる可能性が高いと考えられます。
(4) ③については，マリンスポーツ用品の販売店とクラブ営業の営業形態は著しく異なること，営業形態を変更したことにおそらく合理的な説明が難しいことなどから，解除等が認められる可能性が高いと考えます。さらに，営業形態の変更に伴い建物を大幅に改装しているのであれば，解除等できる可能性はさらに高くなると考えられます。

キーワード 用法違反，契約の解除，契約の更新拒絶，信頼関係破壊の法理，正当事由，総合考慮，増改築

解説

1 賃借人の用法遵守義務について

(1) 用法遵守義務の根拠

建物の賃貸借契約も賃貸借契約の一つですから，賃借人は，契約または賃借物の性質から定まる用法に従って使用収益しなければなりません（民616条・594条1項）。

つまり，賃借人は，契約に特約があればその特約に従って，特約がなかったとしても，建物の性質から定まる用法に従って建物を使わなければならず，賃借人に用法違反があれば賃借人の債務不履行となります。

したがって，賃借人に用法違反がある場合は，賃貸人は，相当の期間を定めて違反行為を止めるように催告し，それでも違反行為が続くようであれば信頼関係が破壊されたとして賃貸借契約を解除することができます。

なお，賃貸借契約の継続を著しく困難ならしめるような不信行為があったときは，催告なく解除することを判例は認めています[*1]。

また，賃貸借契約の更新を拒絶する場合や，期間の定めがない賃貸借契約

について解約の申入れをするには，いわゆる「正当事由」（借地借家28条）が必要となりますが，賃借人に用法違反がある場合には，これも「建物の利用状況」として，正当事由の有無の判断にあたり考慮されるものと解されます。

このように，賃借人には用法遵守義務があり，それに違反した場合には，賃貸人は賃貸借契約を解除し，または賃貸借契約の解約の申入れや更新を拒絶することにより，賃貸借契約を終了させることができます。

もっとも，賃借人の用法違反があっても，それが当事者間の信頼関係を破壊する程度に至らない場合には解除を認めないのが判例の立場であり，また賃借人に用法違反があるからといって，直ちに契約の更新拒絶ないし解約申入れの正当事由が認められるわけではありません。

用法違反による賃貸借契約の解除の可否ないし更新拒絶や解約申入れにおける正当事由の有無は，契約締結に至る経緯，目的物の増改築の有無およびその内容，近隣への迷惑の有無およびその程度，賃借人側の用法違反の理由，賃貸人側の用法違反による損害の程度などを総合判断して決められます[*2参照]ので，個別にさまざまな事情を検討する必要があります。

(2) 用法違反の類型

賃借人の用法違反が問題となる主なケースとしては，設問にもあるとおり，①ペットの飼育，②近隣への迷惑行為，③本来の使用目的とは異なる事業への転用（使用目的違反），といった類型が挙げられると考えられます。

設問の事例に関する結論は，回答の要旨記載のとおりですが，ここでは，上記の類型に沿って，関連する裁判例につき若干の考察を加えます。

なお，以下の解説は，判例上問題とされた事例を検討したものであり，実際の事案では，以下に類似した用法違反の事実が認められるとしても，他の要素を勘案した結果，結論として契約解除ないし契約更新拒絶や解約申入れの効力が否定される可能性もありますのでご注意ください。

2 ペットの飼育

(1) 基本的な考え方

ペットを飼うと，部屋の中が汚れたり，近所に迷惑をかけたりすることが多くなるため，多くの賃貸借契約ではペット禁止の条項が盛り込まれています。では，このような特約がありながらペットを飼った場合は，常に契約の解除が認められるのでしょうか。

結論からいえば，飼っているペットの種類や数，その飼育状況等の如何を問わず，単に特約に違反してペットを飼っているというだけでは，契約の解除ないし更新拒絶は認められにくいと考えたほうがよいといえます。

しかしながら，ペットにより家屋を傷つけたり悪臭をしみこませたりするなど賃貸人に損害を与えた場合，ペットの鳴き声などにより近隣に迷惑をかけたような場合には，それを理由に信頼関係の破壊が認められると考えられるでしょう[*3]。

(2) 特約がない場合

裁判例の中には，このような特約がなくても，賃借人が10匹の猫を飼育し，かつ野良猫にも餌を与えていた場合に，建物の汚損，近隣への迷惑等を生じて賃貸人に回復しがたい損害を与えることにより信頼関係の破壊が認められるときは，用法遵守義務違反となるとして，解除を認めたケースがあります[*4]。したがって，特約がない場合でも，ペットの飼育による悪影響が重大であるときには，解除が認められることがあるといえます。

3 近隣への迷惑行為

(1) 基本的な考え方

特約がない限り，賃借人が，騒音・悪臭その他の要因によって近隣に迷惑をかけているとしても，それだけで用法違反があると認めることは困難であり，悪臭等により建物を損傷させているとか，悪臭や騒音により他の入居者が退去してしまい賃貸人に経済的損害が発生しているなどといった事情が必要であると考えられます。

そして，迷惑行為の程度，賃借人側の事情，賃貸人側の損失の程度などを総合的に勘案して，契約解除等の可否が判断されることになります。

(2) 判例の検討

最近の裁判例としては，賃借人の長男が貸室に友人らを連れ込んで寝泊りさせ毎夜の如く騒ぎを起こした事案[*5]，賃借人が階上からゴミ等を投げ捨てたり，隣り近所の子どもたちに対して怒鳴ったりした事案[*6]，貸室内に非常識なほど大量のゴミを放置していた事案[*7]につき，解除を有効なものと認めたものがあります。

一方で，古紙回収，製紙原料の加工販売業者である賃借人が，建物を紙屑の集積場として利用した場合に，近隣住民から騒音・粉塵・悪臭等の苦情があったにもかかわらず，賃貸人が当初から賃借人の営業を知っていたこと，賃借人が提案した改善策により被害の緩和が可能であること，移転先を確保することが困難であることなどを理由として，賃借人の経済的損失の補填をせずに更新拒絶の正当事由は認められないとした裁判例もあります[*8]。

4 使用目的違反

(1) 基本的な考え方

前述のとおり，賃借人は，契約または賃借物の性質から定まる用法に従って使用収益しなければなりません（民616条・594条1項）。使用目的もその一つです。

たとえば，住居として使用することが契約上特約として入っている場合，あるいは建物の性質から明らかな場合に，それを他の用途で使用することは用法違反となります。あるいは，使用目的として物の販売店として使用することを前提として契約していたにもかかわらず，飲食店として使用した場合には，やはり用法違反として契約の解除ないし更新拒絶や解約の申入れが可能となり得ます。

また，使用目的を変更する場合には，内装等の変更を合わせて行う場合があり，そのことを理由として解除等が認められるケースもあります。

これまでと同様に，使用目的違反も，使用目的を限定する特約の有無，特約の合理性，使用目的の変更に伴う無断増改築の有無・程度，使用目的変更に至る経緯，賃借人の事情，賃貸人の不利益の程度などを総合的に考慮して，事案ごとに判断されることになります。

(2) 用法違反による解除が認められた事案

次のような事案があります。

① マリンスポーツ店の店舗，事務所等に使用することおよび賃借部分の現状変更には書面をもって承諾を要するとの特約があったにもかかわらず，賃借人が承諾を得ずに改装工事を行ってナイトクラブの営業を始めた事案において，解除を認めたもの[*9]。

② 賃貸店舗の営業態様を喫茶店からノーパン喫茶に変更した事案で，賃貸借契約の継続を著しく困難ならしめるような不信行為があった場合に該当するとして，用法違反を認めて無催告解除を有効としたもの[*10]。

③ 使用目的が事務室と定められたビルの一室について，テレホンクラブ営業のために使用する目的を秘して賃貸借契約を締結した事案につき，テレホンクラブの営業によりビル全体の品位が失われたこと，賃借人がテレホンクラブに使用することを賃借にあたって明らかにしていれば賃貸人は建物を賃貸することはなかったこと，ビルの他の賃借人から苦情が申し入れられたり，賃貸借契約の解約などの例も生じていることをもって，用法遵守義務違反による解除を認めたもの[*11]。

④ オウム真理教の関連会社が，貸室をオウム真理教の宗教施設として使用させ，多数の信者等を宿泊させた事案につき，無断転貸や用法違反などを理由に解除を認めたもの[*12]。

他には，賃借建物を暴力団事務所に使用していた事案[*13]，使用目的が料亭であるのに客を宿泊させた事案[*14]について，解除が有効と認められたものがあります。

(3) 用法違反による解除が認められなかった事案

使用目的を飲食店とする特約に反して繊維品の倉庫として使用した事案につき，特約の趣旨は，賃借人の使用目的が飲食店の経営にあったためで，本件建物の使用を厳格に飲食店経営のためにのみ制限しようとするにあったとは解せられないとして，倉庫とするため小規模な改造があったにもかかわらず，解除を否定したものがあります[*15]。

また，印刷工場として使用する旨の特約があったにもかかわらず，賃借人が，従前の活版印刷の工場兼事務所から写真印刷のための製版のための作業

場に変更した事案について，判例は特約違反を認めたものの，賃借人の用法違反はやむを得ないものであること，増改築の程度は原状回復がさほど困難でなく，建物に恒久的かつ重大な影響を与えるものではないと判断して，契約解除を認めなかったものもあります[*16]。

引用判例

- *1　最判昭27・4・25民集6巻4号451頁。
- *2　最判昭25・2・14民集4巻2号29頁。
- *3　東京地判昭58・1・28判時1080号78頁，東京地判昭59・10・4判時1163号176頁など。
- *4　東京地判昭62・3・2判時1262号117頁。
- *5　大阪地判昭58・1・20判時1081号97頁。
- *6　東京高判昭61・10・28判時1219号67頁。
- *7　東京地判平10・6・26判タ1010号272頁。
- *8　東京地判平5・1・22判時1473号77頁。
- *9　東京高判平3・7・9判時1412号118頁。
- *10　東京高判昭59・3・7判時1115号97頁。
- *11　東京地判昭63・12・5判時1322号115頁。
- *12　名古屋地判平8・4・19判タ957号244頁。
- *13　東京高判昭60・3・28判タ571号73頁など。
- *14　東京地判平3・7・31判時1416号94頁。
- *15　東京高判昭41・6・17判タ196号159頁。
- *16　東京地判平3・12・19判時1434号87頁。

【古川　和典】

Q74 正当事由の判断における「自己使用の必要性」

正当事由における「賃貸人が建物の使用を必要とする事情」（いわゆる「自己使用の必要性」が認められる事情）には，具体的にどのようなものがあるでしょうか。

A

(1) 借地借家法28条は，正当事由を判断する際に，最も重視すべき要素として「建物の賃貸人及び賃借人が建物の使用を必要とする事情」を挙げています。つまり，賃借人が建物を使用する必要性と合わせて，賃貸人の自己使用の必要性も正当事由を考慮する重要な要素となります。

(2) 自己使用の必要性が認められる事情として考えられるのは，住居として使用すること，事業として使用すること，建物を建て替えるなど土地の有効活用を図るために使用することなどが考えられますが，建物の場所などにもより，正当事由が認められる要素は若干変わってきます。

キーワード 正当事由，賃借人の事情，賃貸人の事情，土地の高度有効利用

解説

1 正当事由と「自己使用の必要性」

(1) 自己使用の位置づけの変化

建物賃貸借契約の解約の申入れをする場合または更新拒絶をする場合には，正当事由が必要となります。旧借家法１条ノ２では，「自ラ使用スルコトヲ必要トスル場合其ノ他正当ノ事由アル場合」と，正当事由の最も大きな

要素として賃貸人の自己使用を挙げていました。

しかしながら、判例は、古くから賃貸人の事情だけでなく賃借人の事情も考慮して正当事由を判断しており[*1]、平成3年に旧借家法が改正された借地借家法28条は明文で、「建物の賃貸人及び賃借人が建物の使用を必要とする事情」を考慮すべきものとしました。つまり、実際には、賃貸人の自己使用の必要性は、正当事由を考慮する一要素に過ぎないことになります。

しかしながら、賃貸人の自己使用の必要性は、正当事由の有無を判断する上で重要な考慮要素であり、そのことは今でも変わっていません。

(2) **自己使用の類型**

自己使用の必要性が認められる事情については、おおむね次のような類型化が可能と考えられます。

① 賃貸人が自己ないし家族の住居として使用する必要がある場合
② 賃貸人が事業のために使用する必要がある場合
③ 賃貸人が建物を建て替える必要がある場合

以下では、それぞれについて検討を加えることとします。

2　賃貸人が自己ないし家族の住居として使用する必要がある場合

(1) **自己の住居として使用する必要がある場合**

賃貸人が、建物を自己の住居として使用する必要がある場合には、正当事由は比較的認められやすいといえます。

たとえば、賃貸人が広島で公務員宿舎に居住していて、勤務していた大学を定年退官し、東京の大学教授となり、東京の病院にも勤務するようになったケースで、建物を住居として使用する必要があるとして700万円の立退料の支払を条件に正当事由が認められたケースがあります[*2]。

(2) **家族が住居として使用する必要がある場合**

この場合も、自己使用の一類型と考えてよいかと思いますが、実務上の感覚としては、賃貸人自身が住居として使用する場合よりも正当事由は認められにくいと思われます。

③ 賃貸人が事業のために使用する必要がある場合

(1) 基本的な考え方

賃貸人が事業のために使用する必要性がある場合には，住居の場合ほどでないにしても，正当事由は認められやすくなります。もっとも，この場合も，賃貸人が必要とする理由や程度，賃借人の事情，建物の属性，賃貸借契約締結に至る経緯などを総合考慮して正当事由の有無が決せられることは，他の場合と同様です。

以下で，裁判例を確認していきます。

(2) 正当事由が認められた事案

賃貸人が六畳一間に家族4人ないし5人で起居し，しかも自らは左目失明のため仕事ができず，頼りとする長男に牛乳店を開業させる必要があるのに対し，賃借人が専ら倉庫としてのみ使用している場合に，正当事由が認められたケースがあります[3]。

また，賃貸人に，経営が傾いた事業の効率化を図るために建物を売却して新たな店舗を建てる費用を捻出する必要があったのに対し，賃借人も飲食店で，3年目にしてようやく営業の基礎ができあがり，そこから立ち退くことが営業上の損失であると主張した事案において，裁判所は，賃借人の営業の種類・形態から本件建物でなくても営業が可能であるとして，立退料の支払と引換えに更新拒絶の正当事由を認めたケースがあります[4]。一般的に，賃貸人に生計を維持するために建物を使用する必要がある場合には，正当事由が認められやすいようです。

(3) 正当事由が認められなかった事案

賃貸人の店舗拡張および家族の居住の必要性を認めながらも，賃借人の営業の必要性およびそれに伴う諸事情（建物の立地場所など）が賃借人の死命を制する重要な影響をもつとして，正当事由を認めなかったケースがあります[5]。

また，スーパーマーケットを7店舗経営している賃貸人が，そのうち1店舗でパンの販売をしていた賃借人に対し，自らが店舗内でパンの製造販売を

するために更新拒絶をした事案で、裁判所は、賃貸人においても自ら使用する必要性は認められるとしながらも、賃借人の売上げは他の店舗より群を抜いて多額であり、本件建物なしに賃借人の経営は立ち行かないことなどを理由として、正当事由を否定したケースもあります[*6]。

4 賃貸人に建替え等の必要がある場合

(1) 基本的な考え方

建物を建て替えることとは、建物が敷地に対して有効に利用されていないことを理由に、賃貸人が別の建物を建てることを意図して、建物の賃借人に退去を依頼する場合などを指します。バブルの頃に多くあった事案で、最近でも不動産市況の回復とともに同様の事案が増えてきました。

判例でも、特に大都市の中心部の事案で、土地の再開発の要請が社会的に強まってきていることを理由として、正当事由を認めているケースがあります。このような判例の傾向の背景には、営業用の建物と居住用の建物を同一に扱うことが妥当なのかという疑問や、営業用の建物はより金銭的解決が妥当するという価値判断も働いているようです。今後の判例の集積に注意が必要な論点といえます。

(2) 正当事由が認められた事案

建物が老朽化していたこと、新橋駅前という土地の高度利用が望ましい立地にあること、他の賃借人の明渡し交渉が完了していること等を理由に、3億4000万円の立退料の支払を条件に正当事由を認めたケースがあります[*7]。

また、建物が老朽化していること、賃貸人に自社ビルを建築する必要性があること、池袋駅に近く地元商店街と豊島区が協力して街づくりが行われていることなどを理由として、1億6000万円の立退料の支払を条件に正当事由を認めたケースがあります[*8]。

さらに、土地の高度利用を目的として、老朽化したアパートの賃貸借契約の解約申入れがなされた事案につき、賃借人に単身者で建物の近くに居住用として利用できるマンションを有していることなどもあり、借家権価格の約2倍である700万円の立退料の提供により正当事由を認めたケースがありま

す*9。

(3) 正当事由が認められなかった事案

賃貸人はデベロッパーとして付近の土地の買占めを行っているが，そのような計画が賃借人に事前に示されていなかったこと，賃貸ビルの建築計画であり賃貸人自身が使用するものでないこと，賃借人は十数年建物を本拠として出版業を営んでいて継続して使用する必要性があることなどを理由に，正当事由を認めなかったケースがあります*10。

また，建物が老朽化していること，建物の周辺が土地の高度利用が社会的に要請されている地域であること，明渡しがかなり進んでいることなどを理由に，賃貸人にビル新築計画を計画どおりに実現する能力がある限り，妥当な立退料の支払を条件に正当事由の存在を認めるのが相当であるとしながら，賃貸人が債務超過に陥っていることや税金の滞納処分を受けており，ビル新築計画の完成に必要な能力を有していないとして正当事由を認めなかったケースもあります*11。

引用判例

- *1 大判昭19・9・18法新717号14頁。
- *2 東京地判平3・9・6判タ785号177頁。
- *3 東京高判昭41・6・17判タ196号159頁。
- *4 東京高判昭51・7・6判時833号75頁。
- *5 水戸地判昭51・4・20判タ342号260頁。
- *6 東京地判平8・7・15判時1596号81頁。
- *7 東京地判昭61・5・28判タ633号157頁。
- *8 東京高判平元・3・30判時1306号38頁。
- *9 東京地判平2・1・19判時1371号119号。
- *10 東京地判平元・6・19判タ713号192頁。
- *11 東京地判平9・2・24判タ968号261頁。

【古川　和典】

Q75　正当事由と立退料

　私は，今使っていない家を人に貸していますが，賃借人に出て行ってもらうときには，立退料が必要だと聞きました。今すぐ空家を使う必要はないのですが，将来賃借人に立ち退いてもらう際に，立退料を支払わなければならないのか不安です。
　借家の立退料とはどういうもので，常に必要なものなのでしょうか。また，賃貸借契約の更新拒絶で賃借人に出て行ってもらうには正当事由が必要だとも聞きましたが，借家の更新拒絶の正当事由と立退料とはどのような関係になるか教えてください。

A

(1) 借家の立退料とは，建物の賃貸人が賃借人に対して建物の明渡しを依頼する際に，その代償として支払う金員であり，法律上は借地借家法28条に定める正当事由を補完する役割を果たします。もっとも，立退料はあくまで正当事由を補完するものであり，立退料を支払わなくても正当事由が認められる場合や，逆に立退料支払の申出をしても正当事由が認められない場合もあります。

(2) 立退料の金額については，必ずしも定まった計算方法があるわけではありませんが，移転実費および借家権価格相当額，営業用建物の場合はこれに営業補償を加味して算定する場合が多いといえます。

(キーワード) 正当事由，財産上の給付をする旨の申出（立退料），処分権主義，借家権価格，営業補償

解説

1 立退料とは

　立退料とは，賃貸人が賃貸借契約を解約する場合や，その更新拒絶をする場合に，正当事由を具備するために賃借人に支払うものです。

　立退料の支払と引換えに正当事由を認めるということは，従来の旧借家法では明文化されておらず，判例[*1]上認められていたものですが，借地借家法28条では，正当事由の判断において「建物の賃貸人が建物の明渡しの条件として又は建物の明渡しと引換えに建物の賃借人に対して財産上の給付をする旨の申出をした場合におけるその申出を考慮」するものとされ，法律上も正当事由の考慮要素として認められました。

　なお，立退料は，正当事由を判断する要素として条文上列挙されている事由の最後に置かれており，またこれまでの判例などに照らしても，あくまで正当事由を補完する要素であると解されます。

　したがって，立退料のみで正当事由が認められることはなく，立退料の申出があっても正当事由が認められないことや，逆に立退料の申出がなくても正当事由が認められることもあります。

　なお，裁判上，当事者の明示の申出額を超える立退料の支払と引換えに建物明渡請求を認容することは，請求の一部認容であり許されます[*2]が，当事者の申出額より低い立退料と引換えに明渡請求を認容することは，請求の趣旨を超えるものであり，処分権主義（民訴246条）に反し許されないと解されています。

2 立退料の金額

(1) 基本的な考え方

　正当事由を補完するために必要な立退料の有無およびその金額は，結局は個別事案に応じて裁判所が判断することになりますが，これまでの判例およ

び学説の集積によって，立退料の算定方法はおおむね以下のように整理できるものと考えられます。

　もっとも，立退料は前述のとおり正当事由を補完するものであり，正当事由を判断する他の要素の状況によっても，立退料の金額は変わってくるということになり，事案によって算出方法は異なるので注意が必要です。実際，近時の裁判例では，借家権価格を使用せずに立退料を算定しているものもあります。

① 居住用建物の場合

　　移転実費（引越費用，新たな借家を取得するための費用など）および借家権価格相当額の合計額。

② 営業用建物の場合

　　移転実費，借家権価格および営業補償の合計額。

(2) 借家権価格とは

　借家権価格とは，借地借家法により保護された借家権に基づき建物を使用収益することにより賃借人に帰属する経済的利益をいいます。借家権価格相当額の算出方法は以下のようなものがありますが，不動産鑑定評価基準（不動産鑑定士による鑑定の基準とされているもの）によれば，賃貸人の要請により賃貸借契約を合意解約する場合の立退料の算出は，差額賃料還元方式に収益価格控除方式を関連づけて求めるものとしています。

① 差額賃料還元方式

　　建物の経済価値に即応した適正な賃料（新規賃料）と実際支払賃料との差額の賃貸借契約終了までの期間に対応する賃借人の経済的利益。

② 割合方式

　　土地価格に借地権割合と借家権割合を順次乗じた価格と建物価格に借家権割合を乗じた価格を合計して求めた金額。

③ 収益価格控除方式

　　建物およびその敷地を自用として処分する場合の価格から，賃貸することによる収益力から還元される価格を標準として評価した価格を控除することにより求めた金額。

④ 比準方式

近隣の取引実績から推定した金額。

(3) 営業補償とは

　営業補償とは，移転することにより，営業の廃止，休止等が必要な場合には，当該廃止に対する補償や休止期間に対する補償を，場所の移転に伴い固定客を失う可能性がある場合には，当該損失を補償したりします。営業補償の金額については，必ずしも決まった計算方法があるわけではなく，個別の事案に応じて決めざるを得ません。

③　立退料の要否

　前述のとおり，立退料は，正当事由を判断する際の補完要素であり，立退料の申出があっても正当事由が認められないことや，逆に立退料がなくても正当事由が認められることがあります。以下，裁判例を検討していきます。

(1) 立退料の提供を考慮することなく正当事由が認められた事案

　賃貸人が，銀座一丁目にある建物で映画撮影用の証明器具の貸付業務を営む賃借人に対し，老朽化による取壊しの必要性を理由に明渡しを求めた事案について，建物の基本的な構造部分を将来長期にわたって維持するに足りるような工事を施すのは不可能に近く，建物は効用を全うし，その命数すでに尽きたとして，正当事由があると認め，金銭の支払により補完する必要もないとした裁判例があります[*3]。

(2) 立退料の提供を考慮しても正当事由が否定された事案

　スーパーマーケットを7店舗経営している賃貸人が，そのうち1店舗でパンの販売をしていた賃借人に対し，自らが店舗内でパンの製造販売をするために更新拒絶をした事案について，賃貸人においても自ら使用する必要性は認められるとしながらも，賃借人の売上げは他の店舗より群を抜いて多額であり，本件建物なしに賃借人の経営は立ち行かないことなどを理由として，賃貸人が立退料の支払を申し出ていたにもかかわらず正当事由を否定した裁判例があります[*4]。

　その他，立退料を提供しても正当事由が否定された最近の裁判例としては，東京地判平成3年2月28日[*5]，東京地判平成3年5月13日[*6]などがあり

ます。

引用判例

＊1　最判昭38・3・1民集17巻2号290頁など。
＊2　最判昭46・11・25民集25巻8号1343頁など。
＊3　東京地判昭63・10・25判時1310号116頁。
＊4　東京地判平8・7・15判時1596号81頁。
＊5　東京地判平3・2・28判タ765号209頁。
＊6　東京地判平3・5・13判時1396号82頁。

【古川　和典】

Q76　立退料の算定方法

　私は店舗兼住居用のビルを経営していますが，ビルは古くなってきており，不動産業者からビルを壊してマンションを建てるように勧められています。賃借人の方の中に，なかなか立退きに応じて頂けない方がいるため，立退料を払って立ち退いてもらおうかと考えていますが，立退料の金額はどのように算定されるのでしょうか。

A

(1)　立退料の金額は，個別の事案ごとにさまざまな事情を総合的に考慮して決定されるものであり，必ずしも定まった算定方法があるわけではありませんが，移転実費および借家権価格相当額，営業用建物の場合はこれに営業補償を加味して算定する場合が多いといえます。

(2)　借家権価格相当額の算定方法には，差額賃料還元方式，割合方式，収益価格控除方式，比準方式といったものがあり，不動産鑑定評価基準にも大まかな算定方法が示されていますが，実際の裁判例では必ずしもこのような方式に従って立退料の金額が決められているわけではなく，正当事由を補完する他の事情，すなわち賃貸人および賃借人が建物の使用を必要とする事情や，建物の賃貸借に関する従前の経過，老朽化に伴う建替えの必要性等も考慮されているようです。

(キーワード)　立退料，移転実費，借家権価格，営業補償

解説

1　一般的な立退料の算定方法

(1) 総論

　立退料の金額は、結局は個別事案に応じて裁判所が判断することになりますが、これまでの判例および学説の集積によると、一般的な立退料の算定方法については、おおむね以下のように整理できると考えられます。

　もっとも、Q75の解説でも述べたとおり、立退料は正当事由を補完するものであり、正当事由を判断する他の要素の状況によっても立退料の金額は変わってきます。実際、近時の裁判例には借家権価格を使用せずに立退料を算定しているものもありますので、注意が必要です。

① 居住用建物の場合

　　移転実費（引越費用、新たな借家を取得するための費用など）および借家権価格相当額の合計額。

② 営業用建物の場合

　　移転実費、借家権価格および営業補償の合計額。

(2) 借家権価格とは

　借家権価格とは、借地借家法により保護された借家権に基づき建物を使用収益することにより賃借人に帰属する経済的利益をいいます。借家権価格相当額の算出方法は以下のようなものがあります。

① 差額賃料還元方式

　　建物の経済価値に即応した適正な賃料（新規賃料）と実際支払賃料との差額の賃貸借契約終了までの期間に対応する借家人の経済的利益。

② 割合方式

　　土地価格に借地権割合と借家権割合を順次乗じた価格と建物価格に借家権割合を乗じた価格を合計して求めた金額。

③ 収益価格控除方式

　　建物およびその敷地を自用として処分する場合の価格から、賃貸する

ことによる収益力から還元される価格を標準として評価した価格を控除することにより求めた金額。
④　比準方式
近隣の取引実績から推定した金額。

なお，不動産鑑定士が用いるべき不動産鑑定評価の基準として，国土交通省が公表している『不動産鑑定評価基準』各論第1章第3節Ⅲでは，借家権の評価方法が規定されています。それによれば，賃貸人の要請により賃貸借契約を合意解約する場合の借家権価格は，賃料差額還元方式に収益価格控除方式を関連づけて求めるものとしています。

その際には，当事者間の個別的事情を考慮するものとするかは，①将来における賃料改定の実現性とその程度，②契約の際授受された一時金の額と条件，③将来見込まれる一時金の額と条件，④契約締結の経緯，経過した借家期間および残存期間ならびに建物の残存年数，⑤借家権の取引慣行および取引利回り，⑥借家の目的，契約の形式，登記の有無，転借か否かの別および定期建物賃貸借か否かの別，⑦借家権価格を総合的に勘案すべきものとしています。

(3)　営業補償とは

営業補償とは，移転することにより，営業の廃止，休止等が必要な場合には，当該廃止に対する補償や休止期間に対するに伴う補償を，場所の移転に伴い固定客を失う可能性がある場合には，当該損失を補償したりします。営業補償の金額については，必ずしも決まった計算方法があるわけではなく，個別の事案に応じて決めざるを得ません。

２　判例にみる立退料（住居の場合）

立退料は判例が極めて重要ですので，以下，近時の裁判例をいくつかご紹介します。ただし，立退料は，諸要素を総合考慮して判断されるものであり，事情によって異なりますので，あくまでも参考例と考えてください。

①　東京都港区赤坂の老朽化（築後40年）したアパートにつき，賃貸人がアパートを取り壊して高級マンションを建設することを計画し明渡しを

求めた事案において，賃借人の建物使用の必要性は住居とすることに尽きており，その場合の立退料としては「引越料その他移転実費と転居後の賃料と現賃料の差額の1，2年分程度の範囲内の金額が，移転のための資金の一部を補填するものとして認められるべきである。」として，立退料200万円を認めました[*1]。

　なお，判旨は「いわゆる借家権価格によって立退料を算出するのは，正当事由があり賃貸借が終了するのに，あたかも賃借権が存在するかのような前提に立って立退料を算定するもので，思考として一貫性を欠き相当でない」として，立退料の算定にあたり借家権価格を使うべきでないとしています。

② 約15年前に転勤のために世田谷区内の住居を賃貸した賃貸人が，東京に戻ってきたために居住地として使用する必要があることから，賃借人に対して明渡しを求めた事案で，賃貸人が使用する必要性があること，賃貸当初に転勤期間のみの賃貸であると賃借人に伝えていた事情などを認めながら，賃借人が十数年間居住し，その居住地に密接な生活基盤をもっている事情を重視し，立退料200万円としました[*2]。

　なお，判旨は立退料を，賃借人が他に移動することによって被るべき財産上の損害（不動産業者に支払う礼金，代替家屋賃借のための敷金，移転費，住居移転通知の通信費など）の補償としています。

③ 木造平屋建ての長屋式住居について，建築後50年以上経過し，建物として安全性を欠く状態にあり，建て替える必要があるとして立退料100万円を支払うことを条件として賃借人に明渡しを求めた事案において，賃借人が30年使用しておりなお居住する必要性があること，賃貸人に敷地利用の差し迫った必要がないことなどを理由に，150万円の立退料が妥当であるとしました[*3]。

3 判例にみる立退料（事業用の場合）

① JR吉祥寺駅前のビルの一画を，食堂経営のために賃借していた賃借人に対し，賃貸人が建物の老朽化や建替えの必要性等を理由に解約を申

し入れた事案において，双方の事情を比較すると，賃借人にとって本件店舗の明渡しは賃借人の経営に深刻な事態をもたらすことが予測されることを認めながら，賃貸借契約締結時において10年間の賃貸期間が合意された経緯，十数年前に賃貸人が提訴して明渡しを求めたが認められなかったこと，本件ビル建替えの必要性はそれ自体合理的な根拠が認められること，賃料が据え置かれてきたことなどの事情を勘案し，立退料を移転のために余儀なく負担しなければならないであろう費用，移転に必要な期間（休業期間），および移転先での営業が軌道に乗るまでに要するであろう減収の補填などを総合的に判断して，賃料3年分を目処に4000万円が立退料として妥当としたものがあります[*4]。

② 新宿区内の4階建てビルの賃借人（再生オフィス家具の販売業）に対して，不動産業者である賃貸人が再開発を理由として2900万円の立退料の支払を条件として明渡しを求めた事案において，賃貸人，賃借人ともに経済的利益をめぐって解約申入れの正当事由を争っているに過ぎないものであって，賃貸人が相当額の立退料を支払うことにより正当事由が具備されるとした上で，更地価格が約6000万円であること，賃借人の本件建物での年間売上げが約3600万円であることの諸事情を考慮して，立退料は4200万円としました[*5]。

③ 台東区上野にある店舗兼住宅について，借入金の返済のために建物および借地権を売却する必要があるとして立退料500万円の支払を条件として賃借人に解約を申し入れた事案において，賃貸人は2650万円の債務を負い，これを返済するための資産としては本件建物しかなく，かつ本件建物が昭和8年ころに建築されすでに建替えの時期が来ていることからすると，賃貸人には明渡しを求める必要性と合理性がある一方，賃借人の住居および店舗は代替性があり，双方の必要性を比較すると，賃貸人の必要性のほうが高いとしながら，賃借人にも不利益がある程度伴うため，住居については引越料その他の移転実費と一定期間の転居後の賃料と現賃料の差額を，店舗については改装工事費と一定期間の所得の補償額として，合計600万円の立退料が必要としました[*6]。

なお，判旨は「いわゆる借家権価格によって立退料を算出するのは，

正当事由があり賃貸借が終了するのに，あたかも賃借権が存在するかのような前提に立って立退料を算定するもので，思考として一貫性を欠き相当でない」として，立退料の算定にあたり借家権価格を使うべきでないとしています。

④　賃貸人が，昭和30年代から高級婦人下着の小売業を営んでいた賃借人に対し，立退料500万円の支払を条件として建物明渡しを求めた事案につき，裁判所は，賃借人の店舗継続の要請は切実であり，建物の明渡しにより賃借人の唯一の生活の資を奪うこととなり，建物使用の必要性は賃借人のほうが勝っているとした上で，借家権価格が2675万円であるところ，賃借人の不利益が借家権の喪失のみならず，他に新規に店舗を確保しても固定客の喪失による営業上の損失が大きく，営業不振ないし営業廃止の危険性があること，代替店舗確保に要する費用，移転費用等が多額に及ぶことなどを勘案すれば，正当事由を具備するための立退料としては4000万円が相当であるとしました[*7]。

4　検　討

以上の裁判例を見ていくと，不動産鑑定評価基準に定められている借家権価格の算定方法が，必ずしもそのまま立退料の算定に使用されているわけではないことがわかります。

特に，＊1や＊6の裁判例は，正当の事由により賃貸借契約が終了するのに，あたかも賃借権が存在するような前提に立って立退料を算定するのは，思考として一貫性を欠き相当ではないとして，借家権価格に基づく立退料の算定方法を正面から否定しています。

そして，具体的な立退料の算定方法については，裁判例によってまちまちであると言わざるを得ませんが，正当事由を補完するという立退料の性質上，建物が老朽化しており建替えの必要性が高い場合や，賃貸人における建物使用の必要性が高いといった事情がある場合には，立退料の金額は低く抑えられる傾向にあり，一方で賃借人における建物使用の必要性が高い場合や，賃貸人における建物使用等の差し迫った必要性が低い場合には，立退料

の金額は高くなる傾向にあるということができます。

　設問の事例では，建物の老朽化により建替えの必要性があるものの，問題となる建物の老朽化がどの程度であるか，賃借人が立退きに応じられない事情としてどのようなものがあるかによって，結論は大きく異なります。

　賃借人に対し，具体的に提示する立退料の金額を検討するにあたっては，借家権価格等により機械的に決めるのではなく，建物の老朽化の程度等を調査した上で，賃借人との協議や事情聴取等によって各賃借人が建物を必要とする事情についてなるべく詳細に把握する必要があります。

引用判例

* 1　東京高判平12・3・23判タ1037号226頁。
* 2　東京地判昭56・1・30判タ449号119頁。
* 3　大阪地判昭59・7・20判タ537号169頁。
* 4　東京地判平8・5・20判時1593号82頁。
* 5　東京地判平9・9・29判タ984号269頁。
* 6　東京高判平12・12・14判タ1084号309頁。
* 7　東京高判平10・9・30判時1677号71頁。

【古川　和典】

Q77 立退料の相場

次のような場合には、立退料はいくらくらいになるでしょうか。

① 私は、店舗用のビルを経営していますが、ビルはかなり築年数が経過しており、不動産業者からビルを壊してマンションを建てるように勧められています。しかし、賃借人の方の中に、なかなか立退きに応じて頂けない方がいるため、立退料を払って立ち退いてもらおうかと考えています。

② 私は転勤で大阪に行っていたため、使う必要のない東京の自宅を賃貸していましたが、10年ぶりに東京に戻ってきたため再び自宅を使いたいと思っています。ただ、賃借人の側にも生活があるので、とりあえずアパートを借りていますが狭くて困っており、賃借人に立ち退いてもらおうかと考えています。

A

(1) 立退料には必ずしも決まった計算方法があるわけではありません。また、立退料は正当事由を補完するものですので、正当事由を判断する他の要素の状況によっても、金額は変わってきます。ただ、これまでの判例を見てみると、一般的には、住居の場合よりも事業用に貸している場合のほうが立退料は高額になるようです。

(2) ご質問に対する回答ですが、①については、立地条件、賃借人の被る不利益、賃借人の営業する店舗の固定客の状況やこれまでの営業年月、その他の事情を総合的に勘案して決定されますが、数千万円から数億円になることもあります。②についても、賃借人の被る不利益、移転費用、賃貸人が自宅を使う必要性などの諸事情を勘案して決められますが、数百万円程度になると思われます。

キーワード 正当事由、立退料、居住用建物、営業用建物、借家権価格

解説

1 立退料算定の裁量性

Q76の解説で述べたとおり，立退料の金額には，①移転実費，②借家権価格相当額および③営業補償という3種類の要素が含まれていると考えることができますが，残念ながら，立退料算定のための定型的な計算式は存在しませんし，今後もできないでしょう。

定型的な計算式ができない理由の一つとしては，実際における借家立退きの紛争では，その多くの事例が裁判外における当事者間の話合い，民事調停ないし即決和解で解決されており，仮に訴訟になった場合でも裁判上または裁判外の和解で解決することが多いため，事実関係の詳細な分析は行われずに，または行われたとしても記録としては残らない場合が多いことが挙げられます。

しかし，最大の理由は，立退料の算定にあたり考慮される要素が余りに多く，かつその中には財産関係では本来割り切れない身分関係等も含まれているため，裁判所が裁量によって決めざるを得ない部分が多いからです。

裁判例[*1]も，「立退料の額の決定は，賃貸借契約成立の時期および内容，その後における建物利用関係，解約申入れ当時における双方の事情を総合的に比較考量して裁判所がその裁量によって自由に決定しうる性質のもの」であると述べています。

2 立退料の算定にあたり考慮される要素

小野寺昭夫・横山正夫『どんな場合にいくら払う!?立退料の決め方〔全訂版〕』55頁以下によると，立退料の算定にあたり考慮される事情は以下のようなものが挙げられます。
① 賃貸人側の事情
・年齢，経歴，職業等

- 資産
- 経済状態（年間の収入支出等）
- 健康状態
- 家族関係（構成，年齢，職業，収入，円満度，健康状態等）
- 賃貸人が法人である場合には，設立時期，資本金，業種，営業成績，従業員数等
- 対象土地，建物に対する事情（土地建物の状態，建物について建築後の経過年数，老朽度，修理費と再築の場合の費用，近隣状況，使用したい目的等）
- 賃貸借契約の内容（賃貸開始年月日，期間，賃料，敷金，権利金，保証金，更新状況，居住用か営業用か，契約締結の際の特殊事情，賃料等の近隣との比較等）
- 賃貸借中の状況（使用状況等）
- 立退請求後の交渉経過（交渉態度，立退料提示，移転先斡旋，調停経過等）

② 賃借人側の事情
- 年齢，経歴，職業等
- 資産
- 経済状態（年間の収入支出等）
- 健康状態
- 家族関係（構成，年齢，職業，収入，円満度，健康状態等）
- 賃借人が法人である場合には，設立時期，資本金，業種，営業成績，従業員数等
- 対象土地，建物に対する事情（居住用か営業用か，愛着度，通勤・通学時間，顧客に対する影響，自費修繕の有無内容，その他の特殊事情等）

　このとおり，立退料の算定にあたっては実にさまざまな事情が考慮の対象になっているので，定型的な算定式が作られないのは仕方ないことでしょう。

3 立退料に関する判断の枠組み

　もっとも，これまでの裁判例を検討すると，立退料の金額はおおむね次のような枠組みで決められていると考えられます。

① 賃貸人側にとって建物使用の必要性が高く、一方で賃借人側の必要性はそれほど高くない場合、立退料の金額は基本的に移転実費を基に算定されます。もっとも、移転実費のうちどこまでの範囲が立退料として認められるかは、個別の事情によります。
② 賃貸人側にとって建物使用の必要性がそれほど高いものでなく、立退料によって補完しないと到底正当事由の要件を充足しない場合には、借地権価格や営業補償も立退料の算定要素に加わり、賃借人側における建物使用の必要性が高い場合には、借地権価格を大幅に上回る立退料の金額が認定されることもあります。
③ 裁判所は、当事者の申し出た金額より高い立退料の支払と引換えに建物の明渡しを命じることができますが、立退料の金額の上限は、判決前の和解交渉などで賃貸人側が「この程度までなら妥協できる」などと提示した金額までです。

つまり、調停や訴訟であまり高い金額の妥協案を提示すると、その範囲内で高額の立退料の支払を命じられる可能性がありますが、逆に正当事由が認められるかどうか問題のある事案で、立退料として妥協できる金額を渋ると、その程度の立退料では正当事由が認められないとして、明渡請求自体が棄却されるおそれがあるということです。

そのため、調停や訴訟における立退料の金額の提示は、慎重に検討した上で行う必要があります。
④ 居住用物件と事業用物件とでは、後者は地価が高額な物件が多いこと、営業補償の問題が生じ得ることから、後者のほうが立退料の金額は高額になる例が多いようです。

4 設問に対する回答

もっとも、これまでの裁判例に照らし、ある程度の常識的な立退料の相場がどの程度かということは、必ずしもいえないわけではありませんし、前述のとおり、実際の紛争解決においてもある程度の相場感覚は必要です。そこで、設問の事例について、想定される立退料の金額の相場を検討しますが、

前述のとおり立退料の金額は事案に応じ裁判所の裁量で決まるところが大きいので，以下の検討はあくまで参考程度と考えてください。

設問①の事例は，店舗用のビルということですが，一般に事業用物件は，駅前など地価の高い物件が多く，建物明渡しに伴う営業補償の問題が生じる分，居住用物件に比べ立退料の金額が高くなる傾向にあります。一般論としては，立退料は数千万円単位の金額になることを覚悟する必要があり，都心の一等地にあるような物件であれば数億円単位の金額になることもあるでしょう。

もっとも，ビルがかなり老朽化しており，これ以上の使用に耐えない程度に達しているということであれば，立退料の減額要因になります。一方で，賃借人について，他の建物に移転して事業を継続することが著しく困難であり，明渡しにより廃業を余儀なくされる可能性もあるといった事情がある場合には，立退料の金額がさらに高額になる可能性もあります。

設問②の事例は，居住用物件であり，賃貸人が建物を必要とする相当の事情もあるため，一般論として立退料は数百万円程度で済むと考えられます。具体的な金額は，物件の借家権価格や，賃借人がその建物を必要とする事情などによっても左右されますが，もともと転勤のため一時的に自宅を賃貸しており，賃借人側もそのような事情をあらかじめ知っていたという場合には，そのような事情も立退料の減額要因として考慮されるものと解されます。

引用判例

＊1　東京高判昭50・4・21金法772号33頁。

【古川　和典】

Q78　造作買取請求権

貸事務所を月額20万円で賃貸していたところ，賃借人からスナックに改造したいという申出を受け軽い気持ちで了承したところ，賃借人は2000万円もかけて大規模な改装をしてしまいました。そして約半年後，賃借人からスナックの経営が立ちゆかないので事務所を明け渡したい，については改装した造作を買い取ってほしいといわれ困っています。契約書には「原状回復のうえで明渡し」すべきことになっているのですが，賃借人のいうとおり，造作を買い取らなければならないのでしょうか。また，そもそも借家契約における造作買取請求権とはどういうものでしょうか。

A

(1)　造作買取請求権は，建物の賃貸人の同意を得て，または建物の賃貸人から買い受けて建物に付加した畳，建具その他の造作がある場合に，期間の満了または解約申入れにより賃貸借契約が終了した後，賃貸人に対しその造作を時価で買い取るべきことを請求する権利です。旧借家法における造作買取請求権は，賃借人に不利な特約を許さない片面的強行規定とされていましたが，借地借家法では任意規定とされています。

(2)　造作買取請求権の対象となる造作は，建物に付加された賃借人所有の物件のうち，建物の使用に客観的便益を与えるものであり，畳や建具のほか水道や電気，ガス，空調の設備などもこれに当たると解されていますが，店舗における営業施設の類については，他の賃借人にとって転用の効かないものが多く，一般的には「造作」に当たらないと解される場合が多いといえます。

(3)　造作買取請求権に類似する制度として，民法上の有益費償還請求権があり，具体的事案ではその双方について，その対象となる範囲および金額を個別具体的に検討する必要がありますが，設問のように事務所用の物件をスナックに改装した事例では，造作買取請求権が認められる可能性は極めて低く，有益費償還請求権に

ついても，認められる可能性があるのは極めて限定された部分に過ぎないのではないかと考えられます。

(キーワード) 造作買取請求権，旧借家法，借地借家法，片面的強行規定，任意規定，客観的価値の増加，有益費償還請求権

解説

1 造作買取請求権の意義

　借地借家法33条1項は，建物の賃貸人の同意を得て建物に付加した畳，建具その他の造作，または建物の賃貸人から買い受けた造作がある場合には，建物の賃貸借が期間の満了または解約の申入れによって終了するときに，建物の賃貸人に対し，その造作を時価で買い取るべきことを請求することができる旨を規定しており，同条2項では建物の転借人についても同様の請求権を認めています。これらの請求権を「造作買取請求権」といいます。

　造作買取請求権は，旧借家法5条にも規定されていました（ただし，その内容は後述のとおり現行法とは若干異なります）が，その立法趣旨は，建物賃借人が賃借物のために必要な出費をした場合，それを賃貸人に適切な価格で買い取らせることにより，賃借人の投下資本回収の利益を保護するとともに，賃貸人の不当な利得の抑制を図るものと説明されています。もっとも，賃貸人の利益との調整を図るため，適用にあたっては賃貸人の同意が必要とされています。

　旧借家法5条においては，造作買取請求権は建物の賃借人に不利な特約を無効とする片面的強行規定とされていました。これは，賃貸人が造作の撤去を主張することにより，賃借人から造作を安価で買い叩き，これを新賃借人に高く売りつけるといった弊害を除去する必要性があったためと考えられます。

　しかし，時代の変化とともに建物賃貸借の様相は大きく変化し，居住用物

件においては建物の使用に必要な物件があらかじめ完備されている例が多くなったほか，生活様式の個性化の進行に伴い，居住用物件・事業用物件のいずれにおいても，各賃借人の使用する物件につき普遍性・互換性が著しく低下し，造作買取請求権の前提となる造作の財産的価値は，次第に疑問視されるに至りました。

このような社会情勢の変化を踏まえ，平成4年8月1日に施行された借地借家法においては，旧借家法には規定のなかった転借人の造作買取請求権が明文で認められた一方，造作買取請求権自体は任意規定とされ，その適用を排除する特約も認められるようになりました。

また，造作買取請求権に関する判例も，そのほとんどは旧借家法時代の古いものであり，特に借地借家法の施行後には目立った裁判例も見当たらないことから，造作買取請求権という制度の存在意義自体，その見直しを考えるべき時代が来ているのかもしれません。

2 造作買取請求の要件

平成4年8月1日の借地借家法施行に伴い，旧借家法は廃止されましたが，借地借家法の施行日以前に締結された契約についてはなお，旧借家法の規定が適用されるので注意が必要です。

造作買取請求権を行使する要件は，借地借家法・旧借家法のいずれにおいても，条文上以下の3点です。

(1) 建物に付加した造作であること

ここでいう「造作」とは，「建物に付加された物件で，賃借人の所有に属し，かつ建物の使用に客観的便益を与えるもの」と解されています[*1]。

家具や什器・備品といった物件は独立性が強く付加とはいえませんが，一方で建物と付合（民242条）して一体となり分離不能となったものは賃貸人の所有物となり，それによる損失は民法248条による償金請求の対象となるので，造作はその中間に位置するものとなりますが，具体的な事案における区分にはかなりの困難が伴います。

過去の裁判例において造作と認められたものには，物干場，電気設備，水

道設備，ガス設備，空調設備，便所，据付戸棚や吊戸棚，戸や障子・間仕切，畳などのほか，レストラン専用建物における調理台，レンジ，食器棚，空調・ボイラー・ダクト等の設備一式[*2]，飲食店営業用の物件における当該店舗の塗装，営業用計器等[*3]などがあります。

一方，土間や敷石，庭木庭石，置戸棚，飾台，囲障などは建物に付加していないため，また看板や店舗の営業施設の類は一般的な建物使用の便宜のための設備ではないため，通常「造作」とは認められません（上記[*2]や[*3]の裁判例は，むしろ例外的なものといえます）。また，いわゆる無形造作である老舗も「造作」とは認められません[*4]。

もっとも，以上の事例はいずれも大正時代ないし昭和時代のものであり，造作として客観的価値が認められるかどうかは，今日においては再検討を要するものも少なくないと考えられます。

(2) **賃貸人の同意を得て付加したもの，または建物の賃貸人から買い取ったものであること**

賃貸人の同意については，建物の使用のため客観的に欠くことのできない造作については賃貸時に包括的同意を与えたと解される[*5]ほか，黙示の承諾や推定的承諾もあり得るとするのが判例および学説の立場です。

(3) **期間の満了または解約申入れにより賃貸借が終了したこと**

旧借家法5条では，単に「賃貸借終了ノ場合」としか規定されていませんでしたが，債務不履行による解除の場合には適用されないというのが裁判例の大勢[*6]でした。これを受けて，借地借家法33条では，「建物の賃貸借が期間の満了又は解約の申入れによって終了するとき」と規定され，債務不履行による解除の場合は含まれないことが明文で明らかにされています。

3 造作買取請求の効果

建物の賃借人が造作買取請求権を行使すると，それにより建物の賃借人と賃貸人との間に造作の売買契約が成立したのと同様の効果が生ずる[*7]と解されていますが，造作の時価については，建物に付加したままの状態において造作自体の本来有する価格をいい，建物の所在地や構造などから生ずる特

殊の価値は含まれないものと解されています[*8]。

なお，造作代金債権は造作に関して生じた債権であり，建物に関して生じた債権ではないことから，造作買取請求権を理由として同時履行の抗弁権により建物の明渡しを拒むことはできず[*9]，また造作買取請求権を被担保債権として建物につき留置権を行使することもできない[*10]と解されています。

4　有益費償還請求権との関係

造作買取請求権と類似する制度として，民法608条2項に基づく賃借人の有益費償還請求権があります。これは，賃借人が賃借物について有益費を支出したときは，賃借人は，賃貸借契約終了のときに，同法196条2項の定めにより，その価格の増加が現存する場合に限り，賃貸人の選択に従ってその支出額または増価額の償還を請求できるというものです。

この規定は任意規定であり，特約により排除できる点は旧借家法の造作買取請求権と異なりますが，一方で「造作」に限らず，賃借人による有益費の支出で賃借物の改良が生じた場合に広く償還請求を認めているところに独自の意義があります。また，裁判所が償還について期限の許与（民608条2項ただし書）をした場合を除き，建物に関する有益費償還請求権に基づき，その建物に対し留置権を行使することができる点も造作買取請求権と異なります。

なお，造作買取請求権と異なり賃貸人の同意は要件とされていませんが，無断増改築による信頼関係の破壊が別途問題となることは言うまでもなく，またそのような行為により有益費償還請求権を行使しても，裁判例ではそもそも有益費として認められない傾向があります[*11]。

5　設問に対する回答

設問では，賃借人は2000万円をかけたスナックの改装について造作買取請求権を行使しようとしているとのことですが，実際に支払義務が認められるかどうかは，造作買取請求権のほか，有益費償還請求権の対象となるかにつ

いても検討する必要があります。

　造作買取請求権については，スナックへの改装が「造作」に当たるか否かが問題となりますが，前述のとおり店舗の営業施設の類は一般的な建物使用の便宜のための施設ではないため，一般論としては「造作」と認められる可能性は低いと考えられます。ましてや，最初から飲食店用として賃貸されていた物件であればともかく，もともとは貸事務所であったというのであれば，スナックへの改装が「造作」と認められる可能性はほとんどゼロに近いでしょう。

　一方，有益費償還請求権については，まず「原状回復の上で明渡し」という特約が，有益費償還請求権の適用を排除する趣旨と認められるかが問題となりますが，仮に排除する趣旨であると認められても，原状回復が不可能な部分については，なお賃貸人の承諾のもとになした有益費の償還請求が認められた判例[*12]がありますので，注意が必要です。

　仮に，有益費の償還請求が認められる場合，償還の対象となる範囲およびその金額については，改装の内容や物件の具体的状況に応じて個別に検討する必要がありますが，基本的に償還の対象となるのは，改装により建物の客観的価値が増加した分の金額であり，2000万円という工事費用そのものが償還請求の対象となるわけではありません。

　また，建物の客観的価値が増加したと認められるには，基本的に他の賃借人にとっても転用が効くものである必要があるところ，本来貸事務所用の物件をスナック用に改装したということであれば，そのうち有益費と認められる部分は，仮にあっても極めて限定された部分になるのではないかと思われます。

引用判例

＊１　最判昭29・3・11民集8巻3号672頁。

＊２　新潟地判昭62・5・26判タ667号151頁。

＊３　横浜地川崎支判昭41・3・2判タ191号181頁。

＊４　大判昭15・11・27新聞4646号13頁。

＊５　旅館用の物件について包括的同意を認めたものとして，福岡高判昭33・7・5下民集9巻7号1238頁。

*6　大判昭13・3・1民集17巻318頁ほか多数。
*7　大判昭2・12・27民集6巻743頁。
*8　大判大15・1・29民集5巻38頁。
*9　最判昭29・7・22民集8巻7号1425頁。
*10　最判昭29・1・14民集8巻1号16頁。
*11　東京地決昭9・11・2新聞3908号16頁，葛城区判昭13・10・25新聞4348号13頁など。
*12　大判昭10・4・1裁判例9巻86頁。

【坂本　隆志】

Q79 地代の不払による建物賃貸借契約の終了

都内に営業拠点としての店舗を賃借しています。その建物の地主から，突然，建物所有者との間の借地契約が地代の不払で解除になったので，店舗を明け渡すようにとの通知がきました。家賃の不払は一度もなく，きちんと払っているのですが，明渡しをしなければならないのですか。

A

(1) 借地上の建物を賃借している場合，借地契約が賃料の不払で解除されたときは，土地の所有者には残念ながら対抗できません。地主が解除権を行使する前であれば，自ら地代を建物所有者に代わって支払い，地代不払を理由とする解除権の行使を阻止することは可能ですが，地主に対し，そのような代払の機会を与える義務を認めることはできないと解されます。

(2) 経済的には，借地権価格は相当な額になるので，借地人がみすみす地代の不払で借地権を失うということは少ないでしょうが，残念ながら，このような事態を防ぐ確実な手段はないというのが実情ですので，借地人に地代不払が生じているおそれがある場合には，地主に対し賃料代払の申出をしておくなど，早急に対策を立てておく必要があります。

（キーワード）物権と債権，借地上建物の賃貸借，借家権の対抗力，賃料の代払，催告義務

解説

1 問題の所在

(1) 物権法定主義と賃借権

わが国の民法は，いわゆる物権法定主義（民175条）を採用しており，基本的に民法で定めた権利のみが物権として認められています。たとえば，所有権，地上権，抵当権等の権利がそうで，これらの権利は民法上物権として認められています。

最も典型的な物権である所有権は，所有権の登記手続を経ていれば，第三者から占有を奪われそうになったときも，その第三者に対して，自分が所有者であると主張して，所有権者としての権利を守ることができます。これを，対世的効力といいますが，要するに，所有権の登記をしてある不動産は誰に対しても自分のものであって，自分が自由に使用できると主張できるということです。

ところが，賃借権という権利は，債権といって，賃貸人と賃借人との間の契約で定められた権利なので，たとえば建物の賃貸借契約をしている場合，賃借人は賃貸人に対しては，賃貸借契約の当事者ですから，賃借人である自分にその建物を使用，収益させるよう請求できることになりますが，物権と異なり，原則として対世的効力が認められていないので，契約の当事者である賃貸人以外の第三者には，賃貸人との間では賃貸借契約を締結しているにもかかわらず，建物の使用収益権を主張できないということになってしまうのです。

もっとも，民法605条では，不動産の賃貸借について，これを登記した場合に対世的効力を認めていますが，判例[*1]は賃借権に物権的効力がないことを理由として，当事者間において賃貸借の登記をする特約がない場合には，賃借人が賃貸人に対し賃貸借の登記を請求する権利はないと解していますので，実際には，賃貸借の登記制度は，執行逃れの詐害的賃貸借を除いてはほとんど利用されていません。

(2) 借地借家法に定める賃借権の対抗要件

　過去においては，民法のこのような規定を利用して，建物賃貸借契約の締結されている建物を第三者に売却してしまい，その第三者が，建物賃貸借には物権のような対世的効力がないことを理由に，その建物の賃借人に建物からの明渡しを迫ったという事態が生じ，それが社会不安にまでなったことがありました。

　そこで，賃借人を保護するため，旧借家法1条では，建物の賃貸借についてはその登記がなくても，建物の引渡しを受けていれば，その後にその建物について物権を取得した第三者にも対抗できるという規定が作られました。

　その結果，建物の引渡しを受けた賃借人は，その建物を買い取った等の第三者に，自己がその建物の賃借人であることを主張して，明渡しを求められることがないようになりました。この規定は，借地借家法31条1項にも引き継がれており，このような賃借権の性質の変化は，学説上「賃借権の物権化」と呼ばれています。

(3) 借地権付建物に関する規定の落とし穴

　ところが，この規定は，建物賃貸借契約が先行していること，建物の引渡しが終了していること，建物に対して物権を取得した第三者に対抗できるという要件の下で，賃借人の賃借権が保護されるというものであり，土地の賃借人（以下，「借地人」といいます）が土地の所有者（以下，「地主」といいます）から土地を賃借してその借地上に建物を建築し，その建物を他に賃貸した（以下，建物の賃借人を「借家人」といいます）ようなケースを想定した規定ではありません。

　仮に，借地人と地主との間の土地の賃貸借契約が何らかの理由で終了した場合，地主はその土地の所有者として，建物所有者である借地人に対し，借地上の建物を撤去して，その借地を更地にして明け渡すよう請求することができます。

　地主の土地に対する所有権は，対世的効力をもっていますから，その土地の所有者として借家人に対しても建物から退去して土地を明け渡すよう請求することができるということになります。この場合，借家人の建物賃借権は，借地権の消滅によりその基礎を失い消滅することになると解されます。

ただし、借家人保護の観点から、借地権の存続期間が満了した場合には、借家人が借地権の存続期間が満了することをその1年前までに知らなかった場合に限り、借家人の請求により、裁判所は借家人がこれを知った日から1年を超えない範囲内において、土地の明渡しについて相当の期限を許与することができるものとされています（借地借家35条1項）が、借地人の債務不履行により土地の賃貸借契約が終了する場合については、このような借家人保護の規定はありません。

そのため、設問のように、借地人が地代の不払をして、地主から地代の不払を理由に借地契約を解除された場合は、借地上の建物を賃借している借家人が家賃の支払を一度も怠っていないとしても、地主からの建物明渡請求を拒むことはできないのです。

2 土地所有者の催告義務は認められるか

もっとも、自分の全く関知しないところで生じた出来事のとばっちりで、明渡しを余儀なくされるのは、借家人にとっては何とも気の毒です。

もし、解除権が行使される前であれば、借家人は借地人に代わって地代を地主に支払い、解除権の行使を阻止することができるのですが、実際に解除権が行使された後で地代不払の事実を知ったのであれば、借家人にとってはどうしようもありません。

そこで、このような場合に、地主が解除権を行使するにあたり、借家人に対し地代の支払を催告するなど、あらかじめ何らかの形で代払の機会を与える義務を認めることができないかという議論がなされることもありますが、判例[*2]は、土地の転貸借の事案につき、土地の賃貸人にそのような義務を認める根拠がないとして、転借人に通知等をして賃料代払の機会を与える義務を否定していますから、借地上の建物の賃貸借についても、結論は同様であるといわざるを得ないでしょう。

3 結論

経済的には，借地権価格は相当な額になるので，借地人がみすみす地代の不払で借地権を失うということは少ないと考えられます。

借地人に倒産や行方不明といった事情もないのに，突然地代の不払により賃貸借契約が終了したというのであれば，地主と借地人との通謀により意図的に地代の支払を止めた可能性が強く疑われ，そのような通謀の事実を立証できる場合には，あるいは土地賃貸借の終了を借家人に対抗できないといった結論を導き出すことも可能かもしれません。

しかし，借地人が行方不明になったなどの事情が生じ，地代の不払が生じて地主が債務不履行を理由に土地賃貸借契約を解除したというのであれば，もはや法的にはどうしようもありません。

もちろん，借地人に対しては，建物を使用収益する権利の行使ができなくなったのですから，損害賠償の請求はできますが，実際にこのような問題が生じる事案では，信用を失った借地人に対する損害賠償請求権など意味をなさない場合が多いでしょうし，いずれにせよ地主からの明渡しを拒むことはできないのです。

いったん，このような事態が生じてしまった場合は，借家人としては防御のしようがありません。残念ですが，借家人としては，重要拠点として，建物を賃借する場合，土地と建物の登記事項を確かめて，土地と建物の所有者が異なっている場合は，建物賃貸人の経済的状況の把握に努めるしかないでしょう。

そして，建物賃貸人（借地人）が突然行方不明になった場合や，その経済状況が著しく悪化した場合には，地代の支払状況について地主に確認し，借地人が地代を支払わないときは自ら地代を支払う旨を申し出ておくなど，早急に対策を立てておく必要があります。

引用判例

＊1　大判大10・7・11民録27輯1378頁。

＊2　最判平6・7・18判時1540号38頁。

【西村　康正】

Q80　分譲マンションの建替えと賃借人の地位

私は，分譲マンションの一室を借りて居住していますが，私の住んでいるマンションは，築40年を過ぎ老朽化しているということで，現在建替えの話が進んでいます。もし，マンションの建替えが決まる場合，賃借人である私の立場はどうなるのでしょうか。

A

(1) マンションの建替えは管理組合の集会決議により行われますが，建替えに参加しない区分所有者は，専有部分の賃借人を退去させて引き渡す義務があるという下級審裁判例があり，マンションの賃借人は，建替えに伴いマンションから退去する義務が生じるものと解されます。

　　ただし，建替えがなされたマンションの借家権は，再建後のマンションの借家権として存続するものと解する余地もあるため，当該決議が直ちに更新拒絶等の正当事由となるものではなく，立退料または再建マンションの賃貸約束等の補完事由を要すると解されます。なお，マンションの賃借人は，利害関係人として当該集会への出席・意見陳述の権利を有するものと解されます。

(2) マンション建替え事業がマンション建替え円滑化法に基づいて行われる場合には，賃借人は，原則として，権利変換計画の定めるところに従い，施行再建マンションの部分について借家権を取得しますが，施行者に申し出ることにより，借家権の取得に代えて補償金を受け取ることもできます。なお，権利変換計画の認可を申請するには，施行マンションの借家権者全員の同意が必要です。

キーワード　マンション建替え決議，建替え不参加者に対する売渡請求，建替え決議と正当事由，マンション建替え円滑化法，マンション建替え組合，個人施行者，権利変換計画，補償金

解説

1 分譲マンションの建替え決議

(1) 分譲マンションの建替えに関する集会決議

　本件においては，分譲マンションの建替えの話が進んでいるということですが，マンションの建替えに関する決定手続は，建物の区分所有等に関する法律（区分所有法）62条以下の規定に従うことになります。

　ここでいう「分譲マンション」とは，区分所有法の適用がある建物，すなわち一棟の建物に属する構造上および利用上区分された各個の専有部分が，各区分所有者の区分所有権の対象とされている建物であり（区分所有1条・2条1項および同条2項参照），このような場合，本来一棟の建物の建替えは共有物の変更（民251条）に当たりますから，当該建物に属する専有部分の区分所有者全員の同意を要すると解されます。

　しかし，分譲マンションの建替えについて区分所有者全員の同意が必要となると，場合によっては建替えが事実上不可能となってしまうおそれがあり社会的にも不都合であることから，区分所有法では，分譲マンションの復旧や建替えに関し多数決原理を導入して民法251条の例外を設けており，建替えについては，集会における区分所有者および議決権の各5分の4以上の多数で決議をすることができる旨を規定しています（区分所有62条1項）。

　もっとも，新たな建物の建築という行為は，これに参加する意欲のない者に強制するのは馴染まず，建物の建替えの決定に多数決原理をそのまま当てはめ，反対する者の意思に反して建物を建て替えるとしても，その実効性は乏しいでしょう。そこで，区分所有法63条4項では，建替えの参加者が不参加者に対し区分所有権および敷地利用権を時価で売り渡すことを請求することができるとして，不参加者には時価による資本回収の手段を確保しています。

　このように，建替え決議の効果として，建替え参加者に対し，不参加者に対する区分所有権等の売渡請求権が付与され，これによって参加者のみが区

分所有権等の全部を有することとなる手段が設けられるとともに，区分所有法64条において，建替え参加者間に決議の内容のとおりの合意が成立したものとみなし，その合意の拘束力に基づき，参加者が建替えを実現することが確保されています。

(2) 建替え決議のための集会の招集手続

上述のとおり，建替え決議が区分所有者および議決権の各5分の4以上の多数で可決されると，賛成者にとって多額の費用負担を伴う場合があり，また，反対者にとって区分所有建物の売却が強制される場合があるなど，重大な効果が生じ得ますので，集会において各区分所有者の合理的な判断がされることを担保するため，建替え決議のための集会の招集手続は，次のように定められています。なお，具体的な建替え決議の手順等については，国土交通省が平成17年11月に『マンション建替え実務マニュアル』を公表していますので，これに基づいて進めるのが無難でしょう。

① 区分所有者が建替えの要否を熟慮できる時間を確保するために，招集通知は集会の開催日の2ヵ月以上前に発しなければなりません（区分所有62条4項）。この期間は，管理組合の規約により伸長することはできますが，短縮することはできません。

② 招集通知に際して，議案の要領のほか，建替えの要否を判断する上で必要な情報として定められた事項も通知しなければなりません（同62条5項）。

具体的に通知すべき事項としては，再建建物の設計の概要，建物の取壊しおよび再建建物の建築に要する費用の概算額，当該費用の分担に関する事項，再建建物の区分所有権の帰属に関する事項（以上は「議案の要領」に含まれます），建替えを必要とする理由，建物の建替えをしない場合における当該建物の効用の維持または回復に要する費用の額およびその内訳，建物の修繕に関する計画が定められているときは当該計画の内容，建物につき修繕積立金として積み立てられている金額があります。

③ 区分所有者が建替えに関する説明を受け，必要に応じて質問をする機会を保証するために，集会の開催日の1ヵ月以上前に説明会を開催しなければならないとされています（同62条6項）。

(3) 建替え不参加者に対する売渡請求

　区分所有法63条1項および同条2項は，建替え決議の後，賛成者が反対者に対し前述の売渡請求権を行使するに先立ち，2ヵ月の再考期間を設けています（この期間内であれば，決議の反対者も建替えに参加して売渡請求権の行使を免れることができます）。そして，当該期間が経過したときは，建替え参加者（その全員の合意による買受指定者も含みます）は，各自でまたは共同で，不参加者に対し，当該再考期間の満了から2ヵ月以内に区分所有権等を売り渡すよう請求することができます（区分所有63条4項）。

2 分譲マンションの建替え決議と賃借人の地位

(1) 専有部分の賃借人に対する建替え決議の影響

　区分所有者の集会においてマンションの建替え決議がなされた場合，建替えに参加しないものとみなされて売渡請求権の行使を受けた区分所有者は，専有部分から賃借人を退去させて引き渡す義務があると判示する下級審裁判例があります[*1]。

　もっとも，売渡請求権が行使されたマンションの専有部分について，当該専有部分に関する賃貸借契約については，売渡請求権が行使された後も，売渡請求者を賃貸人として存続し，建物再建後は当該売渡請求者が取得した専有部分を目的として存続すると解する余地もあるため，売渡請求権の行使に伴う賃貸借契約の終了が認められるか否かについては，今後の判例の集積を待つほかありません。

　なお，専有部分の賃借人等の占有者は，建物またはその敷地もしくは付属施設の使用方法につき，区分所有者が規約または集会の決議に基づいて負う義務と同一の義務を負うとされており（区分所有46条2項），また，専有部分の賃借人等（区分所有者の承諾を得て専有部分を占有する者）は，集会の会議の目的である事項について利害関係を有する者として，集会に出席して意見を述べることができます（同44条1項）。

　このため，集会の日時，場所および会議の目的事項は，建物内の見やすい場所に掲示されるものとされています（同44条2項）。

(2) 正当事由の必要性

　建替え決議の制度を導入した昭和58年の区分所有法改正当時は、マンションの建替え決議は、賃貸借の目的となっている専有部分の賃貸借関係に直接的な影響を及ぼすものではなく、賃借人の意向に反した建替えは差止請求の対象となるから、結論としてマンションの建替え決議にあたっては賃借人の同意を要するという見解もあったようですが、多数決原理による建替え決議を認めた区分所有法の趣旨に照らすと、上記下級審裁判例[*1]のように、適法なマンションの建替え決議があった場合には、当該マンションの賃借人は当該決議に基づく建替えのため専有部分を退去する義務が生じると解するのが妥当と考えられます。他方、前述のとおり、賃借人の専有部分退去義務は認めても、建替えにより再建建物の専有部分を目的とした賃貸借契約が存続すると解する余地はありますから、建替え決議がなされた場合において、それを理由に賃貸借契約の更新を拒絶しまたは解約の申入れをしたとしても、当然に正当事由が認められるとまで断定することはできません。

　もっとも、建替え決議の存在が、正当事由の判断において考慮されること自体は否定できませんので、建物の建替え・敷地の再開発における正当事由の裁判所の判断の傾向に照らし（**Q71**　**2**　参照）、多くの場合、立退料の提供や、再建建物における借家権の保証などが補完事由として要求されると考えられます。

3　マンション建替え円滑化法と分譲マンションの賃借人

(1) マンション建替え円滑化法制定の概要

　このように、マンションの建替えについて、区分所有法の規定のみでは専有部分の賃借人など利害関係者の権利関係について不明確な部分が多いため、マンションの建替え事業を円滑に進められないという問題があります。

　そこで、平成14年に成立したマンションの建替えの円滑化等に関する法律（マンション建替え円滑化法）では、建替え決議後のマンション建替え事業の進め方について、詳細なルールを定めています。

　マンションの建替えにあたっては、建替え決議の成立後、建替え決議の内

容に適合した事業計画および建替え合意者の4分の3以上（人数と議決権の両方が4分の3以上であることが必要です。以下同じ）の同意を得て定款を作成し，建替え合意者等の5人以上が共同して，マンション建替え組合の設立を都道府県知事に申請することができます。

　知事の認可を受けたマンション建替え組合は，法人格が付与され，建替え不参加者からの権利の買取り，権利変換手続による関係権利の移行その他マンション建替え事業の施行に必要な権限を与えられることになります。

　権利変換計画は，組合員の議決権および持分の5分の4以上の賛成により総会で議決し，施行マンションまたはその敷地について権利を有する者（借家権者も含みます）の同意および審査委員の過半数の同意を得て，都道府県知事の認可を受ける必要があります。

　なお，マンション建替え組合を設立する方法のほか，施行マンション（マンション建替え事業を施行する現に存するマンションをいいます。円滑化法2条1項6号）の区分所有者等全員の同意を得た者が，規準または規約および事業計画を定めて都道府県知事の認可を受け，「個人施行者」としてマンション建替え事業を施行することも認められています（円滑化法45条以下）。この場合において，施行マンションの専有部分の賃借人は，個人施行者の認可の申請にあたり必ず同意を必要とする者に含まれます（同45条3項）。

(2)　マンション建替え円滑化法におけるマンション賃借人の地位

　施行マンションについて借家権を有していた者は，施行再建マンションの建築工事が完了し，その旨の公告がなされたときに（円滑化法81条），マンション建替え組合等の施行者（マンション建替え組合または個人施行者）が定める権利変換計画の定めるところに従い，再建マンションの専有部分について借家権を取得するのが原則ですが（同71条3項），同法56条3項に基づき施行者に申し出ることにより，借家権を取得しないこともできます。

　この場合，借家権の取得を希望しない旨の申出をした者は，権利変換期日において当該借家権が消滅し（同71条1項），再建マンションに対する権利が与えられないため，当該借家権について近傍類似の取引価格等を考慮して定める相当の価額（同62条）に基づき権利変換計画で定められた補償金が施行者から支払われることになります（同75条1項1号）。

いずれにせよ,施行マンションに対する借家権は,マンション建替え円滑化法に基づく権利変換期日において消滅することになりますが,権利変換計画の認可を申請するにあたっては,前述のとおり当該計画について施行マンションの借家権者全員の同意が必要であり(同57条2項・3項および同45条3項),また区分所有者(組合員)の場合と異なり,権利変換計画に同意しない借家権者に対する借家権売渡請求といった規定も設けられていないため,マンション建替え円滑化法のもとでも,権利変換計画に同意しない借家権者に対する契約更新の拒絶ないし解約申入れの可否という問題は残ることになります。

この問題に関しては,結論は今後の判例に委ねるほかありませんが,正当な理由なく権利変換計画に同意しないことは,契約更新拒絶ないし解約申入れの正当事由の判断において考慮されるものと解されます。

引用判例

＊1　東京地判平16・7・13金法1737号42頁。

【大串　淳子】

第12章

定期借家

Q81 定期借家

貿易会社に勤務しているのですが，今度，3年間の予定で海外に移住することになりました。5年前に買って現在も住んでいる分譲マンションがあるので，海外移住期間中は賃貸に出し，帰国したらまた使いたいと考えています。このような場合に便利な定期借家制度というものがあると聞いたのですが，どのような制度ですか。また，定期借家制度を利用するにあたっては，どのような点に注意すればよいですか。

A

(1) 定期借家制度は，書面により建物賃貸借契約を締結し，かつ事前の説明等の要件を満たした場合に限り，契約の更新がなく，契約期間の満了により確定的に建物賃貸借契約を終了させることを定めることができる制度です。

(2) 定期借家の契約書においては，契約の更新がない旨のほか，確定した契約期間の定めをする必要があり，契約期間中の賃貸人の都合で中途解約することはできません。また，借賃増減請求権の適用を排除したい場合には，賃料の改定についても契約書に明文の規定を置く必要があります。

(3) 定期借家制度においては，賃借人に対する契約の更新がない旨の事前説明および賃貸借終了の通知が義務づけられており，これらを怠ると契約の更新がない旨の特約は無効になってしまいますので，これらの義務を怠らないように，また事前説明や通知があったかどうかトラブルが生じないように注意する必要があります。

(キーワード) 定期建物賃貸借（定期借家），事前説明，賃貸借終了の通知

解説

1 定期借家制度導入の経緯

(1) 旧制度およびその問題点

　定期借家制度の導入前は，設問のような需要に応えるために，「賃貸人の不在期間の建物賃貸借」の制度がありました。

　この制度は，転勤，療養，親族の介護その他のやむを得ない事情により，建物を一定の期間自己の生活の本拠として使用することが困難であり，かつ，その期間の経過後はその本拠として使用することとなることが明らかな場合において，建物の賃貸借をするときは，その一定の期間を確定して建物の賃貸借の期間とする場合に限り，契約の更新がないこととする旨を定めることができるというものです（旧借地借家38条1項）。なお，この特約は，上記やむを得ない事情を記載した書面によってしなければならないとされていました（同38条2項）。

　しかし，この制度を利用できる要件は抽象的かつ不明確である上に，仮に要件を満たさないとすると，契約の更新がないという特約部分が無効となり，通常の建物賃貸借契約と同様，賃貸人による契約の更新拒絶には「正当の事由」（借地借家28条）が要求されていました。

　そのため，この制度を利用して自宅を一時的に第三者に賃貸することは極めてリスクの高い行為であり，制度自体あまり利用されていませんでした。

(2) 「良質な賃貸住宅等の供給の促進に関する特別措置法」の成立

　このような状況の中，良質な賃貸住宅の供給を促進するには，「正当の事由」の拘束を受けずに建物を賃貸できる制度が必要ということになり，議員立法で平成11年12月9日に成立した「良質な賃貸住宅等の供給の促進に関する特別措置法」による借地借家法の改正で，従来の「賃貸人の不在期間の建物賃貸借」が廃止されるとともに，これに代わるものとして定期建物賃貸借（定期借家）の制度が創設されました。

　なお，この改正法は平成12年3月1日に施行されています。

２　定期借家制度の概要

　定期借家制度は、契約の更新がない建物賃貸借契約の制度ですが、従来の「賃貸人の不在期間の建物賃貸借」制度と異なり、賃貸借の目的となる建物の種類や用途に関する制限はありません。自宅だけでなく、はじめから賃貸用の住宅物件でも構いませんし、事業用の物件であっても構いません。

　定期借家制度を利用した建物賃貸借契約（定期建物賃貸借契約）を締結するときは、公正証書による等書面によって契約をする必要があり（借地借家38条1項）、かつ、あらかじめ、建物の賃借人に対し、契約の更新がなく、期間の満了により建物の賃貸借が終了することについて、その旨を記載した書面を交付して説明しなければなりません（同38条2項）。

　定期建物賃貸借契約を締結した場合、契約期間が満了しても契約が更新されることはなく、建物の使用関係を継続したい場合には、建物賃貸借契約の再契約をする必要があります。ただし、契約期間が1年以上である場合には、建物の賃貸人は、期間の満了の1年前から6ヵ月前までの間に、建物の賃借人に対し、期間の満了により建物の賃貸借が終了する旨の通知をしなければ、その終了を建物の賃借人に対抗することはできません（同38条4項本文）。

　定期建物賃貸借の契約期間中は、原則として、賃貸人・賃借人ともに賃貸借契約の解約をすることはできませんが、居住用建物で賃貸部分の床面積が200平方メートル未満のものの賃貸借については、賃借人は、転勤、療養、親族の介護その他のやむを得ない事情により、建物の賃借人が建物を自己の生活の本拠として使用することが困難となったときは、建物の賃貸借の解約の申入れをすることができ、この場合には、建物の賃貸借は、解約の申入れの日から1ヵ月を経過することによって終了します（同38条5項）。

　なお、定期建物賃貸借契約において、借賃の改定に関する特約がある場合には、借地借家法32条の規定による借賃の増減請求はできないものとされています。

3　契約締結時の注意点

定期建物賃貸借の契約を締結する際には，以下の点に注意する必要があります。

(1) 契約書の作成

定期建物賃貸借の契約においては，通常の建物賃貸借契約と異なり，必ず契約書を作成しなければなりません（借地借家38条1項）。たとえば，口頭や電子メールなどで契約の更新がない旨を定めてもその効力は認められず，通常の（正当の事由による解約制限のある）借家契約になってしまいます。

なお，条文では「公正証書による等」となっていますが，この公正証書というのは例示であり，必ずしも公正証書による必要はありません。市販の契約書や，独自に作成した契約書を使用しても差し支えありません。

(2) 契約書の記載事項

定期建物賃貸借の契約書には，当事者や目的物たる建物の表示，賃料や契約期間の定めといった基本的事項のほか，当該賃貸借は契約の更新がなく，期間の満了により終了する旨を定めておく必要があります。契約期間については，必ず確定された期間を定める必要があり，たとえば「賃貸人の海外勤務終了時まで」などという不確定期限を定めたのみでは，期間の定めのある賃貸借契約（借地借家38条1項）とはいえないため，通常の借家契約となってしまいます。

また，借賃増減請求権に関する借地借家法32条の適用を排除したいのであれば，賃料の改定時期や改定方法について規定を置くか，あるいは「賃料の改定はしない」旨の規定を置くなど，賃料の改定に関する特約も定めておく必要があります。

なお，定期建物賃貸借については，建設省（現：国土交通省）が『定期賃貸住宅標準契約書』を作成し公表していますので，契約書の作成にあたっては参考にするとよいでしょう。

(3) 契約の更新がない旨の事前説明

定期建物賃貸借の契約をするにあたっては，あらかじめ，当該賃貸借は契

約の更新がなく，期間の満了により当該建物の賃貸借は終了することについて，その旨を記載した書面を交付して説明しなければなりません（借地借家38条2項）。建物の賃貸人がこの説明をしなかったときは，契約の更新がないこととする旨の定めは無効となり（同38条3項），通常の借家契約になってしまいます。

　契約の更新がない旨の説明に関する書類は，契約書とは別に作成する必要があります。なお，定期建物賃貸借である旨は，宅建業者の説明が義務づけられている重要事項の一つであり（宅建業35条1項14号，同施行規則16条の4の3第8号），宅建業者の代理または媒介による定期建物賃貸借の契約においては，宅地建物取引主任者が契約の相手方等に対し，書面を交付して定期建物賃貸借である旨を説明する必要がありますが，借地借家法上の説明義務は宅地建物取引業法上のそれとは異なるものですので，同法による重要事項の説明とは別途行う必要があります。

　説明の書式については法律上特に制限はありませんが，建設省（現：国土交通省）が，『定期賃貸住宅契約についての説明』という参考書式を作成し公表していますので，これを参考にするとよいでしょう。

　また，説明の有無について後で問題が生じないよう，説明書は2通作成し，1通を賃借人に渡し，もう1通に説明を受けた旨の賃借人の署名押印を受け，保管しておくのが望ましいといえます。

4 その他の注意点

(1) 賃貸人側に事情の変動があった場合

　設問では，3年間の予定で海外に移住されるということですが，その3年間の契約期間で定期建物賃貸借の契約を締結した場合，仕事の都合などで予定より早く帰国することになったとしても，定期建物賃貸借契約を賃貸人の側から中途解約することはできず，契約期間中は自宅として使用することはできません。この点のリスクは十分考慮する必要があります。

　一方，海外移住の期間が予定より長引いた場合には，賃借人と合意できれば再契約をすることができますが，再契約についても定期借家制度を利用す

る場合には、最初の契約時と同様の手続をする必要がありますし、再契約で定めた期間中は自宅として使用することはできませんから、再契約の契約期間については慎重に検討する必要があります。

(2) 賃貸借終了の通知

　定期建物賃貸借の契約で期間が１年以上のものについては、建物の賃貸人は、期間の満了の１年前から６ヵ月前までの間（通知期間）に、建物の賃借人に対し、期間の経過により賃貸借が終了する旨の通知をしなければならず、通知をしなければ賃貸借の終了を賃借人に対抗できないものとされています（借地借家38条４項本文）。

　この通知をしなかった場合の効果については、条文上は、通知期間内に通知をしなくても、通知期間経過後に通知をしてその後６ヵ月を経過すれば賃貸借契約が終了する（同38条ただし書）とも読めますが、これでは賃借人が不当に不安定な立場に置かれるとして、通知期間内に通知をしなかった場合には、期間満了後は期間の定めのない通常の借家権が成立するという見解が学説上有力になっています。

　有力な後者の見解に従えば、通知期間内に賃貸借終了の通知をしなかった場合、通知期間経過後に通知をしても、「正当の事由」（借地借家28条）がなければ賃貸借の終了は認められないことになりますので、賃貸借終了の通知は、絶対忘れずに行う必要があります。

　また、通知があったかどうかトラブルになるのを防止するためには、通知の際賃借人に通知の受領書を書いてもらうか、または配達証明付きの内容証明郵便で通知を行うことが望ましいでしょう。

【吉永　英男】

Q82 定期借家への切替えの可否

現在，賃貸アパートの経営を行っており，建物が古くなってきたので数年後の建替えを検討していますが，このまま通常の借家契約を続けていると，建替えの際賃借人に出ていってもらえるかどうか分かりません。このような場合に，定期借家契約という便利な方法があると聞いたのですが，定期借家契約への切替えをすることは可能でしょうか。

A

(1) 平成12年3月1日以前に契約を締結した居住用建物の借家契約については，たとえ当事者間で合意があっても，定期借家契約への切替えをすることは認められていません。

(2) 平成12年3月1日以後に契約を締結した居住用建物の借家契約のほか，専ら居住以外の用に供される建物の借家契約については，当事者間の合意があれば，既存の契約を合意解除して定期借家契約に切り替えることは可能ですが，そのような場合には，契約の更新がない旨の特約の効力が後日覆されることのないよう，定期借家契約への切替えに関する賃借人側の任意性に十分配慮する必要があります。

(キーワード) 平成12年3月1日，居住用建物，賃借人側の任意性

解説

1 平成12年3月1日以前に締結された賃貸借契約の場合

(1) 原　　則——既存の居住用借家契約への不適用

定期借家制度への切替えが可能であるか否かは，借家契約が平成12年3月

1日以前になされたものであるか否かにより結論が異なります。

定期借家制度は，平成12年3月1日施行の改正借地借家法によりスタートしましたが，その改正を定めた「良質な賃貸住宅等の供給の促進に関する特別措置法」附則3条では，改正法の施行前にされた居住用の建物の賃貸借の当事者が，その賃貸借を合意により終了させ，引き続き新たに同一の建物を目的とする賃貸借をする場合には，当分の間，定期借家制度に関する改正規定は適用しないものとされています。

つまり，平成12年3月1日以前に締結された，居住用建物の賃貸借契約については，定期借家契約への切替えは認められないことになりますが，これは賃借人が契約内容を十分に理解しないまま，定期借家への切替えに応じてしまって，賃借人に不利益となる結果が生じることを防ぐために設けられた措置です。

なお，条文には「当分の間」という文言が入っており，将来的には既存居住用建物の賃貸借契約についても切替えを認める可能性があるような規定振りになっていますが，定期借家制度自体があまり普及していないこともあり，現在のところこの規制が撤廃されるような動きはありません。

(2) 既存契約でも定期借家への切替えが認められる場合

もっとも，平成12年3月1日以前に締結された借家契約であっても，居住用建物以外の建物に関する賃貸借契約であれば，定期借家契約への切替えは認められています。

店舗と住居が併設された店舗併用住宅については，居住用建物か否かが問題となりますが，借地借家法24条が「専ら事業の用に供する建物（居住の用に供するものを除く）」の所有を目的とする借地権のみを事業用借地権としていることに照らすと，定期借家への切替えが認められるのは，専ら居住以外の用に供される建物の賃貸借に限られ，店舗併用住宅はこれに含まれないと解されます。

また，居住用建物の賃貸借契約であっても，「良質な賃貸住宅等の供給の促進に関する特別措置法」による改正前の旧借地借家法38条に基づく，賃貸人の不在期間の建物賃貸借については，これを合意解除し定期借家に切り替えることも認められています。

２ 平成12年３月１日以後に締結された賃貸借契約の場合

　以上に対し，平成12年３月１日に通常の借家契約をした物件については，居住用建物であっても，定期借家への切替えは特に禁止されていません。
　また，平成12年３月１日以前に通常の借家契約を締結した物件であっても，既存の契約を合意解除して新たに賃貸借契約を締結するにあたり，契約当事者に変更がある場合には，前記附則による規則の対象にはなりませんので，やはり定期借家への切替えは禁止されないことになります。

３ 既存契約の切替えに関する留意点

　設問の場合，賃貸アパートは居住用建物には該当すると考えられますので，最初の契約の時期が平成12年３月１日以前である賃借人との間では定期借家への切替えは不可能ですが，平成12年３月１日以後に契約を締結した賃借人との間では，合意により定期借家契約に切り替えることも可能です。
　もっとも，通常の借家契約における賃借人は，正当の事由がない限り契約の更新を続けられる立場にありますから，定期借家契約への切替えを強制することはできません。
　このような賃借人に対し，定期借家に切り替えなければ契約の更新に応じないなどといって，あたかも定期借家に切り替えなければ当該物件に住み続けることができないかのように誤信させて定期借家契約を締結させても，錯誤（民95条）の規定により，契約の更新がない旨の特約は無効になるものと考えられます。
　なお，平成12年３月１日以前から契約している居住用建物の賃借人について，居住の実態は変わらないのに，契約者を親族や同居人に変更させるなどして定期借家契約を締結することも論理的には可能ですが，このような脱法的手段を用いた場合には，契約の更新がない旨の特約が無効になる可能性はさらに高くなるものと考えられます。
　したがって，通常の借家契約を定期借家契約に切り替える場合には，賃借

人側の任意性に配慮する必要があり，通常の借家契約と定期借家契約との違いを十分説明した上で，賃料の減額など賃借人側も納得のいく交換条件を示した上で，定期借家契約を締結する必要があります。

【吉永　英男】

Q83　定期借家と賃借人からの解約の制限

定期借家制度を利用した賃貸マンションの経営を考えていますが，賃借人が退去してしまい，空室リスクが生じるのではないかと心配しています。定期借家契約では，どのような場合に中途解約は可能でしょうか。また，長期の定期借家契約で中途解約は不可とすることにより，空室リスクを排除することは可能でしょうか。

A

(1)　定期借家契約は，期間の定めのある通常の借家契約と同様，中途解約ができるかどうかは契約で定めるところによります。ただし，中途解約を不可とする場合でも，居住用建物の定期借家契約については，一定の場合に賃借人の解約権が認められており，これに反する特約は無効となります。

(2)　長期の定期借家契約においても，賃借人の倒産による空室リスクは存在するほか，特に居住用建物については，中途解約の違約金の定めが消費者契約法違反になるといった問題があるため，空室リスクを排除する効果は極めて限定的と考えられます。

キーワード　定期借家，中途解約権の特約，居住用建物に関する賃借人の解約権，空室リスク，消費者契約法，損害賠償の予定

解説

1　借家契約における中途解約の可否

設問についてお答えする前に，通常の借家契約を中途解約することの可否について整理しておきます。

(1)　**期間の定めのない借家契約の場合**

期間の定めのない借家契約については，賃借人は，いつでも解約の申入れをすることができ，この場合，借家契約は解約の申入れをした日から3ヵ月を経過することによって終了します（民617条1項2号）。

もっとも，この規定は任意規定であり，居住用物件については，実務上，賃借人は1ヵ月前に通知をすれば借家契約を解約できる，といった趣旨の規定が設けられるのが一般的です。

これに対し，賃貸人が期間の定めのない借家契約を解約する場合には，解約の申入れの日から6ヵ月を経過することによって借家契約は終了しますが（借地借家27条1項），賃貸人からの解約の申入れは，「正当の事由」があると認められる場合でなければ，その効力は認められません（同28条）。

これらの規定は片面的強行規定であり，賃借人に不利な特約は無効とされます（同30条）。

(2) 期間の定めのある借家契約の場合

期間の定めのある借家契約のうち，当事者の一方または双方がその期間内に解約をする権利を留保しており，当事者の一方がその留保されている解約権を行使する場合には，期間の定めのない借家契約の場合と同様の規律が適用されます（民618条）。

これに対し，当事者がその期間内に解約をする権利を留保していない場合には，両当事者は契約期間の定めに拘束されることになりますので，事情変更の法理が適用される特殊な場合でもない限り，賃貸人，賃借人ともに，期間の定めのある借家契約をその期間内に解約することはできないものと解されます。

2 定期借家契約の場合

(1) 原　則

定期借家契約の場合も，基本的な考え方は通常の借家契約と同様です。ただし，定期借家契約は「期間の定めがある建物の賃貸借をする場合において」締結するものですから（借地借家38条1項），契約期間の定めがない定期借家契約というものは存在し得ません。

したがって，基本的には期間の定めのある通常の借家契約と同様の規律に服することになり，定期借家契約で中途解約権に関する事項が定められている場合には，その定めるところにより中途解約をすることは可能です。

ただし，定期借家契約で賃貸人の中途解約権を認めている場合であっても，賃貸人が解約権を行使するには，6ヵ月前の解約申入れおよび「正当の事由」が必要と解されます（借地借家27条1項・28条・30条）。

これに対し，定期借家契約で中途解約に関する定めをしていない場合には，両当事者ともに契約期間の定めに拘束され，賃貸人，賃借人ともに定期借家契約の中途解約をすることはできないことになります。

(2) 居住用建物に関する賃借人の中途解約権

しかし，定期借家制度の創設にあたっては，借家契約における契約期間の上限をあわせて撤廃しており（借地借家29条2項），契約期間が20年を超える長期の定期借家契約が利用されることも想定していたところ，居住用物件について賃借人の中途解約権を認めない長期間の定期借家契約が締結され，賃借人がやむを得ない事情によりその借家に居住できなくなった場合でも，賃料だけは支払い続けなければならないなど，賃借人に酷な事態が生じることも懸念されました。

そこで，居住用建物のうち，床面積（マンションの一室など，建物の一部を賃貸する場合には，当該賃貸部分の床面積）が200平方メートル未満の建物について定期借家契約を締結した場合において，転勤・療養・親族の介護その他のやむを得ない事情により，建物の賃借人が建物を自己の生活の本拠として使用することが困難となったときは，建物の賃借人は，建物の賃貸借の解約の申入れをすることができるものとされており，この場合においては，建物の賃貸借は，解約の申入れの日から1ヵ月を経過することによって終了するものとされています（借地借家38条5項）。

この規定は片面的強行規定であり，賃借人に不利な特約は無効となります（同38条6項）。

③　定期借家契約による空室リスク排除の可否

(1)　空室リスクと定期借家制度のねらい

　賃貸マンションや賃貸オフィスビルなど賃貸不動産の経営を行う場合，入居者のいない貸室（空室）が発生すれば，予定していた賃料収入が入ってこないだけでなく，その分の貸室についても固定資産税や管理費・修繕費などの費用がかかるため，賃貸不動産の経営を大きく圧迫することになります。

　このような空室リスクは，賃貸不動産の経営開始時に予定の入居者数を確保できない場合のほか，貸室の入居者が賃貸借契約を解約するなどして退去し，次の入居者が見つからない場合にも発生することになりますが，賃貸不動産の建設費用等を金融機関等からの借入れで賄っている場合や，いわゆる「不動産の証券化」を行っている場合には，この空室リスクは大きな問題となります。

　そこで，入居者と長期の定期借家契約を締結し，賃借人が中途解約できないようにすれば，このような空室リスクを排除できるのではないかという発想が生まれたわけです。

　平成12年3月1日に施行された定期借家制度は，上記居住用建物の賃借人の中途解約権を除いては，賃借人の中途解約を認めない定期借家契約も可能としているほか（ただし，通常の借家契約でもこのような契約が不可能というわけではありません），特約による借賃増減額請求権（借地借家32条）の適用の排除も認めているなど，賃貸人の空室リスク等をできるだけ排除し，賃貸不動産の収益予測を立てやすくすることで，良好な賃貸住宅等の供給を促進しようとの考え方から，議員立法により新設されたものです（詳しくは**Q82**の解説参照）。

(2)　空室リスク排除の限界

　しかし，長期の契約期間を定めた定期借家契約によっても，空室リスクを完全に排除できるわけではありません。

　まず，居住用物件と事業用物件に共通する問題として，賃借人が倒産（自己破産など）をしてしまうリスクがあります。いかに長期の契約期間を定め

て賃借人を拘束しても，賃借人に自己破産されてしまっては，予定された賃料収入は当然入ってきません。

　次に，居住用物件の場合，入居者は通常「消費者」(消費契約2条1項)に該当しますから，定期借家契約についても消費者契約法の適用を受けます。賃料不払などで定期借家契約が契約期間の中途で終了した場合，賃借人に対し契約期間満了までの賃料相当額の支払を請求できるといった特約を定めても，これは損害賠償の予定であり，同種の消費者契約の解除に伴い当該事業者に生ずべき平均的な損害の額を超える部分は無効とされますから(同9条1号)，あまり実効性は期待できません。

　一方，事業用物件の場合，消費者契約法の適用はありませんが，契約が中途で終了したときに賃借人がその後十数年分もの賃料相当額を支払うといった内容の特約は，事案によっては公序良俗違反(民90条)と判断される余地もないわけではありません。

　したがって，長期の定期借家契約によっても，空室リスクを排除する効果は極めて限定的なものしかないといってよいでしょう。

(3) 長期定期借家契約のリスク

　長期の定期借家契約は，賃借人側が大きなリスクを負うことになるほか，賃貸人にとっても，上述のとおり空室リスクを完全に排除できないばかりか，たとえば契約当時の予想を超えて賃料相場や租税公課の負担が大幅に上昇した場合などには，賃料改定条項の定め方によってはそれらを賃料に反映させることができないといったリスクを負うことになります。

　そのため，実際には長期の定期借家契約はあまり利用されておらず，定期借家契約の契約期間も，通常の借家契約と同様に2年間程度とするのが一般的となっているようです。

【吉永　英男】

Q84 定期借家の更新の可否

定期借家契約を締結して，Aさんにマンションの一室を貸しています。できればずっと借りていて欲しいと思っています。更新（再契約）を繰り返すことは可能でしょうか。また，その際の注意点などがあったら教えてください。

A

(1) 定期借家契約は，契約の更新がない旨の特約をした借家契約ですので，更新をすることはできませんが，同一当事者間で定期借家契約の再契約をすることは可能です。

(2) 長期間継続して賃貸することが予定されている物件について，短期の定期借家契約を締結し，再契約を繰り返すこと自体は可能ですが，何度も再契約を繰り返していると，手続違反で更新をしない旨の特約が無効とされる可能性が高くなります。

(3) 定期借家契約にあたり，特定の事由がない限り再契約をする旨の特約をしているような場合には，再契約の拒絶が違法とされたり，更新がない旨の説明をしていないとされるなどの解釈が採られる可能性があります。

(4) 更新と再契約では，第三者との関係では実務上大きな違いが生じます。特に，賃借人の連帯保証人は，原則として更新後の契約に基づく債務についても責任を負いますが，再契約後の債務については責任を負わないものと解されるため，再契約時には必ず連帯保証人の署名押印も求める必要があります。

(キーワード) 定期建物賃貸借（定期借家），再契約，事前説明，賃貸借終了の通知，再契約事由，第三者との関係，連帯保証人の責任の範囲

解説

１　定期借家契約の再契約

　定期建物賃貸借契約（定期借家契約）は，Q81の解説にあるとおり，契約の更新がない旨の特約をした建物賃貸借契約ですから，定期借家契約を「更新」することはできません。

　もっとも，定期借家契約が終了する際，当事者間の合意により同一内容の定期借家契約を締結することは可能ですが，これは法律上契約の更新ではなく「再契約」という位置づけになります（仮に，当事者間の契約で定期借家契約の「更新」という言葉が使われていても，法律上は「更新」ではなく，ただそれが再契約の要件を満たしていれば，法律上定期借家契約の「再契約」として取り扱われることになります）。

　再契約は，契約の更新とは異なり，契約期間の満了に伴い自動的に行われるということはなく，当事者双方ともに再契約をするかどうかは全くの自由ですから，再契約をしないことが違法不当であるなどという議論をする余地は，基本的にありません（ただし，問題点は後述します）。

２　定期借家契約の再契約を続ける形態のメリット

　定期借家契約は，Q81の設問のような一時的に賃貸する物件だけでなく，恒久的に賃貸する目的の物件について締結することもできます。なお，実務上は，再契約が予定されていない定期借家契約を「再契約不可型」，再契約が予定されている定期借家契約を「再契約可型」などといって区別している例が多いようです。

　一般的に，賃貸目的の物件について，通常の借家契約を締結して賃貸する形態と比較すると，定期借家契約を締結し，必要に応じて再契約を繰り返していく形態には，次のようなメリットがあるといわれています。

(1)　**不良入居者を退去させやすくなる**

契約期間2年間程度の定期借家契約を締結し，再契約拒否事由を明示して特に問題がなければ再契約を繰り返すという形態を採用すると，賃借人側に「おかしなことをすると再契約を拒否される」という緊張感が生じるため，賃料を滞納したり，深夜の騒音などの迷惑行為を行ったりする不良入居者を減少させる効果があるといわれています。

さらには，こうした効果により入居者の質が向上し，借家の住環境が改善されるので，賃借人の側にもメリットがあるといった議論がなされることもあります。

ただし，賃料の滞納を繰り返したり，近隣に対する迷惑行為を繰り返したりすれば，通常の借家契約でも中途解約や契約の解除が認められる原因にはなりますし，定期借家契約であっても，賃料を支払わないまま不法に居座り続けるような入居者に対しては，最終的には訴訟を起こして強制執行で追い出すしかないことに変わりはなく，このような入居者の対策に手を焼く可能性がないわけではありません。

したがって，仮にこのような効果が認められるとしても，それは定期借家契約の法的効果というよりは，事実上の心理的効果と考えたほうがよいでしょう。

(2) 条件が必ずしもよくない希望者でも入居させることができる

勤続年数の短い人，転職の多い人，収入の不安定な自営業者，契約者本人に問題はなくても保証人に問題のある人（あるいは保証人を立てられない人）など，信用状態に不安があり通常の借家契約をするのは躊躇するような入居希望者についても，最初は1年程度の定期借家契約を締結し，特に問題がなければ再契約をしていくとか，最初に賃料をまとめて前払してもらい，その期間だけ定期借家契約を締結するといった方法で，ある程度リスクを回避して物件を貸し出すことが可能になるといわれています。

ただし，(1)と同様の理由から，これも法的効果としてのメリットはさほど大きなものではないと思われます。

(3) 建替え等の際に立退料がかからない

賃貸住宅の建替えや用途変更を行うために通常の借家契約を解約し，またはその更新を拒絶する場合，法律上「正当の事由」が必要となりますが，既

存の建物がかなり朽廃しているなどの事情がなければ，なかなか「正当の事由」は認められない上に，仮に明渡請求が認められる場合でも，高額の立退料を支払わなければならないのが通常です。

そこで，2年間程度の定期借家契約を締結し，必要に応じて再契約を続けるという形態にしておけば，将来建替えや不動産の用途変更を行う場合でも，契約期間の満了時に再契約をしなければ，「正当の事由」を問題にすることなく賃借人に建物の明渡しを請求することができ，立退料の支払も法的には必要ありません（もっとも，建物明渡しをめぐり紛争が生じたときには，円満解決のためにいくらか立退料などを支払うケースもあるかもしれませんが，その場合でも通常の借家契約よりはかなり少ない金額で済むと思われます）。

３ 定期借家契約の再契約に関する注意点

(1) 再契約の手続に関する問題

定期借家契約には，前述のとおり更新という概念はありませんから，契約期間満了後に同一内容の定期借家契約を締結する場合でも，契約の手続を一からやり直すことになります。つまり，定期借家契約の再契約をする場合には，その都度，契約の更新がない旨の書面による事前説明（借地借家38条2項）を行い，さらに契約期間が1年以上の場合には，契約期間が満了する都度，期間の満了により賃貸借が終了する旨の通知（同38条4項本文）をする必要があります。

これらの手続を怠ると，法律上更新がない旨の特約は無効となり，通常の借家契約になってしまいます（詳細は**Q81**の解説参照）。

長期間にわたって定期借家契約の再契約を何度も繰り返していると，途中で事前説明や通知の手続を忘れてしまう，あるいはこれらの手続をした証拠書類が散逸して適法な定期借家契約である旨の証明ができなくなってしまうといった問題が生じるおそれがあります。

事前説明や賃貸借終了の通知を1回でも怠れば，その後は通常の借家契約になってしまいますので，再契約を何回も繰り返していると，必然的にそのようなリスクは大きくなるといえます。

(2) 「再契約可型」の契約に関する問題

　再契約を予定している定期借家契約においては、再契約できないリスクが入居者に敬遠されて入居率や賃料相場が下落することを防ぐために、契約書の明文で再契約事由（または再契約拒否事由）を列挙し、所定の再契約事由に該当する限り（または再契約拒否事由に該当しない限り）賃貸人が再契約に応じるという趣旨の特約をしている例が多く見られます。

　典型的な再契約拒否事由としては、「家賃の滞納を3回以上あるいは2ヵ月以上連続した場合」「ゴミ出しや騒音などの入居規則を破り3回以上注意を受けた場合」「入居者の4分の3以上が拒否に同意した場合」などがあるようですが、このような特約があるにもかかわらず、特約違反なく賃貸人が再契約を拒否したような場合には、再契約に対する賃借人の期待権も法的に保護しなければなりません。

　このような場合の法律構成としては、まず、契約所定の再契約事由に該当する場合（または再契約拒否事由に該当しない場合）には、実際の再契約手続が行われなくても、当然に再契約の効力が生じるものと解することが考えられます。この場合、再契約にあたり契約の更新がない旨の事前説明は行われませんから、再契約以後は通常の借家契約としての効力が生じることになります。

　次に、再契約拒否事由が限定的に列挙されており、賃借人に落ち度がなければ再契約に応じるような規定振りになっているような場合には、形式的には更新がない旨の事前説明を行っているが、契約時にこれと矛盾する内容の説明を行ってこれを打ち消しており、実質的には更新がない旨の説明を行っていないものと解することも考えられます。この場合、借家契約の更新がない旨の特約は最初から無効となり、再契約の拒否（実質的には更新拒絶）により賃貸借を終了させるには、正当の事由が要求されることになります。

4　第三者との関係

　賃貸借契約の更新と再契約では、第三者との関係でも違いがあります。
　たとえば、当初の賃貸借契約締結後、当該賃貸借の建物に抵当権が設定さ

れた場合，その賃貸借契約の更新が続けられている限り，賃借人は借家権を抵当権者にも対抗できることになりますが，再契約では当初の契約はいったん終了したことになりますので，抵当権設定後に再契約をした場合には，賃借人の借家権は抵当権者には対抗できないことになるものと解されます。

　また，賃借人の連帯保証人は，賃貸借契約の更新時に改めて署名押印をしなくても，原則として更新後の賃貸借契約から生じる債務についても保証責任を負うものと解されています[1]が，再契約ではこのような解釈はできず，連帯保証人の責任は当初の契約の範囲内に限られるものと解されますので，再契約の際には必ず連帯保証人の署名押印を得る必要があります。

引用判例
　*1　最判平9・11・13判時1633号81頁。

【吉永　英男】

Q85 普通借家契約とサブリース

　私は都内の空き地を所有していますが，ある不動産業者からその土地にオフィスビルを建て，一棟全部をその不動産業者にサブリースで賃貸することを勧められました。その不動産業者との間では，契約期間を20年とし，その間の賃料は一定額で保証してくれるということなので，その賃料収入をあてにしてオフィスビル建築のためのローンを組もうと思っています。その不動産業者は，定期借家契約を利用してエンドユーザーに賃貸するとのことですが，私は20年経過後も引き続きその不動産業者にサブリースを引き受けてもらいたいと思っているので，その不動産業者との間では定期借家契約ではなく普通借家契約を締結しようと考えています。何か問題になるようなことはないでしょうか。

A

(1) 普通借家契約の形態をとったサブリース契約では，たとえ賃料保証の特約があっても，借地借家法32条1項の規定によりその法的効力は認められないことが，最高裁の判例によって明らかにされています。

(2) 定期借家契約では，賃料改定に関する特約を設ければ借地借家法32条の適用を排除することができますので，設問のような事例については，サブリース業者との間の賃貸借についても，定期借家契約を利用すべきです。

(キーワード) サブリース契約，賃料減額請求権，賃料保証特約，定期借家，賃料改定に関する特約

解説

1 サブリース契約の特徴と問題の所在

　サブリース契約は，土地所有者が建築した建物を賃貸ビル業者（サブリース業者）が一括して借り上げて，自らの採算でこれを個々の転借人（テナント）に転貸し，所有者に対してはその種々の形式で定められた基準による賃料を支払うというものであり，その事業全体をいわゆる「サブリース業」と称するものである，とされています[1]。

　サブリース契約は，大きく分けて，①ビル用地の確保，建物の建築，建物賃貸借の管理までデベロッパー等に委託される「総合事業受託方式」，②ビル用地の確保や建物建築はオーナーが行い，それ以外のことはデベロッパー等に委託される「事業受託方式」，③不動産業者がビルを一括で賃借し自らも使用するが，第三者に転貸することができる「転貸方式」の3つに分類されます。

　賃料の定め方についても，①転貸料を基準として一定の比率で定める「ガラス張り方式」，②転貸料とは無関係に定める「仕切り方式」がありますが，①の「ガラス張り方式」を採りながら，最低賃料保証などの特約が付されるケースも多く見られます。

　サブリース契約は，サブリース業者側にとっては自ら資本を投下することなく賃貸ビルを供給することができ，賃貸人（地権者）側にとっても賃料保証による長期安定的収入が得られるということで，昭和62年頃からのバブル経済期にこのような契約が多用され，その後も地価が上昇するであろうという予測を前提に，賃料の自動増額改定特約が付されたケースも多くありましたが，バブル崩壊で平成4年頃から地価が急落し，採算の取れなくなったサブリース業者側が賃料減額請求権（借地借家32条）を行使してきたことから，サブリース契約に関する深刻な法的紛争が多発するに至りました。

2 最高裁判決の立場

　賃料保証の付いたサブリース契約について，借地借家法32条に基づく賃料減額請求権の行使が認められるかについては，サブリース契約の法的性質も含めてさまざまな議論があり，下級審裁判例の立場も分かれていましたが，平成15年10月21日に，センチュリータワー事件[*2]および横浜倉庫事件[*3]に関する2つの最高裁判決が，同月23日には朝倉事件に関する最高裁判決があり，この問題に関する判断が示されました。

　この問題に関しては，センチュリータワー事件に関する最高裁判決（結論は原審差戻し）が判例として大きな価値を持つことになると考えられますが，当該判決における判断の要旨は，①サブリース契約も建物賃貸借契約であり，借地借家法は適用される（つまり，賃料保証の効力は認められない），②借地借家法32条1項は強行法規であり，特約によって排除することはできない，③減額請求の当否および相当賃料額を判断するにあたっては，賃貸借契約の当事者が賃料額決定の要素とした事情その他諸般の事情を総合的に考慮すべきであり，賃料額が決定されるに至った経緯や賃料自動増額特約が付されるに至った事情，とりわけ，当該約定賃料額と当時の近傍同種の建物の賃料相場との関係（賃料相場とのかい離の有無・程度等），サブリース業者側の転貸事業における収支予測にかかわる事情（賃料の転貸収入に占める割合の推移の見通しについての当事者認識等），賃貸人側の敷金および銀行借入金の返済の予定にかかわる事情等も十分に考慮すべきである，というものです。

　つまり，サブリース契約についても賃料減額請求権の行使自体は認めるものの，具体的な事案における減額の当否および減額幅は契約締結時の事情等も含めて総合的に判断すべきとしているのですが，その具体的な基準までは示されていません。

　なお，センチュリータワー事件自体は和解で決着した模様であり，サブリース契約に関する他の事件の多くも，和解で決着が付いているようです。

３ 定期借家制度の活用

　以上のとおり，結局普通借家契約の賃料保証特約については，その法的効力が認められないことが明らかになりました。
　一方，平成12年３月１日から施行された定期建物賃貸借（定期借家）制度においては，賃料の改定に関する特約がある場合には，借賃増減請求権に関する借地借家法32条の規定は適用されないものとされています（借地借家38条７項）ので，設問の事例のように賃料収入を借入金返済の原資に充てることを予定している場合には，必ず定期借家契約を利用すべきです。
　なお，定期借家契約では，契約の更新がない旨の特約を定めることになりますが，契約期間の満了後に，同一当事者間で再び同一建物の賃貸借契約（再契約）をすることは可能です。
　一方，普通借家契約を締結した場合でも，賃借人側から契約更新を拒絶する場合には「正当の事由」は要求されないため，契約期間満了後も契約の更新により一括借上げを続けてくれることが保証されるわけではありませんので，サブリース契約においてあえて普通借家契約の形態を選択するメリットは，賃貸人側にはないといってよいでしょう。

引用判例

＊１　東京高判平12・１・25金商1084号３頁（センチュリータワー事件控訴審判決，＊２と同一事件）。
＊２　最判平15・10・21金商1177号４頁。
＊３　最判平15・10・21金商1177号10頁。

【吉永　英男】

第13章

原状回復

Q86 敷金・保証金の返還請求権と原状回復義務

アパートを借りて住んでいたのですが，契約期間の満了を機に引越しをすることにしました。今まで家賃の延滞はなく，きれいに清掃して明け渡したつもりですが，敷金から畳の表替え・襖の張替え・クロスの張替え費用が差し引かれて返却されました，差し引かれた分の敷金は返してもらえないのでしょうか。

また，オフィスビルの保証金の場合はどうでしょうか。

A

(1) 民法上，通常使用に伴う汚損・損耗は，賃料によって当然に賄われるべきものと解されていますから，通常使用に伴う汚損・損耗があったに過ぎない場合には，それを新調するために差し引かれた敷金は返還を請求することができます。

(2) 一方，あなたの故意・過失・善管注意義務違反による汚損・損耗によって，畳の表替え・襖の張替え・クロスの張替えが必要になった場合には，その費用が相当なものである限り，差し引かれた敷金の返還を請求することはできないことになります。

(3) 原状回復費用について特約がある場合には，上記とは異なる結論になる可能性がありますが，消費者が賃借する居住用物件については，通常使用に伴う原状回復費用を賃借人の負担とするような特約の効力はあまり認められない傾向にあります。

(4) オフィスビルの保証金の場合にも，基本的な考え方は居住用物件と同様ですが，消費者保護の要請が働かない分，原状回復義務に関する特約の効力は認められる可能性が高くなります。

キーワード　原状回復義務，敷金返還請求権，保証金，消費者保護

解説

1　敷金返還請求権と原状回復義務

　敷金とは，賃借人が賃貸人に対する賃貸借契約上の債務を担保するために，賃借人から賃貸人に支払われる金銭のことです。

　敷金によって担保される債務には，賃貸借契約終了後の建物明渡しに伴う原状回復義務も含まれます。

　したがって，仮にあなたが賃貸人に対し，畳の表替え・襖の張替え・クロスの張替えを内容とする原状回復義務を負担しているとすれば，その費用が敷金から差し引かれるのは仕方がないことになります。

　それでは，どのような場合に，あなたは畳の表替え・襖の張替え・クロスの張替えを内容とする原状回復義務を負うことになるのでしょうか。

2　原状回復義務の内容

(1) 通常使用に伴う汚損・損耗の場合

　賃貸借契約は，賃貸人が賃借人に対しある物を使用収益させることを約束し，これに対して，賃借人が賃料を支払うことを約束する契約ですから，通常の使用に伴う汚損や損耗については，使用収益の対価である賃料によって当然に賄われるべきものと解されています。

　したがって，通常使用に伴う汚損・損耗があったに過ぎない場合には，賃借人がこれを新品同様の状態にして賃貸人に返還する義務はなく，貸室を新品同様の状態にすることを目的とする畳の表替え・襖の張替え・クロスの張替え等を内容とする原状回復義務はありませんから，これらの法律上の理由なく差し引かれた分の敷金は，返還を請求できることになります。

(2) 故意・過失・善管注意義務違反による汚損・損耗の場合

　一方，あなたが，故意・過失ないし善管注意義務違反によって，畳・襖・クロスに汚損・損耗を生じさせた場合，これらの修繕費用は賃料によって賄

われるべきものとはいえませんから、あなたはその汚損・損耗について原状回復義務を負うことになります。

　たとえば、あなたのタバコの不始末によって畳に焦げ痕をつけてしまったような場合や、飼っているペットが襖やクロスを引っかいて破ってしまったような場合には、あなたに原状回復義務があるでしょう。

　したがって、このような場合には、敷金からそれらの汚損・損耗について原状回復費用を差し引かれたとしても仕方がないことになります。

　ただし、原状回復義務があるとしても、どの範囲まで原状回復しなければならないかは別の問題です。

　たとえば、畳1枚の焦げ痕があるに過ぎないのに、借りた部屋全部の畳の表替え費用を負担しなければならないというのは、明らかに行き過ぎでしょう。

　この点については、国土交通省住宅局が平成16年2月に公表した『原状回復をめぐるトラブルとガイドライン〔改訂版〕』が参考になります。

　このガイドラインによれば、畳の場合は、原則として1枚単位で補修の範囲を考え、裏返しか、表替えかは毀損の程度によるとされています。

　襖についても、1枚単位で補修の範囲を考えるとされています。

　クロスについては、1平方メートル単位での補修が望ましいが、賃借人が毀損させた箇所を含む1面分までは張替え費用を賃借人の負担としてもやむを得ないとされています。また、クロスについては、消耗品ではないので、補修費用算定にあたって、経過年数を考慮すべきものとされています。

　差し引かれた敷金の金額が適当か否かはこれらを基準に判断することになりますが、これはあくまでガイドラインですので、事案によっては異なる考え方をする必要があるかもしれません。

3　特約がある場合

　原則は以上のとおりですが、賃貸借契約書に、通常使用に伴う汚損・損耗の原状回復費用についても、貸借人が負担するという特約が付いている場合には、そのような特約の有効性や効力の範囲が問題となります。

裁判例は分かれていますが、無条件に特約の効力を認めるのではなく、ある一定の条件を満たした場合にのみ、あるいは、一定の範囲でのみ限定的に特約の効力を認める（特約の限定解釈）という考え方が多いのではないかと思います。

この問題についても、前述の『原状回復をめぐるトラブルとガイドライン〔改訂版〕』が参考になります。

これによると、通常使用に伴う汚損や損耗についても、賃借人が原状回復義務を負担する特約が有効とされるためには、以下の3つの要件が満たされる必要があると解されています。

① 特約の必要性があり、かつ、暴利的でないなどの客観的、合理的理由が存在すること
② 賃借人が特約によって通常の原状回復義務を超えた修繕等の義務を負うことについて認識していること
③ 賃借人が特約による義務負担の意思表示をしていること

したがって、特約の内容や定め方、特約をしたときの説明の有無や程度などにもよると思いますが、上記の要件がすべて満たされている場合には、通常使用に伴う汚損・損耗があったに過ぎない場合でも、差し引かれた敷金は返還を請求できないことになります。

マンションなど居住用物件の場合には、原状回復義務に関する特約は民法の任意規定による場合に比し、消費者に不利な特約に該当しますので、消費者契約法10条違反で無効とされる可能性がありますが、消費者契約法の施行前に契約が締結されたケースについても、居住用物件の賃貸借契約について上記3要件を満たすと判断されることは少ないようです。

④ オフィスビルの保証金の場合

オフィスビルの保証金についても、敷金的な性格の保証金であれば、基本的な考え方は居住用アパートの敷金の場合と同じです。

ただし、オフィスビルの賃借人については、居住用のアパートやマンション等の賃借人と異なり、消費者保護を考慮する必要はありませんから、通常

使用に伴う汚損や損耗についても賃借人が原状回復義務を負担する旨の特約の効力は，認められる可能性が高くなると考えられます。

　この点，オフィスビルの賃貸借契約について，「造作その他を本契約締結時の原状に回復しなければならない」という比較的抽象的な文言の特約についても，その効力を認めて，通常使用に伴う汚損・損耗についての原状回復義務を認めた裁判例があります[1]。

　ここまで抽象的な文言の特約に効力を認めてよいかどうかについては疑問の余地もありますが，「畳の表替え・襖の張替え・クロスの張替え」など原状回復の内容を具体的に特定して特約がなされているのであれば，居住用アパートの場合と比べて，差し引かれた敷金を返してもらえない可能性は高いと考えられます。

引用判例

＊1　東京高判平12・12・27判タ1095号176頁。

【後藤　啓】

Q87 いわゆる「東京ルール」と賃貸借の実務

「東京における住宅の賃貸借にかかる紛争防止に関する条例」（いわゆる東京ルール）の施行により，賃貸実務はどのように変わったのでしょうか。

また，東京ルールにより，賃貸人は，賃借人に不利な特約を締結することができなくなったというのは本当ですか。

A

(1) いわゆる東京ルールの施行により，宅地建物取引業者は，住宅の賃貸借契約において，入居中の修繕費に関する事項や退去時の原状回復費用に関する事項について一般的な原則と異なる特約を締結する場合には，賃貸借契約締結時にその旨を書面で説明することが義務づけられました。

(2) しかし，東京ルール自体は，特約を締結することを禁止するものではないので，賃借人に不利な特約を締結しても，東京ルールによって無効となるわけではありません。ただし，賃借人に不利な特約は，消費者契約法によって無効となる場合があります。

キーワード　原状回復，敷金，東京ルール，消費者契約法

解説

1　東京都賃貸住宅紛争防止条例（東京ルール）とは

(1) 東京ルールの制定経緯

東京都賃貸住宅紛争防止条例（正式名称「東京における住宅の賃貸借に係る紛争の防止に関する条例」）は，賃貸住宅の修繕費や原状回復費用をめぐる紛争が多発して社会問題となっていることを受けて，東京都において平成16

年3月に制定され，同年10月1日から施行されたもので，一般に「東京ルール」と呼ばれています。

民法や借地借家法には原状回復費用に関する定めはなく，原状回復費用をめぐる紛争の解決は，従来の判例・裁判例が示した判断基準や，国土交通省の『原状回復をめぐるトラブルとガイドライン〔改訂版〕』（平成10年3月取りまとめ，平成16年2月改訂）に委ねられていました（**Q86**参照）。このような中で，東京ルールは「原状回復費用について全国に先駆けて制定された条例」として注目を集めました。

(2) 東京ルールの内容

しかしながら，東京ルールは，宅地建物取引業者に，住宅の賃貸借契約において，入居中の修繕費や退去時の原状回復費用の負担について一般的な原則と異なる特則を設ける場合には，その旨を契約前に書面で説明することを義務づけたものに過ぎず，賃貸借契約の内容や敷金返還の方法を規制したものではありません。以下，その概要を説明します。

(a) 東京ルールの規制の対象となる契約　東京ルールの規制の対象となるのは，条例施行日である平成16年10月1日以降に締結された宅地建物取引業者が媒介・代理を行う東京都内にある居住用の建物の賃貸借契約であり，賃貸人が宅地建物取引業者を介さずに締結するものや条例施行日前に締結された契約の更新契約は対象外とされています。

(b) 説明すべき事項　宅地建物取引業者が書面を交付して説明すべき事項は，修繕費や原状回復費用の負担についての基本的な考え方（一般的な原則），特約の有無や内容，入居中の設備等の修繕および維持管理等に関する連絡先（条例施行規則2条3項）で，一般的な原則と特則とを併記して説明することが義務づけられています。

(c) 条例違反の効果　宅地建物取引業表示所定の事項の説明をしなかったときは，知事は宅地建物取引業者に対して指導・勧告をすることができ，宅地建物取引業者が勧告に従わない場合は，宅地建物取引業者の氏名，会社名を公表することができる，と規定されています。

2 東京ルールの施行と賃貸実務への影響

(1) 契約前の書面による説明の普及

このように，東京ルールは，原状回復費用の負担に関する特約を設ける際に，書面による説明を徹底させることにより，原状回復をめぐる紛争の防止を図ったものです。

東京ルール施行後は，宅地建物取引業者は，賃貸借契約書や重要事項説明書とは別に「賃貸住宅紛争防止条例に基づく説明書」（本問末尾の**参考書式**参照）を交付して，修繕費や原状回復費用についての原則と特則を説明しています。

東京都以外の道府県でも，類似の条例や通達等によって宅地建物取引業者に契約締結前の書面による説明義務（重要事項説明書の中で説明させる県もあります）を課しており，原状回復費用に関する特約について契約締結前に書面で説明することが一般的に行われるようになりました。

(2) 東京ルールと特約の有効無効との関係

東京ルールの施行に伴い，原状回復の問題に関する社会的な関心が高まったこともあり，東京都内においては賃貸人にも賃借人にも東京ルールの存在自体は一般的に知られるようになってきました。原状回復費用や敷金返還をめぐる交渉において，賃貸人と賃借人との間で「東京ルールによればこうなる」「東京ルールどおりにやってください」といったやり取りがなされることも珍しくありません。

しかしながら，上述のように，東京ルールは，賃貸借契約の内容や敷金返還の方法について規定したものではなく，特約の締結を禁止したものでも，その内容を制限したものでもありませんので，「東京ルールによって賃借人に不利な特約は締結できなくなった」というのは，法的には誤りです。

通常の民法の解釈によった場合に比し，賃借人にとって一方的に不利な特約は消費者契約法10条により無効となる場合がありますが，東京ルールとは関係ありません（Q86参照）。

【田中　秀幸】

参考書式

<table>
<tr><td colspan="2" align="center">賃貸住宅紛争防止条例に基づく説明書</td></tr>
<tr><td colspan="2" align="right">年　月　日</td></tr>
</table>

　　　　　　　　　　殿

　東京における住宅の賃貸借に係る紛争の防止に関する条例第2条の規定に基づき，以下のとおり説明します。この内容は重要ですから十分理解してください。
　なお，この条例は，原状回復等に関する法律上の原則や判例により定着した考え方を，契約に先立って宅地建物取引業者が借受け予定者に説明することを義務付けたものです。

商号又は名称 代表者の氏名 主たる事務所 免許証番号 免許年月日	印	商号又は名称 代表者の氏名 主たる事務所 免許証番号 免許年月日	印
取引の態様	代理・媒介	取引の態様	代理・媒介
説　明　者		説　明　者	

※複数の宅地建物取引業者が関与する場合はそれぞれ記入し，説明を行った側は説明者を明記してください。

本説明書の対象建物

物件の所在地	
名称及び室番号	
賃貸人の氏名・住所	

A—1　退去時における住宅の損耗等の復旧について
1　費用負担の一般原則について
　(1)　経年変化及び通常の使用による住宅の損耗等の復旧については，賃貸人の費用負担で行い，賃借人はその費用を負担しないとされています。
　　　(例)　壁に貼ったポスターや絵画の跡，日照などの自然現象によるクロスの変色，テレビ・冷蔵庫等の背面の電気ヤケ
　(2)　賃借人の故意・過失や通常の使用方法に反する使用など賃借人の責めに帰すべき事由による住宅の損耗等があれば，賃借人は，その復旧費用を負担するとされています。
　　　(例)　飼育ペットによる柱等のキズ，引越作業で生じたひっかきキズ，エアコンなどから水漏れし，その後放置したために生じた壁・床の腐食

2　例外としての特約について
　賃貸人と賃借人は，両者の合意により，退去時における住宅の損耗等の復旧について，上記1の一般原則とは異なる特約を定めることができるとされています。
　ただし，特約はすべて認められる訳ではなく，内容によっては無効とされることがあります。
　〈参考〉　判例等によれば，賃借人に通常の原状回復義務を超えた義務を課す特約が有効となるためには，次の3つの要件が必要であるとされています。①特約の必要性に加え暴利的でないなどの客観的，合理的理由が存在すること，②賃借人が特約によって通常の原状回復義務を超えた修繕等の義務を負うことについて認識していること，③賃借人が特約による義務負担の意思表示をしていること。

A—2　当該契約における賃借人の負担内容について

※特約がない場合：賃借人の負担は，A—1の1(2)の一般原則に基づく費用のみであることを明記してください。
　特約がある場合：上記の費用のほか，当該特約により賃借人が負担する具体的な内容を明記してください。

B-1 住宅の使用及び収益に必要な修繕について

1 費用負担の一般原則について

(1) 住宅の使用及び収益に必要な修繕については，賃貸人の費用負担で行うとされています。
　　(例) エアコン（賃貸人所有）・給湯器・風呂釜の経年的な故障，雨漏り，建具の不具合
(2) 入居期間中，賃借人の故意・過失や通常の使用方法に反する使用など賃借人の責めに帰すべき事由により，修繕の必要が生じた場合は，賃借人がその費用を負担するとされています。
　　(例) 子供が遊んでいて誤って割った窓ガラス，お風呂の空だきによる故障

2 例外としての特約について

上記1の一般原則にかかわらず，賃貸人と賃借人の合意により，入居期間中の小規模な修繕については，賃貸人の修繕義務を免除するとともに，賃借人が自らの費用負担で行うことができる旨の特約を定めることができるとされています。
〈参考〉 入居中の小規模な修繕としては，電球，蛍光灯，給水・排水栓（パッキン）の取替え等が考えられます。

B-2 当該契約における賃借人の負担内容について

※特約がない場合：賃借人の負担は，B-1の1(2)の一般原則に基づく費用のみであることを明記してください。
　特約がある場合：上記の費用のほか，当該特約により賃借人が負担する具体的な内容を明記してください。

C 賃借人の入居期間中の，設備等の修繕及び維持管理等に関する連絡先となる者について

	氏　名 (商号又は名称)	住　所 (主たる事務所の所在地)	連絡先電話番号
1 共用部分の設備等の修繕及び維持管理等			
2 専用部分の設備等の修繕及び維持管理等			

※原則は，賃貸人又は賃貸人の指定する業者。内容により連絡先が分かれる場合は区分してください。

以上のとおり，説明を受け，本書面を受領しました。

　　　　　　　　　　　　　　　　　　　　　　　　　　　年　　月　　日
　　　借受け予定者　（住所）

　　　　　　　　　（氏名）　　　　　　　　　　㊞

※紛争の未然防止の徹底を図るためには，賃借人だけでなく，賃貸人に対してもできる限り説明し，説明内容についての確認をとっておくことが望ましい。その際には，説明書に賃貸人の確認「確認日・住所・氏名・押印」を受けておくようにしてください。

Q88　ペットの飼育と原状回復義務

　私は，マンションの一室をＡに賃貸し，敷金を預かりました。入居者募集時の条件は「ペット不可」としていましたが，Ａが室内でペットを飼うことを強く希望したので，「ペットによる損耗の原状回復費用はＡの負担とする」という誓約書を差し入れることを条件にペットの飼育を特別に許可しました。
　Ａは，期間満了後に退去しましたが，ペットの飼育を原因とする破損，汚損箇所が多数あり，補修費用を要することが判明しました。私はＡに対し補修費用を敷金から控除して残額を返還すると連絡したところ，Ａはこれを不服として敷金全額の返還を求めてきました。私は敷金から補修費用を控除してもよいでしょうか。

A

(1)　一般論としては，ペット不可の物件では，ペットの飼育を原因とする破損，汚損の補修費用は，賃借人による用法違反に基づく損害ですから，敷金から控除してよいと考えられますが，特にペット可とされた物件では，通常のペット飼育を原因とする破損や汚損の補修費用は賃貸人が負担すべきものと解されます。
(2)　設問の事例においては，本来ペット不可であった物件について，Ａの強い希望により，ペットによる損耗の原状回復費用はＡの負担とする条件で，ペットの飼育を特別に許可したというものであれば，基本的にそのような費用負担に関する特約条項は有効と解してよいと思われます。
　　ただし，実際に支出した補修費用のうち，経年変化部分やペットの飼育による破損・汚損の修復費用として相当な範囲を超える部分については，敷金からの控除が認められない可能性があります。

キーワード　敷金返還，原状回復費用，ペットの飼育

解説

⃞1 原状回復費用の負担についての原則

　賃貸アパート・マンション退室時の原状回復費用については，当事者間に特約がない限り，賃借人の故意・過失による破損・汚損（損耗）や通常の使用を超える損耗に限って賃借人の負担となるのが原則です。
　また経年変化や通常の使用による損耗（自然損耗）の原状回復費用を賃借人の負担とする特約を定めたとしても，特約自体が無効となる場合があります（**Q86**参照）。

⃞2 ペットの飼育による破損，汚損

(1) 「ペット不可」の賃貸アパート・マンションの場合
　まず，賃貸借契約の条件でペットの飼育が禁止されている「ペット不可」の賃貸アパート・マンションで，賃借人がペットを飼育している場合には，ペットによる損耗の原状回復費用は，賃借人の負担となると考えられます。
　「ペット不可」のアパート・マンションで賃借人がペットを飼育すること自体が契約に違反しているため，ペットによる損耗は「賃借人の故意，過失による損耗」や「通常の使用を超える損耗」に当たると考えられるからです。
(2) 「ペット可」の賃貸アパート・マンションの場合
　これに対して，「ペット可」の賃貸アパート・マンションにおいては，賃借人がペットを飼育すること自体は契約違反ではないため，ペットによる損耗の原状回復費用が賃借人の負担となるか否かは，ペットの飼育・管理の程度，損耗の程度などによって結論が異なるものと考えられます。
　(a)　ペットの飼育により一般的に生ずる損耗　「ペット可」の賃貸アパート・マンションでは，ペットの飼育によって一般的に生ずる損耗（飼育・管理が十分になされていても避けがたい損耗）は，「通常の使用による損耗」とも考えられます。特に入居者募集時の広告などで「ペット可」をうたい文句に

している場合や、「ペット可」であることで賃料が近隣の相場に比べて高めに設定されているような場合には、ペットの飼育によって一般的に生ずる損耗についての原状回復費用は賃料に織り込まれていると考えられます。

そのため、賃貸借契約に費用負担に関する特段の定めのない限り、ペットの飼育により一般的に生ずる損耗の原状回復費用は、賃貸人の負担となると考えられます。

(b) ペットの飼育・管理が十分でないことにより生ずる損耗　他方で、ペットの飼育・管理が十分でないことにより生ずる損耗の原状回復費用は賃借人の負担となると考えられます。賃借人にはペットの飼育・管理を十分に行って賃貸人や近隣住民に迷惑をかけないようにする善管注意義務（民400条）があり、このような義務に違反して損耗が生じた場合には、「賃借人の故意・過失による損耗」や「通常の使用を超える損耗」に当たると考えられるからです。

(c) 事前の対策　このように、「ペット可」の賃貸アパート・マンションにおいてペットによる損耗の原状回復費用が賃借人の負担となるか否かは、ペットの飼育・管理が十分になされていたか否か、その損耗がペットの飼育により一般的に生ずる損耗か、ペットの飼育・管理が十分でなかったために生じた損耗か、によって結論が異なります。

しかし、現実の退室の場面では、飼育・管理が十分であったか否か、その飼育・管理が不十分であったことが損耗の原因か否かの判断は容易ではなく、賃貸人、賃借人の意見が対立して争いになることが予想されます。

このような場合の事前の対策として、①賃貸借契約にペットの飼育に関する「遵守事項」「使用細則」などを詳細に定めておくこと、②賃貸借契約にペットによる損耗の原状回復費用のうち賃借人の負担となる項目、金額などを明示して定めておく（特約を設ける）ことをお勧めします。

このような定めをしておくと、賃貸人、賃借人の意見が対立した場合に一応の解決基準とすることができ、退室時の紛争を予防し、たとえ紛争が生じたとしても解決を容易にすることが期待できます。

ただし、②の費用負担に関する特約については、契約時の賃借人に対する説明が不十分であった場合や、賃借人にとって一方的に不利な条項に当たる

場合（たとえば，「ペットによる損耗はすべて賃借人負担」というように項目や箇所を限定しない条項，賃借人の負担となる費用がいくらになるのか予測できないような条項，経年変化などを全く考慮せずに全額を賃借人の負担とするような条項など）は，消費者契約法に違反するとして特約が無効となる可能性があります（**Q86**参照）。

そのため，特約が無効とならないように，契約時に賃借人に対して特約を丁寧に説明して理解してもらう必要があり，また，賃借人の負担となる項目や箇所を限定する，賃借人の負担となる金額を明示する，経年変化などを考慮して賃借人負担を居住期間に応じて減額するなど，特約の内容を工夫する必要があります。

③ 設問に対する回答

設問の事例の場合，賃貸人は賃借人Ａのペット飼育を許可しているので，Ａがペットを飼育すること自体は契約違反には当たりません。

しかし，Ａが契約時にペットによる損耗の原状回復費用を負担する旨の誓約書も差し入れていることから，ペットによる損耗の原状回復費用をＡの負担とする特約があったといえます。そこで特約の有効性を検討することになりますが，Ａの負担する損耗の項目，箇所が無限定であることや，金額が明示されていない，経年変化に応じたＡの負担の減額がない，という点において特約が無効となる可能性はありますが，もともと「ペット不可」であったところをＡの強い希望を容れて特別にペットの飼育を許可したという経緯を考えれば，この特約の効力はある程度認められると考えてよいでしょう。

したがって，本件では，この特約に基づいてペットによる損耗の原状回復費用を敷金から控除してよいと考えられますが，**Q86**の解説で説明したとおり，ペットの飼育を原因とする破損・汚損を修復するのに必要な範囲を超えた部分の補修費用や，経年変化分と認められる分の補修費用については，敷金からの控除が認められませんので，仮に特約が有効と認められた場合でも，実際に支出した補修費用の全額について，敷金からの控除が認められるとは限らないことは付言しておきます。

【田中　秀幸】

第14章

賃貸借と相続・財産分与

Q89　借家権の相続

　父は，同じ敷地に建つ二棟の建物を賃借し，一棟を住宅に，他方を事務所に使用していましたが，最近死亡し，相続人は，母と兄および私です。兄は結婚して別に住み，司法書士をしています。借家のうち，事務所を兄が相続し，住宅を母と私が相続して同居しようと考えています。
　借家権の分割相続は可能でしょうか。また，その際，名義書換料の支払が必要でしょうか。

A

　借家権は，財産的価値を有する一種の権利ですから，相続の対象となります。相続人が複数いる場合には，具体的にどの相続人がどの建物の借家権を相続するのかを遺産分割により決定しなければなりません。遺産分割は，相続人間の協議または家庭裁判所の調停ないしは審判により確定します。
　設問では，兄が事務所を，母とあなたが住宅をそれぞれ相続することで協議が成立したということであれば，原則的には，これにつき賃貸人の承諾は必要ありません。
　したがって，名義書換料の支払も必要ありません。

（キーワード）借家権の相続，借家権の細分化と賃貸人の承諾，名義書換料の支払

解説

1　借家権の相続

　建物の賃貸借は，これを登記することにより第三者が建物の所有権を取得

しても，賃借権を対抗することができますが（民605条），その登記をしなくても，建物の引渡しを受け，居住していれば，同様に借家権を第三者に対抗することができます（借地借家31条1項）。

また，契約期間の更新についても，賃貸人のほうから期間満了の1年前から6ヵ月前までの間に賃借人に対し更新拒絶の通知がされない場合や，期間満了後の賃借人の継続使用につき遅滞なく異議の申立てがない場合には，当然従前と同一の条件で賃貸借の更新がなされたものとみなされ（同26条1項・2項），他方，賃貸借終了の際，賃借人に造作買取請求権が認められる（同33条）など，賃借権は，法律上手厚く保護されており，賃借人にとって，借家権は生活の本拠である住宅の確保のみならず，財産的にも重要な価値があります。

したがって，借家権は当然相続の対象になります。

2 賃貸人の承諾

賃借権の譲渡については，賃貸人の承諾を要することになっていますが（民612条），相続による借家権の移転については，これまで借家人であった賃借人の死亡により当然に相続人に承継されるものであって，その場合，相続人は被相続人と同様にみられ，一般の賃借権の譲渡のように，全く見知らぬ第三者への譲渡と異なり，賃貸人との信頼関係を損なうとか，賃貸人に不測の不利益を及ぼすことも考えられないので，相続承継については賃貸人の承諾は必要ないもの考えられます。

ところで，設問に即して考えますと，従来父親単独の賃借人が，少なくとも兄および母とあなたの二組に分かれ，賃貸人にとってややこしくなることは事実ですし，さらに，住宅についてはあなたと母の共同相続ということでさらに複雑になります。もっとも，住宅のほうは，あなたが家賃を含め生活費のほとんどを支出するようであれば，あなたが住宅の賃借人となり，母親は同居人ということでもとおると思います。

いずれにしても，従前，父親のみの賃借人のころに比し，賃貸人にとって面倒なことになりますから，将来のトラブルを避けるためには，あらかじめ

賃貸人と交渉して，その承諾を得るとか，建物ごとに新しい承継人を借主とする賃貸借契約書を作成するのが無難といえましょう。

③ 名義書換料の支払

　法律が賃借権の第三者譲渡につき賃貸人の承諾を要するものとした趣旨は，借地借家関係は，賃貸人と賃借人との相互の信頼関係に基づくものですから，賃貸人の全く見知らぬ人に賃借権がいくのを防ぐ意味が強いわけです。また，その際に支払われる名義書換料も，賃借権譲渡承認の対価としての意味を有するものと解釈されます。したがって，相続による権利移転については，原則として名義書換料の支払は不要といえます。

【牧山　市治】

Q90 賃借人の死亡と内縁の妻

私は，夫と約30年も同棲し，婚姻届はまだ出していませんが，事実上，夫婦として暮らしてきました。現在，私が住んでいる建物は，当初から夫名義で賃借していましたが，最近，夫が死亡しました。戸籍上の相続人はいません。私は，賃貸人の明渡請求を拒むことができるでしょうか。

また，夫の兄弟など，他に相続人がいる場合にはどうなるでしょうか。

A

婚姻の届けをしていなくても，男女が長年同棲して事実上夫婦同様の生活をしていた場合には，建物の賃借人の男性が死亡しても，内縁の妻は賃貸人に対して内縁の夫の賃借権を援用して明渡しを拒むことができます。

夫の兄弟など相続人がいる場合であっても，その相続人が現実に賃借建物に住んでいなければ，内縁の妻に対する明渡請求は，権利の濫用として排斥されます。

キーワード　内縁関係，内縁者の居住権，家族共同体

解説

1　内縁とは

男女が長年同棲して生活し，事実上夫婦同然の生活を続けており，ただ，戸籍上，婚姻の届けがなされていないものを一般に内縁の夫または内縁の妻といいます。いかに長年夫婦同然の生活をしていても，戸籍上，婚姻の届け

をしていないものは，法律上夫婦として取り扱われないのが原則です。
　しかし，何らかの事情で，ただ婚姻届をしていないというだけの理由ですべての法律上の保護を与えないというのは，人道上も許されないというのが最近の一般的な考えです。旧借家法7条ノ2，借地借家法36条1項では，「居住の用に供する建物の賃借人が相続人なしに死亡した場合において，その当時婚姻又は縁組の届出をしていないが，建物の賃借人と事実上夫婦又は養親子と同様の関係にあった同居者があるときは，その同居者は，建物の賃借人の権利義務を承継する。」と規定しています。
　このような，事実上，夫婦同様な共同体的生活の男女であるが，戸籍上婚姻届が出されていないものを内縁と呼び，法律上の婚姻者に準じた取扱いをしようというものであり，いわゆる妾関係のような不倫，不貞の関係のものはここに含まれません。

2　内縁の妻の居住権

　学説，判例とも，内縁者の居住する権利を尊重する立場からいろいろその根拠づけを工夫しています。
(1)　援　用　説
　賃借人と生活を共同にしていた内縁の妻は，賃借人が死亡した場合には，相続人の賃借権を援用して，賃貸人に対して当該家屋に居住する権利を主張することができる，というものです。
　最高裁の判例[1]もこの立場です。
(2)　居 住 権 説
　これは，死亡した賃借人に相続人がいない場合にも通用する，考え方です。
　同居家族はその固有の居住権に基づき居住しうるというものです。
(3)　家　団　説
　借家権の主体は，契約名義人である被相続人個人ではなく，現実の家族集団であり，被相続人の死亡によっても，単にその代表者が変わるにすぎない，と説明しています。

③ 他の相続人との関係

　賃借人が死亡し，内縁の妻がその賃借家屋に居住し続ける場合に，この建物に居住していない相続人からの内縁の妻に対して明渡しを求めた場合にも問題です。内縁の妻は，夫と生活共同体的に一体として生活をしていたものですから，夫の死亡後もその生活は保護されるべきであり，その相続人の明渡請求は，権利の濫用として認められないものです。

引用判例
　＊1　最判昭42・2・21民集21巻1号155頁。

【牧山　市治】

Q91 借家権の相続と賃貸人の請求方法

私から家屋を賃借している賃借人が死亡し，相続人は同居の妻のほか，別居している子どもが数人いるようです。賃貸人の私としては，家賃の請求や解約通知などの手続はどのようにすればよいのか教えてください。

A

　　賃借人が死亡し，相続人として同居している妻のほか，子どもが数人いるとすれば，相続により賃借権は，それらの相続人全員の共同相続の形になります。もし，遺産分割の結果，ある相続人の単独相続となれば，その相続人が単独で賃借権を承継することになります。

　　賃貸人としては，賃料請求，催告および解約などの通知等において，対応することになりますが，

(1) 賃料請求では，過去の未払分については，各相続人の相続分に応じた分割請求となり，また，これからの将来請求分については，賃借権の共同相続のままであれば，家屋の使用状態が不可分ですから，賃料債権も不可分として，相続人全員に対して全額を請求することになります。もっとも，遺産分割により単独の相続人の承継となれば，同人のみが請求の相手方となります。

(2) 催告，解約通知については，解約の前提となる催告や解約は，共同相続人の全員に対してしなければ所期の効果が発生しません。

(キーワード) 不可分債務，共同債務者に対する催告，解除

解説

1 賃借権の相続

　借家権は貴重な財産権であり，相続されることは判例でも認められています[*1]。

　相続人が複数いれば，それらの相続人の共同相続となり，協議による遺産分割か，あるいは家庭裁判所の調停ないしは審判によって特定の相続人の単独相続ということになります。

　ただ，遺産分割によって共同相続から単独相続に移行するについて，相続人の間で賃借権持分の移転が行われたことになりますが，これについては民法612条の賃貸人の承諾は不要と考えられます。そもそも，この条文の趣旨は，相互の信頼関係を基礎とする賃貸借において，賃貸人の知らない間に賃借人が変更になるというのは，賃貸人に対して不測の損害を与えることにもなり，信頼関係の破壊であるというにあり，相続人相互の持分移転のみでは，信頼関係破壊のおそれを考える必要はなく，同法条の適用はありません。その理由は，遺産分割により他の相続人の持分を譲り受ける相続人は，本来，自己固有の相続分により賃借権を一部でも有しており，全くの第三者ではないからです。

2 賃料請求

　設問では，亡くなった賃借人の妻が同居し，子どもたちは別居しているとのことですから，遺産分割でもおそらく妻が賃借権を単独で承継するものと解されます。

　ただ，過去の未払賃料があれば，これは可分債務として相続人全員が相続分に応じて支払義務を負います。したがって，賃貸人としては相続人全員に対してそれぞれ請求することになります[*2]。

　将来の賃料については，妻が単独でこの家の賃借権を相続するのであれ

ば，賃料の全額を支払う義務があります。
　この点，賃貸人としては，しっかり相続関係を確認することが肝要です。

③　催告・解除の通知

　賃借人が賃料の支払を怠った場合，賃貸人は相当の期間を定めて支払を催告したうえ，なお支払のないときでなければ契約の解除はできません。
　賃借権の共同相続の状態にあるとき，仮に，妻の単独占有状態であれば，賃料の請求は，この家の使用者という観点から賃料全額の支払を妻のみに求めることもあながち不当とはいえないと思います。
　しかし，その場合であっても，契約解除の前提となる催告ならびに契約の解除の通知は相続人の全員に対して行わなければ無効となります[3]。

引用判例
* 1　最判昭29・10・7民集8巻10号1816頁。
* 2　最判昭29・4・8民集8巻4号819頁，最判昭34・6・19民集13巻6号757頁。
* 3　最判昭36・12・22民集15巻12号2893頁。

【牧山　市治】

Q92 賃貸人の死亡と相続

父は貸家を遺して死亡しましたが、相続人は母と私および弟の3名です。私は遺産分割によりこの賃貸権を承継することができるでしょうか。

A

　父親の死亡により、その遺産である本件貸家の所有権ならびにその賃貸権は相続されます。相続人は、配偶者である母と子であるあなたおよび弟の3名で、その法定相続分は母が2分の1、あなたと弟が各4分の1です。
　遺産分割の協議または家庭裁判所の決定による遺産分割により、あなたが単独で本件貸家を相続するかたちをとることもできます。

(キーワード) 共同相続，賃貸権の相続，遺産分割

解説

1 共同相続

　本件で問題なのは、亡父の遺産である貸家の相続です。ほかにも遺産があるかもしれませんが、ここでは貸家に絞って考えます。
　相続人は、母、あなたおよび弟の3名で、法定相続分は母2分の1、あなたと弟がそれぞれ4分の1です。
　遺産分割により具体的相続が確定するまでは、この相続持分による共同相続の形になります。
　(1) 目的建物の管理は、共同相続人の共有に属し、賃貸権は債権の共有ということで準共有といわれます。建物の保存行為は共同相続人が各自単独で

できますが，それ以外の管理行為は相続分に従って過半数できめることになり，その処分変更には全員の同意が必要です。

(2) 賃借人に対する賃料債権は，可分債権なので，過去の未払分はそれぞれの相続分に応じて配分されますが，将来の賃料債権は，その発生するごとに各相続人に相続分に従って帰属することになります[*1]。

2 遺産分割

(1) 共同相続人は，被相続人が遺言で分割禁止の指定をしていない限り（相続開始より5年以内），いつでもその協議により遺産分割をすることができ，共同相続人間に協議が調わないときは，家庭裁判所に遺産分割の請求をすることができます。

(2) 遺産分割では，仮にあなたが本件貸家を単独で相続することを希望するのであれば，他の遺産との兼ね合いもありますが，あなた以外の相続人が本件貸家について有する相続分相当の価格を金銭で補償するなり，あるいは，他の遺産の配分で補填するなどして，全体として法定相続分による遺産承継が実現するようにしなければなりません。

(3) もっとも，これは他の相続人がその相続分を放棄し，または譲渡して，あなたの本件貸家の単独相続を認め，協力してくれればそのような問題は起きません。

3 対賃借人関係

遺産分割により本件貸家の権利を承継した後は，賃借人に対する関係では亡父の賃貸人たる権利義務を一切承継することになり，家賃の受領権があなたのものになるのはもちろんですが，反面，賃借人に対する敷金の返還義務を負うことになります。

引用判例

　*1　最判昭29・4・8民集8巻4号819頁。

【牧山　市治】

Q93 財産分与と借家権

夫は，マンションの一部を賃借して八百屋を経営しており，私は夫と結婚して20年になります。夫は，最近私との離婚を主張し，財産分与としてこの店舗を譲渡するといいますが，借家であっても財産分与できるのでしょうか。

A

あなたの夫が建物を賃借し，そこで八百屋を経営しているということであれば，借家権は立派な財産権であり，離婚に伴う財産分与として妻のあなたに譲渡することができます。

賃借権を第三者に譲渡するには賃貸人の承諾を得なければ，賃借権の無断譲渡として契約解除の理由となりますが，離婚に伴う財産分与として夫から妻に対して借家権を譲渡するのは，賃貸人の承諾を必要とする一般の借家権の譲渡とは異なり，賃貸人の承諾も必要ありません。

キーワード　財産分与

解説

1　離婚と財産分与

夫婦が離婚した場合，その一方は，他方に対し財産分与を請求することができます。財産分与は，夫婦が婚姻中に形成した共同財産を清算分配し，かつ，離婚後における一方当事者の生計維持を図る，扶養の目的を有するものとされています[*1]。

財産分与は，このように夫婦共同財産の清算と扶養の両面をもつほか，相手方の有責な行為によって離婚のやむなきに至った精神的苦痛に対しては，

慰謝料の請求ができ、これは本来不法行為を理由とするものですが、財産分与のなかに慰謝料を含めることができると解されています。

財産分与は、当事者双方の協議によって決めることができますが、その協議が調わないときは、家庭裁判所に処分を請求することになります。この家庭裁判所に対する請求は離婚のときから2年以内にしなければなりません。

家庭裁判所は、財産分与につき、夫婦の協力によって得た財産の額その他一切の事情を考慮して分与させるべきかどうか、ならびにその額、分与の方法などを定めることになります。

2 借家権の分与

賃貸借は、賃貸人と賃借人との相互の信頼関係に基づく契約です。したがって、賃借権を第三者に譲渡するには賃貸人の承諾を得ることが必要です（民612条）。

そこで、夫名義で借用している家屋の賃借権を、夫婦の離婚に際して、財産分与として妻に譲渡するについても、賃貸人の承諾を得なければ賃借権の無断譲渡として解約理由となるのかどうかが問題です。

賃借人の夫が離婚して家を出て行くというのですが、残された妻は、ともかく、離婚に至るまでは家族としてこの家に同居していたのですから、離婚の財産分与として夫から賃借権を譲り受け、賃借人の名義人となってもその実態には変わりはなく、賃貸借における信頼関係を破壊することにはならず、民法612条の問題とは別のものと考えられます。

3 賃借権分与の根拠

離婚の財産分与として賃借権の譲渡を認めるとする学説、判例にもいろいろな説があります。
① 援用説　　妻は夫の賃借権を援用することができる。
② 扶養説　　夫は妻の生活を扶養する義務がある。
③ 家庭共同説（家団説）　　この説によれば、賃借人の名義は夫である

が，それは家族共同体の代表として名義人であるにすぎず，賃貸借関係の実態は，家族共同体全員が一団として賃借しているものである，と考える立場です。

したがって，夫が離婚によって家を出ても，残された妻の権利には特段の変化はなく，財産分与の前と後とではその実態に変わりはないということになります。

裁判所の判例でもこの立場のものが多くあります。

4 財産分与の内容

妻が夫から財産分与として譲り受けるものは，建物自体は賃貸人のものですから，妻は，その賃借権ならびにこれを使用収益してする八百屋の営業権ということになります。営業権についても，婚姻中に夫婦の協力によって維持，形成されたものであって，妻は本来，潜在的持分を有し，離婚に伴う財産分与によりその配分を受けたものということができます。

引用判例

＊1　最判昭46・7・23民集25巻5号805頁。

【牧山　市治】

第15章

賃貸借と倒産

Q94　賃貸人の破産

不動産賃貸借の継続中に賃貸人が破産した場合，賃貸借関係はどうなるのでしょうか。

A

(1) 対抗要件を具備している賃借人に対しては，賃貸人の破産管財人は賃貸借の解除をなすことができません。賃貸人の破産管財人としては，賃借人付きで当該不動産を任意売却することに注力することとなります。一方，賃借人としては，将来の敷金返還請求に備え，賃料の寄託請求をすることができます。

(2) 任意売却においては，賃料の前払・賃料債権の譲渡や，破産債権と賃料債権との相殺に注意する必要があります。

キーワード　双方未履行の双務契約，賃借人付不動産の任意売却，滞納管理費・修繕積立金債務，別除権の受戻し，敷金返還請求権，賃料の寄託請求，賃料の前払・賃料債権の譲渡，破産債権と賃料との相殺

解説

1　総　論

破産法（平成16年6月2日法律第75号）において，賃貸人が破産した場合，対抗要件を具備している賃借権等につき，双方未履行の双務契約の処理準則である破産法53条1項・2項が適用されないことと明定されました。

すなわち，賃貸人の破産管財人による賃貸借の解除ができないことになります。

旧破産法においては，賃借人破産の場合を規律する旧民法621条のような

特則規定がなかったので，理論的には，賃貸人の破産管財人は，賃貸借の履行継続もしくは契約解除を選択できることと考えられていました。

しかし，賃借権は特に不動産において財産的価値を有する場合も多く，また，自ら何の落ち度もない賃借人が，賃貸人の破産という一事をもって，賃借権を奪われるというのはあまりに賃借人の保護に欠けているという批判が多く，事実，判例・学説では，賃貸人の破産における双方未履行の双務契約の処理準則であった旧破産法59条（破産法53条に相当）の適用を否定もしくは制限するという取扱いをしてきました。

破産法においては，借地借家法などで物権的保護を受けている不動産賃借権の保護を重視し，賃借権その他の使用および収益を目的とする権利を設定する契約について破産者の相手方（この場合，賃借人）が当該権利につき登記，登録その他の第三者に対抗することができる要件を備えている場合には，双方未履行の双務契約の処理準則を適用しないと明確に定めました。

具体的には，登記された不動産賃借権（民605条），土地上の建物の登記を具備した借地権（借地借家10条1項），建物の引渡しを受けた建物賃借権（借地借家31条1項）などが挙げられます。対抗要件を具備しない賃貸借については，破産法53条により処理されることとなります。

以下，対抗要件を具備した不動産賃借権について，説明します。

２ 賃貸人の破産管財人の取り得る手段

上述のとおり，賃貸人の破産管財人は，賃貸借を解除できないので，必然的に当該賃貸借は履行継続されることとなります。

したがって，賃貸人の破産管財人は，原則として，当該不動産物件について，賃借人付きで任意売却して換価処分することとなります。

しかし，立退料を支払ってでも賃借人を退去させたほうが財団増殖に寄与するという判断であれば，賃借人と交渉して立ち退きによる和解契約を締結することも考えられます。その場合，敷金返還請求権については，破産管財人と賃借人との間で，原状回復の程度をどの程度まで要求するかなどの事情を考慮して，清算されるものと思われます。

また、収益物件などでは、賃借人付きで売却することが財団増殖に資する場合もあり、その場合は、任意売却にあたり、買受人との間で、賃借人の敷金返還請求権についての清算をなす必要があります。通常は、敷金返還請求権相当額について、売買金額で調整することが多いと思われます。

　さらには、区分所有建物において、破産手続開始決定前の滞納管理費・修繕積立金債務が生じている場合は、建物の区分所有等に関する法律（区分所有法）7条に基づき特別の先取特権が成立しており、破産法上の別除権となりますので、任意売却するにあたり、裁判所の許可を取って別除権の受戻しをなしておく必要があります（破78条2項14号）。

　他方、当該区分所有建物の買受人は、延滞管理費・修繕積立金の存否について、十分に精査する必要があります。延滞管理費等が存在する場合は、買受け後、買受人に管理組合から弁済請求があるので、その滞納額分を売買代金から控除することが必要です。

３　賃借人の取り得る手段

　上述のとおり、対抗要件を具備している不動産賃貸借の場合、賃借人において何かアクションを起こすことなく、双方未履行双務契約の履行選択がなされたのと同じ結果になりますので、賃借人の有する賃貸人に対する請求権は、財団債権となります（破56条2項）。

　この場合の賃借人の有する請求権は、目的物を使用収益する債権が含まれるのは当然であり、修繕請求権も原則含まれると考えられますが、敷金返還請求権は、双務契約の対価として生ずるものではないので、財団債権とはならないことになります。

　また、敷金返還請求権は、賃貸借終了後、目的物明渡完了により被担保債権を控除した残額につき具体的に発生するものですから、破産管財人に破産債権として届け出ても、債権調査までに明渡しが未了であれば、具体的な金額も確定しておらず、その全額について破産管財人により否認されることとなります。

　一方、債権調査までに明渡しが完了している場合、未払賃料等の控除がな

された残額については，破産管財人により破産債権として認められることとなります。

　なお，（潜在的に）敷金返還請求権を有する賃借人には，将来具体的に発生する敷金返還請求権と，賃料債権との相殺の利益を確保するために，破産管財人に対し，その債権額の範囲で賃料の寄託請求ができます（破70条後段）。

　最後配当の除斥期間満了までに，明渡しにより敷金返還請求権が現実化した場合，破産管財人は，被担保債権との相殺処理の後，寄託した金員を賃借人に返還することとなります。ただし，最後配当の除斥期間までに敷金返還請求権が現実化しなかった場合，寄託額は最後配当の配当原資となります（破198条2項・214条3項）。

　ただし，上述 **2** のとおり，賃貸人の破産管財人としては，当該不動産を任意売却する必要があり，敷金関係についても清算処分（新所有者に敷金返還債務を引き継がせる代わりに当該敷金債務相当額を売却代金から控除するなど）をするのが通常です。

　なお，賃貸借契約上，保証金返還請求権と称する場合であっても，敷金返還請求権と認められる場合もしくは認められる部分については，敷金返還請求権と同様の処理になりますが，それが認められない場合ないし認められない部分については，その性質（実質は貸金債権なのかなど）に応じた個別的処理が必要となります。

4　その他の重要な処理関係

(1) 賃料債権の処分等

　破産法においては，旧破産法63条のような賃料の処分についての制限規定が廃止され，賃貸人による破産手続開始決定前の賃料の前払や賃料債権の譲渡等の処分の効力を無制限に認めることとなりました。

　旧破産法63条においては，借賃の前払または賃料債権の譲渡等の処分は，破産宣告の時点の当期および次期の分のみしか破産債権者に対抗できない，すなわち破産管財人に主張できないこととなっていました。この趣旨は，危機時期においては，賃貸人が資金調達のために，将来の賃料債権をも担保に

して処分するという他債権者を害する行為をなしがちであること，および賃料の処分等が公示されないので，そのような処分を知らずに当該物件を買い受けた者が不測の損害を負う危険があったためです。

　しかし，近時，不動産の流動化・証券化による資金調達の途が普及し，当該物件の賃料債権についても流動化・証券化の要望が実務面から強くなされたこと，さらには，民事執行法との関係においては，最高裁が，賃料の処分等についての第三者に対する対抗力を認める判決を続けてなしており[1]，それらの判決と破産法領域との整合性が問題となっていました。

　そこで，破産法においては，旧破産法63条の規定を廃止し，賃料の前払・賃料債権の処分の効力を無制限に破産管財人に対抗できるものとしたのです。

　したがって，賃貸人の破産手続開始決定前に，賃料が当期もしくは次期分のみならず，それを超える部分についても賃貸人に前払もしくは，対抗要件を具備した上で債権譲渡されていた場合，賃貸人の破産管財人は，賃借人に対し，それらの部分に対応する賃料請求ができないこととなります。

　これは，賃貸借物件を任意売却する場合，建物を買い受ける者は，処分等をなされた賃料については，賃借人に請求できなくなるのですから，十分に精査する必要があります。賃料が処分等されていた場合には，その額につき，売買価格を減額するなど調整が行われるものと思われます。

　特に，破産管財人が任意売却する場合は，現状有姿での売買であり瑕疵担保責任を一切負わないという条項を入れた売買契約を締結するのが通常ですから，いわゆる表明・保証条項による損害賠償も困難と考えるべきでしょう。

　ただし，破産管財人が賃料の処分等について悪意であった場合には，破産管財人としての善管注意義務違反を問われる可能性もあると考えられます。

(2) 破産債権と賃料との相殺

　破産法においては，旧破産法103条のような賃借人の有する破産債権と賃料債権との相殺を制限する規定が廃止され，賃借人は，貸金債権，売買代金債権などの破産債権を自働債権，賃料債権を受働債権として無制限に相殺できることとなりました。

旧破産法においては，賃借人が破産者である賃貸人に対して破産債権を有している場合，破産宣告時の当期および次期の2期分の賃料債権に限定して相殺を認める，ただし，敷金がある場合は，敷金額の範囲までの相殺を認めるという規定をしていました（旧破103条）。

　これは，本来破産債権と破産宣告以後の賃料債権との相殺が理論的に不可能なところを創設的に可能としたのか，本来相殺が可能なところを制限したものかの法的性格には争いがあったものの，賃料債権を受働債権とする相殺に対する賃借人の期待を保護する必要性から，破産法においては，旧破産法103条を廃止し，敷金の有無に関係なく，破産債権である貸金債権・売買代金債権などの範囲内において賃料債権を相殺できることとしたものです。

　なお，上述のとおり，敷金返還請求権は停止条件付債権であることから，賃貸借が終了し明渡しが完了するまでは賃料債権とは相殺適状になりません。そこで，保証金返還請求権についても，その実質に着目する必要があり，すべてが（敷金ではなく）貸金債権として賃料債権と相殺ができることにはならないことに注意すべきです。賃借人としては，敷金部分以外の破産債権については，その金額に満つるまでの将来賃料債権と相殺をなし，敷金部分については，上述 **3** のとおり，破産管財人に対し，相殺した以降分の賃料債権につき，寄託請求をしていくこととなります。

　したがって，賃借建物の任意売却においては，買受人は，賃借人により相殺をされた将来賃料の存否についても十分精査する必要があります。

引用判例

＊1　最判平10・3・24民集52巻2号399頁，最判平10・3・26民集52巻2号483頁。

【神田　元】

Q95　賃借人の破産

不動産賃貸借の継続中に賃借人が破産した場合，賃貸借関係はどうなるのでしょうか。賃貸人としては何がいえるのでしょうか。また，賃借人の破産管財人は何がいえるのでしょうか。

A

(1)　旧民法621条が廃止され，賃貸人から賃貸借の解除を申し入れることはできなくなり，賃借人の破産管財人のみ，履行するか，解除するかの選択権を有することとなります。ただし，賃貸人は，破産管財人に対し相当の期間を定めて，契約の解除または継続についての催告をすることが認められています。

(2)　なお，賃貸人の賃借人に対する債権は，破産債権になるものと財団債権になるものがありますが，民法の法定充当の定めに従うと，敷金は財団債権となるものから先に充当されることになりますので，賃貸借契約においては，弁済充当の順位に関する特約を設けておくことが考えられます。

(キーワード)　双方未履行の双務契約，正当事由の具備，居住用家屋の敷金返還請求権，財団債権，破産債権，弁済充当の順位

解説

1　総論

賃貸借契約における賃借人が破産した場合，破産法の施行に伴う関係法律の整備等に関する法律（平成16年6月2日法律第76号）によって，旧破産法における双方未履行の双務契約の特則であった旧民法621条が廃止されました。

したがって，不動産賃貸借についても，他類型と同様に，双方未履行の双

務契約の通則である破産法53条および同法54条にて規律されることとなります。

　旧民法621条においては，継続的な双務契約である賃貸借契約において賃借人が破産した場合，期間の定めがあっても，賃貸人および（賃借人の）破産管財人のいずれもが解約の申入れをすることができ，解約することにより発生した損害については，双方とも請求ができないこととなっていました。

　しかし，賃借権，特に不動産においては，財産的価値を有する場合が大きく，それが何ら補償なく破産財団を構成しなくなることは，債権者にとって不合理であること，また，賃貸人にとっても賃借人の破産というある意味偶発的事象により，賃貸借を解約できるというのは，望外の利益を得ることにもなるということから，同条の適用には，判例・学説とも制限的でした。

　たとえば，借地の事例では，賃貸人の解約申入れにつき，借地借家法6条の規定を類推適用し，正当事由の具備を要求し，また，借地人の破産自体は，正当事由とならない旨を最高裁は判示しています[*1]。ただし，借家の事例については，最高裁は，正当事由の具備を不要と判示しています。

　この違いは，借地の上に建物を建てて使用収益するという借地人と大家の建てた建物を単に借りるという借家人とのリスクの差，もしくは，借地と借家とでは賃借権の譲渡可能性に差があることから生じたものとも考えられます。

　そこで，破産法では，旧民法621条を廃止し，賃借人の破産についても，双方未履行の双務契約の通則である破産法53条および同法54条が適用されることとなりました。

2　賃借人の破産管財人の取り得る手段

　賃借人の破産管財人としては，当該賃貸借を継続（履行選択）するか，解除するかのイニシアティブを有することとなります（破53条1項）。賃貸借を解除する場合，破産裁判所の許可は通常必要とされませんが，履行選択をする場合は，破産法78条2項9号に該当するので，裁判所の許可が必要となります。

その許可申立てについては、履行を選択しない場合に管財業務において支障が生じること、契約の解除を選択した場合と履行を選択した場合の見込みの説明が必要となります。このような制度になっているのは、破産管財業務においては、すべての契約を解除していく清算が通常であり、履行選択のほうが例外であるという考え方に基づくものと思われます。

もっとも、破産者の賃借している事業用物件について履行を選択する場合には、上記のような処理をする必要がありますが、後述するように、居住用家屋の敷金返還請求権は、原則、換価等の対象とならないので、実際には、破産者の居住している物件の賃貸借契約については、自由財産に関する契約関係として、裁判所の許可手続も要求されることなく、事実上継続されていくケースがほとんどです。

3 賃貸人の取り得る手段

旧民法621条が廃止されたことに伴い、賃貸人からは、賃貸借の解約を申し入れることができなくなりました。

その不安定な地位を解消するために、賃貸人には、（賃借人の）破産管財人に対し相当の期間を定めて、契約の解除もしくは継続についての催告をすることができることとなります（破53条2項前文）。ただし、当該催告期間内に、破産管財人から確答がない場合は、当該賃貸借は解除されたものとみなされます（破53条2項後文）。

本件において、賃貸人として収益物件として賃借人にそのまま賃貸借を継続してもらいたいならば、あえて自ら催告をすることはないことになりますが、解約して明け渡してもらいたいならば、（破産管財人の判断次第となりますが）催告をするということになるでしょう。

なお、破産管財人が履行を選択した場合は、履行選択後の賃料債権は、財団債権となりますので、賃貸人としても保護されることとなります。また、賃貸借が解除となった場合、賃貸人の損害賠償請求権は、破産債権として行使できることとなりました（破54条1項）。

4 賃料・敷金等の処理

(1) 賃　　料

　賃借人の破産手続開始決定前に生じた賃料債権は，破産法2条5項に基づき，破産手続開始前の原因に基づいて生じた財産上の請求権として破産債権となります。

　賃借人の破産手続開始決定後に生じた賃料債権は，履行選択となる場合は破産法148条1項7号により，解除となる場合は，同条項8号により，財団債権となり，賃貸人の保護が図られます。

(2) 賃料相当損害金

　賃貸借が終了した後にも賃貸物件を返還していない場合，いわゆる使用損害金としての賃料相当損害金が生じますが，破産管財人の管理処分権に基づいてする行為を原因として生ずるものと解されるものについては，破産法148条1項4号（旧破47条4号）所定の財団債権となります。

(3) 原状回復費用

　破産手続開始決定後に，破産管財人が解除した場合は，破産法148条1項4号で，その他の事由で"終了"した場合は，同条項8号を類推適用して，財団債権となります。

　破産手続開始決定前に契約が終了していた場合の原状回復費用請求権は，破産債権となりますので（破2条5項），賃借人に破産が予想される場合，賃貸人は一刻も早い回収が必要となります。

(4) 敷金返還請求権

　敷金は，未払賃料等契約により賃貸人が賃借人に対して取得する一切の債権を担保するものであり，敷金返還請求権は，賃借目的物返還時において，それまでに生じた被担保債権一切を控除し，なお残額がある場合に，その残額につき具体的に発生する権利です[*2]。

　また，近時の判例では，目的物の返還時に残存する賃料債権等は敷金が存在する限度において敷金の充当により当然に消滅することになり，このような敷金の充当による未払賃料等の消滅は，敷金契約から発生する効果であっ

て，相殺のように当事者の意思表示を必要とするものではないと判示しています[*3]。

　しかし，上述のどの債権から充当していくかは，当事者間において合意がある場合は，その合意どおりに，ない場合は，民法489条の法定充当の定めに従うこととなり，債務者の弁済の利益が多いものから充当されることとなります。

　したがって，賃貸借契約で当事者間に合意がない場合は，まず財団債権から充当されていくこととなり，敷金で賄えない分は，破産債権が残るおそれが生じます。そこで，今後，賃貸借契約を締結する際，賃貸人としては，敷金充当についての特約をしておく必要があると思われます。

　なお，東京地裁と東京三弁護士会との協議により定められた個人破産の換価基準において，居住用家屋の敷金返還請求権は，その金額が20万円未満であるか否かを問わず，原則，換価等の対象とならない取扱いがなされています。

引用判例
* 1　最判昭48・10・30民集27巻9号1989頁。
* 2　最判昭48・2・2民集27巻1号80頁。
* 3　最判平14・3・28民集56巻3号689頁。

【神田　元】

第15章　賃貸借と倒産

Q96　賃貸人の民事再生・会社更生手続

不動産賃貸借の継続中に賃貸人に民事再生手続もしくは会社更生手続が開始した場合，賃貸借関係はどうなるのでしょうか。

A

(1)　破産手続の場合と同様，再生債務者・更生管財人は，対抗要件を具備した賃貸借を解除することはできません。再生債務者・更生管財人は，再建に不要な不動産物件については，賃借人付きで任意売却を進めていくことになります。

(2)　賃借人は，敷金返還請求権を賃料6ヵ月分相当の範囲で共益債権化して保護することが可能です。賃料の処分等も可能であり，当該物件の買受人のみならず，再生債務者・更生管財人も注意を要しますが，賃料債権との相殺については，賃料の6ヵ月分という限度があります。

（キーワード）民事再生法，会社更生法，対抗要件を具備した賃貸借，共益債権，賃料の寄託請求，敷金返還請求権，賃料の前払・賃料債権の譲渡，賃料債権との相殺

解説

1　総　論

　賃貸人の破産（Q94参照）でも述べたとおり，破産法においては，賃貸人の破産管財人は，対抗要件を具備した賃貸借を解除できないという規定（破56条）を新設しました。その趣旨を民事再生手続および会社更生手続においても反映するため，民事再生法および会社更生法も改正されました。すなわち，民事再生法および会社更生法において，破産法56条を準用することとし

たものです（民再51条，会更63条）。

❷　再生債務者たる賃貸人または賃貸人の更生管財人の取り得る手段

　上述のとおり，再生債務者たる賃貸人もしくは賃貸人の更生管財人は，賃貸借を解除できないので，必然的に当該賃貸借は履行継続されることとなります。
　したがって，当該賃貸物件が，再生債務者もしくは更生会社の再建にとって必要でないものであれば，**Q94**で述べたとおり，任意売却を進めていくこととなります。

❸　賃借人の取り得る手段

　上述のとおり，対抗要件を具備している不動産賃貸借の場合，賃借人において何かアクションを起こすことなく，履行選択がなされたのと同じ結果になり，賃借人の有する賃貸人に対する請求権は，共益債権となります（破56条2項の準用）。
　なお，敷金返還請求権は，**Q94**の解説で述べたものとパラレルに考えられ，再生債権または更生債権とされますが，破産の場合の寄託請求と同様に，再生債権者・更生債権者たる賃借人が，手続開始後に弁済期に賃料を弁済したときは，賃借人の有する敷金返還請求権につき，手続開始のときにおける賃料の6ヵ月分に相当する額の範囲内におけるその弁済額を限度として共益債権とする賃借人を保護する制度を規定しています（民再92条3項，会更48条3項）。

❹　その他の重要な処理関係

(1) 賃料債権の処分等

　Q94の解説で述べたとおり，破産手続においては，旧破産法63条が廃止され，同条の規定を準用していた民事再生法・会社更生法の規定も廃止され

ましたので、破産手続と同様、賃料の前払および賃料債権の処分の効力については、無制限に認められることとなりました。

したがって、破産手続の場合と同様、当該物件の買受人は、売買にあたり、十分なる精査が必要となるのは当然、再建を図る再生債務者・更生会社にとっては、再建の原資となる賃料収入が長期にわたり入ってこない事態が生じますので注意が必要です。

(2) **再生債権・更生債権と賃料債権との相殺**

Q94の解説で述べたとおり、破産手続においては、旧破産法103条が廃止され、賃借人は、破産債権を自働債権、賃料債権を受働債権とする相殺を無制限にできることとなりました。

民事再生法および会社更生法においても、旧破産法103条とパラレルの規定であった民事再生法、および会社更生法の対応条項が削除されましたが、破産法とは違い、無制限の相殺は認めず、手続開始後に弁済期が到来すべき賃料債務については、手続開始のときにおける賃料の6ヵ月分に相当する額を限度として相殺をなし得ると規定されました。

また、相殺の意思表示は、再生・更生債権届出期間内になす必要がありますので注意が必要です（民再92条2項、会更48条2項）。

これは、清算型手続である破産手続と異なり、再建型である民事再生手続および会社更生手続においては、賃料債権も再建の重要な原資となるのであり、相殺により失われる範囲を6ヵ月分に制限して、賃借人との利益を調整している趣旨と考えられます。

【神田　元】

Q97　賃借人の民事再生・会社更生手続

不動産賃貸借の継続中に賃借人に民事再生手続もしくは会社更生手続が開始した場合、賃貸借関係はどうなるのでしょうか。

A

(1) 賃貸人からは賃貸借契約を解除できず、賃借人である再生債務者・更生管財人のみ履行するか、解除するかの選択権があります。賃貸人からの催告もができますが、賃借人側から確答がない場合の効果は、破産の場合と異なるので注意が必要です。
(2) 賃料債権等の取扱いや、敷金の充当関係については、破産手続と基本的に同様です。

キーワード　双方未履行の双務契約、再生債務者、管財人、再生債権、更生債権、共益債権

解説

1　総　論

賃借人の破産のケース（**Q95**参照）と異なり、そもそも旧破産法下の旧民法621条のような、賃借人が民事再生手続開始決定もしくは会社更生手続開始決定を受けた場合を規律する特則は存在していませんでした。

したがって、民事再生手続および会社更生手続における賃貸借契約の処理は、双方未履行の双務契約の処理準則に従ってなされることとなります。すなわち、賃貸借契約の履行継続もしくは解除は、再生債務者である賃借人、もしくは賃借人の更生管財人のみなすことができることになります（民再49条1項、会更61条1項）。

2 賃貸人の取り得る手段

上記のとおり，賃貸借契約の履行継続もしくは解除については，再生債務者である賃借人，もしくは賃借人の更生管財人のみなし得ることから，賃貸人は，当該賃貸借を解除することができないこととなります。

そこで，賃貸人としては，再生債務者である賃借人，もしくは賃借人の更生管財人に対し，相当の期間を定め，賃貸借を履行するか，解除するかを確答すべき旨を催告することができます。

賃借人の破産の場合と異なるのは，賃借人の破産の場合は相当期間内に確答がない場合，当該賃貸借は解除されたものとみなされますが，民事再生手続および会社更生手続の場合は，解除権を放棄したものとみなされることとなります（民再49条2項，会更61条2項）。

これは，破産手続は原則として破産財団に属するすべての財産を換価処分していき，最終的に清算する手続であることから，存続する契約関係も解除させていくという趣旨であるのに対し，民事再生手続および会社更生手続は，破産者の再建を図るという再建型の手続であることから，存続する契約関係についてはできる限り継続させていくという趣旨の違いによるものと考えられます。

3 再生債務者たる賃借人または賃借人の更生管財人の取り得る手段

前記 1 のとおり，再生債務者である賃借人または賃借人の更生管財人は，当該賃貸借を履行継続するか，解除するかの選択権を有しているので，通常は，再生債務者もしくは更生会社の再建に必要な財産についての賃貸借については，履行継続を，再建に不要な財産については，解除を選択していくものと考えられます。

4 賃料・敷金等の処理

(1) 賃　料

　賃借人の民事再生・会社更生手続開始決定前に生じた賃料債権は，民事再生法84条1項，会社更生法2条8項に基づき，民事再生・会社更生手続開始前の原因に基づいて生じた財産上の請求権として再生債権・更生債権となります。

　賃借人の民事再生・会社更生手続開始決定後に生じた賃料債権は，履行選択となる場合は民事再生法49条4項，会社更生法61条4項により，解除となる場合は，民事再生法49条5項，会社更生法61条5項により，共益債権となり，賃貸人の保護が図られます。

(2) 賃料相当損害金

　賃貸借が終了した後にも賃貸物件を返還していない場合，いわゆる使用損害金としての賃料相当損害金が生じますが，民事再生法119条5号，会社更生法127条5号所定の共益債権となります。

(3) 原状回復費用

　民事再生・会社更生手続開始決定後に，再生債務者・管財人が解除した場合は，民事再生法119条5号，会社更生法127条5号により，その他の事由で"終了"した場合は，民事再生法49条5項，会社更生法61条5項の類推適用により，共益債権となります。

(4) 敷金返還請求権

　敷金返還請求権についても，賃借人の破産（Q95参照）と同様の処理がなされることとなり，敷金充当の順位が問題となりますので，注意が必要です。

【神田　元】

第16章

賃貸借と災害

Q98 借家や借地権付建物が被災した場合の法律関係

不動産賃貸借の継続中に大地震が発生し、賃貸マンションが倒壊してしまった場合、賃借人の立場はどうなりますか。また、大家の立場はどうなりますか。

A

(1) 罹災都市法は、政令で指定された災害により、建物が全部滅失した場合の既存の借地権および借家権に特別な保護を与える法律です。したがって、同法に基づく政令指定災害か否か、建物が全部滅失しているか否かの判断が重要となります。

(2) 同法の適用によって、災害により滅失した建物と敷地に関する借地・借家に関わる法律関係を調整するために優先借地権、優先借家権という特別な権利が発生します。

(キーワード) 罹災都市借地借家臨時処理法(罹災都市法)、全部滅失・一部滅失、政令指定災害、優先借地権、優先借家権

解説

1 罹災都市法の趣旨

罹災都市借地借家臨時処理法(罹災都市法)は、災害により滅失した建物と敷地に関する借地・借家に関わる法律関係を調整することを目的として、昭和21年8月に制定された法律です。

当初は、太平洋戦争時の空襲等で被害を受けた都市の復興を図るための臨時法として制定されたのですが、その後の改正により、火災、地震等の災害により被害を受けた建物にも適用がされることとなり、一般的な災害時における借地借家に関する法律関係を調整する「非常時」法となりました。

実際に，平成7年の兵庫県南部地震について同法の適用があり，また，平成16年の新潟中越地震についても同法の適用がありました。

なお，同法が適用されるのは，あくまでも建物が全部滅失した場合に限られることに注意が必要です。なぜなら，建物所有目的の土地賃貸借であれば，建物が全部滅失してしまえば対抗要件が失われることとなるほか（借地借家10条），建物賃貸借であれば，目的物である建物がなくなってしまえば，契約が終了してしまうところ，そのような場合の賃借人の不都合を救済することが罹災都市法の目的であり，建物の一部滅失の場合にはそのような問題は生じないからです。

2 一部滅失か全部滅失か

(1) 基　準

上記のとおり，罹災都市法が適用されるには，当該建物が「全部」滅失していることが必要となりますが，それでは，一部滅失か，全部滅失かの基準が重要となります。

リーディングケースとされる昭和42年6月22日の最高裁判決においては，木造家屋の火災の事案において，「家屋が火災によつて滅失したか否かは，賃貸借の目的となつている主要な部分が消失して賃貸借の趣旨が達成されない程度に達したか否かによつてきめるべきであり，それには消失した部分の修復が通常の費用では不可能と認められるかどうかをも斟酌すべきである。」という基準を判示しています。

同基準を敷衍すれば，①物理的な滅失の程度，②経済的価値の滅失の程度によるということになり，①の要素としては，躯体部分の損傷の程度，継続使用による生命身体財産に対する危険の生じる程度などを，②の要素としては，修理費用が新築費用を上回るかどうか，などが考えられます。

(2) 建物賃貸人の主張できること

同基準に照らし合わせてみて，一部滅失だと判断される場合，建物賃貸人が，当該建物を建て替えるために，建物賃借人を立ち退かせるには，当該賃貸借を解約しなければなりませんが，通常の場合と同様，「正当事由」の具

備が必要となります（借地借家28条）。

(3) 建物賃借人の主張できること

同基準に照らし合わせてみて，一部滅失だと判断される場合，建物賃借人は，当該建物の修繕を，建物賃貸人に請求することができます（民606条1項）。

③ 罹災都市法の適用の有無

(1) 基　準

上記の滅失基準に照らし，建物が全部滅失と判断された場合でも，罹災都市法の適用を受けるためには，その原因が同法の適用対象となる「政令指定災害」である必要があります。

すなわち，罹災都市法は，同法25条の2に規定された「政令で定める火災，震災，風水害その他の災害」によって建物が全部滅失した場合にのみ適用されるということであり，また適用される地区は，同法27条2項により，「災害ごとに政令でこれを定める」と規定されています。

兵庫県南部地震の場合は，大地震の起きた平成7年1月17日から20日後の同年2月6日に政令第16号が公布されて同日より施行され，大阪府・兵庫県にまたがる33市町村が適用地区とされました。

(2) 当てはめ

当該建物が全部滅失したのが，政令で指定された災害によるものかにより，罹災都市法適用の有無が決定されます。

罹災都市法の適用がない全部滅失の場合は，民法の一般原則に戻り，賃貸借の目的物が滅失したのであり，履行不能を理由として建物賃貸借は終了することとなります。

罹災都市法の適用がある場合は，建物賃借人は，後述する保護を受けることとなりますので，建物賃貸人・賃借人いずれにとっても，政令で指定される災害か，また，その適用地域内であるかは，重大な問題となります。

4 罹災都市法適用の効果

(1) 優先借地権

罹災建物が滅失した当時におけるその建物の賃借人は，その土地の所有者に対し，罹災都市法25条の2に基づく政令施行の日から2年以内に建物所有の目的で賃借の申出をすることによって，他の者に優先して，相当な借地条件で，その土地を賃借することができることになります（罹災都市2条・25条の2）。

本来，建物の賃借権しか有していなかった建物賃借人は，土地の賃借権まで取得することになるので，賃貸人にとっては，新たな借地条件次第ではありますが，決して有利な法的効果が発生するとはいえないでしょう。

(2) 借地権の優先譲受権

罹災建物が滅失した当時におけるその建物の賃借人は，罹災建物の敷地（またはその換地）に借地権の存する場合には，その借地権者に対し，政令施行の日から2年以内に，その者の有する借地権の譲渡の申出をすることによって，他の者に優先して，相当な対価で，その借地権の譲渡を受けることができることになります（罹災都市3条）。

(3) 優先借家権

罹災建物が滅失した当時におけるその建物の賃借人は，その建物の敷地（または換地）にその建物が滅失した後，その賃借人以外の者により最初に築造された建物について，その完成前賃借の申出をすることによって，他の者に優先して，相当な借家条件で，その建物を賃借することができることになります（罹災都市14条）。

(4) 賃貸人としてなすべきこと

建物賃貸人としては，優先借地権が発生することは，経済的価値の観点からも，決して有利なことではないので，まずは，建物賃借人に優先借地権の申出をさせず，一刻も早く，建物を再築することが必要と考えられます。

もっとも，建物を再築したとしても，建物賃借人から優先借家権の申出をなされれば，新たに築造された建物に賃借人の賃借権が成立することは甘受

すべきことではありますが，通常の経済的価値からすれば，借地権が発生するよりは，借家権のほうが，まだ賃貸人にとって有利ではないかと考えられます。

(5) 賃借人としてなすべきこと

　建物賃借人としては，優先借地権を取得するチャンスでもあるので，政令が施行されたならば，通常，直ちに優先借地権の申出をなすこととなるでしょう。

　しかし，優先借地権を申し出ても，正当な理由なく1年間建物所有目的で土地の利用を開始することができなければ，土地所有者から賃貸借契約を解除されかねませんので（罹災都市7条1項），注意が必要です。いったん土地の利用を開始しても，建物完成前にその使用を止めた場合も同様です（罹災都市7条2項）。

　したがって，建物賃借人として，建物を築造する資力がない場合は，他の者が築造する建物について完成前賃借（優先借家権）の申出をなすほうが無難といえます。ただし，優先借家権の申出は，建物完成前になす必要があり，再築建物の所有者に対してなす必要があるので，誰が再築建物の真の所有者であるかについても十分注意を払うことが必要です。

【神田　元】

Q99 区分所有建物が被災した場合の法律関係

阪神大震災のような大規模な災害により，区分所有建物が被害を受けた場合，建物の再建などはどのような手続を経ることになるのでしょうか。

A

(1) 政令で指定された災害により区分所有建物が全部滅失した場合においては，被災区分所有法の規定により，再建の集会を招集し，敷地共有者等の議決権の5分の4以上の多数により，再建の決議をすることができます。

(2) 政令で指定された災害により区分所有建物が一部滅失した場合においては，区分所有法61条12項に定める建物およびその敷地に関する権利の買取請求権を行使できる時期が，政令施行の日から1年以内に修正されます。

キーワード 区分所有法，被災区分所有法，政令指定災害，再建の集会，再建の決議，土地等の分割請求

解説

1 被災区分所有法の目的

区分所有建物が全部滅失した場合は，建物自体がなくなることとなり，区分所有法が適用されず，民法の共有の本則に戻ってしまい，共有者全員の合意でしか，建物の再建ができなくなってしまうこととなります（民251条）。

また，一部滅失であっても，区分所有法では，一部滅失の日から6ヵ月以内に復旧決議等が必要となります（6ヵ月以内に復旧決議等がないときは，各区分所有者は，他の区分所有者に対し，建物およびその敷地に関する権利を時価で買い取るべ

きことを請求することができます。区分所有61条12項)。

しかし，それでは，阪神大震災のような激甚災害により，被害を受けた区分所有建物の再建が困難となることから，「大規模な火災，震災その他の災害により滅失した区分所有建物の再建等を容易」にし，もって「被災地の健全な復興に資すること」を目的としたのが，被災区分所有建物の再建等に関する特別措置法（被災区分所有法）です。

2　被災区分所有法の適用要件

被災区分所有法が適用される前提として，区分所有建物が，「政令指定災害」により一部または全部滅失することが必要となります。

「政令指定災害」とは，災害ごとに政令で定められるものであり，どんなに物理的・客観的にみて程度や規模が大きくても，その災害が政令で指定されなければ，被災区分所有法の適用は受けられないことになります。

すなわち，被災区分所有法の適用を受けるには，災害等によって滅失したとしても，「政令指定災害による滅失」と認定される必要があるわけです。

なお，罹災都市法の場合と異なり，その適用地域が政令で定められることはなく，政令指定災害による滅失と認定されれば，その建物の所在地域を問わず被災区分所有法が適用されます。

3　全部滅失の場合

(1)　**再建の集会**（被災区分所有2条）

「政令指定災害」により，「区分所有建物」の全部が滅失した場合において，その建物に係る区分所有法2条6項に規定する敷地利用権が，各人で有する所有権その他の権利であったときは，その権利（「敷地共有持分等」）を有する者は，再建の決議をするための集会（再建の集会）を開くことができます。敷地の利用権を持たない従前の区分所有者は，再建の集会を開くことができません（被災区分所有2条1項）。

再建の集会における敷地共有持分等を有する者（敷地共有者等）各自の議決

権は，敷地共有持分等の価格の割合によるものとされており，従前の区分所有における床面積の割合ではないことに注意する必要があります（被災区分所有2条2項）。

なお，再建の集会は，議決権の5分の1以上を有する敷地共有者等が招集するものであり，従前の区分所有法上の管理者が，招集するのではありません（被災区分所有2条3項）。

そのほか，被災区分所有法では，区分所有法の規定が多く準用されています（被災区分所有2条4項）。具体的には，政令指定災害によって，区分所有建物が全部滅失（全部滅失か一部滅失かの判断基準については，**Q98参照**）と判断される場合，議決権の5分の1以上を有する敷地共有者等が，再建の集会を招集することで，区分所有建物の再建に踏み出すこととなります。

従前の区分所有建物の管理者（多くは理事長などの地位にある人）は，通常自らの判断だけでは再建の集会を招集できないので，招集のための議決権者を集める必要があります。

(2) 再建の決議

再建の集会においては，敷地共有者等の議決権の5分の4以上の多数で，滅失した区分所有建物に係る区分所有法2条5項に規定する建物の敷地もしくはその一部の土地，または当該建物の敷地の全部もしくは一部を含む土地に建物を建築する旨の決議（再建の決議）をすることができるものとされています（被災区分所有3条1項）。なお，議決要件に出席者数は考慮されていません。

再建の決議においては，次の事項を定める必要があり，特に③および④の事項は，敷地共有者等の衡平を害しないように定められる必要があります（被災区分所有3条2項・3項）。

① 新たに建築する建物（再建建物）の設計の概要
② 再建建物の建築に要する費用の概算額
③ ②に規定する費用の分担に関する事項
④ 再建建物の区分所有権の帰属に関する事項

再建の決議は，その区分所有建物滅失に係る災害を定める政令の施行の日から起算して3年以内にしなければなりません（被災区分所有3条5項）。工事

着工ではなく，再建の決議までこぎつければよいことになります。区分所有法にはそのような制限はありませんので，注意が必要です。

再建の決議があった場合についても，区分所有法の準用が規定されています（被災区分所有3条6項）。具体的には，再建の決議については，敷地共有者等の議決権の5分の4以上の多数が必要となるので，再建の集会を招集する者は，同多数を確保できるような内容の再建計画を練り，集会に上程する必要があります。上程案については，通常，デベロッパーなどに基本スキーム作成を協力してもらうこととなると思われます。

(3) 敷地共有持分等に係る土地等の分割請求に関する特例

政令指定災害により全部滅失した区分所有建物に係る敷地共有者等は，その政令の施行の日から起算して1ヵ月を経過する日の翌日以後当該施行の日から起算して3年を経過する日までの間は，敷地共有持分等に係る土地等について，分割の請求をすることができません（被災区分所有4条）。

これは，民法256条1項・264条により共有物の分割請求を認めると建物の再建が困難になるからと思われます。ただし，同条ただし書により，5分の1を超える議決権を有する敷地共有者等が分割の請求をする場合その他再建の決議をすることができないと認められる顕著な事由がある場合には，例外が認められています。

4 一部滅失の場合

被災区分所有法5条では，政令指定災害により一部滅失した区分所有建物については，政令の施行の日から起算して1年以内に，復旧する決議，建替え決議等がないときは，各区分所有者は，他の区分所有者に対し，建物およびその敷地に関する権利を時価で買い取るべきことを請求できるものとし，前述した区分所有法61条12項の規定を修正しています。

これは，区分所有法の本則である一部滅失の日から6ヵ月以内の建替え決議等を要求するのは，政令指定災害の場合は困難と判断されるからです。

【神田　元】

判 例 索 引

大判大 7・5・4 新聞1425号19頁	Q37
大判大 9・9・25民録26輯1389頁	Q37
大判大 9・9・28新聞1777号19頁	Q42
大判大10・7・11民録27輯1378頁	Q79
大判大11・10・25民集1巻616頁	Q54
大判大15・1・29民集5巻38頁	Q78
大判昭 2・12・27民集6巻743頁	Q78
大判昭 7・4・11民集11巻609頁	Q66
大判昭 8・11・11法新347号9頁	Q 2
大判昭 9・10・15民集13巻1901頁	Q65
東京地決昭9・11・2新聞3908号16頁	Q78
大判昭10・4・1裁判例9巻86頁	Q78
大判昭10・12・21新聞3939号13頁	Q31
大判昭12・8・10民集16巻1344頁	Q54
大判昭13・3・1民集17巻318頁	Q78
大判昭13・10・12民集17巻2115頁	Q37
葛城区判昭13・10・25新聞4348号13頁	Q78
大判昭14・4・28民集18巻484頁	Q22
大判昭14・8・19新聞4456号17頁	Q35
大判昭15・11・27新聞4646号13頁	Q78
大判昭17・6・11法学12巻241頁	Q37
大判昭19・9・18法新717号14頁	Q74
最判昭25・2・14民集4巻2号29頁	Q73
最判昭25・6・16民集4巻6号227頁	Q60
東京地判昭26・2・16下民集2巻2号218頁	Q36
最判昭26・3・29民集5巻5号177頁	Q 2
東京地判昭27・2・13下民集3巻2号191頁	Q69
最判昭27・4・25民集6巻4号451頁	Q73
大阪地判昭27・9・27下民集3巻9号1306頁	Q49
最判昭28・9・25民集7巻9号979頁	Q29, Q43
最判昭29・1・14民集8巻1号16頁	Q78
最判昭29・3・11民集8巻3号672頁	Q78
最判昭29・4・8民集8巻4号819頁	Q91, Q92
最判昭29・4・30民集8巻4号867頁	Q45
最判昭29・7・22民集8巻7号1425頁	Q78
最判昭29・10・7民集8巻10号1816頁	Q91
最判昭30・2・18民集9巻2号179頁	Q19
東京地判昭30・10・18判タ52号68頁	Q29
東京地判昭31・4・2判時79号10頁	Q29
最判昭31・4・5民集10巻4号330頁	Q41

判例	参照
最判昭31・5・15民集10巻5号496頁	Q48
最判昭31・5・15判時77号18頁	Q46
東京地判昭32・6・7新聞67号12頁	Q35
最判昭32・9・3民集11巻9号1467頁	Q45
最判昭32・12・3民集11巻13号2018頁	Q65, Q66
東京地判昭33・3・21判時146号7頁	Q40
大阪地判昭33・6・13下民集9巻6号1070頁	Q36
福岡高判昭33・7・5下民集9巻7号1238頁	Q78
最判昭33・9・18民集12巻13号2040頁	Q31, Q35
最判昭33・10・14民集12巻14号3078頁	Q43
東京高判昭33・11・29判時176号21頁	Q31, Q35
最判昭34・6・19民集13巻6号757頁	Q91
最判昭35・4・12判時220号19頁	Q2
最判昭35・4・26民集14巻6号1091頁	Q65
最判昭35・5・19民集14巻7号1145頁	Q17
仙台高判昭35・6・30下民集11巻6号1410頁	Q29
最判昭36・2・24民集15巻2号304頁	Q46
最判昭36・10・10民集15巻9号2284頁	Q5
最判昭36・12・21民集15巻12号3243頁	Q42
最判昭36・12・22民集15巻12号2893頁	Q91
最判昭37・2・1裁判集民58巻441頁	Q41
東京地判昭37・3・5下民集13巻3号347頁	Q54
大阪高判昭37・6・21判時309号15頁	Q13
最判昭38・3・1民集17巻2号290頁	Q75
東京高判昭38・4・19下民集14巻4号775頁	Q41
最判昭38・11・28判時363号23頁	Q22
最判昭39・3・10判時369号21頁	Q17
最判昭39・6・30判時380号70頁	Q29
最判昭39・7・28民集18巻6号1220頁	Q62
最判昭39・8・28民集18巻7号1354頁	Q35, Q38
最判昭39・8・28判時384号30頁	Q32
東京地判昭39・8・28判時388号42頁	Q49
最判昭39・10・15民集18巻8号1671頁	Q1
東京地判昭40・6・30判タ180号128頁	Q5
金沢地判昭40・11・12判タ438号24頁	Q16
最判昭40・12・7判タ187号105頁	Q67
横浜地川崎支判昭41・3・2判タ191号181頁	Q78
東京地判昭41・4・8判時460号59頁	Q22, Q23
最判昭41・4・21民集20巻4号720頁	Q63
最判昭41・4・21判時447号57頁	Q23
最判昭41・4・28民集20巻4号900頁	Q37
東京高判昭41・6・17判タ196号159頁	Q73, Q74
最判昭41・10・27判時464号32頁	Q2

判例索引 | *513*

東京高判昭41・12・27民集21巻10号2597頁	Q35
最判昭42・2・21民集21巻1号155頁	Q90
最判昭42・6・2民集21巻6号1433頁・判タ209号133頁	Q18
最判昭42・6・22民集21巻6号1468頁	Q66
最判昭42・6・22判時489号51頁	Q22
最判昭42・9・21判時498号30頁	Q23
最判昭42・10・31判時499号39頁	Q21
最判昭42・12・14民集21巻10号2586頁	Q35
最判昭43・4・2民集22巻4号803頁	Q12
最判昭43・8・20民集22巻8号1692頁	Q15
東京地判昭43・9・6判時550号698頁	Q5
最判昭43・11・21民集22巻12号2741頁	Q4, Q68
最判昭44・2・27民集23巻2号511頁	Q30
東京地判昭44・4・9判タ238号229頁	Q37
最判昭44・7・17民集23巻8号1610頁	Q37, Q38, Q48
最判昭44・7・17判時569号39頁	Q31, Q50
最判昭44・12・18民集23巻12号2476頁	Q49
最判昭45・4・10民集24巻4号240頁	Q57
最判昭45・7・15判タ251号166頁	Q54
最判昭46・2・19判時622号76頁	Q32
最判昭46・4・23民集25巻3号388頁	Q35
最判昭46・4・23判時634号35頁	Q32
最判昭46・7・23民集25巻5号805頁	Q93
最判昭46・10・14判時644号51頁	Q46
最判昭46・11・25民集25巻8号1343頁	Q75
最判昭46・12・3判時655号28頁	Q31
最判昭48・2・2民集27巻1号80頁	Q44, Q57, Q95
最判昭48・2・2金法697号15頁	Q52
最判昭48・10・30民集27巻9号1989頁	Q95
名古屋地判昭49・2・12金商415号13頁	Q58
最判昭49・3・19民集28巻2号1325頁	Q35
最判昭49・3・19判時741号74頁	Q32
最判昭49・4・10民集28巻2号174頁	Q57
最判昭49・4・26民集28巻3号467頁	Q62
東京地判昭49・6・17判時766号88頁	Q62
最判昭49・12・20判時768号101頁	Q42
東京高判昭50・4・21金法772号33頁	Q77
東京地判昭50・6・21金商475号17頁	Q55, Q58
東京高判昭50・8・5判タ333号197頁	Q71
東京地判昭50・12・24判時821号132頁	Q52
最判昭51・3・4民集30巻2号25頁	Q48
水戸地判昭51・4・20判タ342号260頁	Q74
東京高判昭51・7・6判時833号75頁	Q74

東京地判昭51・7・20判時846号83頁 ……	Q61
東京高判昭51・9・28判タ346号198頁 ……	Q67
最判昭51・10・1判時835号63頁 ……	Q61
東京地判昭51・10・14判時856号63頁 ……	Q12
大阪地判昭52・3・15金商536号39頁 ……	Q58
大阪地判昭53・2・27判時892号85頁 ……	Q2
東京地判昭53・5・29判時925号81頁 ……	Q10
東京地判昭53・7・18判タ371号105頁 ……	Q29
東京高判昭53・7・20判時904号68頁 ……	Q61
東京高判昭54・2・9判時927号200頁 ……	Q61
東京地判昭54・9・3判タ402号120頁 ……	Q61
東京地判昭54・10・3判タ403号132頁 ……	Q24
最判昭55・1・11民集34巻1号42頁 ……	Q57
東京地判昭55・6・30判タ431号117頁 ……	Q65
東京地判昭56・1・30判タ449号119頁 ……	Q76
東京高判昭56・2・12判時1003号98頁 ……	Q22
東京高判昭56・3・26判タ450号116頁 ……	Q30
最判昭56・12・17民集35巻9号1328頁 ……	Q37
最判昭57・1・21民集36巻1号71頁 ……	Q15
最判昭57・9・28判時1062号81頁 ……	Q37
東京地判昭57・10・20判時1077号80頁 ……	Q61
大阪地判昭58・1・20判時1081号97頁 ……	Q73
東京地判昭58・1・28判時1080号78頁 ……	Q73
東京高判昭58・1・31判時1071号65頁 ……	Q41
最判昭58・2・24判時1078号76頁 ……	Q37
東京地判昭58・3・25判時1087号105頁 ……	Q15
東京地判昭58・6・29判時1113号99頁 ……	Q16
東京地判昭59・1・30判時1129号78頁 ……	Q26
東京高判昭59・3・7判時1115号97頁 ……	Q26，Q73
大阪地判昭59・7・20判タ537号169頁 ……	Q76
最判昭59・9・18判時1137号51頁 ……	Q3，Q10
東京地判昭59・10・4判時1163号176頁 ……	Q73
東京地判昭59・12・24判時1177号77頁 ……	Q16
東京地判昭59・12・26判時1177号69頁 ……	Q16
東京高判昭60・3・28判タ571号73頁 ……	Q73
東京地判昭60・9・9判タ568号73頁 ……	Q29
東京高判昭60・10・24判タ590号59頁 ……	Q71
東京高判昭61・2・28判タ609号64頁 ……	Q25
東京地判昭61・2・28判時1215号69頁 ……	Q71
東京地判昭61・5・28判タ633号157頁 ……	Q74
東京高判昭61・10・28判時1219号67頁 ……	Q73
名古屋地判昭62・1・30判時1252号83頁 ……	Q22，Q23
最判昭62・2・13判時1238号76頁 ……	Q16

東京地判昭62・3・2判時1262号117頁	Q73
新潟地判昭62・5・26判タ667号151頁	Q43, Q78
最判昭62・7・17判時1243号28頁	Q14
東京高判昭62・8・31判タ657号217頁	Q16
静岡地浜松支決昭62・10・9判時1257号45頁	Q14
大阪高判昭62・10・22判タ667号161頁	Q52, Q67
東京地判昭62・10・26判時1302号108頁	Q16
最判昭62・11・10判タ668号34頁	Q52
東京地判昭63・6・27判時1278号94頁	Q66
最判昭63・7・1判時1287号63頁	Q40
東京地判昭63・10・25判時1310号116頁	Q75
東京地判昭63・10・26判タ703号166頁	Q55
大阪地判昭63・10・31判タ687号166頁	Q72
東京地判昭63・12・5判時1322号115頁	Q25, Q73
最判平元・3・28判時1311号66頁	Q66
東京高判平元・3・30判時1306号38頁	Q72, Q74
大阪地判平元・4・13判タ704号227頁	Q24
東京地判平元・6・19判タ713号192頁	Q74
東京高判平元・7・25判時1320号99頁	Q37
横浜地判平元・9・7判時1352号126頁	Q13
最判平元・10・27判時1336号96頁	Q53
横浜地判平元・10・27判タ721号189頁	Q24
東京地判平2・1・19判時1371号119号	Q74
東京地判平2・1・26判時1373号71頁	Q29
最判平2・6・22判時1357号75頁	Q16
東京地判平2・7・13判時1381号64頁	Q37
東京地判平2・9・10判時1387号91頁	Q72
東京地判平2・10・3判タ757号197頁	Q37
名古屋地判平2・10・19判時1375号117頁	Q7
東京地判平2・11・5金法1288号34頁	Q37
東京地判平2・12・25判タ761号215頁	Q29
那覇地決平3・1・23判時1359号130頁	Q14
東京地判平3・2・28判タ765号209頁	Q75
秋田地決平3・4・18判時1395号45頁	Q14
東京地判平3・5・29判時1408号89頁	Q22
東京高判平3・7・9判時1412号118頁	Q73
東京地判平3・7・26判タ778号220頁	Q18
東京地判平3・7・31判時1416号94頁	Q73
東京地判平3・9・6判時1785号177頁	Q71, Q74
東京地判平3・11・26判時1428号110頁	Q4
東京地判平3・11・26判時1443号128頁	Q65
最判平3・11・29判時1443号52頁	Q45, Q46
東京地判平3・12・19判時1434号87頁	Q73

東京地判平4・1・16判時1427号96頁 ……………………………………	Q31
東京地判平4・7・23判時1459号137頁 ……………………………………	Q59
東京地判平4・9・25判タ825号258頁 ……………………………………	Q65
最判平4・11・6判タ805号52頁 ……………………………………………	Q18
東京地判平5・1・22判時1473号77頁 ……………………………………	Q73
最判平5・3・30民集47巻4号3334頁 ……………………………………	Q57
東京地判平5・4・26判時1483号74頁 ……………………………………	Q43
東京地八王子支判平5・7・9判タ848号201頁 …………………………	Q28
東京地判平5・11・8判時1501号115頁 …………………………………	Q22
東京高判平5・11・22判タ854号220頁 …………………………………	Q26
東京高判平5・12・15判タ874号210頁 …………………………………	Q30
東京地判平5・12・27判時1505号88頁 …………………………………	Q12
浦和地判平6・4・22判タ874号231頁 ……………………………… Q52,	Q67
最判平6・7・18判時1540号38頁 …………………………………… Q40,	Q79
横浜地判平6・9・9判タ859号199頁 ……………………………………	Q28
東京地判平6・10・28判時1542号88頁 …………………………………	Q66
大阪地判平6・12・12判タ880号230頁 …………………………………	Q66
東京高判平6・12・26判タ883号281頁 …………………………………	Q50
東京高判平7・4・27金法1434号43頁 …………………………………	Q38
高知地判平7・7・14判タ902号106頁 …………………………………	Q37
名古屋地判平8・4・19判タ957号244頁 ………………………………	Q73
東京地判平8・5・20判時1593号82頁 ……………………………… Q72,	Q76
最判平8・7・12民集50巻7号1876頁 ……………………………………	Q45
東京地判平8・7・15判時1596号81頁 ………………………… Q19, Q74,	Q75
最判平8・10・14判タ925号176頁 …………………………………………	Q30
東京地判平9・1・31判タ952号220頁 …………………………………	Q22
東京地判平9・2・24判タ968号261頁 …………………………… Q71,	Q74
最判平9・2・25民集51巻2号398頁 ………………………………………	Q40
最判平9・2・25判時1599号69頁 …………………………………………	Q42
東京地判平9・6・23労判719号25頁参照 ………………………………	Q17
最判平9・7・1民集51巻6号2452頁 ………………………………………	Q48
東京地判平9・9・29判タ984号269頁 …………………………… Q22,	Q76
最判平9・11・13判時1633号81頁 …………………………………………	Q84
最判平10・1・30判時1628号3頁 …………………………………………	Q53
東京地判平10・3・10判タ1009号264頁 …………………………………	Q61
最判平10・3・24民集52巻2号399頁 ………………………………………	Q94
最判平10・3・26民集52巻2号483頁 ………………………………………	Q94
東京地判平10・5・12判時1664号75頁 …………………………………	Q68
東京地判平10・6・26判タ1010号272頁 …………………………………	Q73
東京高判平10・7・29判タ1042号156頁 …………………………………	Q37
最判平10・9・3判時1653号96頁 …………………………………………	Q59
大阪高判平10・9・24判タ1662号105頁 …………………………………	Q56
東京高判平10・9・30判タ1677号71頁 …………………………………	Q76

大阪地判平10・12・18判タ1001号239頁 ………………………………………	Q23
最判平11・1・29判時1666号54頁 ……………………………………………	Q53
最判平11・3・25判時1674号61頁 …………………………………… Q31, Q38, Q39
東京地判平11・6・30判タ1056号213頁 ………………………………………	Q46
札幌地判平11・12・24判タ1060号223頁 ………………………………………	Q67
東京高判平12・1・25金商1084号3頁 …………………………………………	Q85
東京高判平12・3・23判タ1037号226頁 ………………………………………	Q76
名古屋高判平12・4・27判時1748号134頁 ……………………………………	Q48
東京高判平12・12・14判タ1084号309頁 ………………………………………	Q76
東京高判平12・12・27判タ1095号176頁 ………………………………… Q4, Q86
最判平13・3・13判時1745号69頁 ……………………………………………	Q53
最判平13・11・22判時1772号49頁 ……………………………………………	Q15
最判平14・3・28民集56巻3号662頁 …………………………………… Q40, Q41
最判平14・3・28民集56巻3号689頁 …………………………………………	Q95
東京地判平14・12・27判時1822号68頁 ………………………………………	Q42
東京地判平15・2・19判タ1136号191頁 ………………………………………	Q54
最判平15・6・12民集57巻6号595頁 …………………………………………	Q48
最判平15・6・12判時1826号47頁 ……………………………………… Q46, Q47
最判平15・10・21民集57巻9号1213頁 …………………………………………	Q48
最判平15・10・21判時1844号37頁, 50頁 ……………………………………	Q47
最判平15・10・21判タ1140号75頁 ……………………………………………	Q45
最判平15・10・21金商1177号4頁 ………………………………………………	Q85
最判平15・10・21金商1177号10頁 ……………………………………………	Q85
最判平15・10・23判時1844号54頁 ……………………………………………	Q47
東京地判平16・3・25金法1715号98頁 …………………………………………	Q53
最判平16・6・29判時1868号52頁 ……………………………………………	Q46
大阪高判平16・7・13金法1731号67頁 …………………………………………	Q31
東京地判平16・7・13金法1737号42頁 …………………………………………	Q80
東京地判平16・11・29判例集未登載(判例マスター参照) …………………	Q25
東京高判平16・12・22判タ1170号122頁 ………………………………………	Q47
東京高判平16・12・22金商1208号5頁 …………………………………………	Q48
大阪地判平17・10・20金商1234号34頁 ………………………………………	Q50
東京高判平18・5・15判時1938号90頁 …………………………………………	Q30
大阪高判平18・12・19判時1971号130頁 ………………………………………	Q13

キーワード索引

あ行

遺産分割……………………Q92
意思表示の確定機能……Q3
一時使用……………………Q5
一般媒介契約………………Q11
移転実費……………………Q76
違約金………………………Q70
売上スライド特約…………Q46
営業補償 …………Q75, Q76
営業用建物…………………Q77

か行

会社更生法…………………Q96
解　除………………………Q91
解除権の移転………………Q35
解約申入れに関する事由の変動……………………………Q36
解約申入れをした地位の承継……………………………Q36
確定的な所有権の取得の有無……………………………Q37
貸室の使用形態……………Q14
瑕疵担保責任………………Q13
借賃改定に関する特約……Q70
過失相殺……………………Q10
家族共同体…………………Q90
管財人………………………Q97
還付・取戻し………………Q54
管理規約 …………Q7, Q28
管理費………………………Q6
規約違反行為………………Q28
規約等の遵守義務…………Q7
客観的価値の増加…………Q78
旧借家法……………………Q78
旧住宅金融公庫法…………Q56
朽　廃………………………Q71
共益債権 …………Q96, Q97
供　託………………………Q53
共同債務者に対する催告……………………………Q91
共同事業性…………………Q41
共同相続……………………Q92

共同の利益違反行為………Q28
居住権………………………Q18
居住用家屋の敷金返還請求権……………………………Q95
居住用建物 ………Q77, Q82
——に関する賃借人の解約権……………………………Q83
居住用物件…………………Q8
近隣トラブルを理由とする賃貸借契約の解除………Q24
近隣迷惑……………………Q21
空室保証……………………Q47
空室リスク…………………Q83
区分所有法 ……Q6, Q7, Q14, Q99
契約自由の原則……………Q8
契約準備段階における信義則上の注意義務…………Q10
契約成立……………………Q3
契約締結の自由……………Q10
契約の解除…………………Q73
契約の原始的不能…………Q9
契約の更新拒絶 …Q41, Q73
契約の自由…………………Q10
原状回復……………………Q87
原状回復義務………………Q86
原状回復費用………………Q88
建設協力金…………………Q48
建築監理に関する定め……Q70
顕　名………………………Q1
権利金（礼金）……………Q50
権利変換計画………………Q80
故意による重要な事項の不告知……………………………Q13
合意解除……………………Q41
合意更新……………………Q60
公営住宅法…………………Q16
——と借地借家法の適用関係……………………………Q16
公益性………………………Q16
公示送達……………………Q52
公序良俗違反 ……Q56, Q67
更新拒絶 …………Q71, Q72

更新料………………………Q61
更新料の法的性質…………Q61
更生債権……………………Q97
公正証書……………………Q51
構造上および利用上の独立性・排他性 ……Q18, Q19
個人施行者…………………Q80
雇用関係……………………Q17

さ行

再契約………………………Q84
再契約事由…………………Q84
債権譲渡の対抗要件………Q35
再建の決議…………………Q99
再建の集会…………………Q99
催告義務……………………Q79
財産上の給付をする旨の申出（立退料）………………Q75
財産分与……………………Q93
再生債権……………………Q97
再生債務者…………………Q97
財団債権……………………Q95
債務不履行責任……………Q66
債務不履行による解除……Q40
差押え………………………Q57
——の競合………………Q57
サブリース契約 …Q40, Q41, Q47, Q85
残置物の処分………………Q67
敷　金 ……Q48, Q50, Q87
敷金・保証金………………Q51
敷金返還……………………Q88
敷金返還債務の承継………Q39
敷金返還請求権 …Q44, Q57, Q59, Q86, Q94, Q96
——の引当に関する期待の保護……………………………Q37
敷引特約……………………Q59
事業用物件…………………Q8
事情変更の原則……………Q48
事前説明 …………Q81, Q84
室改造の許否………………Q6
失火責任法…………………Q66

執行供託‥‥‥‥‥‥‥‥‥Q54
自動改定特約‥‥‥‥‥‥‥Q46
指名債権譲渡の対抗要件
　‥‥‥‥‥‥‥‥‥‥‥‥Q53
借地借家法‥‥‥‥Q 4，Q 7，
　　　　　　Q 8，Q17，Q78
　──31条1項‥‥‥‥‥Q31
　──32条‥‥‥‥Q46，Q47
　──38条7項‥‥‥‥‥Q46
借地上建物の賃貸借‥‥‥Q79
社宅使用契約‥‥‥‥‥‥Q17
借家契約の用法違反‥‥Q21，
　　　　　　　　　　　Q25
借家権‥‥‥‥‥‥Q18，Q19
　──価格‥‥‥‥Q75，Q76，
　　　　　　　　　　　Q77
　──の細分化と賃貸人の承
　　諾‥‥‥‥‥‥‥‥‥Q89
　──の相続‥‥‥‥‥‥Q89
　──の対抗力‥‥‥‥‥Q79
修繕積立金‥‥‥‥‥‥‥Q 7
重要事項の説明‥‥‥‥‥Q13
出　　向‥‥‥‥‥‥‥‥Q17
受忍限度‥‥‥‥‥‥‥‥Q21
所有権移転時期の不明確性
　‥‥‥‥‥‥‥‥‥‥‥Q37
証拠方法‥‥‥‥‥‥‥‥Q 3
使用細則‥‥‥‥‥Q 6，Q 7
使用貸借‥‥‥‥‥‥‥‥Q 2
譲渡担保‥‥‥‥‥‥‥‥Q52
消費者契約法‥‥‥Q 4，Q 8，
　　　　　　　Q83，Q87
消費者保護‥‥‥‥‥‥‥Q86
使用目的‥‥‥‥‥‥‥‥Q 1
処分権主義‥‥‥‥‥‥‥Q75
自力救済の禁止‥‥‥‥‥Q67
自力救済を認める特約‥‥Q67
人格権に基づく差止請求
　‥‥‥‥‥‥‥‥‥‥‥Q14
信義誠実の原則‥‥‥‥‥Q41
信託銀行（受託者）‥‥‥Q38
信託的譲渡説‥‥‥‥‥‥Q37
信頼関係破壊の法理‥‥Q 4，
　　　　Q 6，Q 8，Q25，Q62，
　　　　　　Q63，Q68，Q73
信頼利益‥‥‥‥‥Q10，Q15

数量指示‥‥‥‥‥‥‥‥Q15
　──担保責任‥‥‥‥‥Q15
生活の平穏‥‥‥‥‥‥‥Q68
正当事由‥‥Q60，Q65，Q71，
　　　　　Q72，Q73，Q74，Q75，
　　　　　　　　　　　Q77
　──の具備‥‥‥‥‥‥Q95
正当の事由‥‥‥‥Q16，Q17，
　　　　　　　　　　　Q36
政令指定災害‥‥‥Q98，Q99
設備協力金‥‥‥‥‥‥‥Q56
専任媒介契約‥‥‥‥‥‥Q11
全部滅失・一部滅失‥‥‥Q98
占有者に対する引渡請求
　‥‥‥‥‥‥‥‥‥‥‥Q28
増改築‥‥‥‥‥‥‥‥‥Q73
総合考慮‥‥‥‥‥‥‥‥Q73
相　　殺‥‥‥‥‥Q22，Q52
造作買取請求権‥‥Q43，Q78
双方未履行の双務契約
　‥‥‥‥‥‥Q94，Q95，Q97
損害賠償の予定‥‥‥‥‥Q83

【た行】

対抗要件を具備した賃貸借
　‥‥‥‥‥‥‥‥‥‥‥Q96
第三者との関係‥‥‥‥‥Q84
滞納管理費・修繕積立金債務
　‥‥‥‥‥‥‥‥‥‥‥Q94
諾成契約‥‥‥‥‥‥‥‥Q 3
立退料‥‥‥‥‥‥Q76，Q77
建替え決議と正当事由‥‥Q80
建替え不参加者に対する売渡
　請求‥‥‥‥‥‥‥‥‥Q80
建物明渡しの強制執行の当事
　者‥‥‥‥‥‥‥‥‥‥Q64
建物使用の必要性‥‥‥‥Q71
建物の占有状態‥‥‥‥‥Q64
建物賃貸借契約の期間‥‥Q69
　──の規定‥‥‥‥‥‥Q60
建物内の秩序維持‥‥‥Q 4，
　　　　　　　　　　　Q 6
建　物
　──の現況‥‥‥‥‥‥Q71
　──の効用喪失‥‥‥‥Q66
　──の修繕と地主の承諾

　‥‥‥‥‥‥‥‥‥‥‥Q23
　──の使用目的‥‥‥‥Q 6
　──の老朽化‥‥‥‥‥Q72
短期賃貸借の保護‥‥‥Q33，
　　　　　　　　　　　Q34
担保の構成説‥‥‥‥‥‥Q37
地方住宅供給公社法‥‥‥Q16
仲介手数料‥‥‥‥‥‥‥Q50
仲介手数料発生の要件‥‥Q12
中途解約禁止条項‥‥‥‥Q70
中途解約権の特約‥‥‥‥Q83
中途解約条項の有効性‥‥Q69
調停前置主義‥‥‥Q45，Q46
賃借権の譲渡‥‥‥Q43，Q44
賃借権の無断譲渡‥‥‥‥Q30
　──による契約解除‥‥Q29
賃借人側の任意性‥‥‥‥Q82
賃借人付不動産の任意売却
　‥‥‥‥‥‥‥‥‥‥‥Q94
賃借人の事情‥‥‥‥‥‥Q74
賃借人（テナント）の承諾
　‥‥‥‥‥‥‥‥Q38，Q39
賃借人の逮捕・勾留‥‥‥Q68
賃借人の不当な負担になる賃
　貸条件‥‥‥‥‥‥‥‥Q56
賃貸権限の委譲‥‥‥‥‥Q41
賃借権の相続‥‥‥‥‥‥Q92
賃貸借契約‥‥‥‥‥‥‥Q17
　──と保証金との関係
　‥‥‥‥‥‥‥‥‥‥‥Q58
　──の解除‥‥‥‥‥‥Q14
　──の解除事由‥‥‥‥Q68
　──の終了‥‥‥‥‥‥Q66
　──の仲介手数料の金額
　‥‥‥‥‥‥‥‥‥‥‥Q12
　──の当事者‥‥‥‥‥Q64
賃貸借終了の通知‥‥‥Q81，
　　　　　　　　　　　Q84
賃貸人
　──たる地位の承継‥‥Q31
　──の催告義務‥‥‥‥Q40
　──の事情‥‥‥‥‥‥Q74
　──の修繕義務‥‥‥Q 7，
　　　　　　　Q22，Q23
　──の使用収益させる義務
　‥‥‥‥‥‥‥‥‥‥‥Q21

キーワード索引 | 521

　　──の立入り…………Q67
賃貸人の地位
　　──に関する特約の効力
　　　……………………Q37
　　──の移転 ……Q32, Q36
　　──の承継……………Q35
　　──の対抗要件………Q35
賃　料（家賃）…………Q50
賃料改定に関する特約…Q85
賃料減額請求権…Q47, Q48,
　　　　　　　　　　　Q85
賃料債権との相殺………Q96
賃料債権の譲渡…………Q53
賃料自動増額特約………Q47
賃料増額（減額）請求権
　　………Q6, Q45, Q46
賃料と管理費の区別……Q7
賃料の寄託請求 …Q94, Q96
賃料の減額請求…………Q21
賃料の代払………………Q79
賃料の前払・賃料債権の譲渡
　　………………Q94, Q96
賃料不払…………………Q63
賃料保証…………………Q47
賃料保証特約……………Q85
賃貸人の責任……………Q24
定期借家 …Q5, Q20, Q70,
　　　　　　　　Q83, Q85
定期借家契約……………Q48
定期建物賃貸借（定期借家）
　　…Q4, Q7, Q81, Q84
抵当権者の同意制度……Q33
抵当権の物上代位権……Q53
抵当建物使用者の明渡猶予
　　………………Q33, Q34
適正賃料の算定…………Q46
転　籍……………………Q17
転　貸（民612条2項）…Q30
転貸借の終了……………Q39
東京ルール………………Q87
当事者……………………Q1
特段の事情………………Q40
特段の事由………………Q41
特別目的会社……………Q38
独立行政法人都市再生機構法
　　……………………Q16

土地等の分割請求………Q99
土地の高度有効利用……Q74
土地の再開発……………Q71
土地の有効利用…………Q72

な行

内縁関係…………………Q90
内縁者の居住権…………Q90
日常家事に関する法律行為の
　　代理権………………Q49
入居前の賃貸借契約の解約と
　　仲介手数料…………Q12
任意規定…………………Q78

は行

背信行為と認めるに足りない
　　特段の事情…………Q29
破産債権…………………Q95
破産債権と賃料との相殺
　　………………………Q94
比較考量…………………Q65
被災区分所有法…………Q99
不可分債務………………Q91
物権と債権………………Q79
物的使用関係……………Q17
不動産賃貸の先取特権…Q52
不動産の流動化（証券化）
　　………………………Q38
不動産媒介契約…………Q12
プロパティマネジャー…Q38
平成12年3月1日………Q82
別除権の受戻し…………Q94
ペットの飼育……………Q88
弁済供託 ………Q42, Q54
弁済充当の順位…………Q95
弁済の提供………………Q54
片面的強行規定…………Q78
法人格否認の法理………Q30
法定更新…………………Q60
法定更新と更新料の支払義務
　　………………………Q61
暴力団員による不当な行為の
　　防止等に関する法律（暴力
　　団対策法）…………Q14
暴力団排除条項…………Q27
暴力追放運動推進センター

　　………………………Q14
保証金 ……Q48, Q50, Q55,
　　　　　　　Q58, Q86
補償金……………………Q80
保証人……………………Q51
　　連帯──……………Q51

ま行

前家賃の特約……………Q62
マスターレッシー………Q38
マンション管理適正化法
　　………………………Q8
マンション建替え円滑化法
　　………………Q8, Q80
マンション建替え組合…Q80
マンション建替え決議…Q80
未払賃料債権の譲渡……Q35
民事介入暴力被害者救済セン
　　ター…………………Q14
民事再生法………………Q96
民事執行法156条…………Q54
民事調停…………………Q45
民事保全法50条…………Q54
民　法
　　──177条・605条……Q31
　　──494条以下………Q42,
　　　　　　　　　　　Q54
　　──611条1項………Q22
　　──613条 ……………Q42
無催告解除………………Q63
無　償……………………Q2
無断転貸 ………Q1, Q29
名義書換料の支払………Q89
黙示の不動産媒介契約…Q12

や行

有益費償還請求権………Q78
優先借地権………………Q98
優先借家権………………Q98
要式契約…………………Q3
用法違反 ………Q26, Q73

ら行

履行利益…………………Q15
罹災都市借地借家臨時処理法
　　（罹災都市法）………Q98

キーワード索引

立証機能……………Q 3
留置権………………Q22
良質な賃貸住宅等の供給の促進に関する特別措置法
　　……………………Q20
旅館業法……………Q20
連帯保証人の責任の範囲
　　……………………Q84
老朽化………………Q65

〔編　者〕

東京弁護士会不動産法部

マンション・オフィスビル　　新・青林法律相談 22
賃貸借の法律相談
2008年11月10日　初版第1刷発行
2013年 9月20日　初版第4刷発行

編　者　東京弁護士会不動産法部

発行者　逸　見　慎　一

発行所　東京都文京区　株式　青林書院
　　　　本郷6丁目4の7　会社
　　　振替口座　00110-9-16920／電話03(3815)5897〜8／郵便番号113-0033
　　　　　　　　　http://www.seirin.co.jp

印刷・星野精版印刷㈱　落丁・乱丁本はお取り替え致します。
Printed in Japan　ISBN 978-4-417-01469-0

〈㈱日本著作出版権管理システム委託出版物〉
本書の無断複写は著作権法上での例外を除き禁じられています。
複写される場合は、そのつど事前に、㈱日本著作出版権管理システ
ム (TEL 03-3817-5670、FAX 03-3815-8199、e-mail:info@jcls.
co.jp)の許諾を得てください。